藍傳盛 著

大乘起信論

義記別記研究

序言

　　本書「大乘起信論義記別記研究」，全書分為三部分。

　　第一部分為華嚴宗法藏大師所著「大乘起信論義記」之釋文。

　　第二部分同為法藏大師「大乘起信論別記」之釋文。

　　第三部分為作者對大乘起信論原著及法藏之義記及別記二書，加以綜合會通所衍生之問題，進行問題之探討研究。

　　大乘起信論的作者為馬鳴菩薩，譯者為真諦三藏。對於作者及譯者，法藏認同上述說法，不過作者及譯者之真偽迄今仍有爭議，本書於問題研究中有加以探討。

　　大乘起信論全書分為序分、正宗分、流通分。

　　正宗分有五分，分別為因緣分、立義分、解釋分、修行信心分、勸修利益分。

　　序分以「歸敬頌」起頭；流通分以「流通頌」結尾。

　　正宗分有五分。

　　一、因緣分：述及造論的理由有七種。

　　二、立義分：談及大乘的法及義。法即眾生心；義指體相用三大。

　　三、解釋分：探討包括真如；生滅心（阿梨耶識、覺不覺、本覺始覺、根本枝末不覺）；生滅因緣；生滅相狀；染淨互熏；義大；真生不二；對治邪執；分別發趣道相。

　　四、修行信心分：討論四信包括真如、佛、法、僧；五行包括施、戒、忍、進、止觀；及彌陀易行。

　　五、勸說利益分：總說利益，及以聞思修三慧別說利益。並舉出誹謗之罪。最後結勸。

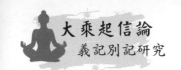

關於本書第一部分,「大乘起信論義記」一書之釋文。

全書共有七卷,法藏以十門解釋此論,包括一辨教起所因、二諸藏所攝、三顯教分齊、四教所被機、五能詮教體、六所註宗趣、七釋論題目、八造論時節、九翻譯年代、十隨文解釋。

卷一即解釋上十門之第一至第九門,見本書文中說明。

卷二從第十門隨文解釋起,迄不空言說眞如。文中解釋「大乘起信論」有三分,依序分、正分、流通分三分解釋。

卷三從心生滅起,迄覺之四種體相。

卷四從不覺義起,迄分別粗細生滅相。

卷五從四種法熏習義起,迄觀察知心無念隨入眞如門。

卷六從對治邪執起,迄眾生心有垢法身不現。

卷七從修行信心分起,迄最後流通分之流通頌。

關於本書第二部分,「大乘起信論別記」釋文。

別記共分三十五段分,從第一、釋題目,迄至第三十五、四謗義。各段分詳見本書別記部分之釋文。

關於本書第三部分之「問題研究」,共分十四段分,包括探討大乘起信論的眞僞、眞如緣起三大難、無明有無厚薄、起信論的地位及其影響、起信論的註疏、體相用三大論、法數與修行位階、熏習論、心識論、生滅與不生滅論、眞如與如來藏、佛三身論、智論、四信五行之修行等。

尤其對止觀深入探討,並比較各宗及各經對止觀之看法,兼探討小乘之禪法。

最後探討念佛法門,包括生西之條件;如何修持才能生西,及一些淨土宗的爭議問題。

大乘起信論不管其眞僞如何,確是一本難得一見的好書,言簡意賅,文辭優美,無論佛法正知見及實踐修行均有深入探討。本書主張一心(眾生心);二門(眞如與生滅門);三大(體相用三大);四信(眞

如、佛、法、僧）；五行（施、戒、忍、進、止觀）。文中尤其指出一些法數如生住異滅四相、五意、三細、六粗、六染心等與修行位階的明確配對。

　　大乘起信論的理論及其思想對中國八大宗之華嚴宗、天台宗、三論宗、禪宗等影響至為深遠。

　　起信論同時也提出與唯識宗不同的心識看法及熏習見解。

　　作者愚見以為「大乘起信論」確為一本能夠引起眾生「信仰大乘」的重要典籍，尤其經法藏大師以「義記」及「別記」二書，加以深入發揮闡述，益見大乘正知正見之發露。

　　作者爰此著作本書：「大乘起信論義記別記研究」一書，除饗讀者，並期能引導初學進入大乘佛法。

　　佛法如斯浩瀚，作者管見恐有未逮，尚祈各方賢達大德不吝匡正是幸。

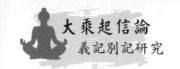

目錄

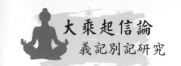

第一部分
大乘起信論義記

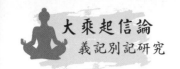

第一章、大乘起信論義記卷一

第一節、法藏序文

原文：「夫真心廖廓。絕言象於筌蹄。沖漠希夷。亡境智於能所。
非生非滅。四相之所不遷。無去無來。三際莫之能易。但以無住爲性。
隨派分岐。逐迷悟而升沉。任因緣而起滅。雖復繁興鼓躍。未始動於
心源。靜謐虛凝。未嘗乖於業果。故使不變性而緣起。染淨恆殊。不
捨緣而即真。凡聖致一。其猶波無異水之動。故即水以辨於波。水無
異動之津。故即波以明於水。是則動靜交徹。真俗雙融。生死淨槃。
夷齊同貫。但以如來在世。根熟易調。一稟尊言。無不懸契。大師沒
後。異執紛綸。或趣邪途。或奔小徑。遂使宅中寶藏。匿濟乏於孤窮。
衣內明珠。弗解貧於傭作。加以大乘深旨。沉貝葉而不尋。群有盲徒。
馳異路而莫返。爰有大士。厥號馬鳴。慨此頹綱。悼斯淪溺。將欲啓
深經之妙旨。再曜昏衢。斥邪見之顛眸。令歸正趣。使還源者可即。
返本非遙。造廣論於當時。遐益群品。既文多義邈。非淺識所關。悲
末葉之迷倫。又造斯論。可謂義豐文約。解行俱兼。中下之流。因茲
悟入者矣。然則大以包含爲義。乘以運載爲功。起乃對境興心。信則
於緣決定。往復折徵。故稱爲論。故云大乘起信論。餘義下當別辨。」

*研究：

什麼是「真心」，真心是寂寥廓明，真心即起信論所謂的「一心」，
約等同於佛心。真心是寂寥的，是本寂之意，但又廓明，是本覺之意，
真心是空性，但不是空無一物的無，空是指自性空，而且它又是明覺

的，即有不空的明性、覺性。

絕言象於筌蹄，筌是捕魚竹器，蹄是補兔網，意即工具、手段。它的實現不是言語可以表象的，也即是不可說。

沖漠希夷是意深奧難知。

-亡境智於能所：已無能所，對境之識已轉依為智。能是能觀心，所是所觀物，要達到亡失能所，必須菩薩初地以上。要達到識轉智，菩薩初地可以初步轉第六識為妙觀察智，第七識為平等性智。要成佛才能轉第八識為大圓鏡智，轉前 5 識為成所作智。

-非生非滅：真心是不生滅與生滅和合，是超生、滅、亦生亦滅、非生非滅四句的。是本來即有，不生不滅的。

-四相之所不遷：沒有生住異滅之四相遷變，即是無為的。

-無去無來：中論的六不：不生不滅、不一不異、不常不斷、不來不去。指的就是佛心、真心、佛的境界。

-三際莫之能易：三際是過去、現在、未來。金剛經之三心不可得，即即過、現、未三者都是虛幻的，都是不可得。

-但以無住為性：金剛經：應無所住而生其心，無住是無所依、無所著，心內一片無雲晴空，是佛的境界。

隨派分岐，逐迷悟而升沉，任因緣而起滅，雖復繁興鼓躍，「未始動於心源」。

雖然有派別的分岐，迷悟的升沉，因緣的起滅，繁興鼓躍，這顆「徹源的真心」凝然不動，也只有真心、佛心才能由假入空，不受世間的雜染法所動。

-靜謐虛凝，未嘗乖於業果，致使不變性而緣起，染淨恒殊：本論的一心有二門，心真如門及心生滅門。真如有不變隨緣及隨緣不變兩特性。

不變隨緣指它的不變性可以隨緣生起，所以遇緣也會產生業果，遇緣也會生起染淨法。

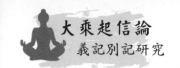

不捨緣而即眞，凡聖致一：眞如也有隨緣不變的功用。遇緣可以即體即空，將妄緣即體轉眞，所以凡聖其實是同具眞如體。以佛而言，凡聖無差。以眾生而言，凡聖雖有相用上的差別，但均爲眞如體。只要轉迷成悟，凡聖也是無差。

-其猶波無異水之動，故即水以辨於波。水無異動之津，故即波以明於水：水就像眞如體，風是無明，風吹起水波是生滅現象。

波也是水，只是水被風吹動，水之動而形成波。

水若無風吹動，就沒有波。

不動的水就是心眞如門，波就是心生滅門，風就是無明。只要斷了無明，停了風，水波就恢復爲水，波不見但水還在。

所以無明斷了，生滅沒了，但眞如依舊存在。

-是則動靜交徹，眞俗雙融，生死涅槃，夷齊同貫：

所以只要斷了無明（風），生死（波）即涅槃（水）。因爲波也是水。

眞俗雙融指眞諦（萬法都是自性空），俗諦（萬法都是假名的假法），也可以視眞諦是水，俗諦是波，風是緣起。所以只要認識緣起是性空，眞俗二諦即可相融。

-但以如來在世，根熟易調，一稟尊言，無不懸契：如來在世時，若眾生根機成熟，只要領受世尊言教，就能契機有成。

-大師沒後，異執紛綸，或趣邪途，或奔小徑，遂使宅中寶藏，匿濟乏於孤窮，衣內明珠，弗解貪於傭作：世尊死後約百餘年，因大天五事而造成上座與大眾兩部的分裂。其後二百年初大眾部一再分裂。其後三百年初，上座部也分裂爲十一部。即所謂異執紛綸。

或趣邪途，約有 96 種外道。或奔小徑，印度佛教約世尊沒後前 5 百年小乘興盛，中五百年大乘興盛，後五百年密乘興盛。

-加以大乘深旨，沉貝葉而不尋，群有盲徒，馳異路而莫返：印度佛教大乘概有三系：依印順大師有性空唯名、虛妄唯識、眞常唯心。

中國佛教大乘有八宗。

對於眞如、如來藏、佛性、法界、唯識、中觀、緣起等，各宗見解亦稍有出入。

本論之唯識見解與玄奘等之唯識宗也稍有出入不同之處。以後會一一討論。

-爰有大士，厥號馬鳴，慨此頹綱，悼斯淪溺，將欲啓深經之妙旨，再曜昏衢，斥邪見之顚眸，令歸正趣，使還源者可即，返本非遙：本論提出一心（眾生心）、二門（心眞如門、心生滅門）、三大（體大相大用大）、四信（信眞如、佛、法、僧）、五法（施、戒、忍、進、止觀）。尤其一心、二門、心性本覺、體用不二、眞如無明互熏、色心不二、眞如緣起、念處無念及止觀雙運之修爲方法、性相圓融等，均有獨到之見解。

尤其對中國佛教如華嚴宗、天台宗、禪宗等之影響鉅大。

-造廣論於當時，遐益群品，既文多義邈，非淺識所闚，悲末葉之迷倫，又造斯論，可謂義豐文約，解行俱兼，中下之流，因茲悟入者矣：

本論的最大優點是義豐文約，解行俱兼，中下之流皆可得悟入。不像有的論典是大部頭，不易卒讀，有的論典深邃，非淺識所能了解。

-然則大以包含爲義，乘以運載爲功，起乃對境興心，信則於緣決定，往復折徵，故稱爲論，故云大乘起信論：

讀了本論，可以引起對大乘之篤信。

大是包含和合之義，乘是可以乘載入佛地，起信是可以引發對大乘佛法的淨信。

印度佛教的傳播有南傳佛教及北傳佛教。南傳佛教主要以上座部佛教爲主，現今流行於斯里蘭卡、緬甸、泰國、柬埔寨、寮國、越南高棉族、寮國族及中國泰族聚居地等地，還有一些古印度傳承殘存在孟加拉吉大港山區、尼泊爾連同印度米佐拉姆邦、阿魯納恰爾邦、中

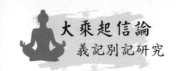

國雲南傣族聚居區；與大乘佛教並列爲現存佛教最基本的兩大派別。

大小乘佛教的主要不同在於小乘以追求個人的涅槃解脫爲主，重自利，修行以破人我空、見思煩惱的小乘四果爲主。有聲聞、緣覺兩乘。前者主修四諦觀，後者主修十二因緣觀。大乘則以追求自覺、覺他爲主的菩提道。重利他兼自利。修行以破人我空、法我空的大悲行菩薩及斷盡無明煩惱的無上佛果。有菩薩乘及佛乘。前者主修六度四攝，後者主修煩惱即菩提，生死即涅槃。

本論屬如來藏系的眞常唯心派論典，以如來藏緣起爲主，不同於小乘的業感緣起，唯識的阿賴耶緣起。

影響及華嚴宗的法界緣起及性起。天台宗的眞如緣起。天台湛然的不變隨緣。及禪宗五祖的一乘即一心。六祖慧能的自見本性，本性即本覺及無念爲宗。及禪宗北宗神秀的離念門。

第二節、開十門

1.初教起因者

原文：「初教起因者。略有十因。一依何智。二示何法。三云何示。四以何顯。五依何本。六藉何力。七爲何義。八以何緣。九由何起。十幾何益。初依何智者。謂依論主洞契心源之智。隨機巧妙之辯。十地論云。歎辯才有三種。一眞實智。謂無漏智故。二體性。成就無量義辯才故。三者果。字義成就。復是滑利勝上勝字成就故。解云。此初是根本智爲依。二是後得智爲因。三是言說教爲果。是故教起。內依智也。二示何法者。謂一心。二門。三大。四信。五行等法。此即是大乘之中起信之法。是所示也。三云何示者。謂以巧便開一味大乘。

作法義二種。分一心法。復作二門。析一義理。復爲三大。由此善巧而得開示。四以何顯者。謂妙音善字譬喻宗因。方令義理明了顯現。五依何本者。謂佛聖言。及正道理。定量爲本。六藉何力者。謂歸命三寶。承力請加。賴彼勝力。有所分別。故能造論。七爲何義者。謂助佛揚化。摧邪顯正。護持遺法。令久住世。報佛恩故。八以何緣者。謂緣於眾生。欲令離一切苦。得究竟樂。故造斯論。九由何起者。謂由菩薩大悲內融。愍物長迷。由此造論。法施群品。十幾何益者。略有六種。一未信者。令生信故。二已信者令得聞慧故。三已聞者。令得思慧故。四已思解者。令得修慧故。五已修行者。令證入故。六已證入者。令圓滿故。」

*研究：

明辨教起的原因，大略有十因。

一、依何智者

依論主洞契心源之智及隨機巧妙之辯。

十地論云，辨才有三種。一眞實智，謂無漏智。所謂眞實智、無漏智是指根本智及後得智。

無分別智又作無分別心。指捨離主觀、客觀之相，而達平等之眞實智慧。即菩薩於初地入見道時，緣一切法之眞如，斷離能取與所取之差別，境智冥合，平等而無分別之智。亦即遠離名想概念等虛妄分別之世俗認識，唯對眞如之認識能如實而無分別。此智屬於出世間智與無漏智，爲佛智之相應心品。此智有加行、根本、後得等三種之別：（一）尋思之慧，稱爲加行無分別智，又作加行智，乃道之「因」，是見道前四加行所依之智。二）正證之慧，稱爲根本無分別智，又作出世無分別智、根本智，乃道之「體」。（三）出觀起用之慧，稱爲後得無分別智，又稱後得智，乃道之「果」。另據成唯識論卷十之說，根本無分別智與後得無分別智屬同一種智，惟作用不同，後得智依根本智方能掌握佛教眞理，根本智則靠後得智方可於世俗世界之認識中發揮

功能。

　　*各種三智之分別：

（一）指大智度論卷八十四釋三慧品所說之一切智、道種智、一
　　　切種智。（1）一切智，即了知一切諸法總相之智。總相即空
　　　相。此智乃聲聞、緣覺之智。（2）道種智，又作道種慧、道
　　　相智。即了知一切諸法別相之智。別相即種種差別之道法。
　　　此智乃菩薩之智。（3）一切種智，又作一切相智。即通達總
　　　相與別相之智，即佛智。天台家認為，此三智為空、假、中
　　　三觀所成，即一切智為空觀所成，道種智為假觀所成，一
　　　切種智為中觀所成。

　　　　又華嚴經疏卷四亦舉出俗智、真智、中道智三智，其中真
　　　智即觀照真諦空理之智，相當於一切智；俗智即觀照俗諦
　　　諸法差別之智，相當於道種智；中道智不偏真俗二邊，雙
　　　遮雙照，相當於一切種智。〔大品般若經卷一、大智度論卷
　　　二十七、摩訶止觀卷三上、觀音玄義卷下〕

（二）指菩薩地持經卷三方便處無上菩提品所說之清淨智、一切
　　　智、無礙智。（1）清淨智。即觀第一義，斷除一切煩惱習，
　　　而離障無染之智；此乃如來之第一義智。（2）一切智。即
　　　了知一切時、一切界、一切事、一切種等一切法相之智；
　　　此乃如來世諦之智。（3）無礙智。又作無滯智。即於上記
　　　四種一切法相，發心即知，不假方便，不假思量，了達無
　　　礙之智；此乃如來世諦之智。此三智為三種般若中之觀照
　　　般若所攝，亦為一切種智所攝。〔瑜伽師地論卷三十八、大
　　　乘義章卷十九〕

（三）指楞伽經卷三所說之世間智、出世間智、出世間上上智。
　　　　（1）世間智。即凡夫外道之智。凡夫、外道於一切法種種
　　　分別，執著有無，而不能出離世間。（2）出世間智。即聲

聞、緣覺之智。聲聞、緣覺修四諦十二因緣，能出離世間。然猶墮自共之相，以為有生死可厭，有涅槃可求。（3）出世間上上智。即諸佛菩薩之智。諸佛菩薩觀一切法寂靜，不生不滅，得如來地，超出聲聞、緣覺之智。

（四）指外智、內智、眞智。（1）外智，善能分別明了六根六塵之境、博覽古今、通曉俗事之智。（2）內智，善能滅除無明煩惱、心意寂靜之智。（3）眞智，善能通達淨穢同體無別、萬物本自寂靜之智。〔寶藏論離微體淨品〕。

由上知，根本智及後得智即是大智度論中之一切智，即證得法我二空之空性中道智。為菩薩之智。

一切種智即佛智。一心同時證得空性、假法、中道之即空即假即中之智。

二、示何法者

即一心：眾生心。二門：心眞如門、心生滅門。

三大：體大、相大、用大。

四信：信根本（眞如）、佛、法、僧

五行：施、戒、忍、進、止觀。

以上五法是大乘起信之法。

三、云何示者

以巧便開一味大乘。一味大乘即佛乘。二乘即聲聞乘、緣覺乘。三乘即聲聞乘、緣覺乘、菩薩乘，五乘即人天乘、聲聞乘、緣覺乘、菩薩乘、佛乘。

本論的法義主要有一心法、二門、三大。

由此善巧開示法義。

四、以何顯者

主要顯現法之義理，以妙音、善字、譬喻來顯現宗因。

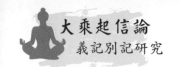
五、依何本者

依佛的聖言、正法道理、決定證量爲本。

六、藉何力者

藉三寶勝力加被之力。

七、爲何義者

主要意義在助佛揚化，摧邪顯正，護持遺法，令佛法久住於世以報佛恩。

八、以何緣者

爲使眾生離一切苦，得究竟樂。

九、由何起者

由菩薩的大悲心而起，愍憐長迷的眾生，希能法施群品。

十、幾何益者

略有六種利益：

一未信者令生信

二已信者令得聞慧

三已聞者令得思慧

四已思解者令得修慧

五已修行者令證入

六已證入者令圓滿。

略有如是十因緣故。令此教興。更有六因。如瑜伽六十四云。欲造論者。要具六因。一欲令法義當廣流布故。二欲令種種有情。由此因緣。隨一當能入正法故。三爲令沒種種義門。重開顯故。四爲欲略攝廣散義故。五爲令顯甚深義故。六欲以種種美妙言辭。莊嚴法義。生淨信故。此論下八因緣等。及十住毘婆沙論。并大毘婆沙等。各有因緣。可尋彼知之。」

*研究：

以上十因緣，令此教興盛。更有六因，如瑜伽六十四所說，想要

造論者，需具六因。

一、欲令法的義趣能廣爲流布。

二、欲令種種信解的有情，因此因緣能夠步入正法。

三、爲令已經失沒的種種義門，能夠重新開顯。

四、爲欲廣大而失散的法義能夠再攝入。

五、爲令顯示甚深法義。

六、欲以種種美妙說解，莊嚴法義，令生淨信。

此論以下所談八因緣，在十住毘婆沙論，及大毘婆沙等都有論及，可尋彼知之。

2.明藏攝分齊者有

原文：「二明藏攝分齊者有二。初約所詮三故，教育則爲三。後約所爲二故。教則爲二。前中爲銓三學。故立三藏。一修多羅藏。或云素怛藍。或修妒路等。並以應語梵名難得曲耳。此翻名契經，謂契理合機。故名爲契。貫穿縫綴。目以爲經。佛地論云。貫穿攝持所應說義及所被機。故名素怛藍。即銓定之教。契經即藏。持業釋。二名昆奈耶藏。或云毘那耶。或云昆尼。古翻名滅。謂身語意惡。焚燒行者。義同火然。戒能止滅。故稱爲滅。故云清涼。以能息惡炎熾相故。今翻爲調伏。謂調是調和。伏是折伏。則調和控御身語意業。制伏除滅諸惡行故。調伏是行。即所銓戒行。調伏之藏。依主釋。以從所詮爲名故。三阿毘達磨藏，或云阿毘曇。古譯爲無比法，謂阿毘云無比，達磨云法。即即無分別智分別法相。更無有法能比於此，故云無比法。今譯爲對法，謂阿毘是能對智，達磨是所對境法。謂以正智，妙盡法源。簡擇法相，分明指掌，如對面見，故云對法。對法是所詮之慧，即對法之藏。亦依主釋，從所詮爲目，又或名伏法擇法數法通法大法等，並隨義之名，如餘說。」

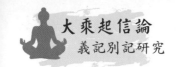

*研究：

明諸藏所攝，有二。一者所詮有三，教則有三。二者所爲有二，教則有二。

爲銓述戒定慧三學，故立經律論三藏。一者修多羅藏，即經藏。或稱爲素怛藍，或爲修妒路。爲因應梵語名稱不會曲解，此翻譯爲契經，謂契合道理合乎機鋒，故名爲契，文義貫穿縫綴，故視爲經。佛地論云：能夠貫穿攝持所說的義理及所被機的人，故名素怛藍，即詮表決定之教理，契經就是「藏」。

二名毘奈耶藏，即律藏。或稱毘那耶或毘尼。古翻譯爲「滅」。意指身語意爲惡，焚燒行者，義同火燃。戒能止惡，故稱爲滅。亦稱清涼，因能息滅惡的炎熾狀。今翻爲調伏。調是調和，伏是折伏，調和控制身語意業，制伏除滅諸惡行。調伏所行，即所表詮的戒行。調伏之藏，是依主要解釋，以從所表詮爲名。

三者阿毘達磨藏，即論藏。或稱阿毘曇，古譯爲無比法。阿毘是無比，達磨是法。即以無分別法智分別法相，或無有法可相比，故稱無比法，今譯爲對法。指阿毘是能對智，達磨是所對境法。意指以正智，妙盡眞如法源，簡擇差別法相，分明清楚，瞭若指掌，有對面見，故稱對法。對法是所詮之智慧，即對法之藏。或稱爲伏法、擇法、數法、通法、大法等。

*原文：

「問。若此三藏於彼三學各銓一學，何故雜集論第十一云，復次開示三學，立素怛藍，開示戒定，名毘奈耶。開示慧學，名阿毘達磨。

答：若依剋性門，如前各詮一，若依兼正門，則如集論說。以經寬故具三，律次具二，論狹唯一。亦是本末門。謂經是本，餘二次第末也。此論於彼三藏之中，對法藏攝。

二約所爲二故，教即爲二者，但根有利鈍，法有淺深，故合三藏，分爲二種。故莊嚴論第四云，此藏由上下乘差別故，復說爲聲聞藏及

菩薩藏。

問。彼三及二云何名藏。答。由攝故,謂攝一切所應知義。解云。是故爲彼聲聞鈍根下乘,依法執分別,施設三藏。詮示聲聞理行果等,名聲聞藏。爲諸菩薩利根上乘,依三無性二無我智,施設三藏,詮示菩薩理行位果,名菩薩乘。

問。經中爲諸緣覺說因緣法,何故獨覺不立藏名。答。若依普超三昧經及入大乘論,即約三乘而立三藏。今依攝論及莊嚴論,約上下乘分爲二藏,故不立也。

問。何故二教廢立不同。答。但彼獨覺與此聲聞有同有異。謂約教行少分不同,分三乘藏。約彼理果全體不殊,故合爲一藏。謂同斷我執,同證生空,果同羅漢,故不別立,是故經論開合不同,如是此論,二藏之中,菩薩藏攝。」

*研究:

問:若此經律論三藏,各自表詮一學生,如經表定、律表戒、論表慧。何故雜集論第十一說:素怛藍,即經,可以開示戒定慧三學。毘奈耶,即律,可以開示戒定二學。阿毘達磨,論,可以開示慧學。

答:若依剋性門,如前各詮一。若依兼正門,則如集論所說。經寬廣,故具戒定慧三學。律其次,具戒定二學。論狹窄,只及慧學。

也可稱之爲本末門:經是本;律論是末。

本論於彼三藏中,對法藏所攝著。

問:如瑜伽八十一說。所有經典,再三研析,是了義經,名摩怛理迦。能符合世尊的自廣分別法相。如此論,雖是法藏所論,亦是佛說。此論是如來滅後菩薩所作,爲何可收入達磨藏?

答:有二義。一者符合瑜伽種類,故入彼攝。二者符合摩訶摩耶經。佛說馬鳴很會說法,既然善說,就等於是如來懸印所說,故可以入此藏收。

如來說法過常有三種,一佛自己親說。二加上他人說。三佛懸印

允許說。此論屬第三。

諸藏所攝第二種是約所爲有二，教法即有二。但根有利鈍，法有淺深，故三藏有二種。如莊嚴論第四所言，此藏因上下乘有差別，故分爲聲聞藏及菩薩藏二種。

問：彼云何名藏，答。由攝故，謂含一切所應知的義理。

解云。是故聲聞乘爲鈍根下乘，依有法執分別，來施設經律論三藏，銓示聲聞的理、行、果等法義，是名聲聞藏。而菩薩藏是菩薩利根上乘，依三無性：生無性（依他起生無性），相無性（遍計所執相無性）及實無性（圓成實無性）。

依人無我智及法無我智等二智。來施論經律論三藏，詮示菩薩的理，行、果等法義，名菩薩藏。

問。經中爲諸緣覺說十二因緣法，爲何緣覺不能獨立命名緣覺藏？

答。若依普超三味經及入大乘論，是分聲聞、緣覺、菩薩三乘而立三藏。若依攝大乘論及莊嚴論，則只立聲聞、菩薩二乘。

問。爲何上二教廢立不同？答。聲聞、獨覺有同有異，二者之教行有稍不同，前者主修四聖諦，後者主修十二因緣。但二者之教理及果位完全相同，故合爲一藏。謂同斷我執，同證生空。同致四果及阿羅漢果，故不分別立藏。

本論是二藏中之菩薩藏。

3.顯教分齊者

原文：「第三顯教分齊者。於中有二，先敘諸教，後隨教辯宗。前中，此方諸德立教開宗，紛擾多端，難可具陳。略述十家，如華嚴疏中。又古代譯經，西來三藏，所立教相，亦有多門，略舉五家，亦如彼說。今中竺國三藏法師地婆訶羅，唐言日照，在寺翻譯，余親問，

說云。近代天竺那爛陀寺，同時有二大德論師，一曰戒賢，一曰智光，並神解超倫，聲高五印，六師稽顙，異部歸誠，大乘學人仰之如日月、獨步天下竺，各一人而已。遂所承宗異，立教互違。謂戒賢則遠承彌勒無著，近踵護法難陀。依深密等經，瑜伽等論，立三種教，以法相大乘爲眞了義。謂佛初鹿園轉於四諦小乘法輪，說諸有爲法從緣生，以破外道自性因等。又由緣生無人我故，翻彼外道說有我等。然猶未說法無我理，即四阿含經等。第二時中，雖依遍計所執，而說諸法自性皆空、翻彼小乘，然於依他圓成，猶未說有，即諸部般若等。第三時中，就大乘正理，具說三性三無性，方爲盡理，即解深密經等。是故於彼因緣生法，初唯說有，即墮有邊。次唯說空，即墮空邊。既各墮邊，俱非了義。後時具說所執性空，餘二爲有，契合中道，方便爲了義，此依解深密經判。

二智光論師遠承文殊龍樹，近稟提婆清辯，依般若等經，中觀等論，亦立三教，以明無相大乘爲眞了義。謂佛初鹿園爲諸小根說於四諦，明心境俱有。次於中時，爲彼中根說法相大乘，明境空心有唯識道理，以根猶劣，未能令入平等眞空，故作是說。

於第三時，爲上根說無相大乘，辨心境俱空，平等一昧爲眞了義。又初則漸破外道自性等，故說因緣生法決定是有。次則漸破小乘緣生實有之執，故說依他因緣假有，以彼佈畏此眞空故，猶在假有而接引之。後時方就究竟大乘，說此緣生即是性空，平等一相，是故即判法相大乘有所得等，爲第二時，非眞了義也。此三教次第，如智光論師般若燈論釋中，引大乘妙智經說。

問。此二所說，既各聖教互爲矛盾，未審二說可和會以不。答。此有二義，謂無會，無不會。

初無會者，既並聖教隨緣益物，何俟須會。即是智論四悉檀中，各各爲人悉檀。是故雖有相違，而不可會。亦是攝論四意趣中，眾生樂欲意趣，於一法中或讚或毀，是故二說不須和會。

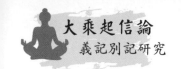

二無不會者。通論此二所設教門，了與不了有其二門。一約攝生寬狹，言教具闕，以明了不了。二約益物漸次，顯理增微，以明了不了。初中有二。先約攝生寬狹者。依解深密經，初時唯爲發趣聲聞乘說。第二時唯爲發趣大乘者說。此二各唯攝一類機，攝機不盡，故各非了。第三時普爲發趣切乘者說，此中攝機普該諸乘，故云普爲一切乘說，攝機周盡，方爲了義。二約言教具闕者。約機取教，則初時唯說小乘，第二唯說大乘，第三具說三乘。前二各互闕教不具，故非了義。後一具三乘，教滿爲了義。由此等義，是故第三方爲了義，戒賢所立，依此門判。

第二門內亦二，初約益物漸次者。謂初時所說，唯令眾生得小乘益，益未究竟，故非了義。第二時中，雖益通大小，然不能令趣寂二乘亦得大乘，是故此說亦非盡理。第三時中，普令得大乘之益，縱入寂者亦令迴向大菩提故。是故經云，唯此一事實，餘二則非眞。又云，若以小乘化，我則墮慳貪。此事爲不可，是故此說方爲了義。

二約顯理增微者。

初說緣生以爲實有，次說緣生以爲假有，後說緣生方是性空。前二所說顯理未周，會緣未盡，故非了義。後一顯理至究，會緣相盡，故爲了義。是故第三方爲究竟了義大乘，亦即初唯小乘，次具三乘，後唯一乘故也，智光所立，依此門判。

由有如此二種門故，是故聖教各依一勢以明權實，互不相違。

問。若如所說，兩宗各初唯說小乘，何故華嚴亦最初說，而非小乘。

答。此難諸德總有三釋。一云，約漸悟機，立三法輪，有此漸次，若頓悟機，最初亦說彼華嚴等。若爾，密跡力士經初時具說三乘之法，此爲其漸，爲其頓耶？

若是漸教，應唯說小，若是頓教，應唯說大，是故難解。

一云，若依顯了門，則如前有此三法次第。若約祕密門，則同時

皆有。若爾，則初時小顯而大密，何不以大顯而小密耶。又判此顯密，出何聖教，理既不齊，又無聖教，故亦難依。一云，但是如來圓音一演，異類等解。就小結集，故唯說小。就大結集，故唯說大。就通結集，故說三乘。若爾，說華嚴時，何故聲聞自所聞，乃如聾盲無所見聞，是亦難解。

今解此難，汎論如來圓音說法，大例有二。一爲此世根定者說，二爲此世根不定說。初中自有三節。一或有眾生，此世小乘根性定者，唯見如來從始至終但說小乘，如小乘諸部不信大乘者是。二或有眾生，此世三乘根性熟者，則唯見如來從始至終但說三乘，如密迹力士經說。佛初鹿園說法之時，無量眾生得阿羅漢果，無量眾生得辟支佛道，無量眾生發菩提心住初地等，廣如彼說，大品經中亦同此說。是故後時所說皆通三乘，如諸大乘經中說也。三或有眾生，此世一乘根性熟者，則唯見如來初樹王下華藏界中，依海印三昧，說無盡圓滿自在法門，唯爲菩薩，如華嚴經等說。是故諸說各據當根所得，互不相違也。

二不定根者有二位。一此世小乘根不定故，堪可進入三乘位者。則初聞唯小，爲不了教。次唯說大，亦非了教。後具說三乘，方爲了義，故有深密經中三時教也。

二此世小乘根不定故，堪可進入一乘位者。則初聞小乘，爲不了教。次通三乘，亦非了教。後唯說一乘，方爲了教，智光所立當此意也。是故由有於此世根定不定二位別故，令此教門或有前後，或無前後也。

上來總明敍會諸教竟。

第二隨教辨宗者。現今東流一切經論，通大小乘。宗途有四。一隨相法執宗，即小乘諸部是也。二眞空無相宗，即般若等經，中觀等論所說是也。三唯識法相宗，即解深密等經，瑜伽等論所說是也。四如來藏緣起宗，即楞伽密嚴等經，起信寶性所說是也。此四之中，初則隨事執相說。二則會事顯理說。三則依理起事差別說。四則理事融

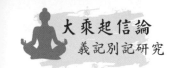

通無礙說。以此宗中，許如來藏隨緣成阿賴耶識，此則理徹於事也。亦許依他緣起無性同如，此則事徹於理也。又此四宗，初則小乘諸師所立。二則龍樹提婆所立。三是無著世親所立，四是馬鳴堅慧所立。然此四宗亦無前後時限差別，於諸經論亦有交參之處，宜可准知，今此論宗，意當第四門也。」

＊研究：

第三顯教分齊者。

戒賢遠承彌勒無著，近踵護法難陀。依解深密經、瑜伽等論，立三種教。

第一時：初鹿園講四諦小乘法，說有為法是從緣生，以破外道自性因之自生。又由緣生之人無我法，破外道之有我，但尚未說法無我理。所論經是四阿含經。

第二時中：依遍計所執，說諸法都是自性空，即法我空。翻破小乘的人我空，但對依他起性，及圓成實性，仍未說有。經如諸部般若。

第三時：具說三性及三無性（生無、相無及實無），如解深密經。

是故對於因緣生法，初說有，墮有邊。次說空，墮空邊。既墮邊即非了義。後時具說空及有，契合中道，方為了義。此是依解深密經判教。

二者。智光論師，依提婆（百論）、清辯（中觀自續派）、般若經、中觀等論，亦設立三教，以明無相大乘為真了義。

初：於鹿園為諸小根（小乘）說四諦（苦集滅道），明心境俱有。

次：為中根（二乘、初發意菩薩）說法相大乘（唯識宗），明境空心有唯識道理。以根猶劣，仍未能入平等真空。

第三時：為上根（法身菩薩即地上菩薩）說無相大乘，明心境俱空，平等一味為真了義。

初說因緣生法決定是有，是漸破外道的自性有及自生，違反因緣生法。其次漸破小乘的緣生實有之執，凡緣生者是依他緣之假有，因

怕初時之頑空，所以以假有接引。後時才是究竟大乘，說此緣生是緣起性空，平等一相，所以第二時之法相唯識，說境空心有，仍非了義。

以上是智光之「般若燈釋論」中引大乘妙智經所說。

問。戒賢與智光二說互為矛盾，可以二說和會否？

答：謂無會，無不會。

初無會者：

二者之聖教都各自有益處，何需會。也就如大智度論中所說四悉檀（四成就利益眾生法）中符合「為人悉檀」（為個人根機不同而說）。因此二說雖有不同，但不必會，亦如攝大乘論中所說「四意趣」中，符合眾生樂欲意趣，於一說法中，可讚也可毀，是故不需和會。

二者無不會者：此二教有二種情況，一約攝生寬狹。依解深密經，初時只為發趣聲聞乘，第二時只為大乘說，因此二時均只各攝一類，攝機未盡，因此都屬非了義。第三時則為一切乘說，已攝機周盡，故為了義。

二約言教具缺者。初時說小乘，第二時說大乘，第三時具說三乘（聲聞、緣覺、菩薩）。前二缺教不具，後一具三乘，教滿為了義。戒賢所立，依此門判。

二約益物漸次者。初時眾生得小乘益，第二時雖益通大小乘，但只趣小乘者未得大乘益。第三時可令小乘迴向大乘，所以前二非真。二約顯理增微者。初說緣生認為是實有，次說以為假有，後說緣生方是性空。後說為了義。此即初唯小乘，次具三乘，後唯一乘，智光所立，依此門判。

問。二宗最初都說小乘，為何華嚴也是最初說，但卻不是小乘？

答。有三種解釋。

一者，約漸悟機。華嚴是頓悟機，因此非是小乘。若是這樣，密跡力士經初時即具說三乘之法，究是漸或是頓？若是漸，應只說小乘，若是頓，應只說大乘。所以不是最初時都說小乘。

一云，若依顯了門，則如前有此三法次第。若約祕密門，三法同時皆有。而且，若是這樣，初時小顯而大密，為何不先大顯而小密。而且判顯密，又無聖教可依判，因此初時也不一定是顯或密。

一云，如來只是圓音一演，各類都平等通解。若是這樣，說華嚴時，為何聲聞聽不到所聽，像聾盲無所見聞。現在來解釋此問難。如來圓音說法有二種，一為此世根定者說。二為此世根不定者說。

為根定者說有三種情節。一或眾生是屬於此世是小乘根定者。所以如來從始至終只說小乘，因此小乘諸部不相信大乘。二或有眾生，此世是三乘根定者。則如來自始至終只說三乘，如說密迹力士經，初於鹿園說法時，即有很多眾生得二乘阿羅漢果及辟支佛果，也有很多眾生發菩提心，進入初地。是故後時所說皆通三乘。三或有眾生是屬於此世一乘根定者，如來初於樹王下華藏世界中，用海印三昧，說無盡圓滿自在法門，只為菩薩說，如說華嚴經即是。

第二種不定根者，有二種。一者此世是小乘根不定，可進入三乘位者。則初說小乘，次說大乘，後說三乘，故有解深密經之三時教。

二者此世小乘根不定，可入一乘位者。則初說小乘，次說三乘，後說一乘，智光所立即是此教。

第二隨教辨宗者。現今東流的一切經論，都通大小乘，宗門有四種。一隨相法執宗，即小乘諸部。二真空無相宗，即般若等經、中觀等論。三唯識法相宗，即解深密經、瑜伽等論。四如來藏緣起宗，即楞伽、密嚴、起信論、寶性論。

此四之中，初為隨事執相說。二為會事顯理說。三為依理起事差別說。四則理事融通無礙說。以此宗中，如來藏可以不變隨緣生成阿賴耶識，此即理徹於事。也可依他緣起萬法，此萬法無性如同真如，此則事徹於理。

又此四宗，初則小乘諸師所建立。二則龍樹提婆所立的中觀、般若。三是無著世親所立的瑜伽、唯識。四是馬鳴、堅慧所立的大乘起

信論。

　　然此四宗所立之時間並無前後時限差別，於諸經論所述也有四宗交參之處，本論當屬第四宗，如來藏緣起宗，理事融通無礙說。

4.教所披機

　　原文：「第四教所披機，說有二重，一約權教，即五種性中，菩薩種性及不定性，是此所為。餘三非此，以無分故，如瑜伽等說。二約實教。一切眾生皆此所為，以無不皆當得菩提故。

　　問。若諸無性亦當成佛，何得說無性有情。答。論有二釋。故佛性論及寶性論，同為謗大乘人。依無量時故作是說，非謂究竟無清淨性。佛性論第二卷中，判說無佛性是不了教故也。准此當知，永無種性非盡理說，楞伽文可證知。

　　問。如有難言。若諸眾生等有佛性，必當得佛。則眾生雖多，要當有盡，是為大過。又若悉有性，令最後菩提薩闕利他行，以無所化諸眾生故，闕行成佛，不應道理。又令諸佛利他功德亦則斷絕，以無所化機緣感故。如是三難，若為得通。答。此所設難，並由妄見眾生界故，妄起此難。故不增不減經云，大邪見者，見眾生界增，見眾生界減，以不實知一法界故，於眾生界起增減見。

　　問。我所說義，扶此經文，何者。若諸眾生悉皆有性，並當解脫，則眾生有減。今立有此無性眾生，常在世間，故無增減。答。若爾，汝於有性既起減見，即於佛界必起增見，此增減見，不離汝執。當知經意明一切眾生一時成佛，佛界不增，眾生界不減。故彼經云，眾生即法身，法身即眾生，眾生法身，義一名異。解云，況眾生界，如虛空界，設如一鳥飛於虛空，從西向東，至百千年，終不得說東近西遠，何以故？以虛空無分齊故。亦不得云總不飛行，以功不虛故。當知此中道理亦爾，非有滅度，令有終盡，非無終盡，有不滅度。故眾生界

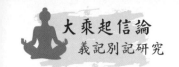

甚深廣大，唯是如來智所知境，不可輒以狂心限量斟酌，起增減見，既其無盡。是故三難無不能離。

二乘迴心者。若不定種性，未入無餘前，即有迴心，此不待言。若決定種性，未入無餘前，定不迴心，要入無餘，方有迴心，以二乘人本來不得無餘依淨槃故。佛性論第三云，二乘人有三種餘，一煩惱餘，謂無明住地。二業餘，謂無漏業。三果報餘，謂意生身變易身也。又無上依經勝鬘經寶性論等，廣明無漏界中有三種不思變易生死，謂聲聞緣覺大力菩薩。若言此中二乘是不定種性、理必不然、以未迴心，有分段故，迴心已去是漸悟菩薩，非二乘故。論說二乘有三種餘，非菩薩故，當知定是二乘自位無餘依中，大乘說彼有三種故。然彼二乘既不能知此三餘故，是故化火燒分段身，入無餘依。法爾皆有變易報殘，而彼不知，謂為淨槃，而實但是未燒身前，期以滅智所得滅定。法華論云，方便入淨槃城故，淨槃城者，諸禪三味城，過彼城已，令入大槃淨槃城故。解云，以此當知二乘無餘，體雖滅定，亦通方便，故云諸禪也。

由彼二乘根有利鈍。滅定防心，種有強弱，是故在定。極至八萬，乃至一念。由佛根欲性智為增上緣力，又由本有佛性之力，令心還生於淨土中，逢佛菩薩善友力故，修大乘道。然此利鈍遲疾，諸聖教略有七位，謂八萬，六萬，四萬，二萬，一萬等劫。如次以配四果及獨覺人。此五如彼淨槃經說。第六位，如楞伽云，三味酒所醉，乃至劫不覺，酒消然後覺，得佛無上身，此亦利於前，不至萬劫。第七位，如法華第三云，我滅度後，復有弟子，不聞是經，不知不覺菩薩所行，自於所得功德，生滅度想，當入淨槃。我於餘國作佛，更有異名。是人雖生滅度之想，入於淨槃，而於彼土求佛智慧，得聞此經，唯以佛乘而得滅度，更無餘乘，除諸如來方便說法也。解云，此最利根，亦捨分段入淨槃已。即於佛土受變易身，受佛教化入於大乘。亦有人解此經文，是變化聲聞，理定不然，若是化作，必為引攝實類眾生，若

彼眾生此引攝，亦學先入無餘淨槃，後方迴心。而汝所執無餘灰斷，
即便誤彼所引眾生，是則諸佛菩薩等，於彼眾生便成大怨，何名大悲
方便攝化。既無此理，故知入寂迴心，定非變化。此上七位並是定性
二乘，要入寂已，方刀迴心，不同不定性人，未入寂前有迴心故。

問。為一切定性二乘入寂悉皆迴心，為有不迴者？答。一切皆迴，
何以得知。法華論云，授聲聞記有其二種，一者如來，二者不輕菩薩。
所授聲聞有四種：一決定聲聞。二增上慢聲聞。三退菩提心聲聞。四
應化聲聞。後二聲聞以根熟故，佛為授記，謂應化聲聞退已，還發菩
提心也。決定聲聞增上慢人，以根未熟，菩薩與記，方便令發菩提心
也。解云，決定聲聞既在所記之中，故知定有發菩提心，又既但云根
未熟，不言總不熟，故知定有性。又彼論云，我不殊汝，汝等皆當作
佛者，示諸眾生皆有佛性也。解云，此是菩薩與記，明知定性聲聞有
佛性也。

問。何故新翻經論說有入寂定性二乘不迴心耶。答。新經論中，
據未入寂定不迴心，入寂已去彼不說故，故不相違。又教有了非了，
別如佛性論辨，故不可怪。又淨槃經中，言佛性有無皆不解我意者，
明佛性法離有離無，隨言執取，是不解意，非謂說有一分無性。佛性
論云，是故佛性決定是有，離有離無，此之謂也。是故一切眾生皆此
所為，餘經論皆准此釋。」

*研究：

第四，以教所被及的受機種類有二種，一約權教，權宜、方便、
不了義之教。謂有五種性：聲聞種、緣覺種、菩薩種、不定性種、無
性種。種性是先天本有的本性，而終其一生也已決定的本性，如聲聞
種性即最後只能修成聲聞果位。緣覺及菩薩種性同此意。

不定種性意指本具未特定的種性，將來可修成之果位不一定，可
以為各種果位。無性種是指本來即不具佛性，故而絕對不能修行成佛
果。

其中因菩薩種及不定種性尙可隨修行而招致不同的果位，因此屬於可隨教所被機者。

聲聞、緣覺、無性三者則已有先天固定的種性，故無法被機受教成菩薩或佛。

以上之五種種性說，與人人皆有佛性說不符，故屬不了義之權教。玄奘之新派唯識論持此看法。

二約實教。一切眾生皆有佛性，皆有得菩提及成佛的可能。因此爲實教、了義教。目前中國佛教的三論宗、禪宗、天台宗、華嚴宗等均持人人皆有佛性之觀點。

問。若有無佛性的眾生將來也可以成佛，爲何說有「無性有情」。答。論有二釋。佛性論第二卷中判說無佛性是不了義教。由此知，永無種性是不盡理的說法。由楞伽經也可證知。

問。有人詰難，若眾生有佛性，必當成佛，如此，雖眾生很多，但也會有減至沒有之時，這樣就是大錯誤。而且若眾生都有佛性，菩薩也會因眾生成佛數目減少，而缺眾生可以從事利他行，因沒眾生可度化，菩薩沒有利他行而能成佛也不應道理。而且也使得諸佛利他功德斷絕，因無眾生可化。以上三詰難，如何通釋。

答，以上所難是由妄見眾生界所致。不增不減經云，是見眾生界增加及減少，是大邪見。因不如實認知「一法界」故，才會對眾生界起增減。

我們這個世界是一整體法界，一是絕對一，有眾生減少或增加，仍然是一，只有相對一才會有增減。

問，我們如果建立有「無性眾生」，則有眾生因不能成佛，常在世間，故無增減。答，若是這樣，有性眾生因成佛而減少，則佛必會增加，此增減見都是你的妄執。

當知經意指明，眾生成佛，佛界不增，眾生界也不減。彼經云：眾生即法身，法身即眾生，眾生法身名異，其實意義相同，法身是不

增不減。何況眾生界其實是空性如虛空，虛空廣大無涯，設一隻鳥從西向東飛，歷百千年，也不能說東比較近了，西比較遠了，因為在虛空中無東西遠近之分。但也不能說鳥沒在飛，因鳥確在虛空中飛，虛空仍在。

以上道理同此，不是說因滅而有終盡，也不是因無滅，而沒有終盡。

故眾生界甚深廣大，只有如來智才能知曉。

當二乘人想迴小乘向大乘時，若是不定種性（即可能想向大乘邁進者），自然會在入無餘涅槃前（無餘是指無餘煩惱），就會生起迴心。若是屬決定種性（即永遠無法成佛者），在未入無餘涅槃前，一定不會生起迴向大乘的心。若進入無餘涅槃者，此時已非小乘，方有迴心，因二乘人本來即無法入無餘依涅槃（無餘依是完全沒有剩餘的煩惱存在）。

佛性論第三云：二乘人有三種餘。一煩惱餘，即無明住地。二乘人只斷五住煩惱的見一處住地、欲愛、色愛、有愛等四種煩惱，即見思惑煩惱。二業餘，即無漏業。三果報餘，即意生身變易身。二乘超三界，脫離分段生死，但尚無意生身，及需經歷變易生死。

又無上依經、勝鬘經、寶性論等，廣明無漏界中有三種不思議變異生死，即指聲聞緣覺大力菩薩。若說以上二乘是不定種性，一定無理。因若尚未迴心，仍受分段生死。若已迴心，則已是漸悟菩薩，不再是二乘了。二乘尚有三種餘未斷，所以不是菩薩。二乘既不能了知上述三餘煩惱，以為化火燒掉分段身的有餘依，進入無餘依，受變異生死報，彼不知，自以為是已入涅槃。其實是未燒身前，期以「滅智」所得的滅定而已。

法華論云，以方便法入涅槃城，該涅槃城只是諸禪三昧城的境界而已，要過彼城，才能入大般涅槃城（即大乘的無住涅槃。涅槃有 4 種：自性清淨涅槃，等同於佛性，每人皆本具。有餘依涅槃、無餘依

涅槃、無住涅槃。二乘人只能證得有餘依涅槃，尚有上述三餘依未斷。無住涅槃是菩薩所證的佛境界）。

二乘如果是不定性者，可以迴心向大乘，待證得無餘依涅槃，即入菩薩地。

二乘有根利鈍，種強弱之別，依靠佛根欲性智為增上緣，及本有的佛性力，可以令心還生於淨土中，修大乘道。有利鈍遲疾之別，依修成時間有 8 萬劫、6 萬、4 萬、2 萬、1 萬劫等不同期間共有 5 種人。以上 5 種配小乘四果及緣覺果（辟支佛）。

第 6 種如楞伽云，以三味酒所醉（迷於修行三味定），乃至劫不能覺悟，直至酒消（三味定完成）才覺而得佛無上身。此類人根利於前 5 種，得覺時間不到萬劫。

第七種人是如法華第三云，是人不知不覺即修行菩薩行，而有所得功德，即生滅度想，當入涅槃。而於彼土求佛智慧，得聞此經，以佛乘而得滅度。此類是最利根，可以捨分段生死而入涅槃，而在佛土受變易身及佛教化而入於大乘。

以上七類都是定性二乘，但只要入無餘依涅槃，已解除二乘定性身份，此時只要迴心大乘即可入大乘。

此見解不同於唯識派的定性聲聞論。

當然不定性人，在未入無餘依涅槃前前，即可以迴心向大乘。

問，一切定性二乘人入無餘依涅槃後悉皆迴心向大乘，有不迴心的嗎？

答，一切定性人都會迴小向大。

授聲聞記有如來及不輕菩薩。而所受聲聞有 4 種：決定聲聞（定性者）、增上慢聲聞、退菩提心聲聞、應化聲聞。後二聲聞的根已熟，佛為授記，讓已退之應化聲聞再發菩提心。前二種聲聞，根尚未熟，由菩薩授記，使他們發菩提心。

解云，定性聲聞既接受授記，可見他已發菩提心，又既云根未熟，

但卻不說根不熟，不能授記，可見定性人也有佛性，仍想成佛。又彼論云，我跟汝沒有不同，汝等皆當作佛，表示諸眾生皆有佛性。以上是菩薩授記，明知定性聲聞也有佛性，也能成佛。

　　問，爲何新翻譯的經論有說，入寂定性二乘不同於上面論述，也有不迴心耶？答，新經論中，據稱未入寂者一定不迴心，而入寂已迴心者彼則不說。又涅槃經中，言說佛性有或無皆不解我意。可知佛性法是離有離無，隨言執取都是不解意，但也不是說有「一分無性」（有一些人沒有本具佛性）。佛性論云，是故佛性決定是有，離有離無就是這個意思。

5.能詮教體者

　　原文：「第五、能詮教體者，略作四門。一隨相門。二唯識門。三歸性門。四無礙門。初中有四句。一或唯以名句文爲性。以聲是依非正體故。唯識論云。若名句等不異聲者。法詞無礙。境應無別。二或唯以音聲爲性。名句文等聲上屈曲。假立無體故。雜集論云。成所引聲。謂諸聖說。三或具前二事。方爲其性。維摩經云。有以音聲語言文字爲佛事。又十地論中說者以二事說。聽者以二事聞。謂聲名等也。問大乘中聲表善惡。聲是無記。名句文亦是無記。云何無記爲聖教體。答諸佛菩薩後得智說故。俱是善也。十地論名善字等是也。四或俱非二事以爲其性。以說即不說故。文字性離故。經云。夫說法者無說無示。其聽法者無聞無得。此之謂也。於此四句中。別取前三通小乘。具斯四說爲大乘。又此四句合爲一教。互有無礙。是大乘教也。二唯識門者。謂說者識現爲增上緣。令聞者識文義相現。下論云。若離心念則無一切境界之相。又攝論名爲言說識。又聞者識上聚集現等。是故一切聲名句等。皆是自心之所顯現。下論云。唯依心現不離眞如。三歸性門者。此識無體唯是眞如。下論云。是故一切法從本已來。離

言說相離名字相。離心緣相。畢竟平等。無有變易。不可破壞。唯是一心。故名眞如。以一切言說假名無實。但隨妄念不可得故。准此而知。四無礙門者。謂於前三門。心境理事。同一緣起。混融無礙。交徹相攝。圓明自在。不相障礙。以爲教體。以一心法有二門故。皆各總攝一切法故。思以准之。五教通諸法門者。謂遍於六塵一切所知境總爲生解之義。悉爲教體。准之。」

＊研究：

第五能詮教體者。略作四門。一隨相門。二唯識門。三歸性門。四無礙門。

一、隨相門

初中有四句。

一或唯以名句文爲性。

以聲是依非正體故。唯識論云。若名句（名句指文字）等不異聲（聲指言說）者，若文字與言說不異，法詞無礙，外境應無分別。

二或唯以音聲（言說）爲性，名句文等聲上屈曲，因此文字是假立無體。雜集論云。成所引聲，謂諸聖說。

三或具前二事，方爲其性。維摩經云。有以音聲語言文字爲佛事。又十地論中說者以二事說，聽者以二事聞，謂聲及名等也。

問：大乘中聲表善惡，聲是無記。名句文亦是無記，云何無記爲聖教體。

答：以諸佛菩薩後得智說，文字及言說俱是善也，十地論名善字是也。

四或俱非二事以爲其性。以說即不說故。文字性離故。經云。夫說法者無說無示，其聽法者無聞無得，此之謂也。

於此四句中，別取前三句通小乘。全具此四句爲大乘。又此四句合爲一教，互有無礙，是大乘教也。

二、唯識門者

謂說者識現爲增上緣，令聞者識文義相現。

下論云。若離心念則無一切境界之相。

又攝論名爲言說識。又聞者識上聚集現等，是故一切聲及名句，皆是自心之所顯現。

下論云。唯依心現，不離眞如。

三、歸性門者

此識無體，唯是眞如。下論（大乘起信論）云。「是故一切法從本已來，離言說相，離名字相，離心緣相。畢竟平等。無有變易，不可破壞，唯是一心，故名眞如。以一切言說假名無實，但隨妄念不可得故。」准此而知。四、無礙門者：

謂於前三門，指心境或理事，屬同一緣起，混融無礙，交徹相攝，圓明自在，不相障礙，以爲教體。

以一心法有二門故，皆「各」總攝一切法故。思以准之。

五教通諸法門者，謂遍於六塵，一切所知境總爲生解之義，悉爲教體。

6.所以詮宗趣者

原文：「第六、所詮宗趣者：先總後別。總中以一心法義爲宗，信行得果爲趣，即具境行果三也。此中境有二種。一法二義。如下文辨。行亦二種。一行體。謂四種信心。二行用，即五門修行，亦如下顯。果亦二種。一分果，謂令得入位。二滿果，謂成如來，並如下辨。宗之與趣何別者。謂當部所崇曰宗，宗之所歸曰趣。

二別顯宗趣，略有五重。一教義相對，以教說爲宗。用義意爲趣。如下文令捨言取意等。二理事相對。舉事爲宗，顯理爲趣。如下文從生滅門入眞如門等。三境行相對。以眞俗境爲宗，觀心行爲趣。

四證信相對。以成信不退爲宗，登地入證爲趣。五因果相對。以因爲宗，剋果爲趣。此五亦是從前起後，漸次相由。准釋可知。」

*研究：

所詮宗趣者：先總後別。總中以一心法義爲宗，信行得果爲趣，即具境行果三也。此中境有二種。一法二義。如下文辨。行亦二種。一行體。謂四種信心。二行用，即五門修行，亦如下顯。果亦二種。一分果，謂令得入位。二滿果，謂成如來，並如下辨。宗之與趣何別者。謂當部所崇曰宗，宗之所歸曰趣。

二別顯宗趣，略有五重。一教義相對，以教說爲宗。用義意爲趣。如下文令捨言取意等。二理事相對。舉事爲宗，顯理爲趣。如下文從生滅門入眞如門等。三境行相對。以眞俗境爲宗，觀心行爲趣。

四證信相對。以成信不退爲宗，登地入證爲趣。五因果相對。以因爲宗，剋果爲趣。此五亦是從前起後，漸次相由。准釋可知。

7.釋論題目者

原文：「第七釋論題目者。

大者。當體爲目。包含爲義。乘者就喻爲稱。運載爲功。法喻合舉。大乘所信之境。體能爲義。起信即能信之心。澄淨爲性。心境合目故云大乘起信。此即大乘之起信。是對境揀心。非是證等也。又亦起大乘之信。則對宗別行行。非小乘信也。又大者就義。謂體相用三大莫過。乘者約用。謂即佛性三位成運。自性住佛性爲所乘。引出佛性爲能乘。至得果佛性爲乘所至處。三義體用唯一心轉。是故亦乘亦大。持業釋也。又依雜集論。由與七種大性相應故名大乘。一境大性。以菩薩道緣百千等無量諸經廣大教法爲境界故。二行大性。正行一切自利利他廣大行故。三智大性。了知廣大補特伽羅法無我故。四精進大性。於三大劫阿僧祇耶。方便勤修無量難行行故。五方便善巧大性。

不住生死及涅槃故。六證得大性。得如來法身無所畏不共法等。無量無數大功德故。七果大性。窮生死際示現一切成菩提等。建立廣大諸佛事故。解云。前五約因。後二就果。瑜伽顯揚亦同此說。莊嚴論中。六名果大。謂得法身等。七名事大。謂示成菩提等。餘同此也。又有七義釋大乘。如十二門論辨。

起謂發起。以有本覺內熏爲因。善友聞熏用大爲緣。於此勝境發希有信能令心淨。如水清珠。唯識論中。信別有三。一信實有。謂於諸法實事理中深信忍故。二信有德。謂於三寶眞淨德中深信樂故。三信有能。謂於一切世出世善。深信有多力能得能成。起希望故。依梁攝論亦有三種。一信實有。自性住佛性。二信可得。引出佛性故。三信無窮功德。至得果佛性。又下文四種信心具尋辨之。何故但明信而不言餘行。以是行本故。論爲初機故。故下文云。自信己性。知心妄動。修遠離行等。又華嚴云。信爲道源功德母等。此中起信。據信成就處說。謂入住不退。使前信心成根不失故也。論者是集議論也。謂假立賓主。往復折徵。論量正理。故名爲論。是故名爲大乘起信論也。

馬鳴菩薩造馬鳴之名。依諸傳記。略有三釋。一以此菩薩初生之時。感動諸馬悲鳴不息故。立此名也。二此菩薩善能撫琴。以宣法音。諸馬聞已咸悉悲鳴。故立此名。三此菩薩善能說法。能令諸馬悲鳴垂淚不食七日。因此爲名也。言菩薩者。依諸論解。亦有三釋。一云。若具言之。應云菩提薩埵。菩提。此云大覺。即所求也。薩埵。此云有情。即所度也。從境爲名耳。若從心說。即唯悲與智也。二云。菩提是所求法。薩埵是能求人。心境合明。人法雙稱。故云菩提薩埵。三云。薩埵名勇猛。謂有志有能。於大菩提勇猛求故。立此名也。言造者製作也。」

＊研究：

大者。當體爲目，包含爲義。乘者以喻爲名稱，運載爲功。法、喻、合舉。

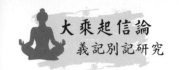

大乘所信之境、體能爲義。起信即能信之心，澄淨爲性。

起信之心及所信之境，心境合目，故云大乘起信。此即大乘之起信，是對境揀心，而非是證入也。又亦起大乘之信，則對宗別行，此行指大乘之信行，非小乘信也。又大者就義，謂體相用三大。乘者約用，謂即佛性三位成運。佛性三位指佛性論之三因（應得因、加行因、圓滿因）中應得因所含之三性，自住性性、引出性、至得果性。

應自性住佛性爲所乘，引出佛性爲能乘，至得果佛性爲乘所至處。三性相當於天台智者大師之三因佛性，正因同至得果性，了因同住自性性，緣因同引出性。三義體用，唯一心轉，至得果性是體，住自住性是相，引出性是用。

是故亦乘亦大，持業釋也。

又依雜集論，由與七種大性相應故名大乘。

一、境大性

以菩薩道，緣百千等無量諸經廣大教法爲境界故。

二、行大性

正行一切自利利他廣大行故。

三、智大性

了知廣大補特伽羅法無我故。

四、精進大性

於三大劫阿僧祇耶，方便勤修無量難行行故。

五、方便善巧大性

不住生死及涅槃故。

六、證得大性

得如來法身四無所畏、十八不共法等，無量無數大功德故。

七、果大性

窮生死際示現一切成菩提，建立廣大諸佛事故。

解云。前五（境、行、智、精進、方便善巧）約因，後二（證得、

果）就果。

瑜伽顯揚亦同此說。莊嚴論中，六名果大，謂得法身，七名事大，謂示成菩提等。餘同此也。

又有七義釋大乘。如十二門論辨。

起謂發起，以有本覺內熏爲因，指眞如之體相熏、用熏及外在的善友聞熏等用大爲緣。

於此勝境發希有信，能令心淨，如水清珠。

唯識論中，信別有三。

一信實有，謂於諸法之眞實理事，深爲相信忍可。

二信有德，謂於三寶眞淨德，能深信樂。三信有能，謂於一切世出世善，深信有多力，能得能成，起希望故。

依梁攝論亦有三種。一信實有，即自性住佛性。

二信可得，即引出佛性故。

三信無窮功德，至得果佛性。

又下文四種信心具尋辨之。何故但明信而不言餘行。因信只是行的根本。論只是初機，故本論下文云，自信己性，知心妄動，修遠離行等。

又華嚴云，信爲道源功德母等。

此中起信，據信成就發心處所說，是指入住不退，使前信心成根，不失故也。

論者，是指集議之論，謂假立賓主，往復折徵，論量正理，故名爲論。是故名爲大乘起信論也。

本論是馬鳴菩薩造。馬鳴之名，依諸傳記，略有三釋。

一、以此菩薩初生之時，感動諸馬，令之悲鳴不息，故立此名。

二、此菩薩善能撫琴，以宣講法音。諸馬聞已，咸悉悲鳴，故立此名。

三、此菩薩善能說法，能令諸馬悲鳴垂淚，不食七日。因此爲名

也。

言菩薩者，依諸論解，亦有三釋。

一云。若具言之，菩薩是指菩提薩埵。菩提，是大覺，即所求也。薩埵是指有情，即所度也。以上是從境起名。若從心說，即唯悲與智也。

二云。菩提是所求法，薩埵是能求人。心境合明，人法雙稱，故說菩提薩埵。

三云。薩埵名勇猛，謂有志有能，於大菩提勇猛求故，而立此名也。言造者，製作之意。

8.造論時節者

原文：「第八造論時節者。諸說不同。今依摩耶經云。如來滅後六百歲已。九十六種諸外道等。邪見競興。毀滅佛法。有一比丘。名曰馬鳴。善說法要降伏一切諸外道輩。七百歲已有一比丘名曰龍樹。善說法要。滅邪見幢。燃正法炬。以此經文為定說也。」

*研究：

有關造論時間，諸說不同。今依摩耶經云，如來滅後六百歲時，有九十六種諸外道等。邪見競興，毀滅佛法。當時有一比丘，名曰馬鳴，善說法要，降伏一切諸外道輩。而後，於佛滅後七百年時，另有一比丘，名曰龍樹。善說法要，滅邪見幢，燃正法炬。以此經文為定說也。

9.翻譯年代者

原文：「第九翻譯年代者。譯經紀云。沙門波羅末陀。此云真諦。亦云拘那羅陀。此曰親依西印度優禪尼國人。景行澄明。器宇清肅。

風神爽拔。悠然自遠。群藏廣部罔不措懷藝術異解。偏素諳練。歷遊
諸國隨機利見。以梁武帝泰清二年歲次戊辰。見帝於寶雲殿。帝敕譯
經。即以太清二年。迄承聖三年歲次甲[A1]戌。於正觀寺等。譯金光
明經。彌勒下生經。大乘起信論等。總一十一部合二十卷。此論乃是
其年九月十日。與京邑英賢慧顯智愷曇振慧旻等。并黃鉞大將軍大保
蕭公勃等。於衡州建興寺所譯。沙門智愷筆授。月婆首那等譯語。并
翻論旨玄文二十卷。屬侯景作亂。乃適豫章始興南康等。雖復栖遑。
譯業無輟。即汎舶西歸。業風賦命。還飄廣州。屬廣州刺史穆國公歐
陽頠延住制止寺。請譯經論。自陳永定元年歲次丙子。至迄泰建元年
己丑歲。更譯佛阿毘曇經論。及俱舍攝論等。總陳梁二代。敕譯經論。
四十四部一百四十一卷。然真諦或鋪坐具跏趺水上。若乘舟而濟岸。
接對吏君。而坐具無污。或以荷藉水。乘而度之。如斯神異其例甚多。」

*研究：

第九翻譯年代者。譯經紀云。沙門波羅末陀，此云真諦，亦云拘
那羅陀。此曰親依，西印度優禪尼國人。景行澄明，器宇清肅，風神
爽拔，悠然自遠。群藏廣部，罔不措懷，藝術異解，偏素諳練（意謂
所有三藏六部經典，無不精通）。歷遊諸國，隨機利見。

於梁武帝泰清二年歲次戊辰，見帝於寶雲殿。帝敕譯經，即於太
清二年，至承聖三年歲次甲戌，於正觀寺等，譯金光明經、彌勒下生
經、大乘起信論等，總共一十一部合二十卷。

本論乃是其年九月十日，與京邑、英賢、慧顯、智愷、曇振、慧
旻等人，及黃鉞大將軍大保蕭公勃等，於衡州建興寺所譯，沙門智愷
筆授，月婆首那等譯語。

並翻論旨玄文二十卷。

當時侯景作亂，乃適豫章始興南康等，雖復栖遑，譯業無輟。即
汎舶西歸，業風賦命，還飄廣州。

當時廣州刺史穆國公歐陽頠，延住制止寺，請譯經論。自陳永定

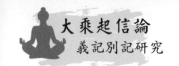

元年歲次丙子起,至泰建元年己丑歲,更譯佛阿毘曇經論,及俱舍攝論等。總陳梁二代,敕譯經論,共四十四部一百四十一卷。

　　然真諦或鋪坐具,跏趺水上,若乘舟而濟岸,接對吏君,而坐具無污。或以荷藉水,乘而度之。如斯神異其例甚多。

第二章、大乘起信論義記卷二

第一節、開十門

10.隨文解釋者

原文：（第十隨文解釋者。此論三分。謂序正流通。）

10.1.三歸頌之佛寶

「釋有三門。一約論主。二約論法。三約益生。初中三者。論首三頌歸敬請加。即是論主起行所依。二從論曰下。爲物宣說。正成論主法施之行。三末後一頌。結說迴向。即是隨行所起大願。是故三分。但成論主光顯佛日法施群生之行願也。二約法三者。初因緣分。是法起所因。爲序。二立義分下。正顯所說爲正宗。三勸修利益分。歎法勝能。爲流通。由此三分令法無失。久住不墜。三約益生三者。一因緣分。舉法爲機。二立義分下正授解行。三勸修分。舉益勸修。令佛種不斷。是故三分。方成眾生入法之行。上三門中。前一別辨。後二合釋。是故五分皆是正宗。以俱是論主正所作故。今但依初門。先解序內三頌。爲明歸敬辨意分也」

*研究：

釋有三門。一約本論論主，二約本論所論法，三約本論所生利益。

初中三者。論首三頌，歸敬請加，即是論主起行所依。

二從論曰下。爲物宣說，正成論主法施之行。

三末後一頌，結說迴向，即是隨行所起大願。

是故三分，但成論主光顯佛日，法施群生之行願也。

二約論法有三者。

初因緣分，是法起所因，等同是序。二立義分下，正顯所說爲正宗。三勸修利益分，歎法勝能，爲流通分。由此三分，令法無失，久住不墜。

三約所生利益，有三種。一因緣分，舉法爲機。二立義分下，正授解行。三勸修分，舉益勸修，令佛種不斷。

是故三分，方成眾生入法之行。

以上三門中，前一之論主爲別辨，後二之論法及益生則合釋。是故五分皆是正宗，因俱是論主正所作也。

今但依初門。先解序內三頌，爲明歸敬辨意分也

原文：（今釋此文。略作五明。一明諸論有無。二歸敬之意。三能歸儀式。四所歸勝相。五釋文。）

「初中。或有具敬三寶。如智論攝論等。或唯歸佛寶。如地持論。或但歸人法。如十地論。或直說無歸。如十二門論。此並作者之意。廣略無在。如龍樹廣論。已具歸依。十二門略論。故不別辨。二敬意者。一爲荷恩故。謂若無佛說。法起無由。若無其法。無所生解。若無僧傳。己則不聞。由此三恩。得成慧悟。今傳此法。理須念恩致敬。二請加護故。謂末代澆時傳化不易。若不仰請三寶威力。無由自通。故須致敬。三爲生信故。謂論主自是不足之人。率己造論。人不信受。要歸三寶。示有宗承。令物生信。四敬儀故。謂如世間忠臣孝子。凡有所作。先啓白君父。今此菩薩敬重三寶。過於君父。欲作此論。光暉佛日。豈不敬啓。五表勝故。謂如成實論說。三寶是吉祥境界。標之在首。以顯勝故。六益物故。謂如雜心說。爲令眾生於三寶中。發心趣求。信解觀察。供養歸依。是故頂禮。三能歸異相者。無過三業。謂表佛天眼見其身禮。表佛天耳聞其語讚。表佛他心知意觀察。又若

在亦見亦聞處具三業禮。若在唯見不聞處。以身意禮。若在唯聞不見處以語意禮。若扛不可見聞處。唯意業禮。又除三業過。成三業善。表三輪因。故准此也。四顯所敬勝相者。明三寶之義。廣如別章。」

研究：

今釋此文，略作五明。一明諸論有無。二歸敬之意。三能歸儀式。四所歸勝相。五釋文。

一、明諸論有無

或有具敬三寶，如智論攝論等。

或唯歸佛寶，如地持論。

或但歸人法，如十地論。

或直說無歸，如十二門論，此並作者之意，廣略都有，如龍樹廣論，已具歸依。十二門則是略論，故不別辨。

二、歸敬之意

又分六點：

1. 為荷恩故，謂若無佛說，法起無由。若無其法，則無所生解。若無僧傳，己則不聞。由此三恩，得成慧悟。故今傳此法，理須念以上三恩以為致敬。

2. 請加護故，謂末代澆時，傳化不易。若不仰請三寶威力，無由自通，故須致敬。

3. 為生信故，謂論主自是不足之人，率己造論，人不信受。要歸三寶，示有宗承，才能令人生信。

4. 敬儀故，謂如世間忠臣孝子，凡有所作，先啓白君父。今此菩薩敬重三寶，過於君父。欲作此論，光暉佛日，豈不敬啓。

5. 表勝故，謂如成實論說，三寶是吉祥境界。標之在首，以顯勝故。

6. 益物故，謂如雜心說。為令眾生於三寶中，發心趣求，信解觀察，供養歸依，是故頂禮。

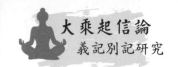

三、能歸異相

無過身口意三業。

謂表佛天眼，能見其身禮。表佛天耳，能聞其語讚。表佛他心，能知意觀察。

又若在亦見亦聞處，具三業禮。若在唯見不聞處，以身意禮。若在唯聞不見處，以語意禮。若在不可見聞處，唯意業禮。

又除三業過，成三業善，表三輪因。故准此也。

四、顯所敬勝相

明三寶之義，廣如別章所述。

五、釋文

原文：（釋文者，三頌分二。初二，明歸敬三寶。後一，申其敬意。）
「歸命盡十方。

最勝業遍知。色無礙自在。救世大悲者。

及彼身體相。法性眞如海。無量功德藏。如實修行等」

前中亦二。初歸命者。顯能歸誠至。二盡十方下明所敬深廣。前中歸者。是趣向義。命謂己身性命。生靈所重。莫此爲先。此明論主得不壞信。盡己所重之命。歸向三寶。請加制述。故云歸命。二歸是敬順義。命謂諸佛教命。此明論主敬奉如來教命傳法利生。故云歸命。問歸命與稽首何別。答智論云。如小乘經中。毘沙門王歸命釋迦稽首餘佛。論主將非爲初重後輕。以小乘人偏賀釋迦之恩故有斯也。又釋。通論。皆具三業。別分。稽首屬身。歸命是意。三業之中。意業爲重。如仙人起瞋令三國人死等。可知。

二所敬中亦二。初盡十方者。明所敬分齊。然有二義。一云。非直歸於一方三寶。乃欲盡於十方齊敬。二云。於十方內非直各歸一二等刹。亦乃一一方所各盡彼方無盡世界一切三寶。何以爾者。顯三寶普遍故。敬心廣大故。簡異小乘故。爲論標幟故。故盡十方也。

二辨所敬三寶。於中三。初三句明佛寶。次三句明法寶。後一句

明僧寶。初佛寶中。作四門釋。一約三業分別。最勝者標佛位也。謂過小曰勝。超因曰最。以障盡德圓果成極位故云最勝也。業者即總舉諸佛三輪業用謂最勝之業。最勝即業。二釋可知謂遍知意業勝。無礙身業勝。悲救語業勝者。謂結德屬人。謂具上諸德之者。所謂佛也。

二約二利分別者。最勝業總舉。遍知等別顯自利德。於中內有遍知之智。外有無礙之色。勝鬘經云。如來色無盡。智慧亦復然等。亦同此也。救世等別顯利他德。二利圓滿之者謂佛也。三約三德分別。一者最勝業是總標。遍知顯佛大智功德。二色無礙明佛大定功德。謂依定發通。現色無礙。三救世等明佛大悲功德。攝大乘論明佛受用身功德。唯說此三也。

四按文解釋者。此中但明報化二身。以法身入法寶攝故。最勝如初釋。業謂業用。遍知有二。謂一眞智遍知心眞如門恒沙功德等。二俗智遍知心生滅門緣起差別等。理量齊鑒。無倒遍知。色無礙者。如來色身自在無礙。乃有多種。如華嚴不思議法品說。今略辨四種。一大小無礙。謂一一根皆遍法界。而亦不壞諸根之性。又亦不雜諸根之相。二互用無礙。謂諸根相作而不相礙。三理事無礙。謂現色蕭然而不礙舉體性空。妙理常湛而不礙業用無方。下文云。色即智說名智身等。四應機無礙。謂圓迴之身。十方齊應。多機頓感。身亦不分而普現。在此而不礙彼。在彼而不礙此。坐不礙行等。思以準之。救世等者。世謂世間。有其三種。此明眾生世間。是所救也。救謂能救。即如來大悲。悲亦有三種。謂緣眾生法及無緣。無緣之悲。三中最勝。故云大悲。佛性論云。悲者暫救濟不能眞實救。大悲者能永救濟。恒不捨離者。謂結德屬人。可知。佛寶竟。

*研究：

前中亦二。

初歸命者，顯能歸於至誠。二盡十方下，明所敬之深廣。

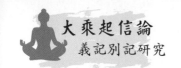

1、歸指趣向義

命指己身性命,生靈所重,莫此為先。此明論主以不能破壞的信心,盡己所重之性命,歸向佛法僧三寶,請加制述,故云歸命,

2、歸是敬順義

命謂諸佛教命。此明論主敬奉如來教命,傳法利生,故云歸命。

問:歸命與稽首有何分別。

答:智論云,如小乘經中,毘沙門王歸命釋迦,稽首餘佛。論主初重後輕,以小乘人偏荷釋迦之恩,故有斯也。又釋。以通論言之,皆具身口意三業。以別論,則稽首屬身,歸命是意。而三業之中,意業為重。如仙人起瞋,令三國人死等。可知。

二、所敬中亦二。

初「盡十方」者,明所敬分齊,然有二義。

一云。非只歸於一方之三寶,乃是欲盡於十方皆歸也。

二云。於十方內非只各歸一二等剎,亦乃一一方所,各盡彼方無盡世界之一切三寶。

何以爾者,因可顯三寶之普遍故,因敬心廣大故,因不同於小乘故,因作為本論標幟故,故說盡十方也。

二、辨所敬三寶。

初三句是指佛寶:

最勝業遍知。色無礙自在。救世大悲者。

次三句指法寶:

及彼身體相。法性真如海。無量功德藏

後一句指僧寶:

如實修行等

初佛寶中。作四門解釋。

第一門。約身口意三業分別:

最勝者,標佛位也。超過小乘曰勝,超因曰最,以障盡德圓,果

成極位,故云最勝也。

業者即總舉,諸佛三輪業用,謂最勝之業。最勝即業。

其次釋可知。所謂遍知是指意業勝;無礙是指身業勝;悲救是指語業勝者。謂結德屬人,指具上諸德者,即謂佛也。

第二門。約自利、利他二利分別:

最勝業是總舉。遍知是別顯自利德。於中,內有遍知之智,外有無礙之色身。

勝鬘經云。如來色無盡,智慧亦復無盡,上論亦同此也。

救世等,別顯利他德。

二利圓滿,則謂佛也。

第三門。約智、定、悲三德分別:

一者最勝業是總標。遍知,顯佛大智功德;色無礙,明佛大定功德,因定可發神通,現色無礙;救世,明佛大悲功德。攝大乘論明佛受用身功德,唯說此三也。

第四門。按文解釋:

此中但明報化二身,因法身屬法寶所攝。最勝如初釋,業謂業用,遍知有二。謂一真智,遍知「心真如門」之恒沙功德。

二俗智,遍知心「生滅門」之緣起差別。

如理智(真智)及如量智(俗智)都是無倒的遍知。

色無礙者,指如來色身自在無礙,乃有多種。如華嚴不思議法品說。

今略辨四種。

一大小無礙:指一一根皆遍法界,而亦不壞諸根之性,又亦不雜諸根之相。

二互用無礙:指諸根可以互相作用而不相礙。

三理事無礙:謂現色蕭然,而不礙舉體性空。妙理常湛,而不礙業用無方。

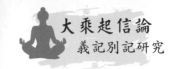

下文云。色即智，說名智身等。

四應機無礙：謂圓迴之身，十方齊應，多機頓感，身亦不分而普現，在此而不礙彼，在彼而不礙此，坐不礙行等，思以準之。

救世等者，世指世間。世間有國土、眾生，五蘊三種世間。此處指眾生世間。

眾生世間是所救，救謂能救，即如來大悲。悲亦有三種，謂緣眾生、緣法及無緣三種。無緣之悲，三中最勝，故云大悲。

佛性論云。悲者，暫救濟而不能真實救。大悲者，能永救濟，而且恒不捨離。

以上謂結德屬人。可知。佛寶竟。

10.2.三歸頌之法寶、僧寶

原文：「第二法寶中。汎論法寶有四種謂教理行果。於此四中。教淺理深。行分果圓。今此所歸唯取深圓但歸理果。是故約彼佛身以明法寶。是果法也。顯身之體相。是理法也。文中三句分二。初一標。後二釋。初中及者有二義。一是相違義。顯此法寶與前佛寶是二事。故云及。二是合集義。非直敬於佛寶。亦乃及敬法寶。此中及言。顯佛與法是非一義。彼身體相。顯佛與法不相離。是非異義。體謂體大。相謂相大。以用大中辨佛受用變化二身。是故體相二大自是法身。屬法寶攝。以彼用大依體相起。會用歸本。故云彼身體相也。下二句釋中。初法性等者。釋體大也。無量功德藏。釋相大也。法性者。明此真體普遍義。謂非直與前佛寶為體。亦乃通與一切法為性。即顯真如遍於染淨通情非情深廣之義。論云。扛眾生數中名為佛性[＊]扛非眾生數中名為法性。言真如者。此明法性遍染淨時無變異義。真者體非偽妄。如者性無改異。海者約喻釋疑。疑云。真既不變。云何隨於染淨。既隨染淨。云何不變。釋云。如海因風起於波浪。波雖起盡。濕性無變。無變之性不礙起浪。浪雖萬動。不礙一濕。是故動靜無二法準思之。又釋。顯此真如具德如海。華嚴云。譬如深大海。珍寶不可

盡。於中悉顯現。眾生之形類。甚深因緣海。功德寶無盡。清淨法身中。無像而不現。又有奇特十種相。並況真如。準釋可知。次釋相大中。謂此法身如來藏中。含攝蘊積無邊恒沙性功德。故云藏。有義。此中亦攝教行二法。謂教含所詮之功德。行攝所成之功德。是故亦云無量功德藏也。當知此中通四法寶俱有含藏。法寶竟。」

*研究：

第二法寶：及彼身體相 法性真如海 無量功德藏。

汎論法寶有四種，謂教理行果。於此四中，教淺理深，行分果圓。今此所歸，唯取深圓，但歸教理及行果。

是故約彼佛身以明法寶，是屬果法。顯彼身之體相，是屬理法。文中三句分二，初一句「及彼身體相」是標，後二句是釋。

初中「及」字有二義。一是相違義，顯示此法寶與前佛寶是二種不同事，故說及。二是合集義，是指二事皆一起須要，不只須敬佛寶，也要敬法寶。此中說「及」，顯示佛與法是二事，是非一義。彼身體相，彼身指佛身，體相指佛法之體相理，顯示佛與法不相離，是非異義。體謂佛法的體大，相謂佛法的相大。而用大則指佛受用身之變身及化身二身，是故體相二大自是法身所顯，而法身屬法寶所攝。以彼用大，用是依體相而起，會用歸本，故云彼身體相也，彼身是報化二身之用，用由體相所起。

下二句「法性真如海，無量功德藏」解釋如下。初法性，是解釋佛法的體大；無量功德藏，是解釋佛法的相大，此相指體的功德相。

法性即是法的本性真體，此真體本性有普遍義。不但是前佛寶的本體。也通於一切法，為諸法之本體。即顯示真如遍於染淨諸法，也通遍有情及非情，顯示其深廣之義。

論云。在眾生數中名為佛性，在非眾生數中名為法性。言真如者，此明法性遍染淨法時無變異義。真者指體非偽妄，如者指性無改異。海者，以海為喻以解釋疑問。

疑云。眞既不變，爲何能受染，而隨成染淨。既隨染淨，爲何會
受染而不變。

釋云。如海水（眞如）因風（無明）起於波浪（生滅）。波雖起盡
（雖有生滅萬法），但濕性無變（眞如水之濕性在浪中不變）。無變之
水性，也不礙起浪。

浪雖萬動，不礙一濕。是故，動靜無二法。

又釋。顯此眞如所具之功德如海深廣。

華嚴云。譬如深大海，珍寶不可盡，於中悉顯現。眾生之形類，
甚深因緣海，功德寶無盡。清淨法身中，無像而不現。

又有奇特十種相，並可比擬於眞如。準釋可知。

次釋相大，謂此法身如來藏中，含攝及蘊積無量無邊之恒沙性功
德相，故云藏。

有義此中，亦攝教行二法，即教含所詮之功德，行攝所成之功德，
是故說無量功德藏。當知此中通四法寶，俱有含藏。

法寶竟。

原文：「第三僧寶者。僧通凡聖。寶唯聖位。聖通大小。菩薩爲勝。
是故此中唯歸地上大菩薩僧。謂證理起行名如實修。下文云。依法力
熏習是地前行。如實修行是地上行。滿足方便是地滿位。此中等者。
舉中等取前後也。又依寶性論。就地上菩薩約正體後得說二修行。彼
論云。一如實修行。了如理一味。二遍修行備知一心有恒沙法界。今
此文中舉正體等取後得。故云等也。依法集經。總括萬行爲二修行。
彼經云。如實修行者。發菩提願。不放逸修者。謂滿菩提願。復次如
實修行者。謂修行布施。不放逸修者。不求報等。此中亦舉初等取後。
可知。歸敬三寶竟。」

*研究：

第三僧寶：如實修行等。

僧通凡聖，寶唯有聖位。聖有大小，菩薩是大聖。是故，此中所

指僧寶唯指地上大菩薩僧。

以下謂證理起行名如實修。下文云。依法力熏習是地前行，如實修行是地上行，滿足方便是十地滿位。此中「等」字，指等取前後也。

又依寶性論，就地上菩薩有正體及後得，說二修行。彼論云。一如實修行，了眞如理一味。二遍修行，備知一心有恒沙法界。今此文中舉正體，「等取」後得，即正體之如實修行，即眞如三味行；及後得之遍修行，即一行三味行，達法界一相。以上二種修行同等修行，故云等也。依法集經，總括萬行爲二修行。彼經云。一爲如實修行者，發菩提願。一爲不放逸修者，謂滿菩提願。復次如實修行者，謂修行布施。不放逸修者，指不求報。此中亦舉「初」等取「後」，即如實修行及不放逸修，二種修行同等並行。

可知。歸敬三寶竟。

10.3.令眾生除疑捨邪執，起大乘正信

原文：「爲欲令眾生，除疑捨邪執，起大乘正信，佛種不斷故」

（第二申敬意中。餘論之首多申二意。謂利自他法久住等。今此文中略申三意。一爲益眾生故。二爲佛種不斷故。三爲法久住故。即此教法久住。亦是佛種不斷。如金剛般若無著論中。由善付屬般若波羅蜜流行世間。爲佛種不斷。文中四句分三。初一舉所爲人。二明所成益。三成益意。）

初中所爲眾生雖多三聚統收。準下文。正唯爲不定聚眾生故。下云。爲未入正定眾生修行信心等。兼爲邪定作遠因緣。兼爲正定具增妙行。別舉下文因緣分中六位眾生。至彼當辨。

二所成益中有二。先令得離過益。後得成行益。初中由疑故迷眞失於樂也。由執故起妄種於苦也。十地論中。菩薩三種觀於眾生起大慈悲。一遠離最上第一義樂。二具足諸苦。三於彼二顚倒。解云。眞樂本有。失而不知。妄苦本空。得而不覺。於彼得失都無覺知故。令菩薩生悲造論。是故以下文立義分及顯示正義。解釋如來根本之義。

令諸眾生正解不謬。以除疑惑令悟眞樂。以對治邪執遣其二執。令離苦因。故下云。遠離癡慢出邪網等。故云除疑捨邪執也。二成行者。既於眞不疑。於邪不執。未知於何乘起行。謂於大乘。以是究竟根本法故。未知於此大乘起何等行。謂起信心行。以信是眾行之本故。亦即翻前疑。故云信。翻前邪執故云正。是云起大乘正信也。則以下文分別發趣道相及修行信心分成此行也。

三成益意者。謂令眾生離過成行。使信位成滿。入位不退堪成當果。故云佛種不斷。下文云。信成就發心者。畢竟不退。入如來種中。正因相應等。又釋。由此所說。令諸眾生修行佛因常恒不絕。故云不斷。華嚴云。下佛種子於眾生田生正覺芽。是故能令佛寶不斷。此之謂也。又釋。由此教法流傳。如前所釋。亦爲不斷。此當勸修利益分所作也。上來歸敬辨竟分竟。」

＊研究：

初中。所爲眾生雖多，可以分爲邪定聚、不定聚、正定聚等三聚統收。

準下文，正唯爲不定聚眾生故。下云。爲未入正定眾生修行信心等，兼爲邪定作遠因緣，兼爲正定具增妙行。別舉下文因緣分中六位眾生，至彼當辨。

二所成益中有二。

先令得離過益，後得成行益。

初中由疑故迷眞，因此失於樂也。由執故起妄，因此種於苦也。

十地論中。菩薩三種觀於眾生起大慈悲。一遠離最上第一義樂。

二具足諸苦。

三於彼二顛倒。

解云。眞樂本有，失樂而不知本有，妄苦本空，得苦而不覺苦本空。於彼得失都無覺知故，令菩薩生悲造論。是故以下文立義分及顯示正義，以解釋如來根本之義，令諸眾生得正解而不謬誤，以除疑惑，

令悟眞樂。以對治邪執，遣除我法二執，令離苦因。

故下云。遠離癡慢出邪網等。故云除疑捨邪執也。

二成行者。既於眞不疑，於邪不執。

未知於何乘起行，謂於大乘起行。

以是究竟根本法故，未知於此大乘起何等行。謂起信心行。

以信是衆行之根本故，亦即翻除前疑，故云信。翻除前邪執，故云正。是云起大乘正信也。

則以下文分別發趣道相及修行信心分成此行也。

三成益意者，謂令衆生離過及成行，使在十信位成滿，而後入十住位不退，堪成當果，故云佛種不斷。

下文云。信成就發心者，畢竟不退，入如來種中，正因相應等。

又釋。由此所說，令諸衆生修行佛因，常恒不絕，故云不斷。華嚴云。下佛種子於衆生田，生正覺芽，是故能令佛寶不斷，此之謂也。

又釋。由此教法流傳，如前所釋，亦爲不斷，此當勸修利益分所作也。

上來歸敬辨竟分竟。

原文：（第二正宗之中有二。先標益起說。二說有五分下正陳所說。）

「論曰。有法能起摩訶衍信根，是故應說」

前中論曰者。簡論異經之辭也。有法能起等者。標益也。即顯所說之義有其勝用。是故應說者。起說也。顯能詮之教義要須起也。有法者。總舉法義一心二門三大之法。即所說法體也。能起大乘信者。辨法功能。謂約眞如門信理決定。約生滅門信業用不亡。約義大中信三寶不壞。此中信根者。謂信滿入住。成根不退。根有二義。一能持義。謂自分不失。二生後義。謂勝進上求。又根信相對。影成四句。一有信無根。謂隨他言信。二是根非信。謂餘慧根等。三亦信亦根。謂此中所辨見理成信等。四非信非根。謂所餘法。論主因見此益。是

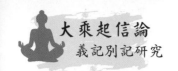

故要須起說。此論上來大乘起信。是故應說是論也。題目依此而立。

＊研究：

前中論曰者，簡論異經之辭也。有法能起等者，標益也，即顯所說之義有其勝用。是故應說者，起說也，顯能詮之教義必須起也。

有法者，總舉法義。一心二門三大之法，即所說法體也。

能起大乘信者，辨法功能，謂約以眞如門，則信之理決定。約以生滅門，則信之業用不亡。

約義大中，信三寶不壞。

此中「信根」者，謂十信滿心入十住位，完成信根不退。

根有二義。一能持義，謂自分不失。

二生後義，謂勝進上求。

又根信相對，影成四句。

一有信無根，謂隨他言信。

二是根非信，謂餘慧根等。

三亦信亦根。謂此中所辨，見理成信。

四非信非根，謂所餘法。

論主因見此益，是故要須起說。

此論上來大乘起信，是故應說是論也，題目依此而立。

（第二正陳所說。於中有三。先標數。二列名。三辨相。）

第二節、說有五分

原文：「說有五分。云何爲五。一者因緣分。二者立義分。三者解釋分。四者修行信心分。五者勸修利益分」

列名中。一言不自起製必有由。名爲因緣。章別餘段故稱爲分。

二由致既興。次略標綱要。令物生信。故名立義分。

三宗要既略。次宜廣釋令其生解。故云解釋分。四釋既生解。次宜依解起行。有解無行。是所不應。故有修行信心分。五雖示行儀。鈍根懈慢。次宜舉益勸修。故有勸修利益分。

研究：

列名中。

一者因緣分：言不自起，製必有原由，此原由名為因緣。章別餘段，故稱為分。

二者立義分：由致既興，次略標綱要義理，令人生信，故名立義分。

三者解釋分：宗要既略，次宜廣釋，令其生解，故云解釋分。

四者修行信心分：釋既生解，次宜依解起行。有解無行，是所不應，故有修行信心分。

五者勸修利益分：雖示行儀，鈍根懈慢，次宜舉益勸修，故有勸修利益分。

（三依章辨相中。釋五分即為五段。初中二。先標後釋。）

（一）初說因緣分

原文：（釋中有四。一問。二答。三難。四通）

「問曰。有何因緣而造此論」

（答中有三。謂舉數。辨相。總結。）

「答曰。是因緣有八種。云何為八」

（辨相中。初一是總。後七是別。所以爾者。總通兼正。別為當機。故須爾也。）

「一者因緣總相。所謂為令眾生離一切苦。得究竟樂。非求世間名利恭敬故」

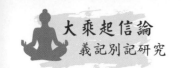

總中離一切苦者。謂令有情離三苦二死故。得究竟樂者。令得無上菩提大涅槃樂等。非求世間名利等者。有二釋。一非欲令其求於後世人天利樂等故。二論主自云。我爲益生。故造斯論。非爲名利等。此之一門通於一切菩薩之心。非局此論。故云總相。又通此一部論爲發起之由。故云因緣總相也。

＊研究：

總中離一切苦者，指令有情離三苦（苦苦、行苦、壞苦）二死（分段生死、變易生死）。

得究竟樂者，令得無上菩提及大涅槃樂。

而非求世間之名利，此有二釋。一非欲令其，求後世之人天利樂。二論主自云，我爲益生，故造斯論，因此非爲名利而造論。

此之一門，能通於一切菩薩之心，然並不唯有此論能通，故云總相。

又通此一部論，爲發起之原由，故云因緣總相也。

原文：（別中各別發起下文。別爲當機故）

「二者爲欲解釋如來根本之義，令諸眾生正解不謬故」

初者。與下立義分及解釋分。顯示正義對治邪執。作發起因緣。以彼文中說依一心法有二種門。各攝一切法。即是如來所說法門之根本。又生滅門中。本覺名如。始覺名來。始本不二。名曰如來。故轉法輪論云。眞諦名如。正覺名來。正覺眞諦故。名爲如來。此即所證眞理名如。能證無分別智名來。諸眾生未有無分別智時。是如無來也。今以如來依此心成故。名此心爲如來根本之義。文中具釋此義。令彼地前三賢勝解行位諸菩薩等比觀相應。故云正解。即顯示正義文是也。此觀離倒故云不謬。即對治邪執文是也。

＊研究：

本論下文之立義分及解釋分，即顯示正義，對治邪執，作爲發起因緣。

以彼文中說，依一心法有心眞如及心生滅二種門，二種門皆各自均能攝一切法，此即是如來所說法門之根本。

又生滅門中，本覺名如，始覺名來，始本不二，名曰如來。

故轉法輪論云，眞諦名如，正覺名來，正覺眞諦故，即名爲如來。此即所證是眞理名如，能證是無分別智名來。當諸眾生未有無分別智時，是如「無」來也。

今以如來依此心成故，名此心爲如來根本之義。文中具釋此義，令彼在地前三賢勝解行位之諸菩薩，能比觀相應，故云正解，即顯示正義文是也。

此觀離倒，故云不謬，即對治邪執文是也

原文：「三者爲令善根成熟眾生。於摩訶衍法堪任不退信故」

第二者。與下分別發趣道相而作因緣。以彼文中令利根者發決定心。進趣大道。堪任不退住位故。此當十信終心。自分滿足。故云善根成熟。進入十住正定聚中。使前信心堪任不退故也。

*研究：

第二者，與下「分別發趣道相」而作因緣。

以彼文中，令利根者發決定心，進趣大道，堪任不退十住位。此當十信終心，自分滿足，故云善根成熟。進入十住正定聚中，使前信心堪任不退故

原文：「四者爲令善根微少眾生修習信心故」

第三者。與下修行信心分中。初四種信心及四種修行文而作因緣。以彼文中令信未滿者，修行信心，使滿足故。此當十信住心，以信位尚未滿，故云善根微少。令進修向滿故。云修行信心也。

*研究：

第三者，與下「修行信心分」中，初四種信心及四種修行文而作因緣。四種信心即信眞如、佛、法、僧。及四種修行即施、戒、忍、進。

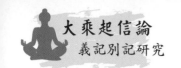

以彼文中，令信未滿者，修行信心，使信心滿足。當十信住心，以十信位未滿，故說善根微少。

令進修向十信位滿心前進，故云修行信心也。

（自下四種機。當信位初心。何故前三人各以一門攝。此中偏有四者。以前三根勝進易退難。不假多方便助成道力故耳也。此中根劣。退易進難。賴多方便故有四也。四中前三爲下中上三人。後一策以勤修）

原文：「五者爲示方便，消惡業障，善護其心，遠離癡慢，出邪網故」

初者。與下修行信心分中。第四修行末文而作因緣。以彼文中。令業重惑多善根難發眾生。以禮懺等方便消惡業障。障輕故。內離頑囂癡慢。外出邪魔羅網故。云善護其心遠離癡慢出邪網也。此當下品也。

*研究：

初者，與下修行信心分中，第四修行末文，而作因緣。即第四修行之精進行。

以彼文中，令業重惑，多善根而難發眾生，以禮懺等方便法消除惡業障。因障輕故，可以內離頑囂癡慢，外出邪魔羅網。故云善護其心，遠離癡慢，出邪網。

此當下品

原文：「六者爲示修習止觀。對治凡夫二乘心過故」

二者。與下第五修行止觀門爲因緣。以彼文中。雙明止觀遣凡小二執故。云治心過也。下自廣說。此當中品也。

*研究：

二者，與下第五修行止觀門爲因緣。

以彼文中，雙明止觀，可以遣除凡夫之我法二執及小乘之法執，故云對治心過也。下自廣說。

此當中品也。

原文：「七者爲示專念方便，生於佛前，必定不退信心故」

三者。與下修行信心分末。復次眾生初學是法下勸生淨土文而作因緣。以彼文中。舉勝方便令彼觀解。分得相應。眾生恐後報遷遇緣成退故令往生。使不退也。此當上品。

*研究：

三者，與下修行信心分末，復次眾生初學是法下，勸生淨土文而作因緣。

以彼文中，舉勝方便，令彼觀解，分得相應。眾生恐後遇業報遷變，遇緣成退，故令念佛往生，使不退也。此當上品。

原文：「八者爲示利益勸修行故」

第八者。與下勸修利益分而作因緣。

以彼文中。舉彼損益勸物修捨。即總策成前諸行也。

*研究：

第八者，與下勸修利益分而作因緣。

以彼文中，舉彼損益，勸人修捨，即總策勵之，以完成前之諸行也。

（總結可知。）

「有如是等因緣，所以造論」

（第三難。可知。）

原文：「問曰。脩多羅中具有此法何須重說」

（第四通中文有二。初與彼問辭。二以眾生根行下奪彼疑情明須作論。於中有二。初舉根緣二相以立宗。二如來在世下別釋根緣。）

「答曰。脩多羅中雖有此法，以眾生根行不等，受解緣別」

前中。初根有同異。後緣有增微。

*研究：

前中。問曰。脩多羅中具有此法，何須重說。答說，因眾生根基

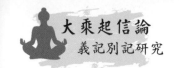

有不同，所遇後緣也有增微不同，所以領受諸教法會有不同，故須以本論重說。

原文：（別釋中有二。初說聽俱勝。經文尚無紙素之傳。何況須論。二如來滅下明根緣微劣須經須論。）

「所謂如來在世，眾生利根，能說之人色心業勝。圓音一演，異類等解，則不須論」

前中。初約在勝時，以明根勝。二能說人下一，明外緣勝。於中三業可知。一音及圓音者有二。初如來一音說一切法。無不顯了。故名圓音。華嚴云。如來於一語言中演說無邊契經海。二如來同一切音。故云圓音。華嚴云。一切眾生語言法一言演說盡無餘。以一切音即一音故。云一音。一音即一切音。故云圓音。一一語音遍窮眾生界。而其音韻恒不雜亂。若音不遍。則音非圓。若由等遍失其韻曲。則是圓非音。今不壞曲而等遍。不動遍而善韻。此是如來圓音。非是心識思量境界耳。

＊研究：

前中。初約勝時，指如來在世。以明根勝，指眾生利根。

二能說之人色心業勝，指若遇能說人之色心緣勝。於中三業可知。

一音及圓音者有二。

初如來以一音說一切法，無不顯了，故名圓音。

華嚴云。如來於一語言中，演說無邊契經海。

二如來音同一切音，故云圓音。

華嚴云。一切眾生語言法，一言演說盡無餘，以一切音即一音，故云一音；一音即一切音，故云圓音。

一一語音遍窮眾生界，而其音韻恒不雜亂。若音不遍，則音非圓。若音遍失其韻曲，則是圓非音。今不壞音曲而能等遍，不動遍而有善韻，此是如來圓音，非是心識思量之境界耳。

原文：（第二劣中四種。初廣略二經。後廣略二論。）

「若如來滅後，或有眾生能以自力，廣聞而取解者」

初自力廣聞經得解佛意。不須他論。故云自力。即具文義二持。

＊研究：

初，眾生能以自力廣聞經，而得解佛意，不須再有他論，故云自力。

此即並具文持與義持。

原文：「或有眾生亦以自力，少聞而多解者」二亦以自力尋略經文而能解經意。故亦不須他論。

此有義持無文持也。

＊研究：

二、眾生亦以自力，尋略經文，雖只少聞，而即能解經意。此亦不須他論。

此即有義持，無文持也。

原文：「或有眾生無自心力，因於廣論而得解者」

三但依經文不能解意。因他廣論得解經意。故云無自心力也。此有文持無義持故。

＊研究：

三、但依經文不能解意，必須以其他廣論，才得解經意，故云無自心力也。

此有文持，無義持。

原文：「亦有眾生復以廣論文多為煩，心樂總持少文而攝多義能取解者」

四此人不耐繁文。唯依文約義豐之論。深解佛經所說之旨。故言心樂總持而攝多義。此無文義二持。此文有二。初辨根劣。二如是此論下對此劣根明教之興。如是此論為欲總攝如來廣大深法無邊義故。應說此論　如是此論文句雖少。普攝一切大乘經論旨。故云總攝如來廣大等如理智境故云深也。如量智境故云廣也。深廣無際故云無邊也。

*研究：

四、此等眾生復以廣論，文多為煩，不耐繁文，唯依文約義豐之論，能深解佛經所說之旨，故言心樂總持而攝多義。

此無文義二持。

此文有二意。

初、辨根劣。

二、如是此論下，對此劣根，明教之興。如是此論為，欲總攝如來廣大深法無邊義故，應說此論。

如是，此論文句雖少，卻能普攝一切大乘經論意旨，故云總攝如來廣大之如理智境，故云深也。總攝如量智境，故云廣也。

深廣無際，故云無邊也。

（立義分中文別有二。初結前生後。）

（二）次說立義分

原文：「已說因緣分次說立義分」

「摩訶衍者總說有二種，云何為二，一者法，二者義」

*研究：

摩訶衍即大乘意。總說有二種，一種是法體，另一種是義理。

原文：「名中法者。出大乘法體。謂自體故。對智故。顯義故。即宗本法也。大位在因。通於染淨耳。義者。辨大乘名義。謂何故此心是大乘耶。謂此心內具三大義。故名大也。有二運轉故名乘也。即依宗所顯差別義理。大位在果。唯取於淨也。是故大乘總說有二。謂先顯法體。後釋義理。收義足也。」

*研究：

名為法，是顯出大乘法體，這個法體即是大乘法的自體；是對應智慧；可顯示義理，即是本法的宗旨。

本論的「大」是指果位的大，因位的大是通染淨的，若是果位，則唯取於淨。

義，是辨別大乘的名義及義理。為何說「此心」即是大乘呢？因為此心具有體相用三大的義理，故稱名為大。因為此心能運轉，故稱名為乘，即依本論宗趣所顯義理的差別。

（辨相中二。先法後義。法中亦二。初舉法總立。次何以故下開門別立）

原文：「所言法者謂眾生心」

總中三句。初眾生心者。出其法體。謂如來藏心含和合不和合二門。以其在於眾生位故。若在佛地。則無和合義。以始覺同本。唯是眞如。即當所顯義也。今就隨染眾生位中故。得具其二種門也。

*研究：

眾生心即是法體，也是如來藏心。含有眞如及生滅和合及不和合二門。

如果在眾生位才有和合不合和二門之分，若是在佛位，則無和合不和合之分。因為在佛位，始覺即同本覺，二者都是眞如。今就隨染眾生位，才有二門之分。

中國佛教各宗對於「心性」的看法各有不同。諸如天台宗的「一念無明法性心」；華嚴宗的「清淨圓明體」；禪宗的「眾生當下現實之心」；唯識宗的八識心等。

心性一詞的心是對外總表現的心，性是心的內在理體即心體。

本論以「眾生心」為說。眾生包含從凡夫、六道眾生、聲聞、緣覺、菩薩、佛等十法界眾生。十法界眾生的心體都是眞如，即本論所謂的「體大」，即心眞如門；而眾生的心則是包含心自體及心相用的對外總表現，即心生滅因緣門。

佛是不生滅與生滅二而不二，不二而二。其他九法界眾生則是二門分別為二。

原文：「是心則攝一切世間出世間法」

次攝一切世出世法者。辨法功能。以其此心體相無礙。染淨同依。隨流返流。唯轉此心。是故若隨染成於不覺。則攝世間法。不變之本覺及返流之始覺。攝出世間法。此猶約生滅門辨。若約眞如門者。則鎔融含攝，染淨不殊。故通攝也。下文具顯。」

*研究：

眾生心是攝持一切世間及出世間法。這眾生心的大乘法體是眞如，故心的體及相無礙。體是眞如平等不增減；相是功德相。相有二種，其一是形相、色相；另一是德相、功德相、體之功能相。當相指德相時，是展現體之功能相，所以稱爲體相。等於是涅槃經佛性之生因（體）及了因（相）。當相指形相、色相時，則稱相用。等於是涅槃經的佛性正因（體）及緣因（相用）。

眞如體等同於智顗大師所主佛性三因之正因，是非染非淨。當佛位時，三因等同，即正因，即是了因即是緣因，則即染即淨，染淨不二，此時佛性亦是性佛，佛因也是佛果，故是染淨同依。

不管隨流生死，或返流解脫，都由此心轉現。

此心有不變及隨緣二用。不變是性起，隨緣是無明熏眞如，不覺心動而啓動緣起。

若此心隨染，即成不覺心動，則攝持世間法。若此心以不變之本覺或修成之始覺，則能呈現出世間法。

以上是從心生滅門言之，若從心眞如門言之，則鎔融含攝心眞如及心生滅二門，通攝融合生滅門及眞如門，此時世間法即是出世間法，二而不二，不二而二，融合無礙。

萬法的生起有性起及緣起。以眞如門而言，緣起即性起，萬法直接由佛性眞如頓現而起，此起是「起而不起」，不須藉緣生起，佛即是以「性起」頓現萬法。

其他九法界眾生則須性起觸動緣起（根本無明熏習眞如，不覺心

動而生三細中之業相，而引發緣起），再依緣起藉緣生起萬法，此是由「起而不起」的性起，觸動「不起而起」的緣起，而緣生萬法。

原文：「依於此心顯示摩訶衍義」

三依於此心顯示大乘義者。釋其法名。謂依此一心宗本法上，顯示大乘三大之義。故名此心以爲法也。」

*研究：因爲此心能顯示大乘法體之體相用三大，所以稱此心爲大乘法也。

（別中二。先責總立難。後開別釋成）

原文：「何以故，是心眞如相，即示摩訶衍體故」

前中責有二意。一云。心通染淨。大乘唯淨。如何此心能顯大乘之義。又云。心法是一。大乘義廣。如何此心能示於義。釋意云。大乘雖淨。相用必對染成故。今生滅門中。既具含染淨。故能顯也。以廢染之時則無淨用故。此釋初意也又心法雖一。而有二門。眞如門中示大乘體。生滅門中具宗三大。大乘之義莫過是三。是故依此一心得顯三大之義也。

立別門中。言是心眞如者。總舉眞如門。起下文中即是一法界已下文也。言相者。即是眞如相。起下復次眞如者依言說分別已下文也。

*研究：

眾生心是通染淨，但大乘只有純淨，如何此心能顯示大乘之義？而且，心法是一法，而大乘法義理廣泛，如何此心能顯示大乘義理呢？釋意答：大乘自體雖淨，但其所表現的相用必有成染之時。而今心之生滅門中，則具含染淨，故能顯示染淨之生滅相。

又心法雖只一法，但含有二門。二門中，眞如門可顯示大乘體，生滅門可顯示自體相用三大，而大乘之義理也不過是這三大，故依此一心可顯三大之義理。

生滅須依不生滅之自體，才能展現自體相用的生滅外在表現。

原文：「是心生滅因緣相，能示摩訶衍自體相用故」

（立別門中。言是心眞如者。總舉眞如門。起下文中即是一法界已下文也。言相者。即是眞如相。起下復次眞如者依言說分別已下文也。是心生滅者。隨熏變動故。總舉生滅門。起下依如來藏故有生滅心已下文也。因緣者。生滅緣由。故起下復次生滅因緣已下文也。言相者。生滅之狀。故起下復次生滅相者已下文也。）

何故眞如門中云即示，生滅門中云能示者。以眞如是不起門，與彼所顯體大無有異相，詮旨不別，故云即示也。以是不起，故唯示體也。生滅是起動門，染淨既異，詮旨又分，能所不同，故不云即也。自體相用者，體謂生滅門中本覺之義，是生滅之自體，生滅之因，故在生滅門中亦辨體也。翻染之淨相及隨染之業用，並在此門中，故具論耳。是故下文釋生滅門內，具顯所示三大之義，意在於此。何故眞如門中直云體，生滅門中乃云自體等者。以所示三大義，還在能示生滅門中，顯非別外，故云自也。

問：眞如是不起門，但示於體者。生滅是起動門，應唯示於相用。

答：眞如是不起門，不起不必由起立，由無有起故，所以唯示體。生滅是起動門，起必賴不起，起含不起故，起中具三大。餘如下說。釋法章竟。

*研究：爲什麼說眞如門就說「即示」。說生滅門就說「能示」。

因爲眞如是不起門，所謂不起門即是「性起」，起而不起。眞如受根本無明熏習，根本無明是對法界一相迷惑，即所謂迷眞。無明熏習眞如，眞如之隨緣受催動，不覺心動，產生三細中的無明業相。此時只是不覺心動，尚未有能見心及所見境界生起，即尚未有能所之別，故能顯及能詮之眞如與所顯及所詮之體大，尚無分別，能所不分，故云即示。

因眞如佛性之性起是「起而不起」，這不起就表示眞如體。

生滅是起動門，即不起而起，依不起之「性起」而啓動「緣起」，即由不覺心動之業相啓動能見心及所見境界之二細，而後更啓動其後

的六粗，即智、相續、執取、計名、起業、業繫苦，而啓動緣起法。

緣起法所緣生的生滅萬法是染淨各異，詮旨不一，能所不同。故不云「即示」，只云「能示」。

因爲生滅法是自體相用的總表現，須依賴自體，即眞如、如來藏及阿梨耶識的本覺。以眞如自體即本覺，爲生滅的「依止因」，以根本無明爲生滅的直接生因，故生滅門非只指相用，而是須依止體才能生起生滅萬法。

翻染之淨相，即指眞如熏習無明，啓動不變眞如，生起厭生死求涅槃之無明淨用；隨染之業用，即指無明熏習眞如，啓動隨緣眞如之染相，生不覺心動的無明業相而啓動緣起之隨染業用。

故下文會談及生滅門之三大顯現之義。

爲何眞如門只云「體」，生滅門卻云「自體」？因生滅門之自體只存在於生滅門的體性中，須由生滅門才能證得，而非在生滅門外去另找其體，故云自也。而眞如本身即是「體」。

問：眞如門是不起門，只談體。生滅是起動門，應只談相用不必兼談體？

答：眞如是不起門，不必藉由緣起，直接由佛性而起。由於沒有由體起用之相用，因此只示體。生滅之緣起則須依賴性起之「不起」才能啓動緣起，所以生滅緣起須賴性起之體，也需緣起之相用，故緣起之「起」具備體相用三大。

（義大者。起下文復次眞如自體相者已下文也。此中有二。先辨大。後釋乘。）

原文：「所言義者，則有三種：體大、相大、用大。

　　　　云何爲三。一者體大，謂一切法眞如平等不增減故。」

（前中亦二。先標後釋。釋中三。）

初體者。眞性深廣。凡聖染淨皆以爲依。故受大名。隨流加染而不增。返流除染而不減。又返流加淨不增。隨流闕淨不減。良以染淨

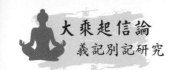

之所不虧。始終之所不易故。云平等不增減也。

＊研究：

真如體真實平等，真性深廣，不管凡聖或染淨法，皆以真如為依止因，故體受大名。

真如體隨生死流轉，加染也不會增加；返流解脫，除染也不會減少。隨返流解脫加淨也不會增加；隨生死流轉乏淨也不會減少。不受染淨影響，始終不變，故云平等不增減。

原文：「二者相大謂如來藏具足無量性功德故」相大者。二種如來藏中不空之義。謂不異體之相。故云性德。如水八德不異於水。

＊研究：

相大，此相指德相，即體之功德相。體即是如來藏中之不空如來藏（見藍傳盛《佛性辨正》p.63），即等同體之功德相，故云性德，體本具之功德。如水有八德，但其體仍是水。

原文：「三者用大能生一切世間出世間善因果故」

用大者。謂隨染業幻自然大用。報化二身粗細之用。令諸眾生始成世善終成出世故也。下文顯之。何故唯言善。不云不善者。以不善法違真故。是所治故。非其用也。若爾。諸不善法應離於真。釋云。以違真故。不得離真。以違真故。非其用也。

＊研究：

用大，用有二種，一是由色相起用，作用有限；一是由體起用，作用無量。

隨染業幻而產生自然大用，是指真如隨緣，由真如體起大用。也是由法身所起之報身、化身二身之粗細作用。令諸眾生先成世間善業，再成出世間淨業。

為何只言善，而不言不善呢？

因不善法是違背真如體的。不善法須去對治，而非純淨真如體之作用。因此諸不善法應該偏離真如體。釋云：不善法因違真，所以不

得離眞，也非眞如之作用。

原文：「一切諸佛本所乘故」

（先標果望因以解乘。）

*研究：

一切諸佛都是乘這大乘法而成佛。

原文：「一切菩薩皆乘此法到如來地故」

（後舉因望果以成運。）

即始覺之智是能乘。本覺之理爲所乘故。攝論云。乘大性故名爲大乘。立義分竟。

*研究：

一切菩薩都是乘這大乘法到如來地。

即以始覺之智爲能乘，本覺之理爲所乘。

攝論云：乘坐體相用三大之乘，故名大乘。

（三）解釋分

原文：已說立義分次說解釋分

*研究：

已說完立義分，其次再談解釋分。

（二正分明解釋。釋文中有三。一標數。二列名。三辨相。）

原文：「解釋有三種，云何爲三。一者顯示正義」

列名中。初顯示正義者。正釋所立大乘法義。

*研究：

本論的解釋有三種，第一是顯示正確的義理，正面解釋大乘法的法體及義理。

原文：「二者對治邪執」

次正理既明。情惑斯遣。故有對治邪執。

*研究：

第二是對治邪論妄執。既已明瞭正理，但仍有迷惑情執須遣除，故須對治邪執。

原文：「三者分別發趣道相」

邪執既亡。次辨趣正階降。故有分別發趣道相。

*研究：

邪執遣除後，次須進趣正確的修行階位，故須發心修道，實際修行以進趣佛道，修成佛果。

（辨相中。釋上三名即為三段。初中有二。先總。後別。總者。釋上立義分中。眾生心攝一切等也。別者。釋上立義分中何以故下二門別義也。總中有三。初依法開門。二列其二門。三二門該攝。）

（1）一心法有二種門

原文：「顯示正義者，依一心法有二種門。云何為二，一者心真如門二者心生滅門」

初中言一心者。謂一如來藏心含於二義。一約體絕相義。即真如門也。謂非染非淨。非生非滅。不動不轉。平等一味。性無差別。眾生即涅槃。不待滅也。凡夫彌勒同一際也。二隨緣起滅義。即生滅門也。謂隨熏轉動成於染淨。染淨雖成。性恒不動。只由不動能成染淨。是故不動亦在動門。是故下文云識有二義中本覺是也。上文生滅門中自體是也。勝鬘中。不染而染。染而不染等者。此約生滅門說也。楞伽云。如來藏名阿賴耶識。而與無明七識共俱。如大海波。常不斷絕等。又云。如來藏者。為無始虛偽惡習所熏。名為識藏。又云。如來藏者。為善不善因受苦樂。與因俱若生若滅。猶如伎兒作諸伎樂等。廣如二部楞伽中說。此等並約生滅門說也。然此二門。舉體通融。際限不分。體相莫二。難以名目。故曰一心有二門等也。

（該攝中。初立次釋。）

*研究：

　　所言一心，此「一」非指一二三四的相對數字一，而是指絕對唯一的本體，即眾生的一心。此一心即如來藏心，含有二義，一是體絕相義，一是隨緣起滅義。

　　體絕相義即眞如門，爲眞如之體，不變義，也是本論之離言眞如；也是勝鬘經的不空如來藏；也是天台智顗大師佛性三因之正因佛性。

　　眞如體是非染非淨、非生非滅之中道義，不動不轉，平等一味，性無差別，相對即絕對，眾生本來即是涅槃。因此眾生不須再修成寂滅的涅槃，也非如小乘須修至灰身滅智之無餘涅槃，而是眾生本來即是涅槃。所以凡夫等同彌勒，如維摩經菩薩品所云：「諸佛知一切眾生畢竟寂滅，即涅槃相，不復更滅」。

　　隨緣起滅義，即生滅門。即是本論的依言如實空眞如及依言如實不空眞如；即是勝鬘經的空及不空如來藏；即是天台智顗大師佛性三因之了因及緣因。

　　隨熏轉動成於染淨，意指，本論之根本無明熏習眞如，使眞如之「隨緣」啓動，由靜轉動，不覺心動引起阿梨耶識中三細之根本業識，而再引發能見心，境界相及其後的六粗不覺相，而經「緣起」產生染淨兼具的世間生滅法。

　　染淨雖成，性恒不動，意指，雖由「緣起」生起染淨兼具的世間法，但眞如的體，佛性三因的正因，如來藏的不空如來藏等，均未變動改變。

　　佛性三因的緣因及了因可受熏習而改變，但正因佛性寂然不動；離言眞如體也寂然不動，動的是依言眞如；不空如來藏也未改變，改變的是空如來藏。以上是指九法界眾生而言。若在佛位，則眞如、如來藏、佛性均全然不動。

　　是故不動亦在動門，即下文云識有二義中本覺也，上文生滅門中自體是也。意即，不動在阿梨耶識是本覺不動；生滅門的自體是離言眞如體，也是不動。佛性三因之正因亦是不動。但動的無明熏習不動

93

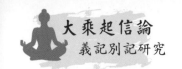

的眞如（即不變眞如），也會啓動眞如的「隨緣」作用，而引發「緣起」。故言不動亦在動門。

勝鬘中，不染而染，染而不染等者，此約生滅門說也，意即，不染而染即不染的不變眞如，可以不變隨緣，受無明染緣染熏而啓動緣起法。染而不染指眞如隨緣而不變，雖然已隨緣而生起染法，但染法的體即是不變的眞如，此體不會受染，也不曾改變。

廣如二部楞伽中說，此等並約生滅門說也，意即，楞伽經有三種漢譯本，二部是指十卷魏譯「入楞伽經」及四卷宋譯「楞伽阿跋多羅寶經」。

楞伽云：「如來藏名阿賴耶識，而與無明七識共俱」，這句話造成南道地論派的觀點，即以爲阿賴耶識是如來藏，是淨識，其他七識與無明共俱，是染識。

但同經又云：「如來藏者，爲無始虛僞惡習所熏，名爲識藏」

如來藏又受到無始虛僞惡習所熏，名叫識藏。而識藏依玄奘所譯即藏識，也是阿賴耶識（玄奘將阿賴耶譯爲藏），可見阿賴耶識依同經之言也並非單指純淨。

本論即稱阿梨耶識是不生不滅與生滅和合，所以阿梨耶識是染淨兼具。本經稱阿梨耶，非同唯識宗稱阿賴耶。

其實，如來藏只是阿賴耶識的體，而如來藏的「空如來藏」即其性相，相當於了因佛性；「不空如來藏」是其德相，相當於緣因佛性，也可解爲正因佛性，即體之功德相。

如來藏除體外，其相用均可以受熏。所以如來藏是善不善因，受苦樂與因俱，若生若滅，猶如伎兒作諸伎樂。

如來藏即等同於眞如，它的體是不生不滅，但它可藉由其三大的體相用可以啓動「緣起」，而緣生生起若生若滅，苦樂與俱，善不善的一切萬法。

原文：「是二種門皆各總攝一切法」

言各攝一切法者。上立義分中直云攝，今釋中云各攝者。以眞如門是染淨通相，通相之外，無別染淨故。得總攝。如微塵是瓦器通相，通相之外無別瓦器瓦器皆爲微塵所攝。眞如門者。當知亦爾。準以可知。生滅門者，是染淨別相。別相之法，生滅所攝。又以此是眞如與緣和合變作諸法，諸法既無異體，還攝眞如門也。以瓦器收微塵等。以此二門齊攝不二故。，得說爲一心也。問二門既齊相攝者，何故上文眞如門中，唯示大乘體，不顯於相用。生滅門中，具顯三耶。答眞如是泯相顯實門，不壞相而即泯故，得攝於生滅。泯相而不存故。但示於體也。生滅是攬理成事門，不壞理而成事故，得攝於眞如，成事而理不失故。具示於三大。問前既泯相，相不存故，但示於體。亦可攬理理不存故，應但示相用。答不例也。何者。生滅起必賴於眞故，攬理理不失。眞如未必藉生滅故，泯相不存。泯相不存故，唯示於體。理不失故，具示於三。是故攝義是齊，示義別也。

（下徵責釋成。）

＊研究：

上立義分中說「攝」一切法，今解釋分中說「各總攝」一切法，是何意義？

眞如門是染淨通相，染即淨，沒有分別，而且通相之外，並無存在另外的染淨法，所以眞如門是總攝生滅的染淨法。如同瓦器的成份是微塵，所以微塵是瓦器的通相，微塵之外並無另有瓦器，所以說瓦器都是微塵所攝取。所以眞如也攝持生滅。

然眞如是生滅的「依止因」，而非「製造因」，其實稍有不同於微塵是瓦器的製造因之比喻。

生滅門是染淨有差別的，是別相。凡有分別差別相的萬法，都是生滅所攝持。而生滅法的依止體是眞如，製造親因緣是根本無明。由根本無明熏習「隨緣眞如」而不覺心動，啓動「緣起」，再藉緣而「緣生」萬法。所以生滅諸法的體同是眞如，故生滅也攝眞如。如同瓦器

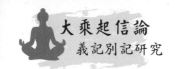

攝含微塵體。

故眞如、生滅二門的關係是「互攝」，也就是眞如、生滅各總攝一切法，原因就是二門互攝不相離。

問：二門既互攝，爲何眞如唯示大乘「體」，而不示「相用」。而生滅門則具顯體相用三大呢？

答：「攝」是攝含、攝持，與「示」是顯示，二者意思不同。

攝則二者相同，皆各總攝一切法。示則二者不同。

眞如是抿除妄相的虛妄才顯出其眞實，而不是破壞生滅的妄相，是以即妄即眞，將妄當下即體即眞的泯除妄法，而非破妄另尋眞。而且生滅法的生起也須依止眞如，故眞如可以攝持生滅。

眞如是泯除「法」的外相、形相、色相，使相不存而顯現眞如眞實平等的體，故眞如只顯示體，而不顯示相用，何況體即相用。因此眞如總攝一切生滅法。

生滅是攬理成事門，意即，生滅法之生成是需依止眞如理體的「性起」作用，此即攬理。由根本無明熏習眞如的「隨緣」作用，使阿梨耶識的不覺心動，才能啓動「緣起」而緣生萬法的事法，此是成事。

不壞理而成事，意即，萬法的生起雖依止眞如，但眞如的理體完全「如」常，不因生起生滅法而被破壞，仍是已生成之生滅法的理體而存在其中不失，故生滅法可攝持眞如。

因此生滅法可同時顯示自體的眞如及相用等三大。

問：眞如既然泯相，使相不存，故只顯示體。而生滅則可攬理而成事，使理轉變成事而不存，理不存在，則生滅應只能顯示相用，何以也顯示體？

答：並不是這樣。生滅法之生起需依賴眞如理體；而眞如是無始而有，不生不滅，並不需依賴生滅生起。即使佛之性起，也不需依賴生滅。

反之，生滅則需依賴眞如體才能生起，故生滅能顯示眞如體及相

用等三大。

所以言「攝」，則眞如及生滅一樣，均各總攝一切法及互攝。

若言「示」，則眞如但示體，生滅具示體相用三大。

原文：「此義云何」

責云。若二門各別。不可相從。若本唯一心。未容影攝。

*研究：

爲什麼說二種門皆各總攝一切法？

若二門是各自獨立有別，二門沒有關係，則當然二門是不可相從。但若只有一心而分二門，二門同是一心的兩個面向，則有互攝關係，不容分開影攝。

原文：「以是二門不相離故」

答中言不相離者，以體相不相離故。如金與莊嚴具。若以金收具，具無所遺。以具攝金，金無不盡。良以二門一揆全體遍收。此義亦然。思之可見。

*研究：

回答中言二門不相離，是指體相不相離。眞如是體，生滅是相（此相泛指相用，包括體相、德相、性相及形相、色相、作用）。

如同金與莊嚴具，若以金收具，所有具都是金所製，故具離不開金。若以具攝金，具全都是金，故金不盡，全爲具所攝。因此一心分爲兩門，兩門同在一心的揆收之下，可說是一心的全體偏收。

（第二別釋中有二。先別辨二門。顯動靜不一。後從生滅門入眞如門下。明會相入實。顯動靜不異。前中釋二門即爲二段。眞如門中。初標。次釋。釋中二。初舉如體離言。以明觀智境。釋上立義分中眞如義。二復次眞如者下。依言辨德。以明生信境釋上立中眞如相也。初中有二。一總舉法體。二問答釋疑。初文有二。初正顯如體。二以一切言說下會執釋名。前中有三。初就實略標。次一切法下。會妄顯眞。三是故下。結眞離妄。）

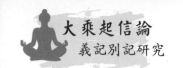
原文：「心眞如者即是一法界大總相法門體」

初中一法界者，即無二眞心爲一法界。此非算數之一。謂如理虛融平等不二故，稱爲一。又對下依言有二義故。今約體但云一也。依生聖法故云法界。中邊論云。法界者，聖法因爲義故，是故說法界，聖法依此境生。此中因義，是界義故也。言大總相者。二門之中不取別相門，於中但取總相，然亦該收別盡，故云大也。此一法界。舉體全作生滅門，舉體全作眞如門。爲顯此義，故云體也。軌生物解曰法，聖智通遊曰門。

*研究：

一法界，即無二眞心爲一法界，此非算數之一，謂如理虛融，平等不二，故稱爲絕對一。

眞心即是眾生心的心體，也是大乘法的理體，這平等無二的眞心即是一法界，一是唯一無二的絕對之意。法界的界在九法界眾生是「因」義，即法的因體；在佛是「因」義也是「種」義，即法的融一整體。

所以此眞心理體即是眞如佛性，它是融合於一切法的理體，是平等不二。以天台智顗的三因佛性而言，所有眾生的正因佛性都是彼此相同，緣因及了因在佛位也同於正因，三因都是正因。在九法界眾生則緣了因不同於正因，而且其緣了因二者可受熏而顯出九法界眾生的差異不同。

所謂平等不二是指正因佛性在所有眾生都是相同，雖所有眾生都具佛性三因，但除佛外，九法界眾生之緣了因則彼此互不相同。

離言眞如是體，體只有一種，故但云一。依言眞如是相用，相用各別，故有二義。

由眞如生起聖法，故云法界，但此處的法界的界是「因」義解。佛是依「性起」生起聖法，九法界眾生則依「性起」及「緣起」生起聖法及染法。

如前文所言，眞如門可總攝一切法，故言大總相。雖只取總相，

但真如也攝生滅，可謂攝持一切法，故云大。此一法界，是真如與生
滅融合爲一的大整體，故舉體全作生滅門，舉體也全作真如門，故云
法門體。但這是以佛位而論，佛的一心未分二門，真如即生滅，生死
即涅槃，佛性三因成一因，所以是一法界大總相法門體。但九法界眾
生，一心雖分二門，但二門仍互攝，真如可攝生滅，故心真如仍是一
法界大總相法門體，只是其二門是有分別，不同於佛之二門之無分別。

　　法界的法在此處是軌生物解，不作執持自體解。門是聖智通遊，
即佛智可通遊真如生滅二門。

　　原文：「所謂心性不生不滅」

　　言心性不生滅者，釋上法體。謂隨妄不生，約治不滅。又修起不
生，處染不滅。故攝論云。世間不破，出世間不盡故也。

　　＊研究：

　　心性在此處是指宗密所謂的「堅實心」，即心的心體，法的理體，
離言真如是也，也是大乘法體。此法體是不生不滅，隨妄不生，修起
不生。

　　即染而不染，雖在妄染中生起，但生起之妄染即體即空，等於無
生。離言真如約治不滅，處染不滅，施以對治，也不失滅。因本來即
寂滅。

　　其中佛性三因之正因佛性不生滅。處在染污，也不受染而滅，因
染而不染，其正因佛性不受染。

　　故攝論云：世間不破，是指要從世間法去証悟不破的離言真如體
及正因佛性體。

　　出世間不盡，是指當能證悟「出世間」的離言真如或正因佛性時，
則盡亦不盡，無始無終，不生不滅。

　　原文：「一切諸法唯依妄念而有差別，若離心念則無一切境界之
相」

　　（二會妄顯真中二句。）

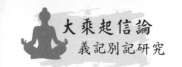

執者云。現見諸法差別遷流，云何乃言性無生滅。釋云。差別相者，是汝遍計妄情所作，本來無實，如依病眼妄見空華。故云皆依妄念而有差別。疑者又云。以何得知依妄念生。釋云。以諸聖人離妄念故。既無此境，即驗此境定從妄生。又若此境非妄所作定實有者，聖人不見，應是迷倒。凡夫既見，應是覺悟。如不見空華，應是病眼。返結準之。故云若離於念則無等也。

＊研究：

執者云：現見諸法差別遷流，云何言性無生滅？

現見的生滅諸法，明明有差別，遷流不止，爲何說性無生滅。

釋云：差別相者，是汝遍計妄情所作，本來無實，如依病眼而妄見空華。

所以會有差別相，其實是吾人「遍計所執」所致，妄情孰實所致。這「依他起」而生起的差別相萬法，假如我們不「遍計所執」，則此差別萬法是虛妄不實的，它的本性是「圓成實」的，如同病眼妄見空中的華是有，其實是本來無實，花不是實有，而是虛妄的。故云皆依妄念而有差別。

疑者又云：以何得知依妄念生？

釋云：以諸聖人離妄念故。既無此境，即驗此境定從妄生。

聖人能離「遍計所執」之妄情執著，而覺知「依他起」生起之萬法其實是「圓成實」的實相法-即實相無相。既知境是虛無，則可驗知此境定從妄生。

又假設此境非妄所作，則定是實有境。

那麼聖人不見實有境是迷倒；凡夫見境實有是覺悟。

如同不見空華可以推知是病眼，可以依此相反推論，聖人是不見實有境，凡夫則見實有境。

原文：「是故一切法從本已來，離言說相，離名字相，離心緣相，畢竟平等，無有變異，不可破壞，唯是一心，故名眞如」

（三結中八句。）

是故者。是所執本空故，真心不動故，由此一切諸法皆即真如也。離言說相者，非在言說音聲中故。離名字者，非在文句詮表中故。此二句言語路絕，非聞慧境也。離心緣者。非意言分別故。心行處滅，非思慧境。上來離僞妄故名真。自下離異相故名如。又下三句。展轉相釋，離世間修慧境，唯正智與相應也。言畢竟平等者。雖遍通染淨，而性恒無二故也。所以得無二者，以在緣時始終不改，故云無有變異也。所以在有為中得不變異者。以不同有為可破壞故。此則在染不破，治道不壞也。唯是一心者。結歸法體，故名真如者，依義立名。

*研究：

所執本空故，所執境本非實有，是假名，是自性空。真心不動故。

能見心是一心，是真心，是離言真如。若未受根本無明熏習而啓動阿梨耶識的不覺心，則真如是不動。故說一切諸法皆即真如也。因一切諸法依止真如而生，而所生諸法即假即空，即是真如之即體全用及即用全體。

離言說相者。真如不在言說音聲中；離名字者，真如不在在文句詮表中。這二句與言語之路斷絕，非屬聞思修三慧中之「聞」慧。

離心緣者。真如與意言分別無關，意言是指第六識-意言識（唯識述記卷七），本論是指分別事識。心行處滅，本論之心，非三慧之「思」慧境。上文離僞妄之虛假，故真如之真為真實。自下離異相之不同，故真如之如為如常相同。

又離言說相、離名字相、離心緣相三句，是展轉互為原因。這三種離相，即離世間的「修」慧境，只有正智才能與這三種「無修相」相應。

所謂畢竟平等，意指雖然真如可起染淨萬法，是緣了因佛性受熏在變，其正因佛性則寂然未變，即所謂性恒無二也。正因佛性非染非淨，即使受緣也不受熏習，而始終不會改變，故云無有變異。正因佛

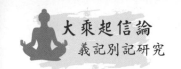

性是佛性眞如體，是無爲法，不可破壞，不似有爲法可破壞。而且在染不會受染而遭破壞，被修治也始終不變，而不會被破壞。

如此一心，即是萬法本體，即名眞如。

原文：（第二會執釋名中有二。先釋後結。釋中有三。初正會治執。二言說極下約名釋疑。三此眞如體下約相釋遣。）

「以一切言說，假名無實，但隨妄念，不可得故。言眞如者亦無有相」

初中言以一切言說假名無實者。明言教非實不可如言取也。但隨妄念等者。釋成無實所以也。恐諸凡愚聞上眞如名。則謂論主自語相違。上文既云離名字相。何故復立此眞如名。故今釋遣假名非實。不相違也。亦言無相者。遣於相也。良以名依相立。俱是遍計所緣故。楞伽云。相名常相隨而生諸妄想。故今雙遣也。

*研究：

所謂一切言說假名無實，是指明，言教非實，不可如言去執取。言說只是隨著妄念所呈現，其實不是眞實。恐諸凡愚聞上眞如名。即以爲是自相矛盾，因上文既云應離名字相。爲何又立此眞如名呢？

因眞如只是假名，並非眞實。所以並不矛盾。又眞如是無形相的，所以也是遣除色相及外相。因爲名字是依形相而立，名相都是依遍計所執所顯現。楞伽云。相名常相隨而生諸妄想。故今名相雙遣也。

原文：「謂言說之極，因言遣言」

（二別約名中二句。初立名分齊。次立名之意。）

初中疑云。既絕名相但假立客名者。何故不立餘名而唯云眞如耶。釋云。眞如者。是言說之極。謂此名之後。更無有名。則諸名之中。最後邊際。故攝論中十種名內。眞如名是第十究竟名。故云極也。因言遣言者。立此極名。爲遣於名。若無此名。無以遣名。若存此名。亦不遣名。如打靜聲。若無此聲則不止餘聲。若爲存此聲數數打靜。即自喧故。亦非止聲。當知此中意趣亦爾。善須消息。

*研究：

既然已經絕除名相而假立客名，爲何不立眞如以外其他的名字，而只取名眞如呢？釋云。取名眞如可以說是言說的極致。因爲此名之後。更無有其他名了，此名可以說是最後的名字了。故攝論中十種名內。眞如名是第十究竟名。故云極也。爲了要遣除其他的名字，才立此極名。若不立此眞如名，便無法遣除其他的名。若存此名，亦不用再遣除此名。如打靜聲，若無此聲則不能停止其他的聲音。若能存此聲，數數打靜，自己知道此聲，也不用再去停止其他的聲音了。

原文：「此眞如體無有可遣，以一切法悉皆眞故，亦無可立，以一切法皆同如故」

（三別約相中二句。）

言此眞如體無可遣等者。有二釋。一約觀釋云。外人見前文雙遣眞如名相。謂眞如本體亦是可遣之法。則生斷見。故今釋云。但遣虛妄名相。不遣眞如實法。以是妙智觀境故。何以不遣者。下句釋云。以一切法悉皆眞故。無法可遣也。外人既聞眞理不遣。則謂有法可立。當情緣執。故云亦無可立。以離妄情故。何以不立者。下句釋顯。可知。二約法釋云。無可遣者。非以眞體遣生滅法也。何以不遣者。釋云。以一切法悉皆眞故。以生滅門中一切染淨等法。即無自性。不異眞如故。不待遣也。亦無可立者。既諸生滅等法未曾不眞故。此眞如不待立也。何以不待立。下句釋云。以一切法皆同如故。以一切生滅等法本來同如故。此眞如未曾不顯。更何所立也。又準上文二門。皆各總攝。一切法言。此中應成四句。一約眞無所遣。以俗即眞故。二約眞不待立。即俗之眞本現故。三約俗無所乖。以眞即俗故。四約俗不待立。即眞之俗差別故。由是義故。不壞生滅門。說眞如門。不壞眞如門說生滅門。良以二門唯一心故。是故眞俗雙融無障礙也。此四句中前二句在眞如門。後二句在生滅門。以此中是眞如門故。但有二句耳。

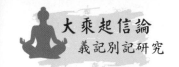

*研究：

此眞如體不可遣除，有二釋。一約「觀」釋：外人見前文雙遣眞如名相。既然名相可遣除，則眞如本體應也是可以遣除。若持此見，則生斷見。因只是遣除眞如的虛妄名相，而不是遣除它的眞實本體。應以妙智去觀眞如境。因爲一切法都是眞如本體，都是眞實，所以無法可遣也。外人既聞眞理既然不能遣除，那麼一定有法可立。這樣的說法只是一種妄情執著。何以不立。下句會解釋。

二約「法」釋：眞如無可遣並不是說以眞如體可以遣除生滅法，因一切法悉皆眞實。生滅門中一切染淨等法，法無自性。其法自體不異眞如，而眞如體是不可遣除的。眞如亦無可立，因諸生滅等法未曾不眞故。一切法皆同眞如一樣，而眞如本來如常，本來即有，本來平等，那裏須立呢？

眞生二門皆各總攝。一切法言，此中應成四句。

一約眞無所遣：以俗即眞，所以沒有俗可以遣。

二約眞不待立：即俗之眞本來即現，故不須再立眞。

三約俗無所乖。以眞即俗，故俗不須再乖離。

四約俗不待立：即眞之俗有差別，故俗不須再立。

由以上義知，可以不壞生滅門而說眞如門。也可以不壞眞如門而說生滅門，因二門唯是同一心所顯現，是故眞俗雙融無障礙。

（當知下第二結離言絕慮也。）

原文：「當知一切法不可說，不可念，故名爲眞如」

（就第二問答釋疑中。先疑眞絕修問。後舉眞勸修答。）

「問曰，若如是義者，諸眾生等，云何隨順而能得入」

問中。云何隨順者。問方便觀。而能得入者。問正觀也。

*研究：

如何隨順眞如，這隨順是隨順接近眞如的境界去做觀，是一種方便觀。也是正觀的預備觀。

如何能得入眞如，得入是實際證入眞如的境地之意，此屬正觀。

原文：「答曰，若知一切法，雖說，無有能說可說。雖念，亦無能念可念。是名隨順，若離於念，名爲得入　」

（答中亦二。）

初中言雖說雖念皆無能所者。明念即無念非滅於念。非滅念故。名雖念。離於斷見即無念故。皆無能所。離於常見。於一念間離此二見見此無二之法。故能稱順中道隨順法性也。又亦可雖在於彼言念等中。觀此念等常無能所。雖未能離念。而順於無念。故名隨順。此釋方便觀也。久觀不已。即能離茲妄念契彼無念眞理。故名正觀。云得入者。觀智契入也。十地論云。智者智行處故。又云。是境界難見。自心清淨可見此境界不可說也。又華嚴云甚深眞法性妙智隨順入故也。是故當知。雖非妄念境界。不可生於絕分想也。

*研究：

如前文「當知一切法不可說，不可念，故名爲眞如」

眞如的境界是無法用言語去描述說明；也是無法用思慮憶念去分別。

然而如果能夠在言說中，沒有能說所說；在思慮憶念中，能夠沒有能念所念，這樣即是隨順眞如。換言之，「雖說雖念皆無能所者」。

能夠做到無能所，就是隨順眞如。

能說的要旨與所說的事物，沒有分別，沒有執取。

能念的心智，與所念的事境，沒有分別，沒有妄想，沒有執取。

這種沒有分別我執及分別法執，即等於入菩薩初地，已隨順接近眞如。

「明念即無念，非滅於念。非滅念故。名雖念。離於斷見即無念故。皆無能所。離於常見。於一念間，離此二見，見此無二之法。故能稱順中道，隨順法性也。又亦可雖在於彼言念等中。觀此念等常無能所。雖未能離念。而順於無念。故名隨順。此釋方便觀也。」

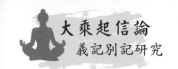

念即無念,這無念不是完全斷滅無念,而是有念,但念即假,念無分別,是不同於斷見的無念。

若此念能無能所,而不是一直有能念心、所念境一直持續不斷的「常」見。

如果能非常非斷,即是中道,即是隨順法性,即於言念之中常能離於能所,「能」是分別性我執,「所」是分別性法執,此時即入菩薩初地,已斷分別我執及法執,已證我法二空之依言眞如,但尚未證離言眞如。

此時只是離「無能所」的念,仍尚有「俱生性」我執及法執等之微細妄念。

此種隨順於無能所的念,即名隨順眞如,也是方便觀。

「久觀不已。即能離茲妄念契彼無念眞理。故名正觀。云得入者。觀智契入也。十地論云。智者智行處故。又云。是境界難見。自心清淨可見此境界不可說也。又華嚴云甚深眞法性妙智隨順入故也。」

每一念起,若能持續觀此念無能所,則這不覺心動之業相念,即會漸入眞如之不動心念境,亦即隨順眞如入菩薩初地後,其後之菩薩十地中,地地漸斷俱生我法兩執之妄念,至八地斷俱生我執,即斷本論六染之現色不相應染,九地斷能見心不相應染,及至十地即能斷盡俱生法執,即本論所言六染心之最後根本業不相應染。

此時即能離茲妄念,契彼無念眞理,故名正觀,也云得入。又稱觀智契入,或華嚴所說甚深眞法性妙智隨順入也。

（2）眞如門

原文:「復次眞如者依言說分別有二種義」

初中依言說有二義者。顯此二義。若離於言。即唯一味。今既依言故。說有二。不可即隨言執取也。但爲生物信解故說此文。故地論云。何故不但說無言。示現依言求解故。

*研究:

上文談離言眞如，是指眞如的體，眞如體只有一種，故云一味。其實眞如是無法用言語說明，無法用文字表達，無法用思慮去理解，如今勉強用言語說明，只是爲求讓眾生信解，如本論主張四信，第一種信即是信眞如。

今依言眞如，則有二種，分別表示眞如本身的相用。雖有言說說明眞如，但切不可執著所言言說。

故地論說，示現依言說明，只是爲求讓人信服解。

1.如實空

原文：「云何爲二。一者如實空，以能究竟顯實故」

言如實空者。此以如實之中空無妄染故。云如實空。非謂如實自空。此則如實之空。依主釋也。以妄空故。遂能顯示眞理。故云顯實也。故中邊論云無能取所取有。有能取所取無。是名空相故也。

*研究：

如實空是指如實之中，空除掉其中的妄染，虛妄除了即能顯示眞實。

但如實空，並非指如實自空，即非指眞如的自體是空。此與性空緣起的性空不同，性空是指自體空，此處是指妄染空而顯實，即妄空遂能顯示眞理，故云顯實也。故中邊論云無能取所取有。有能取所取無。是名空相故也。

若遇「有」法，必須無能所，即無能取心及所取境，則能不執有。

若遇「無」法，則反須有能取心，及所取無境，意即不捨離無，將無轉空，空即能再待緣而起。故此，雖說是空妄法而呈實，然仍遵守中觀的自體空，這是佛法的基本教義，但此處除自體空外，重點則擺在空妄而呈實。

2.如實不空

原文：「二者如實不空，以有自體具足無漏性功德故」

不空者有二種。一異妄無體故云有自體。二異恒沙有漏煩惱故云

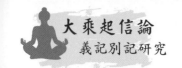

具足無漏性功德。故攝論云四德本有故也。佛性論偈云。由客塵空故。與法界相離。無上法不空。與法界相隨。彼長行廣釋。可知。

＊研究：

所謂不空有二種。一者異妄無體，故云有自體。

不同於妄法無自體，此處自體是指功德體，即功德相。妄法雖是無色相自體，但也無功德體即功德相。而眞如雖也無色相自體，但卻具功德體，故云眞如有自體是指有功德體。

二者，不同於恒沙有漏煩惱，所以說具足無漏性功德。

故攝論說，四德本有。四德是指眞如佛性的常樂我淨四德，而且四德法爾本來即有。本論下文會舉出眞如有六種功德相。

佛性論偈云，六塵只有自體空，而無功德相，故與法界相離。而眞如無上法，除自體空，尚有不空的無漏性功德相，故與法界相隨。

本論眞如之體相用已於前述。如前文：眞如體是無有可遣，亦無可立。體大謂一切法眞如平等不增減。所以離言眞如是僅指「體」，如同心眞如是僅指大乘的體。

而依言眞如則是指眞如的體相用。

相即此處之如實不空，也即前文所稱之相大，謂如來藏具足無量性功德。此相是指功德相、性相，而非指形相、外相、色相。但功德相是一種功能，也可以功用解而歸於用。如來藏也是一種體，故功德相也可指體。

依言眞如所指的如實空，指空掉妄染，較類似本綸三大之體。

但也類似天台智顗大師三因佛性之了因，即顯了正因的空性，而緣因則助成正因的法假。

（廣釋中先空內有三。初略明離染。非略能盡故。次廣釋。非廣能周故。後總結。）

原文：「所言空者，從本已來一切染法不相應故，謂離一切法差別之相，以無虛妄心念故」

前中言一切染法不相應者。總舉能所分別皆不相應。離差別相者。離所取相故。以無妄念者。離能取見故。又以妄境從妄念生故。釋顯空無也。良以倒心妄境情有理無。真如之德。理有情無故。不相應也。

廣釋中。執取雖多。總攝無過此二四句。故廣百論云。復次為顯世間所執諸法皆非真實。及顯外道所執不同故。說頌曰。有非有俱非。一非一雙泯。隨次而配屬。智者達非真。彼論次第廣破四宗外道等義也。具如彼說今此論中約外人轉計故有此諸句不同彼也。

＊研究：

如實空是指空妄，即對妄染無能所。

一切染法不相應者，即是真如對一切染法無能所的總舉，不相應即無能所之意。

離差別相者指離所取相故，即無「所」。以無妄念者，指離能取見，即無「能」。又以妄境從妄念生故，既無妄境，也必無妄心，可解釋如實空所顯示之空妄之意。妄法（無明）是顛倒心之能見心及妄執情之所見境，所以是情有理無。而真如是理有情無，故真如與妄染不相應也。

原文：「當知真如自性，非有相、非無相；非非有相、非非無相；非有無俱相」

言非有相者。明真離妄有也。惑者云。既其非有。即應是無釋云。我非汝妄有故說非有。非說是無。如何執無。故云非無也。惑者聞上非有。又聞非無。別謂雙非是真如法。釋云。我非汝謂有說非有。非謂法體是非有。非汝謂無。說非無。非謂法體是非無。如何復執非有非無。故云非非有非非無也。惑者又云。我上立有立無。汝並雙非。雙非若存。即有無隨喪。今雙非既非。我有無還立。釋云。我非汝雙非故說非非。非許雙是。如何復執。故云非有無俱也。

＊研究：

言非有相者，指真如是離妄有的。惑者說，既然是「非有」，那麼

就是「無」的意思了。

此處所說的「非有」，是指「非汝妄有」，並不是你所說的妄有，但非汝妄有也不是指「無」，怎可以去執「無」呢？所以說，「非汝妄有」是非有，非指無是「非無」。

一切法是空即自性空，是假，即假有，非空非假即是中道義。

空並不是斷滅無，空可遇緣而再生起，所以是「非無」；空當然在非生起有時，是「非有」。所以空是非無非有。

假有是雖有，但是幻有，一旦緣散即變無，所以是假有，是「非有」。在有的狀態時，當然是「非無」。所以假是非有非無。

眞如自性（體），是非有非無。以言說邏輯而言，非有非無是矛盾不存在的，所以是「不可言、不可說」。「非」的眞正涵義是不分別、不妄想、不執著。非是超越的意思。也是無能所之意。不以前五識去分別境；不以第六識去妄想境；不以第七、第八識去執境。

惑者聞上非有，又聞非無，即認為雙非是眞如法。

釋云：我說非「非汝妄有」的「非」是指非是「法體是非有」。而不是你所說之非無的非。所以說非非有。

「非非無」的非，則是指非「法體是非無」，故云非非有非非無也。

因為眞如的法體是非有非無，不能說是非有，也不能說非無。

惑者又云，我上立有立無，汝立雙非。雙非若存，即有無隨喪。今雙非既非。我有無還立。

惑者說雙非若不成立，則有無應成立。解釋說：雙非是「非汝雙非」，故說非非，而不是說雙是，如何又執雙是呢？故云非「有無俱」也。

原文：「非一相、非異相；非非一相、非非異相；非一異俱相」
一異等準前可知。

*研究：
一異的情形也同上有無之說明。

110

楞伽經、明如來自性:「……非一非異,非俱非不俱故,悉離一切量。離一切量則無言說,……」

「大慧!三藐三佛陀者,離一切根量」

量有性量、比量、非量。所有六根所衍的量,都是虛妄,應離一切根量。

楞伽經、明如來自性:「四句者,是世間言說,若出四句者,則不墮四句。不墮四句故,智者所取,一切如來句義亦如是,慧者當知」。

楞伽經、明離四句:「佛告大慧,如是凡夫惡見所噬,外道智慧不知如夢,自心現性,依於一異、俱不俱、有無、非有非無,常無常見」。

由上知四句均是自心現量,是惡見,是如夢。

原文:「乃至總說依一切眾生以有妄心,念念分別皆不相應,故說為空,若離妄心,實無可空故。」總結中。妄計塵沙,難可遍歷。故今總攝辨不相應,此順結也。

*研究:

一切眾生雖有妄念,若能念念離能所,沒有能取的心及所取的境,則無分別的心念及外境。無能所即是不相應,不相應的心即是空。

妄法如塵沙浩翰之多,實在很難遍歷,今以「不相應」作總結辨釋,是一種順正面的總結。

若離妄心實無可空,則是反面總結也。

以對染無,說真為空,並不是說真如的體無,而說為空。

真如無色相體,但有功能體,空是指體無形相。

疑者聞上真空,則謂真如無真體,而且無恆沙功德。

真如無體是指無形相、色相體,但真如具有恆沙功德的功能體。

所以說真如是「空不異不空」也。空是無色相體,但這空也是不空的功能體。

(不空文中有四。一牒。二釋。三結。四釋疑。)

原文:「所言不空者,已顯法體。空無妄故,

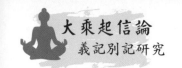

即是眞心。常恒不變，淨法滿足，則名不空」

（初牒前顯後。次正顯不空。）

不空之德。翻對妄空。略論四種。故寶性論云，一者以常故不生，離意生身故。二者、以恒故不死。離不思議退故。三者不變故不老。無無漏業故。四者清涼故不病。無煩惱習故。此中淨法當彼論清涼。以離惑染故。又眞心者舉體也。常者常德也。恒者樂德也。以離變易苦故。不變者我德也。以非業所繫自在故。淨法者淨德也。

＊研究：

不空的功德即因妄空而顯現。略論有四種，如寶性論云：

一者、以常故不生，離意生身故。常者，常德也。

常是法身（涅槃經）。法身非意生身。意生身依楞伽經解說如下：

-「有三種意生身。云何爲三？所謂三昧樂正受意生身，覺法自性性意生身，種類無行作意生身。修行者了知初地上上增進相，得三種身。」

法身是佛位，三種意生身如三昧樂正受意生身尙在菩薩十地之第三、四、五地中；覺法自性性意生身在第八地。

常者，常德也。依涅槃經：「……無常者聲聞、緣覺，常者如來法身……」。

所以常是法身，而非聲聞、緣覺身。也非意生身。

涅槃經：「我者即是佛義，常者是法身義，樂者是涅槃義，淨者是法義。」

二者、以恒故不死。離不思議退故。恒者，樂德也，以離變易苦故。

依華嚴經，修行至菩薩十住位中之七住位，即名不退位，但仍是思議不退。至佛地才是不思議不退。

依涅槃經，樂者是涅槃義，因佛已離變易生死，才能享受涅槃樂。

三者、不變故不老。無無漏業故。不變者，我德也，以非業所繫

自在故。

不變是我德，依涅槃經，我者即是佛義。佛不但是有漏盡，連無漏也盡。依心經：無無明，亦無無明盡。無無明是無枝末無明，即天台宗的見思惑及塵沙惑。無明盡是指根本無明，即本論的無始無明或勝鬘經的無明住地。所以佛是無無漏業，無漏業是無明盡之根本無明。

以非業所繫自在，意指破本論六染心之根本業不相應染，即能入如來地，得業自在地。亦即是華嚴經菩薩第十地所證之業自在等所依真如，證得業自在。

四者清涼故不病。無煩惱習故。此中淨法當彼論清涼。以離惑染故。淨法者，淨德也。

依涅槃經，「淨者是法義」，亦是「淨者諸佛菩薩所有正法」

能離惑染，無煩惱習，才能修得清淨的正法，及顯現自性清淨心，感到一心清涼。

本論的如實不空是指真如的功德體，有如同涅槃四德之功德相，即不生（常）、不死（恒、樂）、不老（不變、我）、不病（清涼、淨）。

以下說明一下涅槃的四德意義：

四德：常樂我淨，是由四顛倒所衍生。

涅槃經：「我今常說勝三修法，苦者計樂，樂者計苦，是顛倒法。

無常計常，常計無常是顛倒法。

無我計我，我計無我，是顛倒法。

不淨計淨，淨計不淨，是顛倒法。」

三修法是常、樂、我三法。

「凡夫」四顛倒是：諸法無常計為常、人生是苦計為樂、無神我計為有神我、身不淨計為身淨。所以是顛倒。

「二乘」四顛倒是：常計為無常、樂計為了無樂、我計為無我、淨計無淨。所以是顛倒。

佛的不顛倒的涅槃四德是常樂我淨。而眾生的四顛倒也是常樂我

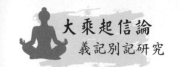

淨，其間差異是佛的常是「絕對常」，即「常即無常」。

樂是「絕對樂」，即樂即無樂。

我是「絕對我」，即我即無我。

淨是「絕對淨」，即淨即不淨。

而凡夫的常是與無常相對的「相對常」。凡夫的樂、我、淨也都是相對的。

故與佛的絕對全然不同。

二乘的涅槃是有餘涅槃或無餘涅槃，不同於佛的無住涅槃。

而凡夫、二乘、菩薩、佛等均具「本來清淨自性涅槃」。此涅槃是所有眾生法爾本有的，如同本論的「本覺」，但它仍在因位，需透過修行才能顯現無住涅槃的四功德。

所以上述經文：苦者計樂，是凡夫顛倒；樂者計苦，是二乘顛倒。

其他常、我、淨同上一樣論述。

以下涅槃經經文更指出常樂我淨四德之「義」，可以對照出四顛倒之義：

我是如來；無我是生死。

常是法身；無常是聲聞、緣覺。

樂是涅槃；苦是一切外道。

淨是諸佛菩薩所有正法；不淨是有為法。

涅槃經：「世間知字不知義。何等為義？無我者名為生死，我者名為如來；無常者聲聞、緣覺，常者如來法身；苦者一切外道，樂者即是涅槃；不淨者即有為法，淨者諸佛菩薩所有正法。是名不顛倒。以不倒故，知字知義。若欲遠離四顛倒者，應知如是常樂我淨。」

常樂我淨四德的互相關係如下：

我乃宣說滅內外六入所生六識，名之為常。

故先有常。

因有常，才有我。

因有常我，才有樂。

因有常我樂，才有淨。

因為淨是最後產生，故說修三勝法。

涅槃經：「佛言：善男子！我亦不說內外六入及六識意常樂我淨，我乃宣說滅內外入所生六識，名之為常。以是常故，名之為我，有常我故，名之為樂，常我樂故，名之為淨。善男子！眾生厭苦，斷是苦因，自在遠離，是名為我。以是因緣，我今宣說常樂我淨。」

原文：「亦無有相可取」

釋疑中。惑者聞淨法不空。則謂同於情執之有。故釋云無相可取也。是則不空不異於空。

*研究：

惑者聽說淨法不空，以為這不空同於妄情所執的「有」，故解釋說「亦無相可取」，這不空是無相可取的，此處的相指形相、外相、色相。

不空已顯法體，這體是無相可取的，雖是真心，這真心也是無相的，但所指法體是指功德體，即具常恒不變，淨法滿足的功德體。

所以不空的法體也是符合中觀應成派所謂的自性空，即性空。楞伽經、明如來自性：「如是一切法空，無生、無自性，當如是知」

所以說此不空也不異於空，也是無自性空。

原文：「以離念境界，唯證相應故」

言以離念境界等者。釋無相所以也。若妄念所緣。是則有相。既唯真智之境。明知無妄執之相也。釋真如門竟。

*研究：

以離念境界來解釋無相。若有妄念，是則有相。

這離念境界，即是真智之境。真智之境即是明了「無妄執」之相。

楞伽經、明不生滅義：「……如實者，不來不去相，一切虛偽息，是名如實」。

一切虛偽息即息妄執，無妄執就是如實之相。

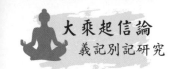

楞伽經、再辨不生滅義:「不實妄想,如犍闥婆城及幻化人。……。大慧!涅槃者,如眞實義見,離先妄想心心數法,逮得如來自覺聖智,我說是涅槃」。

眞實義見就是離妄想的心心所法,求得如來自覺聖智,就是眞智之境。

-本論依言眞如之如實空與如實不空,與勝鬘經之空如來藏及不空如來藏比較:

勝鬘經:「世尊!有二種如來藏空智。世尊,空如來藏,若離若脫若異一切煩惱藏;世尊,不空如來藏,過於恒沙不離不脫不異不思議佛法。」

大乘起信論:「一者如實空,以能究竟顯實故。

所言空者,從本已來一切染法不相應故。謂離一切法差別之相,以無虛妄心念故。」

原文:「乃至總說,依一切眾生以有妄心,念念分別,皆不相應,故說為空,若離妄心,實無可空故。」

*研究:

(1)如實空依言眞如與空如來藏:

勝鬘經之空如來藏,是若離若脫若異一切煩惱藏。

若離若脫若異是「空掉」之意,即「空掉一切煩惱藏」就是空如來藏。

而本論之如實空依言眞如是:以能究竟顯實故。依法藏解釋,「空無妄染」即能究竟顯實。本論將空解釋為,與「有妄心,念念分別,皆不相應」,換言之,空是沒有念念分別的妄心,也是「空無妄心」之意。

本論將「妄染」進一步指為一切染法、一切法差別之相(即妄法);及虛妄心念(即妄心)等。觀其妄染所指之「妄法、妄心」內容,也相當類似「一切煩惱藏」。故二者之空義相當接近。

（2）如實不空依言眞如與不空如來藏：

勝鬘經：「世尊，不空如來藏，過於恒沙不離不脫不異不思議佛法。」

起信論：「二者如實不空。以有自體具足無漏性功德故。」

原文：「所言不空者，已顯法體，空無妄故，即是眞心。常恒不變，淨法滿足，則名不空。亦無相可取，以離念境界，唯證相應故。」

*研究：

不空如來藏之「不離不脫不異」類似具有之意。

不空如來藏之「過於恒河沙不思議佛法。」類似如實不空眞如之「以有自體具足無漏性功德故。」

所以二者「不空」之內涵也是相當接近。

故可推論：

　　1.空如來藏即是依言如實空眞如。

　　2.不空如來藏即是依言如實不空眞如。

（3）空、不空與體相用之關係：

　1.體：體有體體、體相、體用。

　　a.體體即體之體，即自體、因體、性體。也等同於性相之性。性即性體之意。

　　b.體相是體之相，也是體的功德相、功能相、性質特色。

　　c.體用即由體所引發之功用、功能。若是佛位，則類似於體之功德相。

　2.相：

　　a.相有德相、功德相、功能相、性相即性質

　　b.形相、外相、色相。

　3.用：有體用、相用。

　　a.體用：同上

　　b1 相用：體之功德相所呈現的作用，同體相或德用。

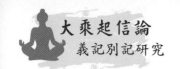

b2 相用：由形相、色相所呈現的作用。作用力小。

（3、1）離言眞如屬於體：

　3.1.1 體之體：眞如爲萬法生起之依止因。

　　　　　　　　心眞如相即示摩訶衍體。

　3.1.2 體之相：

　　A.離言眞如：體之功德相：

　　　-相大，謂如來藏具足無量性功德。

　　B.離言眞如是體之性質相：

　　　-離言說相、離名字相、離心緣相、畢竟平等、無有變異、
　　　不可破壞。

　　　-無有可遣、亦無可立。

　　　-不可說、不可念。

　　C.離言眞如體是沒有形相或外相或色相：言眞如者亦無有相。

　3.1.3 體之用：

　唯是一心

　心性不生不滅

　用大，能生一切世間出世間善因果。

（3、2）如實不空依言眞如，屬於眞如體之體之相，即體之功德
　　　　　相。以有自體具足無漏性功德。

（3、3）依言如實空眞如之歸屬。

　1.眞如體之「體之性質相」：

　　a 空無妄染。

　　b 一切染法不相應。

　2.眞如體之「體之用」：

　　a 離一切法差別相

　　b 無虛妄心念。

（3、4）依言眞如與如來藏之對應：

1.空如來藏對應如實空依言真如。兩者都是體的性質相。

　後者另有體之用。

2.不空如來藏對應如實不空依言真如：

　兩者都是體的功德相。前者是不離不脫不異不思議佛法。

　後者是自體具足無漏性功德，淨法滿足。

　後者另有體的性質相（常恒不變）及體之用（即是真心）

（3、5）離言真如與如來藏之對應：

　A.離言真如，是體之功德相；也是體之性質相；也是體之用。

　B.如來藏是體之體：

　　楞伽經、明陰界入生滅：「如來之藏是善不善因，能遍興造
　　一切趣生」

　C.空如來藏是體的性質相。

　D.不空如來藏是體的功德相。

（3、6）真如、如來藏與天台智顗大師佛性三因之對應：

　A.佛性：

　　三因：正因是佛性的體；了因是佛性的相；緣因是佛性的用。

　B.如來藏：

　　1.如來藏是體之體。

　　　楞伽經、明陰界入生滅：「如來之藏是善不善因，能遍興造
　　　一切趣生」

　　2.空如來藏是體的性質相。

　　3.不空如來藏是體的功德相。

　　4.識藏（即阿賴耶識）是體之用。

　　　楞伽經、明陰界入生滅：「……外道不覺，計著作者，為無
　　　始虛偽惡習所薰，名為識藏。生無明住地，與七識俱，如
　　　海浪身常生不斷。」

　C.真如：

1.離言眞如：是體之體；也是體之功德相及性質相；也是體
之用。

2.依言如實空眞如：是體之性質相，也是體之用。

3.依言如實不空眞如：

是體之功德相及性質相；也是體之用。

第三章、大乘起信論義記卷三

（第二釋生滅門中二。先釋生滅心法。後從復次眞如自體相者下。辨所示之義。即明此法有顯義功能。問何故眞如門中不辨所示義大。生滅門中具辨所示大義耶。答以眞如門即示大乘體能所不分詮旨不別故不辨也。生滅門中。染淨不一法義有殊。故具說之。上立義分中。眞如門內云即示。生滅門中云能示者。釋義在於此也。就生滅法中有二。先明染淨生滅。後四熏習下辨染淨相資。前中亦二。先就體總標。後依義別解。總中有三。初標體。次辨相。後立名）

第一節、心生滅者依如來藏故有生滅心

原文：「心生滅者依如來藏故有生滅心」

前中言依如來藏有生滅心者。謂不生滅心。因無明風動作生滅。故說生滅心依不生滅心。然此二心竟無二體。但約二義以說相依也。如不動之水。爲風所吹而作動水。動靜雖殊。而水體是一。亦得說言依靜水故有其動水。當知此中理趣亦爾。準可思之。謂自性清淨心名如來藏。因無明風動作生滅。故云依如來藏有生滅心也。楞伽勝鬘俱同此說。此顯眞心隨動。故作生滅。非謂舉所依取能依。以此門中有二義故。能示三大。是故通攝所依亦入此門也。

*研究：

這裡舉了一個比喻，海是阿梨耶識，靜水是眞如，波浪是生滅，

風是無明。

先討論風、靜水、波浪的關係。

不生滅心，因無明風動作生滅，故說生滅心依不生滅心。

不生滅心是如來藏，是真如。當根本無明熏習真如時，真如的「隨緣」作用啟動，如同真如的靜水即不變真如，受根本無明的風吹動，已經受啟動，由靜水轉動，即由不變而隨緣。

在後文生滅的因緣會談及生滅的生起，須涉及二種生滅過程，即性起及緣起。

剛提及真如由不變而啟動隨緣，即隨緣真如是因，根本無明是緣，此第一層生滅因緣的啟動即是「性起」，以後會再深入討論。

隨緣真如被根本無明熏習而啟動，即同本論所說，啟動阿梨耶識三細中之業相，而後進入第二階段「緣起」之生滅啟動，即以根本無明為生因，以六塵境界為緣而啟動「緣起」法，緣生世間萬法。故說不生滅心，因無明風動作生滅，生滅心依不生滅心。

但生滅心及不生滅心這二心，並非是二法而有二體，而是生滅心這一法的「自體」是不生滅心，而生滅心則是含自體及相用的整個表現。二者是體相用的關係，生滅心的自體（即不生滅心）與其體相用當然有相依的關係，就如同不動的水（不生滅心）被無明風所吹而成動水的波浪（生滅心）。靜水（不生滅心）及水波（生滅心）雖然一動一靜不同，但二者都是水的體（真如，即不生滅心）。

亦得說言依靜水故有其動水，即依不生滅心而有生滅心。

謂自性清淨心名如來藏（即不生滅心）因無明風吹動而有生滅。故云依如來藏有生滅心也。楞伽勝鬘俱同此說。

楞伽經宋譯、明陰界入生滅：「如來之藏是善不善因，能遍興造一切趣生」。

勝鬘經、顛倒真實章第十二：「世尊！生死者，依如來藏。以如來藏故，說本際不可知。世尊！有如來藏故，說生死，是名善說。」

　　由上顯知，眞心即眞如，隨無明風所吹動，而啓動眞如的隨緣作用（此段即相當於性起），引發以根本無明爲因，六塵境界爲緣之「緣起」作用，而緣生生滅的萬法。非舉所依的不生滅眞如，去執取能依的生滅。以此生藏門中有生滅及不生滅二義，能顯示不生滅的體及生滅的體相用三大。是故，生滅門亦通攝所依的不生滅體而入此門。

第二節、不生滅與生滅和合

　　原文：「所謂不生不滅與生滅和合非一非異」

　　（第二辨相。）

　　不生滅者。是上如來藏清淨心。動作生滅不相離。故云和合。非謂別有生滅來與眞合。謂生滅之心與心之生滅。無二相故。心之生滅。因無明成。生滅之心。從本覺起。而無二體不相捨離。故云和合。故下云。如大海水因風波動。水相風相不相捨離。乃至廣說。此中水之動是風相。動之濕是水相。以水舉體動故。水不離於風相。無動而非濕。故動不離於水相。心亦如是。不生滅心舉體動故。心不離生滅相。生滅之相莫非眞故。生滅不離於心相。如是不離名爲和合。此是不生滅心與生滅合。以是隨緣門故。非是生滅與不生滅合。以此非是向本眞如門故。非一非異者。眞心全體動故。心與生滅。非異。而恒不變眞性故。與生滅不一。作楞伽經。以七識染法爲生滅以如來藏淨法爲不生滅。此二和合。爲阿梨耶識。以和合故。非一非異。非異門者有三種。一以本從末明不異經云。如來藏是善不善因。能遍興造一切趣生。乃至下云。若生若滅等。梁攝論中亦說。此識虛妄是其性。故說虛妄分別所攝也。又經云。佛性隨緣成別味等。二攝末同本明不異者。經云眾生即如故。又涅槃云十二因緣即佛性故。又十地云三界唯一心

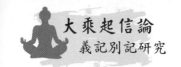

者。彼論釋云。第一義諦也。又此論下文云。四相本來平等同一覺云
云。前即末之本。本無別本故。唯有生滅。更無別法可相異也。後即
本之末。末無別末故。唯有不生滅。亦無別法可相異也。三本末平等
明不異者。經云。甚深如來藏。而與七識俱。又經云。何梨耶識名如
來藏。而與無明七識共俱。如大海波常不斷絕。又論云。唯真不生。
單妄不成。真妄和合方有所為。此則本末鎔融際限不分。故云不異也。
第二不一義者。即以前攝末之本唯不生滅故。與彼攝本之末唯生滅法
而不一也。依是義故。經云。如來藏者。不在阿梨耶中。是故七識有
生有滅。如來藏者不生不滅。解云。此中唯生滅是七識。唯不生滅是
如來藏。二義既分。遂使梨耶無別自體。故云不在中。此約不一義說。
非謂不和合。何以故。此中如來藏不生滅。即七識生滅之不生滅。故
與自生滅不一也。七識生滅即如來藏不生滅之生滅。故與自不生滅亦
不一也。此中非直不乖不異以明不一。亦乃由不異故成於不一。何以
故。若如來藏隨緣作生滅時。失自不生滅者。則不得有生滅。是故由
不生滅得有生滅。是則不異故不一也。又此中真妄和合諸識緣起。以
四句辨之。一以如來藏唯不生滅。如水濕性。二七識唯生滅。如水波
浪。三梨耶識亦生滅亦不生滅。如海含動靜。四無明倒執非生滅非不
生滅。如起浪猛風非水非浪。此四義中隨舉一義即融體全攝。緣起義
理無二相故。此中且約濕性不失義邊。動靜不一。故說水不在於浪中。
豈可此浪離水之外別有體也。餘義準此思之。問既云動靜不一。則應
云如來藏不在七識中。何故乃云不在梨耶中。答梨耶融動靜。動靜無
二。是梨耶全。既動靜分。梨耶無別體。故云不在中也。問梨耶既通
動靜。不應唯在生滅門。答為起靜以成動。無別有動體。是故靜性隨
於動亦在生滅中。非直梨耶具動靜在此生滅中。亦乃如來藏唯不動亦
在此門中。何以故。以彼生滅無別法故。可思準之。又若一者。生滅
識相滅盡之時。真心應滅。則墮斷過。若是異者。依無明風熏動之時。
靜心之體應不隨緣。則墮常過。離此二邊故非一異。又若一則無和合。

若異亦無和合。非一異故得和合也。如經云。譬如泥團微塵非異非不異。金莊嚴具亦復如是。若泥團異者。非彼所成。而實彼成。是故非異。若不異者。泥團微塵應無差別。如是轉識藏識真相若異者。藏識非因。若不異者。轉識滅。藏識亦應滅。而自真相實不滅。是故非自真相識滅。但業相滅。解云。此中真相是如來藏轉識是七識。藏識是梨耶。今此論主總括彼楞伽經上下文意作此安立。故云非一異也。

＊研究：

不生滅者是指如來藏清淨心，與生滅二者不相離而說和合，非指另有別的生滅法來與真如如來藏和合。

生滅之心是從本覺啓動，即由根本無明熏習隨緣真如，而啓動阿梨耶識的本覺，將不動的本覺心轉為動的業相不覺心，故曰生滅之心從本覺起。而啓動生滅之心。

而由根本無明熏習「隨緣真如」，而啓動心之生滅，即心之生滅因無明成。

不生滅與生滅是一法之體相用關係，而非二法，二者不相捨離，不生滅是體，生滅是體相用的展現，故云和合。如同大海是阿梨耶識，風是無明，水是真如不生滅，水波是生滅，水相與風相不相捨離。風吹動水，所以水之動是風相；而被動的水是濕水，所以動之濕是水相。水舉體搖動是風所吹，故水不離於風相；而動的水即是濕性的水，故動也不離水相。心也是這樣。不生滅心的波，是被吹動的水相。而被無明風吹動的生滅動水，即是真如不生滅水在動。故二者不相離，名為和合。此處是不生滅與生滅合，是真如的「不變」即不生滅，起「隨緣」作用而生起生滅，故屬真如隨緣門。而非真如隨緣而不變之本真如門。

非一非異中之非異，是指當真如由不變而隨緣，真如體全體由靜生動，而啓動阿梨耶本覺之心不覺，故真心體與生滅非異。

而不變真如雖隨緣而起生滅，但永遠不會改變真如之真實如常之

本性，故與生滅不一。

依楞伽經，以七識染法爲生滅，以如來藏淨法爲不生滅。此二和合。爲阿梨耶識。以和合故。非一非異。不生滅是生滅的體，生滅是自體相用的整體表現，二者是同一法，故非異；但體及體相用整體表現又不同，所以是非一。

非異門有三種：以本從末、攝末同本、本末平等。

生滅法是末，眞如不生滅是本，二者是同一法的本末關係。

1.以本從末

楞伽經云：「如來藏是善不善因，能偏興造一切趣生，……若生若滅等」

如來藏是本，興造一切趣是生滅是末。故言以本從末。

梁攝大乘論：「此識虛妄是其性」

阿賴耶識能生起虛妄的萬法，前者是本，後者是末。

經云：「佛性隨緣成別味」佛性是本，別味即生滅，即是末。

離言眞如之不變即隨緣，此是佛位。依言眞如則有不變及隨緣二義，此指九法界眾生。佛性三因中之正因即不變，緣因及了因即隨緣。佛位則是三因同是正因。

2.攝末同本

經云：「眾生即如故」眾生是末，如是眞如，是本。

涅槃經云：「十二因緣即佛性故」十二因緣是末，佛性是本。

十地論云：「三界唯一心者」三界是末，一心是本。論釋云，第一義諦，這一心即是第一義諦，即是眞如本。

本論下文說「四相本來平等同一覺」四相是生住異滅四相，爲末；

覺是本覺，是本。四相本來即是平等相同的本覺，即攝末同本。

前文即末之本，本無另外的別法的本，唯有生滅的本，而無另外不同的本。後文即本之末，末也無別末，只有不生滅的本所成的末，並沒有另外的別末。

3.本末平等

魏譯楞伽經：「甚深如來藏。而與七識俱。又經云。阿梨耶識名如來藏。而與無明七識共俱。如大海波常不斷絕。」

阿梨耶識是末，如來藏是本。經言阿梨耶識名如來藏，即指末即本，本末平等。大海波即是無明七識。

又論云：「唯真不生，單妄不成。真妄和合，方有所為。」

單是真如之性起，若不透過無明妄之熏習真如而啟動其隨緣作用，才能緣起而生萬法。故真妄必須和合，方能有所作為而生起萬法。

以上論本末鎔融，際限不分，即是指非異門。

第二不一義。即不生滅的本與生滅的末不一樣。

魏譯楞伽經：「如來藏者，不在阿梨耶識中。是故七識有生有滅，如來藏者不生不滅」。同一魏譯楞伽經中，前文說阿梨耶識名如來藏，此處又言如來藏不在阿梨耶中。然考之宋譯本：「菩薩摩訶薩欲求勝進者，當淨如來藏及識藏名。大慧，若無識藏名，如來藏者則無生滅」，可見阿梨耶識又名識藏，即識中藏有如來藏，也即如來藏是阿梨耶識的體。所以阿梨耶識並無別的自體。二者是同一法的體相用關係，所以體雖不同於體相用全體，但也有和合關係，故說，此約不一義說，非謂不和合。因如來藏即是生滅的不生滅體，故生滅非自生滅。不生滅是以如來藏為體的展現，故不生滅亦非自不生滅。

而且二者是因「不異」，才顯出「不一」。二者因是同一法的體相用關係，同一法故不異，但因為是體相用的關係，所以是不一。而且，

如來藏隨緣作生滅時，自身完全不增不減，自身仍然保持「不生滅」，即自身不得有生滅。

是故由不生滅得有生滅，故二者不異，而且生滅也是依止不生滅才有，不生滅也須依生滅顯現，二者可以說是同一法而不異，但因有體相用不同這層同一法而不異的關係，才造成二者同體但相用不同之不一關係。

若以四句辨之，可以說如來藏唯不生滅，如水的濕性。七識唯生滅，如水之波浪。阿梨耶識亦生滅亦不生滅，如大海，海有動之生滅及靜之不生滅。無明非生滅非不生滅，如無明風本身非水非浪，但可以吹起七識的生滅海浪。

以上四義，緊緊相扣，阿梨耶識海中，有不生滅的靜水真如及被無明風吹動的動水生滅七識。

其中，真如靜水被無明吹動呈現阿梨耶識三細中的「業相」，是屬於「性起」；由阿梨耶識的「業相」啟動三細中的「能見心」及「能見境界」及其後的六粗染心，而生起萬法，是屬於「緣起」。

而緣起中，真如的靜水濕性始終不失，保持動靜不一。故說真如水不在七識浪中。而離水外也沒有浪可尋，因為浪是由靜水生動而形成。

問：既然動靜不一，則應說如來藏不在七識中，何故說如來藏不在梨耶中？

答：梨耶是海，本來即含靜水的如來藏及動水波蛋浪的生滅七識，而且二者融合一體，動靜無二，故梨耶包含動靜二體，本身並無另外的別體，故云不在梨耶中。

問：梨耶既通動靜，不應只在生滅門中？

答：動靜關係是起靜而形成動，非謂靜外另有動。所以靜性如來藏仍在所起動的生滅中。即所起生滅法中，梨耶仍具如來藏體。

又若生滅及不生滅二者是一，則生滅識相滅盡之時，真心也應滅，

如此則墮斷過。若二者是異，依無明風熏動之時，靜心之體應不會隨緣啓動性起及緣起，如此則墮常過。離此常斷二邊，故非一異。

又若二者是一，則不是和合關係。若二者是異，相異的二法自不是和合。今既非一，也非異，故得和合也。

如經云。譬如泥團微塵非異非不異。金莊嚴具亦復如是。

若泥團是異，則非由微塵所成，然事實是由微塵所成，是故非異。若二者不異，泥團與微塵應無不同。如是轉識（七識），藏識（阿梨耶識），眞相（如來藏）若三者不同，則藏識不是形成七識的因。

若相同，轉識滅，則藏識亦應滅，而自眞相如來藏實不滅。是故非自眞相識滅，而是其業相滅。解云。此中眞相是如來藏，轉識是七識。藏識是梨耶。

原文：「名爲阿梨耶識」

（第三立名。）

然此生滅不生滅。即之義不 。辨之心不異。日此二義不二之心。名阿梨耶識。又阿梨耶及阿賴耶者。但梵言訛也。梁朝眞諦三藏訓名翻爲無沒識。今時奘法師就義翻爲藏識。但藏是攝藏義。無沒是不失義。義一名異也。所攝名藏。謂諸眾生取爲我故。所以然者。良以眞心不守自性。隨熏和合似一似常。故諸愚者以似爲眞。取爲內我。我見所攝。故名爲藏。由是義故。二種我見永不起位即失賴耶名也。又能藏自體於諸法中。又能藏諸法於自體內。故論云能藏所藏我愛執藏。此之謂也。此依義立名也。

＊研究：

此生滅不生滅。若就義是不同，若就心而言，同一心開二門，是故不異。

這生滅不生滅二義不同，卻又不相離而和合的心，名稱阿梨耶識。

又阿梨耶及阿賴耶二名，是梵言所譯不同。梁朝眞諦三藏翻譯爲無沒識，玄奘法師則就義翻譯爲藏識，但藏是攝藏義，無沒是不失義，

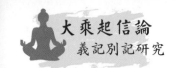

兩者名稱不同但意義相同。藏的意思是「所攝藏」，即所藏，謂諸眾生
執取爲我。因眞如心不守自性，隨無明熏而成萬法，似一似常，故諸
愚者認爲萬法似爲眞，而執取爲內我。此我見所攝，即名爲藏，所攝
藏即攝內我見。若此二種人我見及法我見永不起位執取，阿賴耶名即
失其意義。

又能攝藏，即能藏自體於諸法中，又能藏諸法於自體內。故論云，
阿賴耶有三藏之義，即能藏、所藏、我愛執藏。所藏、能藏如上所言。
我愛執藏，依唯識宗之意指，第七識執取第八識的見分爲自我，但本
論未言及此義。

本論僅立阿梨耶識名，即「所謂不生不滅與生滅和合，非一非異，
名爲阿型耶識。名稱不同於唯識宗之阿賴耶識，阿賴耶之名有舊譯（眞
諦、安慧）之「無沒」，及新譯（玄奘、護法）之「藏」，已如上文。

阿賴耶識的染淨歷來有不同看法如下：

1.本論主張阿梨耶識是眞妄和合。如來藏是阿賴耶識的體，二者
　是體相用關係。

2.地論師南道派主張阿賴識與如來藏同體，是淨識。
　北道派則主張是染污識。

3.攝論師主張是染汙識，另有第九識阿摩羅識是淨識。如來藏與
　阿賴耶識是異體。

4.新舊派唯識宗均認爲阿賴耶識屬「唯妄」。

（第二別解中有三。初釋上心生滅。二從復次生滅因緣者下。釋
上生滅因緣。三復次生滅相者下。釋上生滅之相。初中亦三。初開數
辨德。二寄問列名。三依名辨釋。）

原文：「此識有二種義」

前中言此識有二義等者。此義稍難。今總括上下文略敘其意。餘
可至文當知。何者。謂眞如有二義。一不變義。二隨緣義。無明亦二
義。一無體即空義。二有用成事義。此眞妄中。各由初義故成上眞如

門也。各由後義故成此生滅門也。此隨緣眞如及成事無明亦各有二義。一違自順他義。二違他順自義。無明中初違自順他亦有二義。一能反對詮示性功德。二能知名義成淨用。違他順自亦有二義。一覆眞理。二成妄心。眞如中違他順自亦有二義。一翻對妄染顯自德。二內熏無明起淨用。違自順他亦有二義。一隱自眞體義。二顯現妄法義。此上眞妄各四義中由無明中反對詮示義。及眞如中翻妄顯德義。從此二義得有本覺。又由無明中能知名義。及眞如中內熏義。從此二義得有始覺。又由無明中覆眞義。眞如中隱體義。從此二義得有根本不覺。又由無明中成妄義。及眞如中現妄義。從此二義得有枝末不覺。此生滅門中。眞妄略開四義。廣即有八門。若約兩兩相對和合成緣起。即有四門。謂二覺二不覺。若約本末不相離。唯有二門。謂覺與不覺。若鎔融總攝。唯有一門。謂一心生滅門也。又若約諸識分相門。本覺本不覺在本識中。餘二在生起識中。若約本末不二門。並在一本識中。故云此識有二義也。問此中一識有二義。與上一心有二門何別耶。答上一心中含於二義。謂不守自性隨緣義。及不變自性絕相義。今此但就隨緣門中染淨理事無二之相明此識也。是則前一心義寬該收於二門。此一識義陝局在於一門。問此中本覺與上眞如門何別。答眞如門約體絕相說。本覺約性功德說。謂大智慧光明義等名本覺故。本者是性義。覺者是智慧義。以此皆爲翻妄染顯故。在生滅門中攝。以眞如門中無翻染等義故。與此不同也。是故體相二大俱名本覺。並在生滅門中。故得具三大也。

*研究：

眞如有二義。一不變義。二隨緣義。無明亦有二義。一無體即空義。二有用成事義。

眞如門是眞如之「不變眞如」及無明之「無體即空」所形成。生滅門是由眞如之「隨緣眞如」及無明之「有用成事」所形成。

此隨緣眞如及成事無明亦各有二義。一違自順他義。二違他順自

義。

心眞如門之無明有「無體即空」有二義，一是違自順他之義，即是能反對詮示性功德，即無明空體有反對詮示性功德，也可視爲本覺。

無明空體也有能知名義爲淨用之功德，也可視爲始覺。

心眞如門之「不變眞如」，有翻對妄染成淨德，即本覺之意。

心眞如門之「隨緣眞如」，即能知名義成淨用，即始覺。

心生滅門之無明有「有用成事」之義，

有二義。一覆眞理，即根本不覺。二成妄心，即枝末不覺。

心眞如門之隨緣眞如，眞如中違他順自亦有二義。一是翻對妄染成淨德，即本覺。一是內熏無明起淨用，即始覺。

以上眞妄各四義中由無明中反對詮示義。及眞如中翻妄顯德義。從此二義得有本覺。

又由無明中能知名義。及眞如中內熏義。從此二義得有始覺。

又由無明中覆眞實義，眞如中隱眞體義，從此二義得有根本不覺。又由無明中成妄心義，及眞如中現妄法義，從此二義得枝末不覺。

由上知生滅門（隨緣眞如及有用成事）中。眞妄略開四義。「隨緣眞如」有翻對妄染顯自德（本覺）及內熏無明起淨用（始覺）。「有用成事無明」有能反對詮示性功德（本覺）及能知名義成淨用（始覺）。

廣即有八門。若約兩兩相對和合成緣起，即有四門，即上謂二覺（本覺及始覺），二不覺（根本不覺及枝末不覺）。

若約本末不相離，唯有二門，謂覺與不覺。

若鎔融總攝，唯有一門，即一心生滅門。又若約諸識分相門，本覺、本不覺（根本不覺）均在阿梨耶本識中。

餘二在生起識中。餘二是指始覺及枝末不覺。生起識是指由本識所生起的其餘七識，也稱分別事識。始覺及枝末不覺在生起識中。

若約本末不二門，並在一本識中。即指末即本，本末並在本識中，此約佛位而言。其他九法界眾生仍是餘二在生起識中。

故云此識即阿梨耶識，有覺及不覺二義。

問：此中一識有二義。與上一心有二門有何分別？

答：上一心中含二門，謂不守自性隨緣義，即心生滅門；及不變自性絕相義，即心真如門。

此處所言是就隨緣生滅門中，以染淨理事無二之相，來明此識。因此前一心二門之義寬廣，可以該收包含二門。此一識之覺、不覺義只侷限於心生滅一門。

問：此中本覺與上真如門何別？

答：真如門是就體絕相說，本覺是就性功德說，所謂大智慧光明義等，即稱名本覺。本者是本性義，覺者是智慧義，以此本性而有之智慧覺，可以翻妄染而顯性德，故在生滅門中攝。而真如門中並無翻染等義，故與此不同。

是故體之真如及真如體之功德相，此體相二大俱名本覺。

而在生滅門中，生滅是自體及相用三大之整體表現，故得具三大。

原文：「能攝一切法，生一切法」

言能攝一切法者。上二門中云皆各總攝。此中不云各者。以此二義陝於二門故。但明一識由含二義故攝一切。不言二義各攝一切。又上文中但云攝而不云生者。以真如門無能生義故。此識之中以不覺熏本覺故。生諸染法流轉生死。以本覺熏不覺故。生諸淨法返流出纏成於始覺。依此二義遍生一切染淨法。故云能生也。下四熏習中廣辨此也。非直相熏能生諸法。亦乃生諸法已不離此心。為此心所攝。如上二門各攝處釋也。

*研究：

言能攝一切法，上二門中說各總攝，此處不說各，因覺不覺二義之作用陝小於心真如心生滅二門之故。只是說明一識由含二義故攝一切，而不言二義各攝一切。

又上文中只說攝，而不說生者，因真如門無能生之義。

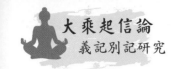

此識之中以不覺熏本覺，即能生諸染法而流轉生死。以本覺熏不覺，即能生諸淨法而返流出纏成於始覺。依此二義遍生一切染淨法，故說能生。

下四熏習中會廣泛辨說，非只指相熏能生諸法，而且也指生染淨諸法後，仍不離此心，仍爲此心所攝。如上二門各攝之文中所解釋。

第三節、覺與不覺

原文：「云何爲二。一者覺義。二者不覺義」

（第三依名別釋中有三。先辨覺。次明不覺。後雙辨同異。初中覺者。約淨法明心生滅故。於中有二。先略辨始本二覺。後又覺心源下廣明二覺。初中有二。先本後始。本中亦二。初顯本覺體。二以何故下釋本覺名。）

（1）覺

原文：「所言覺義者。謂心體離念。離念相者。等虛空界。無所不遍。法界一相。即是如來平等法身。依此法身說名本覺」

初中言離念者。離於妄念。顯無不覺也。等虛空等者。非唯無不覺之闇。乃有大智慧光明義等故也。虛空有二義。以況於本覺。一周遍義。謂橫遍三際。竪通凡聖。故云無所不遍也。二無差別義。謂在纏之如來藏若出障，即稱法身，法身性恒無二，故云法界一相也。

欲明「覺」義，如來藏出纏相顯，即是如來平等法身。既是法身之覺，理非新成，故云依此法身說名本覺。

無性攝論云。無垢無罣礙智名爲法身。金光明經云，名大圓鏡智

爲法身等，皆是此義。

*研究：

所謂覺是指，心體已離任何妄念。若能離虛妄念相，即等於處在虛空界，能無所不遍。法界是一絕對相，即等同如來平等法身，依此法身即可以說名本覺。

上文說離念者，是指離於妄念，若離妄，所顯無不都是眞覺。

等虛空之等，是指不但沒有不覺之黑暗，反而是等同於有大智慧的光明之義。

虛空有二義，可以比對本覺。一是周遍義，謂可以橫遍去現來三世。豎可以通凡聖，故說無所不遍。二是無差別義。謂在纏如來藏已出障爲法身，法身性恆無二，即法界一相。

覺的意義是指，出煩惱纏而顯現清淨相，故說即是如來平等法身。既是法身之覺，法身法爾即有，而非新成，故說依此法身說名本覺。

無性攝論云：「無垢無罣礙智名爲法身」，金光明經名：「大圓鏡智爲法身」等，皆指出法身是無垢清淨，無煩惱障所知障之無礙智，也是大圓鏡智。

（2）本覺

原文：「何以故。本覺義者。對始覺義說。以始覺者即同本覺」

何以故者。責其立名。有二責意。一云。上開章中直云覺義。何故今結乃名本覺。二云。此中既稱本覺。何故上文直云覺耶。進退責也。釋云。以對始故說之爲本。答初意也。以始即同本者。以至心源時始覺即同本覺無二相故。是故上文但云其覺。答後意也。良以本覺隨染生於始覺。還待此始覺方名本覺。故云本覺者對始說也。然此始覺是本覺所成。還契心源融同一體方名始覺。故云以始覺則同本也。問若始覺異本則不成始。若始同本則無始覺之異。如何說言對始名本。

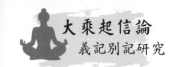

答今在生滅門中。約隨染義。形本覺說於始覺。而實始覺至心源時。染緣既盡。始本不殊。平等絕言。即眞如門攝也。是故本覺之名在生滅門中。非眞如門也。

＊研究：

何以故者，是責問其何以立名爲本覺？

有二責問意。一問，上開章中直接稱「覺」義，何故今乃稱名「本覺」。

二問，此中既稱本覺，何故上文直云覺耶，進退責問也。

釋云：以對始，故說之爲本。這是答初問。

以始即同本者，意指當「覺」達到心源之覺時，始覺即同本覺，此時二者無二相，是故上文但云其覺，這是答後問。

因爲本覺隨染，即阿賴耶識中的本覺，因隨緣眞如熏習根本無明，使不覺之妄心產生厭生死樂求涅槃，此妄心再熏習眞如，而由不覺生相似覺、隨分覺，及至究竟覺，即始覺。此即是本覺隨染，生於始覺之意。

因爲有此始覺，才對待始覺而稱爲本覺，故說本覺是對待始覺而立名。

（3）始覺

原文：「始覺義者。依本覺故而有不覺。依不覺故說有始覺」

第二始覺中。言始覺者牒名也。依本覺有不覺者。明起始覺之所由。謂即此心體隨無明緣動作妄念。而以本覺內熏習力故。漸有微覺厭求。乃至究竟還同本覺。故云依本覺有不覺依不覺有始覺也。下文云本覺隨染生智淨相者。即此始覺也。此中大意明本覺成不覺。不覺成始覺。始覺同本覺。同本覺故則無不覺。無不覺故則無始覺。無始覺故則無本覺。無本覺故平等平等離言絕慮。是故佛果圓融蕭焉無寄。

尚無始本之殊。何有三身之異。但隨物心現故說報化之用。下文更顯之耳。

＊研究：

依本覺有不覺是指，此真如心體被根本無明緣所熏習，由真如靜水生動，啓動阿梨耶識之本覺，而產生不覺之業相動心，由此三細之最初「無明業相」產生能見心及能見境界，而產生阿梨耶識之不覺妄心。此妄心受本覺之內熏習力熏習，漸有微覺之厭求，此厭生死樂求涅槃之不覺妄心，再熏習真如體，即阿梨耶識之本覺，歷經相似覺，隨分覺，直至究竟覺，此時即同本覺，而稱始覺。故云依本覺有不覺，依不覺有始覺也。

下文云本覺有隨染及性淨。其中隨染本覺又有智淨相及不思議業相，智淨相即此始覺也。此中大意明本覺成不覺，不覺成始覺，始覺同本覺。

本覺如同在纏之如來藏，始覺如同出纏之法身。本覺是法爾本有，但被無明所纏，不能顯現。當破盡無明，即是始覺，此時本覺顯現，所以始覺即是顯現的本覺。所以本覺是所顯，始覺是能顯。但本覺因無明熏而動不覺之心，再生相似覺直至究竟覺即始覺，所以本覺是「能生」始覺，而始覺是本覺「所生」。也可以說本覺因在纏，所以在迷；始覺已出纏，所以在悟。

本覺是真如體的功德表相，雖「隨染本覺」會被無明所染，但其「性淨本覺」不會受染心污染，故無不覺心生起。

因無不覺心則無相似覺，及無其後的究竟覺-即始覺等生起。

未修至始覺，因始覺即是顯現的本覺，故本覺無從展現。

性淨本覺也是真如體的功德相之體相展現，形同真如之不可說、不可念，故一切法平等平等，離言絕慮。

是故佛果事事圓融無礙，尚無始本之殊，豈有法報化三身之不同，但隨物心現。

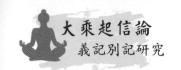

故說有報化之用。下文會提及說明。

古來有本覺斷及始覺斷兩說。本覺斷是指本覺本身，本來即斷妄法，本來成佛，更無可斷的妄法，也不需要修行。始覺斷是指，雖有本覺，但因已被妄法所隱覆，所以需藉修行以斷妄法。

海東元曉的「疏」主張兩說並舉。

法藏本論提出始覺斷。是以終教「緣起」概念說明由不覺心起直至究竟覺之始覺。

澄觀主張本覺斷，是以頓教「性起」概念說明不變真如經由根本無明內熏，而啓動隨緣真如，此即性起之觀念。

作者認為萬法之生起，是以「性起」為依止依，以「緣起」為因緣依，即生滅有二種因緣，即性起為體，緣起為體相用。

（第二廣顯二覺中二。先明始覺。後明本覺。前中有三。初總標因果二覺。次廣寄四相釋成。後而實無有下明始不異本。）

原文：「又以覺心源故。名究竟覺。不覺心源故。非究竟覺」

前中言覺心源者。染心之源。謂性淨也。又粗相之源。謂生相也。始覺道圓同於本覺。故云究竟。此在佛地。不了其源。始未同本。故云非究竟。此在金剛已還。

＊研究：

前中言覺心源，指染心之源，謂性淨也。

心指後文之六染心，染心之源即性淨本覺，真如本體。

凡法皆有體相用，真如也一樣，只是真如的體相用是一體相同的，即體即相即用，也是佛位。而其他法之體相用是分開不同的，九法界眾生皆是如此。

心源是性淨本覺，本覺是真如的體功德相，故性淨本覺即是真如本體。

又粗相之源，謂生相也。粗相是指三細六粗，其源即是生相，生相即是三細之最初相，即業相。

業相的最初來源是根本無明。由根本無明熏習眞如，啓動阿梨耶識之本覺及不覺。不覺是依本覺而有，因無明熏習眞如而迷於眞如，使眞如由不變的靜水形成生動的隨緣眞如，這動心即是不覺心。不覺心的啓動（即業相或生相）是屬於「性起」，其後的二細六粗的啓動則藉由「緣起」。

由不覺心之啓動即生三細之最初「業相」，此時尙無能所之能見心及能見境界。此最初業相即是生住異滅四相的「生相」。由生相而展現其後的住異滅相；由業相而展現其後的三細六粗相。

從不覺心動、相似覺修行至究竟覺，即始覺。此始覺所具有之圓滿功德同於本覺，才稱究竟覺，此時已在佛地。

若不明了性淨本覺之眞如體爲本覺，而且未由不覺修行至究竟覺，則不能成爲始覺，也即是不能還源成本覺，故云非究竟，此時修行位階在金剛喻定（十地出心位）之前。

原文：（第二約四相別顯中。初三相釋前不究竟覺。後一相釋上究竟覺。於中有二。初正寄四相顯其四位。後引經釋成心源無念。）

前中四相義者。先述大意。後方釋文。述意者。此中文意將四相粗細配以寄顯返流四位。以明始覺分齊。然此四相但約眞心隨熏粗細差別寄說爲四。非約一刹那心明四相也。所以知者。若約一刹那心辨者。如下文中明地上菩薩業識之心微細起滅。於中異滅相等豈凡小能知。又如事識之中粗相生住。地上菩薩豈不能知。是故十地已還具有微細四相。於中滅相豈信地能知。故知文意稍異。今以二門略辨。一總明二別說。總者。原夫心性離念。無生無滅。而有無明迷自心體。違寂靜性鼓動起念。有生滅四相。是故由無明風力。能令心體生住異滅從細至粗。經云。佛性隨流成種種味等。又經云。即此法身爲諸煩惱之所漂動往來生死名爲眾生。此論下云。自性清淨心因無明風動等。今就此義以明四相。既鼓靜令動。遂有微著不同先後際異。就彼先際最微名爲生相。乃至後際最粗名爲滅相。故佛性論云。一切有爲法約

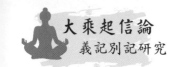

前際與生相相應。約後際與滅相相應。約中際與住異相相應。二別明者。對彼下文約位別分。生相有一。住相有四。異相有二。滅相還一。生相一者。名爲業相。謂由無明不覺心動。雖有起滅。而相見未分。以無明力故。轉彼淨心至此最微。名爲生相。甚深微細唯佛所知。下文云。依無明所起識者。乃至唯佛能知故。即下文三細中初一。及六染中後一。五意中第一。此等並同此生相攝。住相四者。一名轉相。謂由無明力。不覺前動相即無動。故轉成能見。二名現相。謂由無明依前能見不了無相。遂令境界妄現。此二及初並在賴耶位中。屬不相應心。三名智相。謂由無明迷前自心所現之境。妄起分別染淨之相。故云智也。四名相續相。謂由無明不了前所分別空無所有。更復起念相應不斷。此二同在分別事識細分之位。屬相應心。無明與前生相和合。轉彼淨心乃至此位。行相猶細。法執堅住。名爲住相。下文三細中後二。及六粗中初二。并五意中後四。及六染中中四。此等並同是此住相。言異相二者。一執取相。二計名字相。謂此無明迷前染淨違順之法。更起貪瞋人我見愛。執相計名取著轉深。此在事識粗分之位。無明與前住相和合。轉彼淨心令至此位。行相稍粗散動身口。令其造業。名爲異相。下文六粗中中二。及六染中初一。并五意後意識。此等並同是此異相。言滅相一者。名起業相。謂此無明不了善惡二業定招苦樂二報。故廣對諸緣造集諸業。依業受果。滅前異心令墮諸趣。以無明力轉彼淨心。至此後際。行相最粗。至此爲極。周盡之終。名爲滅相。下文六粗中第五相是也。以果報非可斷故。不論第六相也。是故三界四相唯一夢心。皆因根本無明之力。故經云。無明住地其力最大。此論下云。當知無明能生一切染法。此之謂也。雖復從微至著辨四相階降。然其始終竟無前後。總此四相以爲一念。爲粗細鎔融唯是一心故。故說俱時而有皆無自立也。然未窮源者。隨行淺深覺有前後。達心源者。一念四相俱時而知。經云。菩薩知終不知始。唯佛如來始終俱知。始者謂生相也。終者謂餘相乃至滅相也。既因無明不覺

之力起生相等種種夢念。動其心源轉至滅相。長眠三界流轉六趣。今因本覺不思議熏力起厭求心。又因。眞心所流聞熏教法熏於本覺。以體同用融。領彼聞熏。益性解力。損無明能。漸向心源。始息滅相。終息生相。朗然大悟覺了心源本無所動。今無始靜。平等平等。無始覺之異。如經所說夢渡河喻等。大意如此。

*研究：

前文中所言之生住異滅四相之意義，只是先簡述其大意，後文才正釋其意。

此處將四相之由粗至細，配合從生死返流解脫之四位，以明白修行至始覺其中位階之不同。

然此四相但約眞如心隨緣受熏之粗細不同而寄說爲四種。非約一刹那心即能明四相，因爲一刹那心即能辨明四相，意指四相同時。

初地菩薩由於業識之心已經啓動，即位在六染之不斷相應染地而後進入十地位中，經二地至七地之分別智相應染地，八地之現色不相應染地，九地之能見心不相應染地，十地之根本業不相應染地。如此微細的起滅，其中之異滅二相等豈是凡夫小乘所能知曉。又如於前七識之分別事識中，其生及住之粗相，又豈是地上菩薩所不能了知。因此十地以上所具有的微細四相，其中之滅相又豈是十信地菩薩所能了知。故知此處所論文意稍不同於前文所論。

今以二門略辨。一總明，二別說。

總明者。眞如原是心性離妄念，無生無滅。而今有無明因不達眞如一相之心體，此迷眞之無明熏習眞如，使眞如違其寂靜性，由靜生動，鼓動阿梨耶識之不覺心念，而生起生滅現象，即此生住異滅之生滅四相。

是故由無明風力，能吹動寂靜的眞如心體水，使水生波而產生生住異滅從細到粗之四相。

經云。佛性隨流成種種味等。

佛性之正因佛性等同不變眞如；緣了因佛性等同隨緣眞如，此二因可以受熏隨染，生起世間各種不同味的差異萬法。

又經云。即此法身爲諸煩惱之所漂動，往來生死，名爲眾生。

九法界眾生之如來藏被煩惱所纏，若如來藏出纏即名法身。若如來藏仍爲煩惱所纏，則仍會因煩惱所纏而漂動不定，浮沉於生死大海，故名爲眾生。

此論所指之自性清淨心即是眞如心體，因受無明風吹動，由靜生動，啓動阿梨耶識之不覺心動，而產生三細之初相業相，即四相之生相。

由上義知最初因無明風鼓動眞如靜水，令成動波而啓動生滅四相之生相，再漸次產生其餘三相。既鼓靜令動，遂有四相之微著不同，及先後際不同。最先形成者最微，名爲生相。乃至最後產生者最粗，名爲滅相。

故佛性論云。一切有爲法約前際與生相相應，生相最微細；約後際與滅相相應，滅相最粗顯；約中際與住異相相應，住異二相居中。

二別明者。

下文約位別分辨：

生相有一，即業相。

住相有四，即轉相、現相、智相、相續相。

異相有二，即執取相、計名相。

滅相還一，即起業相。

（一）生相

生相有一種：名爲業相。

由根本無明熏習眞如，致使阿梨耶識之不覺心動，即稱業相，此時雖有起滅，但尚無能所，可以說略似於阿梨耶識之自體分，但相分及見分均尚未形成。

以無明力轉彼眞如淨心至此爲最微細，名爲業相，即名生相。此

生相甚深微細，唯佛所知。

如本論下文所說，生相依無明所起識者，乃至唯佛能知。

此生相，即業相，與三細、六染心、五意之關係如下：

1.三細相之初一：即無明業相。

　三細相：無明業相、能見相、境界相。

2.六染心中之後一：即根本業不相應染。

　六染心：執相應染、不斷相應染、分別智相應染、現色不相應
　　　　　染、能見心不相應、根本業不相應染。

3.五意之第一：即業識。

　五意：業識、轉識、現識、智識、相續識。

以上均由「生相」攝。

（二）住相

住相有四種：轉相、現相、智相、相續相。

1.一名轉相。謂由無明力，不覺依前靜水眞如已被無明熏習生動，
　但眞如靜水其實是不動。無明誤認爲眞心已動，並由能動之業
　相轉成能見相。

2.二名現相。謂由無明依前能見，不明了其爲無相，由能見心生
　起，遂令境界妄現。轉相及現相並在阿梨耶識中，屬不相應心。

3.三名智相。謂由無明迷前自心所現之境，妄起分別染淨之相，故
　云智也。

4.四名相續相。謂由無明不了前所分別爲空無所有，更復起念相
　應不斷。

智相及相續相同在分別事識中細分之位，屬相應心。

由無明與前生相和合，轉彼淨心乃至此位，行相猶細，法執堅住，
名爲住相。

此四種住相相當於本論下文所言三細中之後二，及六粗中之初
二。并五意中之後四；及六染中之中四。

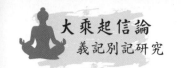

（三）異相

異相有二種：執取相、計名相。

一執取相，二計名字相。謂此無明迷前染淨違順之法，更起貪瞋及人我見愛，執相計名，取著轉深。

這二異相在分別事識之粗分位。

無明與前住相和合，轉彼淨心令至此位。行相稍粗，已散動身口，令其造業，名爲異相。

此二異相，等同於下文六粗中之中二及六染中之初一；并五意之後的意識。

（四）滅相

滅相有一種：名起業相。

謂此無明不了善惡二業定招苦樂二報，故廣對諸緣，造集諸業，依業受果，滅前異心令墮諸趣。

以無明力轉彼淨心，至此後際，行相最粗，至此爲極，周盡之終，名爲滅相。

此起業相，相當於下文六粗中之第五相。因業繫苦之果報非可斷，故不論六粗中第六相之業繫苦相。

是故三界四相都如心在夢中，皆因根本無明之力造成生住異滅四相所致。故經云。無明住地其力最大。本論下文亦云。當知無明能生一切染法。此之謂也。

雖從微至著辨四相之位階不同，但其始終其實無前後之別，總此四相均在一念中，是粗細鎔融的唯一的一心，故說四相俱時而有，而且四相一相，皆無自立也。

然若未窮性淨眞如心源者，隨四相之行即有淺深，覺四相之時即有前後之別。若達心源者，一念四相即能俱時而知。

經云。菩薩知終不知始，唯佛如來始終俱知。始者謂生相也，終者謂餘相乃至滅相也。

　　既然因無明不覺之力起動靜水眞如而生阿梨耶識之業相，即生相等種種夢念，動其眞如心源，由生相轉至滅相，以致長眠三界，流轉六趣。

　　今因本覺不思議之內熏力，熏習眞如而使妄心生起厭生死求涅槃之心。又加上外熏習之力如聞熏教法，共同熏於本覺。以眞如體之體用相融，領受彼聞熏，增益性解力，損減無明能，漸漸邁向性淨眞如心源。一開始先息滅相，最終息生相，而能朗然大悟，覺了心源本無所動。心源是無始即靜，平等平等，並無始覺、本覺之異，如經所說如夢渡河之比喻。

（4）不覺

　　（次釋文中。約寄四相以別四位。四位之中各有四義。一能觀人。二所觀相。三觀利益。四觀分齊。）

　　原文：「此義云何。如凡夫人覺知前念起惡故，能止後念令其不起。雖復名覺，即是不覺故」

　　初位中。如凡人者。是能觀人。位在十信也。覺知前念起惡者。明所觀相。謂未入十信已前。廣造身口惡業而不覺知。今入信位。能知惡業定招苦報。故言覺知。此明覺於滅相義也。能止後念令不起者。辨觀利益。前由不覺常起身口惡業。今既覺故能不造惡。止滅相也。雖復名覺即是不覺者。結觀分齊。能知滅相實是不善。故不造惡。名爲雖覺。而猶未知滅相是夢。故云不覺。此但能止惡業。故云雖覺。未覺煩惱。故云不覺也。問覺異相等亦不覺後。爲何不亦立不覺之名。答若據覺前不覺後亦得名不覺。故下文乃至十地皆不覺。若得覺業不覺惑。正名爲不覺。即此文也。以覺與惑正酬對故。非於業也。

　　*研究：

　　初位是在十信位，此時能觀人是凡人，所觀相是「覺知前念起惡

者」。

凡夫未入十信位以前，廣造身口惡業而自己並不覺知。今入十信位，已相信業報，能知惡業定招苦報，故言覺知止惡（即滅相）之善報，此十信位已能明覺「滅」相之義。

能止後念令不起者，即滅後念之意。前文指出由於不覺知而常起身口惡業，今既能覺知，故能不造惡，此不造惡即是止滅相。能知滅相實是不善，故不造惡，雖名爲覺，但仍未覺知滅相是夢，故云不覺。此但能止惡業，說爲覺，但未能覺煩惱，說爲不覺。

問：下文覺異相等，也有之後的不覺，爲何不立不覺之名。

答：若照你所說覺前不覺後也立名不覺，則下文乃至十地都有覺後，那麼也都應立不覺了。其實不是這樣，不覺是指不覺惑（煩惱），而非指不覺業報。如本文，是因覺與惑有互相敵對的影響，而覺與業則非敵對關係，故不覺非指不覺業也。

原文：「如二乘觀智，初發意菩薩等，覺於念異，念無異相，以捨粗分別執著相故，名相似覺」

第二位中。能觀人者十解以上三賢菩薩。十解初心名發心住。舉此初人等取後位。故云初發意等也。以此菩薩雖留惑故不證人空。然此位菩薩於人空實得自在故。與二乘同位論也。覺於念異者。相所觀相。如上所說二種異相分別內外計我我所貪瞋見愛等。此二種人共了知故。明本淨心爲無明所眠。夢於異相起諸煩惱。而今漸與智慧相應。從異相夢而得微覺。故云覺於念異也。觀利益者。既能覺異相之夢。故彼所夢異相永無所有。故云念無異相也。以捨粗分別執著相者。釋成益相。起貪瞋等名粗分別。著違順境名執著相。以於異相夢覺故能捨之。而猶眠在住相夢中。故名相似覺。即結觀分齊也。以此位中菩薩未至證位。二乘不了法空故。云相似覺。

*研究：

第二位的能觀人是十解（十住）以上三賢菩薩（十住十行十迴向）。

十解（十住）位的初位名發心住。此位是初發心要修十住位，故云初發意。此位菩薩雖留惑以度世而暫不證人我空。但此位菩薩其實已證得人我空，而實得自在，可與二乘之已證人我空同位論也。

所謂「此位菩薩雖留惑故不證人空」，留惑是指留惑潤生。在相宗始教之唯識宗認爲需初地以上菩薩才論留惑。而在性宗終教如來藏系，則認爲地前三賢已有留惑之能。本論屬如來藏系，故主張後者。

菩薩有二種，智增及悲增。智增菩薩是十住以上，同二乘已斷煩惱障而證人我空。悲增菩薩則尚留煩惱而受分段身，以度六道眾生。本義屬悲增菩薩。

「覺於念異」是所觀相。如上所說二種異相（執取相、計名相），此二相分別內外，內是自，外是他；計我我所是見煩惱，及貪瞋是愛煩惱。此二種人（二乘與三賢）雖一樣了知本淨心被無明所催眠，如作夢般對二種「異」相起諸煩惱，但如今已漸漸與智慧相應，從異相的夢中漸得微覺，故說「覺於念異」。既能覺異相之夢，故已能認知所夢異相永無所有，所以說念無異相，已能捨離粗的分別及執著。

起貪瞋即名粗分別，執著違順境即名執著相。已能於異相夢中稍覺醒，故能捨除異相，但仍眠在「住」相夢中，仍有法執，故稱相似覺。

於此相似覺位中，三賢尚未能入菩薩初地，以證人法二空位；二乘仍不了法空，故云相似覺。

原文：「如法身菩薩等，覺於念住，念無住相。以離分別粗念相故，名隨分覺」

第三位中。能觀人者。初地菩薩證法身遍滿義。乃至九地悉同證得。皆名法身菩薩也。覺念住者。覺前四種住相。雖知一切法唯是識故。不起心外妄繫粗執分別。然出觀後。於自心所現法上。猶起染淨法執分別。以彼淨心爲無明所眠。夢於住相。今與無分別智相應。從住相夢而得覺悟。返照住相竟無所有。故云覺於念住念無住相也。以

離分別粗念相者。顯觀利益。異前人執及著外境故。今約心但云分別。
又異後根本無明生相細念故。云粗念相也。此四種住相中。於初地七
地八地九地。各離一相也。下文自當顯耳。雖於粗念住相而得覺悟。
猶自眠於生相夢中覺道未圓。故云隨分。即結觀分齊也。

*研究：

第三位之能觀人是初地菩薩，已證人我兩空之法身，及至九地菩
薩均是，皆稱法身菩薩。法身有莊嚴及未莊嚴二種，此處指未莊嚴法
身，莊嚴法身在佛位。

覺念住者，是指覺前四種「住」相，即轉相、現相、智相、相續
相。此位雖已知一切法唯是識現，能不起心外妄繫粗執之分別。然出
觀後，於自心所現法上，仍起染淨之法執分別。

此位能認知彼淨心被無明所眠，而夢於「住」相中。

現在因與無分別智相應，從住相夢而得覺悟，並由返照而能覺知
住相竟無所有，故云覺於念住，念無住相。此位已遠離分別粗念相，
不同前位之執著外境，此位心已無執著，但尚有分別心。

也不同於下一位階的根本無明「生相」之微細念，故此位仍稱粗
重念相。

此位階之四種住相中，不斷相應染屬於於初地；分別智相應染屬
於二-七地；現色不相應染屬於八地；能見心不相應染屬於九地，下文
會提到。此位雖然對於粗念之住相能夠覺悟，但仍自眠於「生」相夢
中，覺悟之道仍未圓滿，故稱隨分覺。

原文：「如菩薩地盡，滿足方便，一念相應，覺心初起，心無初相。
以遠離微細念故，得見心性，心即常住，名究竟覺」

第四位中。菩薩地盡者。謂十地覺窮故云盡也。此是總舉。下二
句別明也。方便滿足是方便道。一念相應者。是無間道。如對法論云。
究竟道者。謂金剛喻定。此有二種。謂方便道攝。及無間道攝。即是
此中能觀人也。覺心初起者。舉所觀境。心初起者。明根本無明依覺

故迷。動彼靜心令起微念。今乃覺知離本覺無不覺。即動心本來寂。猶如迷方謂東爲西。悟時即西是東。更無西相。故云心無初相也。前三位中。雖各有所覺。以其動念未盡故。但言念無住相等。今此究竟位中。動念都盡唯一心在。故云心無初相也。離細念者。明觀利益。業識動念念中最細。名微細念。謂生相也。此相都盡永無所餘。故言遠離。遠離虛相故。眞性即顯現。故云見心性也。前三位中。相不盡故不云見性也。前諸位中覺未至源。猶夢生相動彼靜心。成業識等起滅不住。今此生相夢盡。無明風止性海浪歇。湛然常住。故云得見心性心即常住也。究竟覺者。前未至心源。夢念未盡。求滅此動望到彼岸。今既夢念都盡。覺了心源。本不流轉。今無始靜。常自一心。平等平等。始不異本。名究竟覺。即結分齊也。

*研究：

第四位階是菩薩地盡，即十地覺窮故云盡，即指第十地菩薩。此是總舉。下二句是別明。

方便滿足是方便道。一念相應者，是無間道。如對法論云，究竟道者，謂金剛喻定。此有二種，謂方便道攝，及無間道攝。

方便道又稱加行道。

無間道指不爲妄惑所間隔。

無間道上又有解脫道，即斷惑已盡，已是佛位。

此處斷生相，僅及方便道及無間道，即到達金剛喻定位（十地滿心位），尚未到達解脫道之佛位。

此中能觀人即是十地菩薩，覺心初起是所觀境。

所謂心初起者，根本無明是不達法界一相，迷於眞如及其本覺功德相，故依由迷於本覺才生不覺。

因動彼眞如靜心之本覺，令起不覺之微念動心（即生相），可謂由依止本覺而生起不覺，故今能覺知若離本覺則無不覺之生起，即動心本來寂靜，猶如迷惑於方向，謂東爲西，若是悟時，即知西是東，其

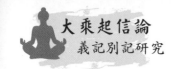

實無西相。故云心無初相也。

於前三位中，雖各有所覺，因其動念未盡除，只說念已無住相。而今此究竟位中，動念都盡，只唯一靜心在，故云心無初相。

已離細念者指，業識生相之動念，是念中最爲微細，名微細念。此微細念即是生相，此微細念之生相都已盡除，永無所餘，故言遠離。遠離虛相後，眞性即顯現，故云見心性也。

前三位階之滅、異、住中，相不能盡除，故不能見性。前諸位階之覺也未覺至心源，猶有如夢之生相擾動彼眞如靜心，形成業識生相，而起滅不停。今此生相夢已盡，無明風已止，性海浪已歇，呈現湛然常住。故云得見心性，心即常住也。

究竟覺者，意指覺了心源。前之覺未至眞如心源，夢念未盡，仍求滅此動，望向彼岸。今既夢念都盡，覺了心源，心本不流轉。今無始以來即寂靜，常自一心，平等平等，始覺不異本覺，即名究竟覺。

（第二引釋中有四。初引經。二重釋前文。三是故下舉不覺之失。四若得下顯覺者之得。）

原文：「是故脩多羅說，若有眾生能觀無念者，則爲向佛智故」

初中言能觀無念向佛智者。在因地時。雖未離念。能觀如此無念道理。說此能觀爲向佛智。以是證知佛地無念。此是舉因望果說也。若引就位通說者。如金光明經言。依諸伏道起事心滅。依法斷道依根本心滅。依勝拔道根本心盡。此言諸伏道者。謂三賢位。起事心滅者。即此論中捨粗分別執著相。是異相滅也。法斷道者。在法身位。依根本心滅者。猶此論中捨粗念相。即是住相滅也。勝拔道者。金剛喻定。根本心盡者。猶此論中離微細念。是生相盡也。

＊研究：

初中言能觀無念向佛智者，意指，在因地時，雖尚未離念，但能觀如此無念道理，因此說此能觀爲趨向佛智，因以此能證知佛地無念，此是舉因望果說也。

所謂觀無念是指觀察心念的生住異滅相，是虛妄不實，均無自體性。觀四相之能觀慧是一致的，即妄心四相無自性的唯一正觀。

若引就位通說者。如金光明經言。依諸伏道，起事心滅。依法斷道，依根本心滅。依勝拔道，根本心盡。

所說諸伏道，是指三賢位（十住、十行、十迴向），能制伏煩惱所知二障之道。伏是制伏現行法之義。

起事心滅者，起事心即指分別事識，分別計度而起種種事業的意識。相當於此論中捨粗分別執著相，即是「異」相滅也。

法斷道者，在法身位，即菩薩初地到九地，是依根本心滅者。根本心是指阿梨耶識中之轉現二相及分別事識之智、相續二相。

法斷道相當於此論中捨粗念分別執著相，即是「住」相滅也。

勝拔道者，金剛喻定，根本心盡。根本心指阿梨耶識中之生相。

勝拔道相當於此論中離微細念，即「生」相盡也。

原文：「又心起者，無有初相可知，而言知初相者，即謂無念」

重釋中言又心起者。牒上覺心初起之言。非謂覺時知有初相。故云無初可知。既無初相。何故說言知初相耶。釋云。言知初者。即謂無念。譬覺方時。知西即東。更無西相可知。言知西者。謂即東也。覺心之時。知初動念即本來靜。故云即無念也。

＊研究：

重釋上文又心起者，是牒上覺心初起之言。

並非指覺時能知有初相，故云無初相可知。既無初相，何故又說知初相呢？

釋云。言知初相者，所謂初相即是無念。譬如覺知方向時，若已知西即東，則更無西相可知，因為知西即東也。覺心之時，知初動念即本來靜，故云即無念也。

一般人每誤以爲有最初一念的妄念可知，而說知初相。知初相反指至生相的妄念都盡時，妄念都盡即無初相可知，也可以說是無念狀

態。

原文：「是故一切眾生不名爲覺，以從本來念念相續，未曾離念。故說無始無明」

舉失中言是故者。是前無念名爲覺故，即顯有念不得名爲覺。以從本來等者，顯不覺所以。金剛已還一切眾生，未離無始無明之念。故不得覺名。然則前對四相夢之差別故說漸覺。今約無明眠之無異故說不覺。如仁王經言。始從伏忍至頂三昧。照第一義諦。不名爲見。所謂見者。是薩婆若故。此之謂也。故說無始無明者。結成不覺義也。此顯無有染法始於無明。故云無始也。又無明依眞。同無元始故也。

＊研究：

前說無念即名爲覺，若顯有念不得名爲覺。即金剛喻定（第十地之滿心，本論認爲即是佛位。天台宗以爲妙覺才是佛位）之前的所有眾生，均尚未全離無始無明之念，故不得覺名。然則前對生住異滅四相有夢之差別，故說漸覺。今約無明眠之無異，仍有無明眠故說不覺。如仁王經言，始從伏忍（三賢位）至頂三昧（金剛喻定），從三賢位到金剛心，未離盡生相妄念，雖金剛喻定已照第一義中道諦，但仍不名爲見（即覺義）。所謂見者，是指薩婆若，即佛智。

故說無始無明者，結成不覺之義。無始之意是指無有染法先於無明，即無前染法之「無前」之意，而非指時間上的無始。所謂無明，是迷於眞如，即沒有悟過眞如。故無始無明之意爲沒有無明前面的無明，即「從來沒有悟過眞如」。

又無明是迷於眞如，而眞如是無始，所以迷於眞如的無明也是無始，即二者同樣是沒有元始之意。無始無明如風，眞如如靜水，無始無明非由眞如所生，而是迷惑眞如所成，不能覺悟眞如，即稱無始無明，眞如及無始無明均無始而有，但眞如不生不滅，故不可壞。而無始無明只要將對眞如的不覺悟轉爲覺悟即可破之，故無始無明是可破，而眞如不可破。

　　無始無明是世間一切染法的直接生因，而真如則是一切染淨萬法生起的依止因，而非生因。佛位之真如是以「性起」的不需依緣而直接頓現萬法；其他九法界眾生則以「性起」為依止因，先將真如由靜轉動，啟動阿梨耶識之不覺，再以「阿賴耶緣起，」中之無始無明為直接生因，而藉「緣起」（即阿賴耶緣起）而生起萬法。

　　原文：「若得無念者，則知心相生住異滅。以無念等故」

　　顯得中。若至心源得於無念則遍知一切眾生一心動轉四相差別。故言若得無念者則知心生住異滅也。以無念等故者。釋成上義。疑云。佛得無念。眾生有念。有無懸隔。云何能知也。釋云。眾生有念。本來無念。佛既得彼無念。無念與念本來平等。故云以無念等故。是故得知也。又釋云。以四相念中各即無念故。云以無念等也。是故得無念者。遍知四相念也。

　　＊研究：

　　若能覺至真如心源，即能得無念，而且能遍知一切眾生於一剎那心念即能動轉四相，使四相由有差別轉成無差別。故言若得無念，則能知心之生住異滅四相之無自體性，而呈現四相之無差別相，因無念之下四相為等一無差別。

　　疑云：佛得無念，而眾生有念，二者一有念一無念，懸隔不一，無念如何能知有念呢？

　　釋云。眾生雖有念，其實是一種誤知，眾生的本覺本來即是無念。而佛既得彼無念，此無念不是空無一念，而是知無初相之念，也可以說是非有念非無念，無念與有念本來平等，故云以無念等故。無念如同有念，是故無念能得知有念。

　　又釋云。因生住異滅四相念，各自本身即是無自性之念，因此都是無念相同。

　　所以說得無念者，遍知四相念也。

　　（第三明始不異本。於中初標次釋。）

原文：「而實無有始覺之異，以四相俱時而有，皆無自立，本來平等，同一覺故」

雖始得無念之覺。然其所覺四相本來無起。待何不覺而有始覺之異。以四相俱時下釋成上義。以彼四相一心所成。鉤鎖連注無有前後。離淨心外無別自體。無自體故本來平等同一本覺。然未至此位。隨其智力前後而覺。未稱法故不得同本。今既四相俱時平等。覺知皆無自體。同一本覺。是故則無始覺之異。問四相云何而得俱時。既其俱時。何故上文覺有前後。答上已辨竟。謂唯一夢心四相流轉。處夢之士謂為前後。各各隨其智力淺深。分分而覺。然大覺之者知夢四相唯一淨心無有體性可辨前後。故云俱時無有自立等也。故攝論云。處夢謂經年。悟乃須臾頃。故時雖無量。攝在一刹那。此中一刹那者。即謂無念。楞伽云。一切法不生。我說刹那義。初生即有滅。不為愚者說。解云。以刹那流轉必無自性。無自性故即是無生。若非無生則不流轉。是故契無生者方見刹那也。又淨名經中。不生不滅是無常義等。楞伽又云。七識不流轉不受苦樂。非涅槃因。如來藏者受苦樂。與因俱。若生若滅。此等經意並明真心隨流作染淨等法。染淨等法本無自體。無自體故唯一真心。是故四相即一真心。不覺即同本覺。故云本來平等同一覺也。

＊研究：

雖然已剛開始悟得無念之覺，然其所覺之四相具實是本來無起，那為何有由不覺而至始覺之不同？因四相是俱時而有。以下會解釋。

以彼四相是一心同時所成，鉤鎖關連，並沒有前後之別。而且離淨心之外，也無有另外別的自體。因為四相均無自體，本來平等，係屬同一本覺。然若未修至此位，則隨各位階的智力不同而會有前後覺之不同，如此則未能稱法，故不能同得本覺。今既四相俱時而有，而且各自平等，並能覺知四相各各皆無自體，實屬同一本覺，是故則無有與始覺不同。

問：四相如何而能得俱時而有？既然是俱時而有，爲何上文說覺有前後？

答：上文已辨明。謂是唯一的夢心而使四相流轉。處夢之士所以有前後之別，是因爲各各隨其智力的淺深，而有分分程度不一的覺悟。然大覺之人，知夢四相是由唯一相同的淨心所成，四相無有體性，不可辨別前後，故云俱時而有，各各同樣都沒有自立的自體。

故攝論云。處在夢中雖有經年之久，但夢醒覺悟僅須臾頃之時，故時間雖無量，但可攝持在一刹那之間，此中一刹那，即謂無念。

楞伽云。一切法不生。我說刹那義，是指剛一初生即有滅，不暫留住，即生滅同時同念，若生滅各有自體，則生滅無法同時同念。所以不生不滅即是刹那生滅之意。

解云。以刹那流轉必無自性，無自性即是無生，若非無生則不流轉。是故契入無生者，方見刹那也。

又淨名經中。不生不滅是無常義。

楞伽又云。因七識不流轉，不受苦樂，故非涅槃因。而如來藏者受苦樂，並與因俱，若生若滅。

如來藏本無自性，不生不滅，才是生死流轉及涅槃還滅之因。

此等經意並明，眞心隨流作染淨等法，染淨等法本無自體，無自體故唯一眞心。

是故四相即是同一眞心所現，不覺即同本覺。

故云生住異滅四相，本來平等，同一本覺也。因四相都無眞實自性，本來平等，都是同一本覺。而且也沒有本覺以外的始覺，以始覺者，即同本覺。

（5）本覺

原文：「復次本覺隨染分別，生二種相，與彼本覺不相捨離」

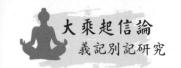

初中言生二種者。此二既在隨動門中。故云生也。生已不離不動覺體。故云與彼不相離也。

*研究：

此中言「生」二種相，因為本覺隨染是在生滅隨動門中，本覺因隨染而「生」起智淨相及不思議業相二種相狀。本覺的覺體是性淨本覺，是不動的，如同三因佛性之正因佛性，而智淨相等同於三因佛性之了因；不思議業相等同於三因佛性之緣因。

本覺的體是性淨本覺，相是智淨相，用是不思議業相，三者是體相用之關係，故不相捨離。

原文：「云何為二。一者智淨相，二者不思議業相　」

言智淨相者。明本覺隨染還淨之相。不思議業相者。明還淨本覺業用之相。此之二相若離染緣則不得成。故云隨染也。

*研究：

智淨相是本覺隨染還淨之相。本覺是真如體的功德相，當真如熏習根本無明，產生阿梨耶識的「覺」作用，即使妄心有厭生死求涅槃之微覺，此妄心再熏習真如而生相似覺乃至究竟覺，其中隨染本覺受熏習的部分即此智淨相及不思議業相。前者如同三因佛性之了因，後者如同緣因。

此之二相分別是本覺的相及用，由本覺之體受染而生起相及用，若離染緣則不得成，故云隨染。

（第三辨相中二。先明智淨。於中有二。初直明淨相。後此義云何下問答釋成。前中亦二。初因後果。）

原文：「智淨相者，謂依法力熏習，如實修行，滿足方便故」

因中依法力熏習者。謂真如內熏之力。及所流教法外緣熏力。此在地前。依此熏力修習資糧加行善根。登地已上。行契證如。故云如實修行。十地行終故云滿足方便。此在金剛因位極也。

*研究：

智淨相依法力熏習，這法力有二種，即眞如的內因熏力及所流聞習教法之外緣熏力。

依上內因外緣之熏習而修行，修行位階在地前的資糧位（十信位）及四加行位（三賢位），而後登入菩薩初地，再地地向上修習，直至證入十地，故云如實修行。

十地修滿，入金剛喩定位，即十地之出心滿心位，故云滿足方便。

原文：「破和合識相，滅相續心相，顯現法身，智淳淨故」

果中二。初斷果。後智果。由前方便能破和合識內生滅之相。顯其不生滅之性。此根本無明盡故心無所合。即顯法身本覺義也。即於此時能滅染心之中業相等相續之相。不滅相續心體故。令隨染本覺之心遂即還源。成淳淨圓智。成於應身始覺義也。然此始覺無別始起。即是本覺隨染作也。今染緣既息始還同本。故云淳淨也。

＊研究：

由前滿足方便後，即能破和合識內的生滅相，而顯現不生滅的本覺體性。此時根本無明已盡除，阿梨耶識已無生滅及不生滅和合相，即能顯現法身本覺，即性淨本覺體。

即於此時，已能滅染心阿梨耶識中之三細包括業相，及分別事識之六粗等相續之相，但不會滅相續識的眞如心體。故令本覺之隨染本覺遂即還向心源，朝向返流解脫行進，以成就最後之究竟覺即淳淨圓智之始覺，也是法身化用之應身（即報身）也。但此時之始覺，因已息盡染源，雖名爲始覺，其實即是本已存在的本覺，所謂始還同本。

性淨本覺是非染非淨的眞如功德體，當受染時即呈現隨染本覺，當息染時，雖稱爲始覺，此息染的始覺即是出纏的性淨本覺。因此智淨相的隨染本覺已息染，故云淳淨。

（釋疑中初問後答。問中執眞同妄難。後簡妄異眞答。）

原文：「此義云何」

難意云。如上所說。動彼靜心成於起滅。今既盡於生滅。應滅靜

心。故云此義云何也。

*研究：

問執眞同妄：如上所說，無明啓動眞如靜心及阿梨耶識的隨緣本覺，而生起生滅。今既然已滅除生滅之相，應也能滅除靜心才是？

（答中法喻合三也。）

原文：「以一切心識之相，皆是無明。無明之相不離覺性，非可壞，非不可壞」

答意云。業等染心名諸識相。此等皆是不覺之相。故云心識之相皆是無明。非約心體說也。又更轉難云。既言識相皆是無明故說滅者。即應別有體性離於眞如。即眞妄別體難也。答云。如此諸識不覺之相不離隨染本覺之性。以是故云不離覺性。此無明之相與彼本覺之性非一非異。非異故非可壞。非一故非不可壞。若依非異非可壞義。說無明即明。故涅槃經云。明與無明其性不二。不二之性即是實性。若就非一非不可壞義。說無明滅覺性不壞。滅惑之義準此知之。

*研究：

回答上問：諸識染心所呈現的業報相，都是不覺之相，故說心識之相都是無明，這些都未就心識的眞如心體說起，都只從心識的相用說。

此又再問：既說識相都是無明，所說滅是不是指滅除妄識之外另存的眞如？即眞妄是不同體之問。

答：如此諸識不覺之相，並未離隨染本覺之本性。諸識的不覺是因性淨本覺被無明熏染，而啓動本覺隨染作用的二種相，所以不覺不離覺性。

此無明之相與彼本覺之性（即性淨本覺）是非一非異。

若非異，因性淨本覺不可壞，則無明也不可壞，如此不可壞的無明即是明。

若非一，則無明可壞，而性淨本覺也可壞，此不合道理。

故涅槃經說，明與無明，其性不二，這不二之性就是實性。

若就非一即非不可壞義，說無明可壞，覺性應也可壞，但為何不可壞。因無明可壞是指無明的妄惑可滅除，而覺性可壞也只是指其隨染的無明惑可壞，但覺性本體不可壞。

原文：「如大海水，因風波動，水相風相不相捨離。而水非動性，若風止滅，動相則滅，濕性不壞故」

（喻中四句。）

初句真隨妄轉喻。次水風不相離者。真妄相依喻。水非動性者。真體不變喻。此顯非自性動但隨他動也。若風止滅下息妄顯真喻。此明若自性動者。動相滅時濕性隨滅。而但隨他動故。動相滅時濕性不壞也。

＊研究：

喻中有四句，如下：

初句是「真隨妄轉」喻：真是妄的體，妄是真體及相用的總表現，所以妄怎麼表現，真總是以體相隨。即真隨妄轉。

其次是水風不相離的「真妄相依」喻：真是水，妄的波浪是由風吹水所形成，故水風不相離，即真妄相依。

再次是水非動性的「真體不變」喻：水的真體是靜水，靜水本身是不動，即水非動性。水是被風吹動，而非水自己在動，即非自性動，但隨他動。

最後一喻是若風止滅下之「息妄顯真」喻：

水動是被風吹動，若風止息，水的動相即滅，水即變成濕性的靜水，故動相的無明風止滅時，真如水的水體濕性仍不壞。

原文：「如是眾生自性清淨心，因無明風動，心與無明，俱無形相，不相捨離。而心非動性，若無明滅，相續則滅，智性不壞故」

（合中次第合之。）

初淨心合海也。因無明動者。合風起水成於波浪。以水不能自浪。

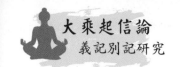

要因風起波也。風不能自現動相。要依於水方現動也。故動即水。動無別體也。所況可知。俱無形相不相離者。合相依也。以濕全動故。無於水相。以動全濕故。無於風相。心法亦爾。真心隨熏全作識浪。故無心相。然彼識浪無非是真。故無無明相。故攝論云。見此不見彼等。又云。若見一分。餘分性不異等。又云。即生死故不見涅槃。即涅槃故不見生死等。如攝論第二殊勝後廣說。心非動者。合水非動性也。無明滅者。是根本無明滅。合風滅也。相續滅者。業識等滅。合動相滅。智性不壞者。隨染本覺照察之性。是合濕性不壞。

＊研究：

因無明風吹動真如靜水，使靜水形成波浪。水是自己不會成浪的，需風的吹動才能起波浪。風也不能自現動相，需有水讓它吹成水波，才能知風在吹動。故風動即是水動，動無別體也。

真如心與無明俱無形相，但兩者不相離，而需相依。若濕水全在動，看似全風在動而無水相；若風全在動，看似只有全是水在動，而無風相。心法的道理也是這樣。真心隨熏而完全轉作識浪，故無心相然彼所形成的識浪無非是真心轉變，等同真實，所以沒有無明不實相。

故攝論云。見此識浪，因已轉真，所以不會再見到彼無明。又云。若見一分識浪是真，其餘的識浪也將是性不異真。

又云。即見生死識浪，但生死已轉涅槃，故不會見到涅槃。反過來說，即生死已轉涅槃，故不見生死。

如攝論第二殊勝（是所知相）廣說。

心非動者，合真如靜水非動性也。無明滅者，是根本無明風滅，合風滅也。相續滅者，是業識等滅，合動相滅。

但智性（即性淨本覺）不會壞，隨染本覺有受熏照察的本性，但性淨本覺是體，如同含濕性的靜水，它的濕性體是不會壞。

（第二不思議業中。初標後釋。）

原文：「不思議業相者，以依智淨相，能作一切勝妙境界」

釋中二。初依體總標。謂與眾生作六根境界故。寶性論云。諸佛如來身如虛空無相。爲諸勝智者作六根境界。示現微妙色。出於妙音聲。令嗅佛戒香。與佛妙法味。使覺三昧觸。令知深妙法。故名妙境界也。

＊研究：

整體而言，性淨本覺是本覺的體，智淨相是本覺體的功德相，不思議業相是本覺的作用。

而體的功德相，也是一種體相，也可以由功德體相產生「作用」，故說不思議業相，以依智淨相。但用可依體起用，故後文有問到，不思議業相與性淨本覺有何不同？即前者是用，後者是體，二者的關係是由體起用。不空的體如隨緣眞如，可以起用；而空的體如不變眞如，是即體即用，體即是用，而非由體起用之因果相，是即因即果。

不思議業相由智淨相而起，或即性淨本覺之緣熏習鏡，能展現一切勝妙的境界，即與眾生作六根勝妙境界之展現。

寶性論云：「諸佛如來身，如虛空無相。爲諸勝智者作六根境界。示現微妙色，出於妙音聲，令嗅佛戒香，與佛妙法味，使覺三昧觸。令知深妙法。」

不思議業相經由阿梨耶識的本覺作用，而由六識六根對生勝妙的色聲香味觸法等六塵境界，其勝妙境界如上所述是微妙色，妙音聲，嗅佛戒香，嚐佛妙法味，覺三昧觸等。

原文：「所謂無量功德之相，常無斷絕，隨眾生根，自然相應，種種而現，得利益故」

二所謂下別辨。於中四句。一橫顯業德廣多無量。二豎顯業根深窮未來際。三顯業勝能無功應機。四顯業勝利益潤不虛。如此則是報化二身眞如大用無始無終相續不絕故。如金光明經云。應身者從無始生死相續不斷故。一切諸佛不共之法能攝持故。眾生不盡用亦不盡。故說常住。寶性論云。何者成就自身利益。謂得解脫。遠離煩惱障智

障。得無障礙清淨法身。是名成就自身利益。何者成就他身利益。既
得成就自身利已。無始世來自然依彼二種佛身。示現世間自在力行。
是名成就他身利益。問始得自利已方起利他業。云何利他說無始耶。
答有二釋。一云。如來一念遍應三世所應無始故。能應則無始。猶如
一念圓智遍達無邊三世之境。境無邊故。智亦無邊。無邊之智所現之
相。故得無始亦能無終。此非心識思量所測。故名不思議業也。二云。
以無明盡故。始覺即本。然彼本覺無始世來常起業用益眾生故。始覺
同彼。故亦無始。以一切佛無差別故。無新舊故。皆無始覺之異故。
本覺平等無始無終故。故能常化眾生。是真如之用故。云不思議業也。
此本覺用與眾生心本來無二。但不覺隨流用即不現。妄心厭求。用則
於彼心中稱根顯現。而不作意我現差別。故云隨根自然相應。雖不作
意。現無不益。故云種種而現得利益故也。上來隨染本覺之相竟。

＊研究：

於中四句。

一、橫顯業德，廣多無量。即常無斷絕句。橫能顯廣多無量功德，
　　常久不斷。

二、豎顯業根，深窮未來際。即隨眾生根句。豎能隨順眾生的業
　　根，深窮至未來際。

三、顯業勝能，無功應機。即自然相應句。能隨眾生根基，無功
　　應機，自然相應。

四、顯業勝利，益潤不虛。即種種而現，得利益故。

可以對眾生顯現利益，益潤不虛。

以上四句是透過佛的報化二身而展現真如大用，無始無終，相續
不絕。

如金光明經云：「應身者，從無始生死相續不斷故，一切諸佛不共
之法能攝持故，眾生不盡，用亦不盡，故說常住」

應身是佛法身所起用之身。本論佛有三身，即法身、報身、應化

身。佛身的種類，中國佛教各宗的論述稍有不同。

寶性論云。何者成就自身利益，謂得解脫。只有解脫，才能成就自身利益。能夠遠離煩惱障及智障（所知障），得無障礙的清淨法身，才是名成就自身利益。

何者成就他身利益？既得成就自身利益後，無始世來自然依彼報身應身二種佛身，於世間自在力行，利益眾生，是名成就他身利益。

問：要先得自利，才起利他業。為何說利他為無始呢？

答有二釋。

一云。如來一念可以遍應三世，所應之眾生是無始，能應之化用也是無始，猶如一念圓智可以遍達無邊三世之境，無己他之分，境無邊，智也無邊。無邊之智所現之無邊境相，利己即利他，是無始也無終，這不是心識思量所可以測得，故名不思議業也。

二云。以無明盡除後，始覺即歸現本覺。然彼本覺無始世來常起業用利益眾生，而始覺同本覺，故證始覺後之利他亦無始。以一切佛均無差別，也無所謂新舊佛，所有佛的始覺都無差別，本覺也平等一致，都是無始無終。故佛能常化眾生，是真如之用也。所以說不思議業。

此本覺的作用與眾生心本來即無不同，所謂心佛眾生三無差別。

但不覺隨流，用即不現。意即，不覺心受無明熏習啟動隨流生死，生起妄心。若無明內熏及境界外緣續熏，則展現生死。但真如也會內熏無明，使妄心生厭生死樂求涅槃之心，此真如內熏之力是不作意即能展現其內熏之作用。故言，妄用則於彼心中稱根顯現，不作意而我現差別。這種不作意而能自然展現，即言隨根自然相應。

隨根是隨各眾生之根基不同而自然相應，如下文所言，真如熏習有體相熏習及用熏習。用熏習有平等及差別二種。此處即指真如用熏習之差別熏習，隨眾生根而熏習。自然相應也包括真如的體相熏習。

雖是不作意而展現，但所展現的都是利益眾生，故云種種而現得

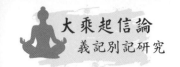

利益故也。

原文：（自下第二明性淨本覺。亦可是體相合明。於中有二。謂總標別釋。）

*研究：

相有二種，功德相、性相；及另一種形相、外相、色相。

性淨本覺是指本覺的體，及體的功德相，故體相合明。

原文：「復次覺體相者，有四種大義。與虛空等，猶如淨鏡」

前中以空及鏡皆有四義故。取之爲喻。一空鏡。謂離一切外物之體。二不空鏡。謂鏡體不無能現萬象。三淨鏡。謂磨治離垢。四受用鏡。置之高臺須者受用。四中前二自性淨。後二離垢淨。又初二就因隱時說。後二就果顯時說。前中約空不空爲二。後中約體用爲二。又初二體。後二相。故云覺體相也。又初一及第三有空義。第二第四有鏡義。故舉二喻。

*研究：

覺是指性淨本覺。

以虛空及鏡子來作比喻，二者皆有四義。一空鏡。與虛空等，即等同虛空。所謂空是離一切外物之體。二不空鏡。謂鏡體不無，如鏡子可以顯現萬象。

三淨鏡。謂磨治離垢，離煩惱礙及智礙而顯法體。

四受用鏡。置之高臺，須者受用。可以遍照眾生之心，令修善根。

四中前二的如實空是本性即空無一法的本性淨；因熏習是指內因熏習的萬法展現，類似「性起」作用，也是法爾即有，故二者屬於自性淨。

法出離鏡是遠離煩惱障及所知障二障後的清淨；緣熏習鏡是可以遍照眾生心令其修善根後而顯示的清淨，故二者屬離垢淨。

又初二之如實空是體之空性體（一切法不現）；因熏習鏡是體之因（一切世間境界悉於中現）及功德相（智體不動，具足無漏），二者都

是因體而被隱覆。

法出離是體之相（具離煩惱礙及智礙之性質）；緣熏習鏡是體之用（遍照眾生之心，令修善根），相用均屬果而能顯現。

前中約空不空爲二。如實空是空（空一切法）；因熏習鏡是不空（具自體顯現萬法之作用及具足無漏之功德）。

後中約體用爲二。如實空是空體；因熏習鏡是體之功德體。所以二者屬「體」。

法出離鏡具有離礙之性相；緣熏習鏡具有遍照眾生心之功德相（功用），所以二者屬「相」。

故云覺體相也。

又如實空是無法空；法出離鏡是無煩惱空。二者有「空」義。

因熏習鏡是現法有；緣熏習鏡是遍照眾生有。二者是有及鏡有之義。

（釋中別解四義。）

原文：「云何爲四。一者如實空鏡」

初明眞如中妄法本無。非先有後無。故云如實空。

*研究：

眞如的體是空性體，體中本來即無妄法，一切法空，而非先有後無。「如實」是如本來的眞實相之義，如實空即本來就空。

原文：「遠離一切心鏡界相，無法可現，非覺照義故」

下釋空義。倒心妄境本不相應。故云遠離等。非謂有而不現。但以妄法理無故。無可現。如鏡非不能現。但以兔角無故。無可現也。非覺照者有二義。一以妄念望於眞智。無覺照之功。以情執違理故。如鏡非即外物。以彼外物無照用義故。即顯鏡中無外物體。二以本覺望於妄法。亦無覺照功能。以妄本無故。如淨眼望空華。無照矚之功。亦如鏡望兔角。問若然者。何故下因熏習中即現一切世間法耶。答彼約依他似法。是此眞心隨熏所作。無自體故。不異眞如。故彼文云。

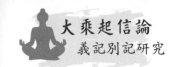

以一切法即眞實性故也。今此約遍計所執實法故。無可現也。問所現似法。豈不由彼執實有耶。答雖由執實。然似恒非實。如影由質影恒非質。鏡中現影。不現於質。不現質故。故云空鏡。能現影故是因熏也。

*研究：

顚倒心及虛妄境，與性淨本覺本來即不相應，故云遠離，非謂有法而不現，但以倒心妄境之妄法，其理體是空，故無法可現，如鏡非不能現，而是因兔角實無，兔沒有角當然無可現角。

非覺照者有二義。一非覺照義，意指，以妄念去望眞智，妄念根本沒有覺照眞智的功能，因妄念無法覺照眞智，妄念只是一種違背眞理的情執作用。因鏡中的外物影像只是情執違眞而執實有的一種假像，而不是經覺照而認定的實有像，所以說非覺照義。

二以本覺之眞智去看妄法，因妄法本來即無，如同用淨眼去看空中的花，空花本來即無，而不是眞智覺照之後才說無。如果是這樣，爲何下文之因熏習鏡中即能現一切世間法？答：彼約依他似法。依他似法是指，萬法依他生起之後由偏計所執執爲實有，若離偏計所執則非實有。這些眞心隨熏所作之法，都無自體，其自體即是眞如。故彼文云，一切法都有眞實性，即一切法都具有眞實的眞如體，只是今因遍計所執，而執其爲實法，其實只是虛妄法，故說無法可現。

問：所現似法。豈不由彼執爲實有耶。

答：雖由執實，然此似法永遠非實法。如同鏡中的影像只是影子，而非實質的實像。鏡中只能現虛影，而不能現實質像。因爲不能現實質像，鏡中盡是虛影，故說是空鏡。

而所現的影像，則是由性淨本覺的因熏作用，類似「性起」作用，而頓現萬法，此現起的萬法如鏡中影像，非實有也。

原文：「二者因熏習鏡。謂如實不空」

第二因熏中釋內有二因義。初能作現法之因。二作內熏之因。亦

可初是因義。後是熏習義。故云因熏習也。言如實不空者。此總出因
熏法體。謂有自體及性功德故。

　　*研究：

　　第二因熏中，有二「因」義。

　　一、能作現法之因

　　二、作內熏之因

　　亦可初是「因」義。後是「熏習」義。故云因熏習也。

　　言如實不空者。此總出因熏法體。不空是指有自體及具有性功德
故。

　　原文：「一切世間境界，悉於中現，不出不入，不失不壞，常住一
心以一切法即眞實性故」

　　下別釋二因。初中一切世間境界悉現者。明一切法離此心外無別
體性。猶如鏡中能現影也。不出者。明心待熏故變現諸法。非不待熏
而自出也。不入者。離心無能熏故。不從外入也。不失者。雖復不從
內出外入。然緣起之法顯現不無。故云不失也。不壞者。諸法緣集起
無所從。不異眞如。故不可壞。如鏡中影非刃能傷。以同鏡故不可壞
也。常住一心者。會相同體。以一切法下釋成同鏡所由。以於心中顯
現無出入等故。即無體性。無體性故。本來平等不異眞如。故云常住
一心乃至眞實性故。

　　*研究：

　　下分別解釋二因。

　　一、能作現法之因：即體之因體。

　　初中一切世間境界悉於中現者。即此因是能現萬法之因，此因如
同鏡體，能現生一切世間境界，作現法之因。即明一切法均由此性淨
本覺因體所現生，除此因外並無別的其他因體，此因猶如鏡體，能從
鏡面中現出世間萬法的影像。不出者，意指此明心仍需待無明熏才能
變現出諸法，而非不待熏即能自動生出諸法。不入者意謂，非從外緣

167

入內熏習，由內生熏，離心則無能熏。不失者，雖復不從內出外入，但緣起之法的確有生起萬法，故云不失。不壞者，緣集而起之諸法如鏡中影像，由真如之空體而起，所起諸法仍具真如體，非有非無，不異真如，故同真如不可壞。而且鏡中影像也非刀刃所能傷，同鏡體一樣不可壞。常住一心者，以所起諸法不異真如，如同真如般真實且如常，故說常住一心，以一切法即真實性。

於心中顯現無出入，即無體性。如同真如，無體性，而且本來體相用即平等不異。故云常住一心，乃至真實性故。

原文：「又一切染法所不能染，智體不動，具足無漏，熏眾生故」

又一切染法下釋後因義。染法不能染者。以性淨故。雖現染法。非染所污。非直現染之時非染所染。亦乃由現染故反顯本淨。如鏡明淨能現穢物。穢物現時反顯鏡淨。豈此穢物能污鏡耶。若不現染。則無以顯其不染也。智體不動者。以本無染。今無始淨。是故本覺之智未曾移動。又雖現染法。不為所染。故云不動。如鏡中像隨質轉變。然其鏡體未曾動也。具足無漏等者。此本覺中恒沙性德無所少也。又與眾生作內熏之因。令厭生死樂求涅槃。故勝鬘經由有如來藏能厭生死苦樂求涅槃也。佛性論云。自性清淨心名為道諦也。又十種佛性中業性也。

＊研究：

二、釋後因之因熏習鏡：

性淨本覺，因性淨，雖受無明熏染，啟動隨染本覺及不覺之心而現染法，但處染而不受染，仍能保持性淨本覺之性淨。也可說，因現染而不受染，這不受染反顯出其本淨。如因鏡明淨，才能顯現穢物。穢物現時反能顯鏡之明淨，而不能說此穢物污染了鏡的明淨。所以說若不現染，則無以顯其不染也。

性淨本覺的智體不動者，以本來即無染，今也無本來即淨，是故本覺之智從來未曾移動。又雖現染法，但不為所染，也可說是不被染

法所動。如鏡中像，會隨外物之實質物而改變影像，但其鏡體卻未曾改變。具足無漏等者，指此本覺中恒沙性德無所短少。又能與眾生作本覺熏無明之內因，令眾生厭生死樂求涅槃。故勝鬘經云，有如來藏能厭生死苦，樂求涅槃也。佛性論云，自性清淨心，名為道諦也，又十種佛性中業性也。業性者，指內有佛性而作外厭生死求涅槃之業，是十種佛性中之第四作業佛性。

原文：「三者法出離鏡，謂不空法。出煩惱礙，智礙。離和合相，淳淨明故」

第三中。初標次釋。言法出離者。謂真如之法。出於二障離於和合故。云出離。前明在纏性淨不空如來藏。今明不空出纏離垢法身。如寶性論云。有二淨。一自性淨。以同相故。二離垢淨。以勝相故。不空法者。出法體也。謂即前因熏。出煩惱等者。粗細染心名煩惱礙。所依無明名智礙。離和合等者。淨心出障破業識等和合也。離和合雜相故名淳。無惑染故名淨。出無明故名明。謂大智慧光明等故云淳淨明也。

*研究：

言法出離者，謂真如之法，可以「出」二障，「離」識和合，故云出離。

如來藏有空及不空如藏。勝鬘經指出，空如來藏是空一切煩惱障，不空如來藏是不空不思議佛法。

所以如來藏是在纏性淨本覺，若如來藏出纏離垢即是法身。

如寶性論云。有二淨。一自性淨，即本來法爾即淨，如本論前文，性淨本覺之如實空鏡及因熏習鏡二者即是自性淨。以同是真如法體，一味平等相故。二離垢淨，如法出離鏡及緣熏習鏡，二者即是。以已現果德勝相故。

不空法者，如因熏習鏡，可以作生現法及具足無漏，是故不空，出離法體的空性，故言不空。

粗細染心，即三細六粗之染心，名煩惱礙。所依無明，名智礙，即所知障。

離和合等者，意指，淨心出障，可以破業識及諸識等的和合，離和合雜相故名淳（同純）；無惑染故名淨；出無明故名明，即大智慧光明。故云淳淨明也。

原文：「四者緣熏習鏡。謂依法出離故，遍照眾生之心，令修善根，隨念示現故」

第四中。初標後辨。謂即彼本覺出障之時。隨照物機示現萬化。與彼眾生作外緣熏力。故云依法乃至示現故。問前隨染中智淨與此法出離何別。又前業用與此緣熏何別。答前約隨染故還淨說為智。即明彼智用俱就始覺說。此約自性故離障顯法體。即明此法用俱就法體說。是故前云智。此云法。前云業。此云緣也。然法智雖殊。體無差別。以始覺即本覺故。但今就義開說。故有境智不同也。

*研究：

依上文法出離鏡之出煩惱障及智障後，即可以接行緣熏習鏡，偏照眾生之心，令眾生修善根，讓眾生可以感應道交，則可感應示現之隨念，受享利益。此即隨照物機，示現萬化，與彼眾生作外緣熏力加持，故云依法乃至示現。

而前之因熏習鏡是與眾生作內因熏習力加持，協助萬法現起。

問：前隨染中智淨相與此法出離鏡有何分別？

又前不思議業相與此緣熏習鏡有何分別？

答：前約隨染，故還淨說為智。即明彼智用，智是智淨相，用是不思議業用，二者是依人之修用，俱就始覺說。

隨染本覺有智淨相及不思議業相。

隨染是就本覺之真如體受無明染後，如何由妄心生起之厭生死求涅槃心，走向始覺。所以是由隨染而還淨，主要在說還淨之智。智之體即是智淨相，智之用即是不思議業相。

　　所以智淨相是依內因外緣法力熏習，作地前資糧加行位之如實修行，及地上滿足方便之修行，而成始覺，即回歸本覺。

　　不思議業相是由智淨相之體起用，而生一切勝妙境界。

　　性淨本覺有法出離鏡及緣熏習鏡。

　　此約自性，即法體言。二者是依法體之功德而言。

　　法出離鏡是離二障後而能顯法體。

　　緣熏習鏡即依法出離鏡所顯法體再起用，偏照眾生心，令起善根，而能隨念示現眾生令其受益。

　　即明法出離及緣熏習二者俱就法體說。而智淨相是指還淨智，重點在智，不思議業相重點在智之用，即明彼智用，二者俱。

第四章、大乘起信論義記卷四：
顯示正義

（第二不覺中有三。初明根本不覺。二生三種下明枝末不覺。三當知無明下結末歸本。又亦可初明不覺體。次明不覺相。後結相同體。前中有二。初依覺成迷。後依迷顯覺。亦則釋疑也。以彼妄依眞起無別體故。還能返顯於眞。即是內熏功能也。由是義故。經中說言。凡諸有心悉有佛性。以諸妄念必依於眞。由眞力故。令此妄念無不返流故也。）

第一節、不覺三種相

原文：「所言不覺義者，謂不如實知眞如法一故。不覺心起而有其念，念無自相，不離本覺」

初中有三。謂法喻合也。法中。初不了如理一味故。釋根本不覺義。如迷正方也。不覺念起者。業等相念。即邪方也。念無自相下明邪無別體不離正方也。即明不覺不離覺也。

*研究：

初不了知眞如法一，即眞如理一味，以此解釋根本不覺之義，不了知眞如理是平等一味，眾生悉有而且都一樣。根本不覺即是迷於眞如，所謂迷眞，就如同迷失了正方向。不覺念起者，指不覺心動，此最初的心動即是迷於眞如的迷眞之心，即是根本不覺。而後啟動三細

中之業相，如同開始迷失，有了邪方向，此邪方向即是枝末無明。所以根本無明是迷眞，枝末無明是起妄。前者是體及動心，此不覺動心尙無能所，仍在三細初細業相之前；後者是由體起用，是用及動念，動念是三細之業轉現三相，已有能所。所以三細屬於枝末無明。

念無自相文以下，係指邪念並無另外不同的自體，邪妄之體也是眞如，而妄則是以眞爲體之體相用整體外在表現，故妄不能離正方的眞如體，即能明了，不覺妄之外在體相用表現，不能離其體即覺之眞如體，因妄是依止眞如體之啓動「性起」及根本無明之啓動「緣起」而生起。

原文：「猶如迷人，依方故迷，若離於方，則無有迷。眾生亦爾，依覺故迷，若離覺性，則無不覺」

喻合可知。

*研究：

由上迷人之比喻，

迷人迷失方向，是因依靠方向之認定，因此若離開此方向之認知，無有迷失，此方向的認知即是覺。眾生也是如此，若依覺則會產生迷，所謂覺即是迷眞，若離開眞之覺性，即不迷眞的話，則不會有因迷眞而起妄之不覺產生。另一方面，不覺也是依覺性而產生，若離開覺性，也就不會產生不覺。

原文：「以有不覺妄想心故，能知名義，爲說眞覺。若離不覺之心，則無眞覺自相可說」

後文中二。初明妄有起淨之功。後明眞有待妄之義。良以依眞之妄方能顯眞。隨妄之眞還待妄顯故也。

*研究：

如前文所言，若能由無明中能知名義，得有始覺，而始覺即同本覺。因此若能於無明中展開對眞如名義之了知及外在聞修習，能明瞭無明之「無性空體」即是眞如之義，如此即是說眞覺。

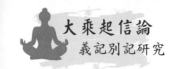

初明妄有起淨之功,意即,若於無明能知名義,即能起隨染還淨,回歸始覺同本覺之功用。

後明眞有待妄之義,意指,眞是妄之體,需從妄下手才能顯現其眞體。

即隨妄之眞,還待妄顯也。

而妄是依眞而立,故說依眞之妄。

總言之,妄依眞立,眞依妄顯。

原文:(第二末中略作二種釋。一約喻說意。二就識釋文。初者本覺眞如其猶淨眼。熱翳之氣如根本無明。翳與眼合動彼淨眼。業識亦爾。由淨眼動故有病眼起。能見相亦爾。以有病眼向外觀故。即有空華妄境界現。境界相亦爾。以有空華境故。令其起心分別好華惡華等。智相亦爾。由此分別堅執不改。相續相亦爾。由執定故於違順境取捨追遣。執取相亦爾。由取相故於上復立名字。若有相未對時。但聞名即執。計名字相亦爾。既計名取相發動身口。攀此空華造善惡業受苦樂報。長眠生死而不能脫。皆由根本無明力也。第二釋文中有二。初無明爲因生三細。後境界爲緣生六粗。前中亦二。謂總標別解。)

*研究:

初者本覺眞如,猶如淨眼。熱翳之氣猶如根本無明。翳與眼合動彼淨眼,即指根本無明翳熏習淨眼眞如,使其由不變之淨轉成隨緣之動,而生三細之業識,啓動三細而後六粗。故說由淨眼動而有病眼起,能見相亦是如此。

因有眼翳之病眼,如同枝末無明之能見妄心已啓動,向所外觀境自是妄境,故說即有空華妄境界現。

境界相亦爾,因有空華境,令其起心分別好華惡華等。

智相亦爾,由此分別之堅執不改。

相續相亦爾,由持續妄執,故於違順境取捨追遣。在執取相亦爾,由執境界形相,故於上復立名字,不管形相有否對應,但聞名即執。

計名字相亦爾，既計名取相，發動身口業，攀此空中假花，而造作善惡業，受苦樂報，以致長眠生死輪迴而不能解脫，此皆由根本無明之始作俑力所致。

初以根本無明為因，產生阿梨耶識之三細枝末無明，其後以六塵境界為緣，產生分別事識中之六粗。

原文：「復次依不覺故，生三種相，與彼不覺相應不離」

標中言與彼不覺不相離者。明相不離體故。末不離本故。以依無明成妄心。依妄心起無明故也。

＊研究：

不覺有三種相，這三種相與不覺相應不離。此處之相，是指不覺體之功德相。

不覺體是阿梨耶識受根本無明熏習，將真如靜心由靜生動，產生不覺的動心，即最初之業識妄心，故說依無明成妄心。

此妄心再資熏根本無明，產生枝末無明，故說依妄心起無明。

此處體指不覺心動，相指無明業相、能見相、境界相三相；故明功德相與體之體相不相離，即末不離本。

（別解中，前中三細即為三。各有標釋。）

原文：「云何為三。一者無明業相。以依不覺故心動，說名為業。覺則不動，動則有苦。果不離因故」

初中釋內。以依不覺者。釋標中心動名業者。釋標中業也。此中業有二義。一動作義。是業義故。云依不覺故心動名為業也。覺則不動者。反舉釋成。既得始覺時即無動念。是知今動只由不覺也。二為因義。是業義故。云動則有苦。如得寂靜無念之時。即是涅槃妙樂。故知今動則有生死苦患。果不離因者。不動既樂。即知動必有苦。動因苦果既無別時。故云不相離也。此雖動念而極微細。緣起一相能所不分。即當梨耶自體分也。如無相論云。問此識何相何境界。答相及境界不可分別。一體無異。當知此約賴耶業相義說也。下二約本識見

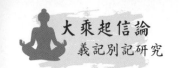

相二分爲二也。

*研究：

無明業相之業有二義：

一動作義。根本無明熏習眞如，使眞如由靜生動，啓動阿梨耶識中之不覺心動，此不覺生動，即此業之動作義。而本覺是否不動的，若修得始覺時即無動念，是知今動只由不覺也。

二爲因義。不覺心動則有苦。因眞如猶似靜水，由根本無明熏習之而生動，生不覺之動心，即此無明業相。故此業相是由根本無明爲因，熏習眞如所成，故業爲因義。當眞如似靜水，不受根本無明熏習時，本是寂靜無念，呈現涅槃妙樂。若今眞如形成不覺之心而由靜起動，則有生死苦患，即不覺之心是因，生死苦患是果，果不離因是也。

不動的眞如心既樂，即知動的不覺心必有苦，動因生苦果，故云不相離也。

此不覺之動念心極其微細，此時尙無能見心及所見境生起，即尙無能所，此業相很類似於唯識論所言阿梨邪識之自體分。

如無相論云。問：此識何相及何境界？

答：相及境界不可分別，即能見心相與所見境界沒有分別，能所一體無異。

當知此即約賴耶識之業相義說，下二約賴耶識之見分及相分說。

原文：「二者能見相。以依動故能見，不動則無見」

第二能見相。即是轉相。依前業相轉成能見。故言以依動故能見。若依性淨門。則無能見。故云不動則無見。反顯能見必依動義。如是轉相雖有能緣。以境界微細故猶未辨之。如攝論云。意識緣三世境及非三世境。是則可知。此識所緣境不可知故。既云所緣不可知。即約能緣以明本識轉相義也。

*研究：

第二能見相，即是轉相。依前業相無能所之不覺動心轉成能見心，

故言以依動故能見。但若依眞如性淨門，則無能所之分，尚無能見心，故云不動則無見，反顯能見必依不覺心動而生之義。

如是轉相雖有能見心，但此心仍相當微細，對所見境界緣也仍未能明辨。

如攝論云。意識緣三世境及非三世境。前者是有爲境，後者是無爲境。是則可知，此識所緣無爲境（非外六塵之有爲境）微細不可知，既云所緣境不可知，即約能緣心之本識三細之能見心轉相義也。

原文：「三者境界相。以依能見故境界妄現，離見則無境界」

第三境界相。即是現相。依前轉相能現境界。故云依見故境界妄現。下反舉釋可知。如楞伽云。譬如明鏡持諸色像。現識處現亦復如是。又此論下文明現識云。謂能現一切境界。猶如明鏡現於色像。現識亦爾。乃至以一切時任運而起常在前故。此等並約本識現相義說。此之現相常在本識。何況轉相業相在六七識耶。此三並由根本無明動本靜心成此三細。即不相應心。屬賴耶位攝。

*研究：

第三境界相，即是現相。依前轉相之能見心能現所見境界，故云依見故境界妄現。

此能見及境界二相如同唯識之見分及相分，唯識無塵境，所見之外境只是投射在識中的現分，而爲識中見分所認知，非眞實認見六塵外境，故曰境界妄相。

如楞伽云。譬如明鏡可以持諸色像而現，現識也如明鏡般可以顯現諸外六塵色像。

又此論下文明現識云。謂能現一切境界，猶如明鏡能現一切色像，現識也是這樣。而且一切時均能任運顯現，因根本無明是無始而有，所以是無始而熏，一切境像常顯現在前，所以說任運顯現。

以上是約本識能現境相義說，此之現相功能常在本識中發生，轉相業相怎會在六七識中發生呢？故說此三細相均在第八識中發生。但

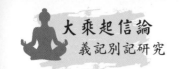

現識是現本識之相分由見分所認知，而非現六塵外境也。

此三相均由根本無明動本真如靜心，而形成此三細，屬不相應心，即與外境不相應，也無心王心所之相應，所以唯識宗說第八識只有五種心所（五種遍行心所：作意、觸、受、想、思）。三細均屬賴耶識所攝持。

原文：（自下境界為緣生六種粗相。即分別事識也。如楞伽經云。境界風所動種種諸識浪等。此之謂也。問三細屬賴耶。六粗屬意識。何故不說末那識耶。答。有二義意。一前既說賴耶。末那必執相應。故不別說。故瑜伽云。賴耶識起必二識相應故。又由意識緣外境時。必內依末那為染污根方得生起。是故次說六粗。必內依末那故。亦不別說。二以義不便故。略不說之。不便相者。以無明住地動本靜心。令起和合成梨耶。末那既無此義。故前三細中略不說。又由外境牽起事識。末那無緣外境義故。六粗中亦略不說。亦可計內為我屬前三細。計外為我所屬後六粗。故略不論也。楞伽中亦同此說。故彼經云。大慧。略說有三種識。廣說有八相。何等為三。謂真識。現識。分別事識。乃至廣說。經中現識。即是三細中現相也。分別事識。即是下六粗也。所以知者。彼經下釋分別事識中。乃云攀緣外境界起於事識等。故知事識非是末那。此論下文並亦同此。宜可記之。釋文中有二。謂總標別釋。）

*研究：

自下境界為緣生六種粗相，即智相、相續相、執取相、計名字相、起業相、業繫苦相。此六粗相都在分別事識中發生。如楞伽經云。境界風所動種種諸識浪等。此六相在前七識的識浪中發生。本論將前七識統稱為分別事識或意識，本論並無明確之八識劃分，只就功能分為心意意識。

問三細屬賴耶，六粗屬意識，何故不說末那識耶。

答。有二義意。一是相從義，一是不便義。

就相從義言，一旦說到賴耶，就已經自動包含末那了，因此不再另提及末那。故瑜伽云。賴耶識起必賴耶及末那二識一起相應而起。

又由意識緣外境時。必須由內依賴末那為染污根才能生起（這是唯識宗的觀點）。是故次說六粗，也必須由內依賴末那，所以也不另說末那。

二以不便義言，意即簡略去末那而不說之。不便相者，即以無明住地（根本無明）動本真如靜心，令起和合形成阿梨耶識，末那則無此生起義，故前三細中略去末那不說。

又由外境牽起前七識之分別事識時，末那並不會去緣取外境，它只緣取第八識的見分為自我，所以六粗中亦略去末那不說。亦可計內為我屬前三細，計外為我所屬後六粗，故略末那不論也。

楞伽中亦同此說，故彼經云。大慧，略說有三種識，廣說有八相。何等為三，謂真識、現識、分別事識。乃至廣說，經中現識，即是三細中現相也。分別事識，即是下六粗也。所以，彼經下釋分別事識中，乃云攀緣外境界起於事識等，故知事識非是末那。

起信論屬真常唯心系，有自己的心識見解，略有不同於玄奘、護法系之唯識見解。而新譯之唯識見解也稍異於真諦、安慧等舊譯之見解。

楞伽經雖說屬於如來藏系經典，但其實其所謂「藏識」已經將如來藏與阿賴耶識結合。

法藏大師以相從及不便二義來解釋本論不談末那識，其實也都以玄奘唯識觀點為主來解釋。

純粹如來藏系如本論的心識觀，其實只有心意意識之功能劃分，並無八識之截然分別。

（釋文中有二。謂總標別釋。）

第二節、境界緣復生六種相

原文:「以有境界緣故,復生六種相。云何爲六」

（別釋中六相即爲六段。各先標後釋。此六之中。總有三對。謂初二爲一對。謂事識中細惑。執境法爲實故。六染中同是法執。地上菩薩所斷。亦入下五意內攝。以有依止義故。次二爲一對。謂事識中粗惑。於前實境上復起貪瞋等惑。即是下入五意後別明意識。取著轉深計我我所等。六染中二乘等所斷也。後二爲一對。謂依惑造業。苦報長淪也。）

*研究:

總有三對。謂初二爲一對,智相及相續相,此二相屬分別事識中之細惑,執取法爲實有,是屬六染中的法執,爲地上菩薩初地-七地所斷,亦同五意內之智識及相續識所攝。

次二爲一對,是執取相及計名字相,屬分別事識中之粗惑。於前執法爲實境上復起貪瞋等我執惑,即是五意之後之意識所攝。取著六塵外境轉深,計我我所之我執,同六染中之執取相應染及計名相應染,此二相爲二乘所斷。

後二爲一對,即起業相及業繫苦相。此二相、依惑造業,受苦報,於六道輪迴中長淪。爲一般凡夫位。

原文:「一者智。相依於境界,心起分別,愛與不愛故」

初言智相者。謂於前現識所現相上。不了自心現故。始起慧數分別染淨執有定性。故云依於境界乃至不愛故也。

*研究:

所謂智相,指於前現識所現相上,不了其所現境界乃係自心所現,於是起心及心所去分別染淨,執爲定有實境,故云依於境界乃至不愛故也。

原文：「二者相續相。依於智故，生其苦樂，覺心起念，相應不斷故。」

二相續中依於智者。明起所依。謂依前分別。愛境起樂覺受。不愛境起苦受。數數起念相續現前。此明自相續也。又能起惑潤業。引持生死。即令他相續。故下文云住持苦樂等也。故云生其乃至不斷故也。

＊研究：

所謂相續相，依於前智相，明起所依。依前分別智心之分別境界，若是愛境則起樂覺受，若是不愛境則起苦受，分別心念念不斷，相續現前。又能起惑潤業，引生六道生死輪迴，相續沉淪，即下文所說住持苦樂，故云生其乃至不斷故也。

原文：「三者執取相。依於相續，緣念境界，住持苦樂，心起著故」

三執取相者。謂於前苦樂等境。不了虛無。深起取著。故下文云。即此相續識。依諸凡夫取著轉深。計我我所等也。言依於相續乃至苦樂者。是前相續相也。心起著者。是此執取相也。

＊研究：

所謂執取相，於前苦樂等境，不明了其為虛無，深起執取。依諸凡夫取著轉深，計我我所，相續不斷而受苦樂。所以說是由前相續相，心起執著，是此執取相。

原文：「四者計名字相。依於妄執，分別假名言相故」

四計名字相者。依前顛倒。所執相上。更立名言。是分別故。楞伽云。相名常相隨。而生諸妄想。故云依於妄執等也。上來起惑。自下造業感報。

＊研究：

所謂計名字相，依前顛倒心之我執執取相上，更立名字，是分別假名之假相。

楞伽云。相名常相隨。而生諸妄想。

楞伽指出五法：相、名、分別、正智、如如。相名均屬分別妄想。故云依於妄執也。

原文：「五者起業相。依於名字，尋名取著，造種種業故」

五起業者。謂著相計名。依此粗惑。發動身口造[1]一切業。即苦因也。

*研究：

所謂起業，由前著相計名，依此於分別事識所生之我法二執粗惑，發動身口，造一切業報，即受苦之業因也。

原文：「六者業繫苦相。以依業受報，不自在故」

六業繫苦者。業用已成。招果必然。循環諸道生死長縛。故云依業受果不自在也。上來末相竟。

*研究：

所謂業繫苦，由前造業已成，招果必然。於六道循環不已，受生死長縛，故云依業受果不自在也。

（第三結末歸本。）

第三節、無明能生一切染法

原文：「當知無明能生一切染法」

如前三細六粗。總攝一切染法。皆因根本無明不了眞如而起。故云當知無明能生一切染法也。自下釋所以。

*研究：

如前枝末不覺所生之三細六粗，已總攝一切染法，其因皆是由於根本無明不能明了眞如，由迷眞之根本無明體而起枝末無明妄之用，故云當知無明能生一切染法也。

原文：「以一切染法皆是不覺相故」

疑云。染法多種差別不同。如何根本唯一無明。釋云。染法雖多。皆是無明之氣。悉不覺之差別相。故不異不覺也。故云以一切染法皆是不覺相也。上來總釋不覺義。即約染法辨心生滅竟。

＊研究：

有懷疑云：染法有多種，各自不同。

爲何根本無明卻是唯一一種？

釋云：染法雖多，染法本身都是由根本無明生枝末無明之類，都是阿梨耶識不覺心之不同表現而已，故無明不異於不覺。所以說以一切染法皆是不覺相也。

（自下第三明染淨同異之相。於中有三。初總標。次列名。後廣辨。）

第四節、覺與不覺的同相、異相

原文：「復次覺與不覺有二種相，云何爲二。一者同相，二者異相」
＊研究：

阿梨耶識之覺與不覺又有二種相，一是同具眞如體的相同體相；一是由體相用展現在外的覺與不覺之不同形相。

（辨中初同後異。同中三。初喻次合後引證。）

原文：「言同相者，譬如種種瓦器，皆同微塵性相」

初言同相者，染淨二法同以眞如爲體。眞如以此二法爲相。故云同性相。種種瓦器譬染淨法也。皆同塵性者。器以塵爲性也。塵以器爲相。故云微塵性相也。

＊研究：

初言同相，染淨二法都是以眞如爲體。而覺與不覺則是以眞如爲體所展現的不同體相用整體外相。因爲二法皆以眞如爲體，故兩者是同一性體相。種種瓦器如同種種不同染淨法，不同的瓦器都是由相同的塵土所成，瓦器如同染淨法，塵土如同其眞如性體。故器以塵爲性，塵以器爲相，故云微塵性相也。

原文：「如是無漏，無明，種種業幻，皆同眞如性相」

合中言無漏者。始本二覺也。無明者。本末不覺也。此二皆有業用顯現而非實有。故云業幻。此等合種種器也。皆同眞如性相者。以動眞如門作此生滅門中染淨二法。更無別體故云性也。眞如亦以此二法爲相。淨相可知。其染相者。下文云。但以無明而熏習故即有染相。

*研究：

無漏是指始本二覺也。無明是指根本及枝末不覺。無漏是無明的體，無明是含無漏體的體相用總體外在顯現，眞如體須依無明才能顯現其中的體；而無明是由眞如體所呈現的外相，只是業用顯現而非實有，故云業幻。種種不同的器，都是同具眞如性體。

因動起如靜水的眞如門而生生滅門中染淨二法。眞如門包含眞如體及無明的無體是空，二者都是眞如性體，是同一體而更無別體，故云性也。

眞如有不變及隨緣二相，由不變可生淨相；由隨緣可生染相亦是以此二法爲相。眞如熏無明即是淨相；無明熏眞如即是染相。

原文：「是故脩多羅中，依於此眞如義故。說一切眾生，本來常住，入於涅槃。菩提之法，非可修相，非可作相，畢竟無得」

引證中依於此義乃至相門。如上本末不覺。本來即眞如。故說一切眾生性自涅槃不更滅度。故經云。一切眾生即涅槃相不復更滅。言菩提之法乃至無得者。依此同相門。如上始本二覺。即是眞如。故諸佛菩提非修得也。又前約不覺即如故。眾生舊來入涅槃。今約覺亦即眞故。諸佛菩提無新得也。言非可修相者。望前涅槃非是了因修顯故。

言非可作相者。望前菩提非是生因所作故。畢竟無得者。此之二果即性淨本有故無得。

*研究：

如上根本及枝末不覺，本來其體都是真如，故說一切眾生性自涅槃，因為眾生本具佛性真如及自性清淨涅槃，只是被無明及煩惱所覆，只要破根本無明，本有的自性清淨涅槃即顯現，此時即是常住涅槃。所以自性清淨涅槃，眾生本來即有，不需再另求涅槃，因此不須另外再求滅度。

故經云。一切眾生即涅槃相，不復更滅。

至於菩提之法，乃是無所得。依此同相門，如上始本二覺，都是真如體，故諸佛菩提不是修得，因佛性及自性清淨涅槃本來即有，而非經修習才有，修習只是在破無明，而不是在修菩提，菩提本有不須修。

又前文，不覺之體即是真如，眾生本來即具自性清淨涅槃，故說本來入涅槃。

今約始覺及本覺也都具真如體，呈現真如之真實如常特色，故曰亦即真故。

諸佛菩提本具自性涅槃，非依修而新得，故言非可修相，因涅槃非是了因修顯故。

言非可作相，因菩提非是由生因所作。菩提是法爾本有，不是自生、他生、共生、無因生，而是無始而有，不生不滅，故非因所作。

畢竟無得者，是指菩提及涅槃此二果即是性淨本有，故無得也。

原文：「亦無色相可見，而有見色相者，唯是隨染業幻所作，非是智色不空之性，以智相無可見故」

此釋伏疑。疑云。若眾生已入本來涅槃更無新滅。即已同諸佛。何故不能現報化等色身耶。

釋云。法性自體本無色相可見。如何使現色等耶。故云亦無色相

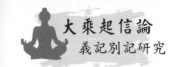

可見。又疑云。若以法性非是色相可見法故不現二色者。諸佛何故現
報化等種種色耶。釋云。彼見諸佛種種色等者。並是隨眾生染幻。心
中變異顯現。屬後異相門。非此同相門中。本覺智內有此色礙不空之
性也。又亦可本覺不空恒沙德中亦無此色相故。云而見色相乃至不空
之性也。何以得知彼法體中無色相者。釋云。以本覺智相非是可見之
法故也。

＊研究：

疑云。若眾生已入本來涅槃更無新滅，即已形同諸佛，何故不能
顯現報化等色身呢？

釋云。法性自體只是一種功能體，本身並無色相可見，怎能現色
呢？故云亦無色相可見。

又疑云。若以法性非是色相可見法，故不現二色者，諸佛怎可以
現報化二色呢？

釋云。眾生只具肉眼，只能看見六道中的人道及畜生道，其餘四
道需天眼才能看見；人必須具備慧眼才能看見二乘身及佛的應化身；
須具備法眼才能看見菩薩身及佛的報身；需具備佛眼才能見佛的法身。
因此欲見諸佛的報化二身，眾生需去除迷真（根本無明）及迷妄（枝
末無明）的妄心，才能看見，而且報化二身是由真如法身由體起用所
生，是自性空的虛妄身，故報化二身是隨眾生染幻，由心中所變而顯
現的幻身，屬真如顯用之異相門，非是此真如同相門。

本覺智內有此色礙不空之性體，而且本覺不空具恒河沙性功德之
不空身，此身是功德身、智身，而非色相身，此功德身及智身即是不
空之功德性體。

何以得知彼法體中無色相者？

釋云。因本覺智相之性體，非是可見之法故也。

（異相中先喻後合。）

原文：「言異相者，如種種瓦器各各不同。如是無漏無明，隨染幻

186

差別，性染幻差別故」合中隨染幻差別者。是無漏法也。性染幻差別者。是無明法也。以彼無明迷平等理。是故其性自是差別。故下文云。如是無明自性差別故也。諸無漏法順平等性。直論其性。則無差別。但隨染法差別相故。說無漏法有差別耳。如下文中對業識等差別染法故。說本覺恒沙性德。又由對治彼染法差別故。成始覺萬德差別也。如是染淨皆是真如隨緣顯現。似有而無體。故通名幻也。上來染淨不同。釋心生滅竟。

＊研究：

所說隨染幻差別，是指無漏法也。

隨緣真如受無明熏染後，先成妄心。若真如續熏無明，此妄心初成厭生死樂求涅槃之妄心，此厭求妄心再受真如之內熏及聞熏習之外熏，繼續受內外熏習，而使妄心經相似覺，隨分覺，得能還淨成究竟覺，即始覺，此始覺即是本覺之無漏法。

性染幻差別者，是指無明法也。以因根本無明之迷真及枝末無明之起妄所致之理。

不變真如受根本無明之迷真熏習，啓動真如由不變轉隨緣，形成阿梨耶識之不覺心動，即根本不覺。而此根本不覺再啓動阿梨耶識之業相等三細相之枝末不覺，遂引動「阿賴耶緣起」，形成生滅染淨諸法。故下文云，如是無明有自性差別故也，因無明本身有厚薄不一之差別相。

諸無漏法順真如平等性，是直論其真如本性，因性體平等，故無漏法無差別。但隨染法則有形成諸法之差別相，故說無漏法有差別耳。如下文中對業識等差別染法故。

說本覺具恒沙性德。又由對治彼染法差別，修成始覺，始覺遂具萬德差別也。

如是無論染淨，皆是真如隨緣顯現。似有而無體，故通名幻也。上來染淨不同，釋心生滅竟。

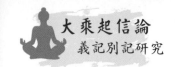

第五節、心、意、意識

（1）心意意識

原文：「復次生滅因緣者，所謂眾生依心意意識轉故」

標中言因緣者。梨耶心體不守自性，是生滅因。根本無明熏動心體，是生滅緣。又復無明住地諸染根本，是生滅因。外妄境界動起識浪，是生滅緣。依是二義以顯因緣。諸識生滅相集而生，故名眾生。而無別體，唯依心體，故言依心，即是梨耶自相心也。能依眾生，是意意識。依心體起故云轉，轉者起也。

＊研究：

梨耶心體是真如，真如由「不變」靜體，由體起用轉成「隨緣」之動用，此由靜生動，即是不守自性。所以不變真如體是生滅之因。

根本無明熏習不變真如，使之轉動成隨緣真如，而後形成阿梨耶識，並啟動其不覺之心而形成生滅萬法。所以根本無明是生滅之緣。以上是第一層生滅因緣，不變真如是因，根本無明是緣，隨緣真如是果。此階段也稱真如緣起或類似於華嚴宗之「性起」，使真如性體由不變之靜體，依體起用轉成隨緣之動用真如。

第二層生滅因緣是「緣起」，或稱「阿賴耶緣起」。由無明住地，即根本無明，是此緣起之生滅因。外妄境界是生滅緣，由此動起識浪。

依這二階段的生滅因緣，生起諸識的生滅現象，這些諸識的相集而生，即名眾生。所以生滅現象並無別體，其體唯是不生滅的真如心體，故言依心，此真如心即是阿梨耶識之自相心也。

故言眾生，依心意意識轉起生滅現象。

（下別釋中初問。）

原文：「此義云何。」

此心作眾生義云何也。

*研究：

此心，指阿梨耶識。

所謂「此心作眾生」是何意義。

（下別顯示。於中有三。先釋所依心。次釋意轉。後釋意識轉。）

原文：「以依阿梨耶識。說有無明」

初中言阿梨耶者，是上所說心，即是生滅之因。有無明者，於梨耶識二義中。此是不覺義。即生滅之緣。欲明依此因緣，意意識轉故。言以依等也。上總中略標其因，故但言依心。此別釋中，具顯因緣，故說依心有無明也。

問：上說依覺有不覺。由此不覺力故。動彼心體，令起滅和合，方有梨耶業識等。何故此中說依梨耶有無明乎。答：此有三釋。一由梨耶有二義故。謂由無明動真心成梨耶。又即此梨耶還與彼無明為依，以不相離故。何者？謂依迷起似，故即動真心起業識。迷似為實，故即依梨耶而有無明也。二云。梨耶有二義。謂覺不覺。前別就其本。說依覺有不覺。今就末位論。故云依梨耶有無明也。此即二義中不覺義。在梨耶中故說依也。三云。此中正意唯取真心隨緣之義。此隨緣義難名目故。或就未起。說依真如有無明。或約已起。說依梨耶有無明。然此二名方盡其義。故文前後綺互言耳

*研究：

阿梨耶識為何能作眾生？因為阿梨耶識是生滅之因。

所謂無明，指梨耶識之覺、不覺二義中之不覺義，即生滅之緣。

問：上說依覺有不覺。由此根本無明之不覺力，啟動真如心體，由不變之靜形成隨緣之動，此不生滅的不變真如與生滅的隨緣真如及根本、枝末無明一起形成生滅與不生滅和合的阿賴耶識，再由耶識的不覺之心生起三細中之業識而續生起二細六粗之生滅現象。即所謂令起滅和合，方有梨耶業識等。

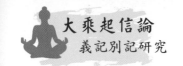

何故此中說依梨耶有無明乎。答此有三釋。

一由梨耶有二義故。謂由無明動眞心成梨耶。眞心即眞如，根本無明動眞如，已如上釋。又即此梨耶還與彼無明爲依，以不相離故。何者。因依迷起似故，迷指根本無明，似是阿賴耶識。由上文知根本無明動眞心，而形成阿賴耶識及其三細之初細即業識，而後起能見及境界之能所，將阿梨耶識之似有之迷認爲實有。故說依迷起似。阿梨耶形成後，復啓動其不覺之心，即枝末無明之三細，故說依梨耶而有三細不覺之枝末無明也。

二云。梨耶有覺及不覺二義。說覺不覺，先前是從本立義，說依覺有不覺。因覺有本覺及始覺。本覺即是不變及隨緣眞如融爲一體，因根本無明熏習而啓動本覺之隨緣眞如，產生阿梨耶識的不覺之心，故說依本覺而有不覺。若就末位論，則說依梨耶有無明，因無明即是不覺，梨耶有覺及不覺二義，其中不覺之枝末無明是依梨耶而有，因在梨耶中，故說依也。三云。此中正意唯取眞心隨緣之義。此隨緣義有二種，一種是未起。即根本無明是因不了達眞如一味之義而有的無明，故說依眞如有無明，即迷眞而有根本無明。根本無明熏習眞如，使不變與隨緣融合的眞如開啓其隨緣作用，而形成阿梨耶識，也「同時」形成耶識之三細之初細業識，此時之業識可以說是一種極微細的原始狀態，尙未有心心所及能所之分，故稱未起，此階段類似華嚴宗之性起作用。而後，由業識再轉成有能所之轉識、現識二細及其後的六粗，此依梨耶之業識生起其後二細六粗之枝末無明，稱爲已起，亦即依梨耶有枝末無明。故依根本無明有梨耶及依梨耶有枝末無明，這二義可說是前後互說也。

（不覺下次釋意轉。於中有三。初略明。次廣辨。後結歸心。）

原文：「不覺而起，能見，能現，能取境界，起念相續，故說爲意」
初中即明五種識相。

不覺而起者。所依心體由無明熏舉體而動。即是業識也。前依梨

耶有無明。即依似起迷。今熏淨心成梨耶。即依迷起似。此二義一時。說有前後耳。言能見者。即彼心體轉成能見。是轉識也。能現者。即彼心體復成能現。即是現識。能取境界者。能取現識所現境界。是爲智識。起念相續者。於所取境起諸粗念。是相續識。依此五義次第轉成依止。依止此義而生意識等。故說爲意。故攝論云。意以能生依止爲義也。

＊研究：

不覺而起者。所依眞如心體由根本無明熏，舉體而動。即是業識也。此段阿梨耶識中三細之初細，即業識之形成，前文已有說明。

前文說依梨耶有無明，即依似起迷。似指梨耶，迷指枝末無明，因梨耶中有不覺心之枝末無明生起。

而由根本無明熏習淨心眞如而形成梨耶，即依迷起似，迷指根本無明，似指梨耶。依迷起似及依似起迷，此二義是同一時間發生，即形成阿梨耶識的同時，也同時生起其三細之初細，即業識之枝末無明。二者其實是同時發生，爲解說才說有前後耳。

言能見者，即彼阿梨耶識由尚無能所之業識，轉成能見之心，即是轉識也。

能現者。即轉識又轉變成能現境界之識，即是現識。

能取境界者，即能執取現識所現之境界，是爲智識。

起念相續者，於所取之境相續生起諸粗念，是相續識。

依此五意，有前生後之次第轉成及後依前之依止關係，並依止此義而生五意之後的意識，故說爲意。

故攝論云。意有能生及依止二義也。五意之前意能生後意，後意依止前意。

（此意下第二廣釋。於中二。初標次釋。）

（2）意有五種名

原文：「此意復有五種名，云何爲五」

*研究：

此意，又有五種名稱，爲那五種？

（釋中五意即爲五段。各有標釋。）

原文：「一者名爲業識，謂無明力不覺心動故」初中言無明力者。謂根本無明。即所依緣也。明心不自起。起必由緣。不覺心動者。正明起相釋成業義。起動義是業義故。

*研究：

初中言無明力，是指根本無明。由根本無明熏習眞如，使眞如之隨緣啓動，即所依緣也。若眞如尙處在體相用一體的階段，即「不變」體與「隨緣」相用，融合爲一體的佛的階段，倘若無根本無明「緣」來熏習啓動，眞如靜心是不會自動發起，起必由緣。眞如由隨緣作用啓動，形成阿梨耶識，也同時形成阿梨耶識之業識，此稱不覺心動。正明起相之起，可解釋成「業」義中之「起動」義。

原文：「二者名爲轉識，依於動心能見相故」

第二轉識中。言依動能見者。依前業識之動。轉成能見之相。轉識有二。若就無明所動轉成能見者。在本識中。如其境界所動轉成能見者。在事識中。此中轉相。約初義也。

*研究：

第二轉識中，言依動能見者。

依前初細業識之動，轉成能見之相。

轉識有二。若就根本無明熏眞如，所動轉成能見者，是在阿梨耶識中進行。

若就其境界所動而轉成能見者，則是在分別事識的意識中進行。

此處的轉相，是指初義的梨耶識中之三細而言。

原文：「三者名為現識，所謂能現一切境界，猶如明鏡現於色像，現識亦爾。隨其五塵對至即現，無有前後，以一切時任運而起，常在前故」

第三現識中。初法次喻後合。言能現一切境界者。依前轉識之見。起此能現之功。故現妄境界。以其心體與無明合熏習力故。現於種種無邊境界故也。合中言五塵者。且舉粗顯以合色像。而實通現一切境界。故上法說中云一切也。若依瑜伽論中。則現五根種子及器世間等。今此論中偏就五塵者。以此約牽起分別事識義故。作是說也。任運而起者。非如六七識有時斷滅。故簡異彼也。常在前者。為諸法本故。明此識在諸法之先。以是諸法所依故。此揀異末那識也。

＊研究：

第三現識中。初法，次喻，後合。

言能現一切境界者，依前轉識之見，起此能現之功，故顯現妄境界。如明鏡一般，可以照現一切境界的色像，現識也是這樣。所提隨其五塵對至即現，無有前後。意指五塵的色境由根塵一對到，即傳入分別事識，再傳到第八識的現識（即現分），即同時顯現色像。但上句謂能現「一切」境界，可見尚應包括意識之「心法」境界（本論是指法執），不只五塵之「色法」境界（本論是指我執）。

若依瑜伽論中。則現五根種子及器世間等。今此論中偏就五塵說，是以此五塵會牽起分別事識義故。分別事識是現「分別我法執境」；第八識是現「伏生我法執境」。

所謂任運而起者，指阿梨耶識的現識是恆常現起，不會如六七識有斷續。本論是不論第七識的，而且依唯識宗之第七識也是恒常不斷的。

所謂常在前，為諸法本。是指阿梨耶識是諸法生起的本識，是諸法所依，所以常在前也。

原文：「四者名為智識，謂分別染淨法故」

第四智識者。是事識內細分別。謂不了前心所現境故。起染淨微細分別。故云智也。

＊研究：

第四智識者，是分別事識內之細分別識。因不了前心現識之所現境，而對所現境起染淨之微細分別，故云智也。

原文：「五者名爲相續識，以念相應不斷故。住持過去無量世等善惡之業，令不失故。復能成熟現在未來苦樂等報，無差違故。能令現在已經之事忽然而念，未來之事不覺妄慮」

第五相續者。亦是事識中細分。前六相中相續相也。以念相應不斷者。法執相應得長相續。此約自體不斷釋相續義也。住持已下有[1]釋。一但屬此相續識。以約其功能釋相續義故。以此識能起潤業煩惱。能引持過去無明所發諸行善惡業種。令成堪任成果之有。若無惑潤。業種焦亡。故云住持乃至不失也。此則引生令熟。又復能起潤生煩惱。能使已熟之業感報相應。故言成熟無差違也。如是三世因果流轉連持不絕。功由意識。以是義故名相續識。次言念已逕乃至妄慮者。顯此識用粗分別相不同智識微細分別故也。二又總辨前五意功能。初住持業果。是前三細功能。屬梨耶。後念已未之境。是後二功能。屬事識細分也。

＊研究：

第五相續者，亦是分別事識中之細分。前六相中之相續相也。

以念相應不斷者，指前智識之分別妄念，與法執相應，因法之自體不會斷，故分別妄念得以長相續。

住持以下有二釋，

一只說及此相續識，二又總辨前五意之功能。

說此相續識，是以其功能來解釋。此識能生起潤業世間的煩惱，能引持因過去無明所發起的種種行爲之善惡業因，令其形成堪任的業果。若無惑煩惱的潤業受生，業種即會焦亡。故云相續識可以住持過

去潤業煩惱所生的善惡業果,令其不失。

而且,這些成熟的潤生煩惱能使業報成熟而受感報相應,故言成熟無差違也。

如是三世因果流轉而連續不絕,此即此識之功用,故名相續識。

次言對於現在及過去之事的憶念,忽然而起;或對未來之事,不覺之間即生妄慮。顯示此相續識也有粗分別之功用,不同於智識之微細分別。

二又總辨前五意功能。法藏大師認為初住持業果,是屬於阿梨耶識之三細功能。後憶念過去未來境之相續識及智識,是屬於分別事識之細分別也。

關於本論三細六粗與八識之配對。

大乘起信論的著名「三疏」比較如下:

賢首:

三細:賴耶識

六粗:六識即意識

初二:智、相續:細惑、法執

次二:執取、計名:粗惑、我執

後二:起業、業繫苦

淨影:

三細:類屬未提及

六粗:

初二:智、相續:第七識

後四:執取、計名、起業、業繫苦:前六識

海東:

初一:智相:第七識

次四:相續、執取、計名、起業:生起識

後一:業繫苦:所生果。

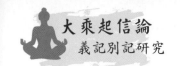

作者：本論只談心、意、意識。並未詳細劃分八識。若勉強依論文之意義劃分則爲，心是阿賴耶識；五意初三之三細及最後的相續識，屬於阿賴耶識；五意中屬六粗初一之智識，屬於第七末那識。後五粗屬於意識。

相續識兼具第八識因果相續之功能，但其粗分別功能實與唯識宗第七識於第八識之見分執爲我之細分別，略有不同。

作者同意賢首將三細歸屬阿賴耶識；但對於六粗屬意識則稍有不同看法，作者認爲六粗之智識或可屬於第七識。

賢首認爲本論未談及第七識末那，並以相從及不便之二因來解釋第八識及第六識已有涵蓋第七識，因此略去第七識不提。

淨影將六粗之智識及相續識歸爲第七識，也許因相續識也有粗分別之作用。但相續識之因果輪迴之相續作用實屬於第八識。

海東將六粗之智識歸爲第七識。作者表贊成。即心指第八識，意旨第八及第七識，意識指前六識。

（第三結依心中有二。先正結屬心。後此義云何下釋疑廣辨。）

原文：「是故三界虛僞，唯心所作，離心則無六塵境界」

前中言是故者。是前一心隨無明動作五種識故。故說三界唯心轉也。此心隨熏現似曰虛。隱其虛體詐現實狀曰僞。虛僞之狀雖有種種。然窮其因緣。唯心作也。十地經中亦同此說。離彼現識則無塵境。反驗六塵唯是一心。故云離心則無等也。

*研究：

此處說「是故」，是因爲眞如心可以隨根本無明之熏而起動，不覺心起，而產生作五種意之心識，故說三界都是由此心作五意而轉現。此眞如心隨根本無明之熏而現業識，及至經二細六粗而現萬法，此萬法是妄現的似有法，而非實有法，故似曰虛。

此萬法的妄現是由阿梨耶識以阿賴耶緣起，以隱其虛無自性的自體而緣生詐現的萬法，其實是虛僞的實法。故曰僞。虛僞之萬法雖有

種種，然窮其因緣，都是心識所變現。

十地經中亦同此說。離彼現識則無心外六塵之境。反過來說，反可以證驗六塵唯是一心所現，故云離心則無塵境。

（釋疑中有三。初問。次答。後當知下結也。）

原文：「此義云何」

問意云。現有塵境。云何唯心。

*研究：心外明明有塵境，為何說是唯心現呢？

原文：「以一切法，皆從心起妄念而生。一切分別，即分別自心，心不見心，無相可得」答云。以一切法皆是此心隨熏所起。更無異體故。說唯心。疑云。何以此心作諸法耶。釋云。由妄念熏故生起諸法。故云妄念而生也。又亦可疑云。法既唯心。我何不見。而我所見唯是異心。釋云。言異心者。是汝妄念分別而作。故云妄念生也。即分別自心者。既境唯現識。無外實法。是故分別但分別自心。即顯無塵唯識義也。心不見心者。既塵無相。識不自緣。是故無塵。識不生也。攝論云。無有少法能取少法故也。能所皆寂故。云無相可得也。中邊論偈云。由依唯識故。境無體義成。以塵無有故。本識則不生。此中分別自心者。即依唯識以遣於塵。與中邊論上半偈同。心不見心者。依無塵以遣識。與中邊下半偈同。此等約行說。故遣依他性也。故瑜伽論云。問諸修觀行者見遍計所執無相時。當言入何等性。答入圓成實性。問入圓成實性時。當言遣何等性。答遣依他起性。以此當知。唯識觀成。則無有識。楞伽亦云。無心之心量。我說為心量。此之謂也。若依此論。無明動真如。成生滅緣起。無明風滅。識浪即止。唯是真如平等平等也。

*研究：

以一切法皆是此真如心隨根本無明所熏，由不覺心動所起，更無心外其他的異體。所以說唯心。

疑云。何以此心作諸法耶。

釋云。由無明妄念熏故生起諸法，故云妄念而生也。

又有疑云。法既唯心，我為何不見？而我所見卻是異於心。釋云。言異於心，就是你的妄念分別所致，故云由妄念而生。

即分別自心者，意指外境唯由現識所現，其實並無心外之真實外境，是故所謂分別其實是自心在分別，所以即顯「無塵唯識」義。

心不見心者，既外塵是沒有形相而不存在，識即不會自緣。是故既然無所見之外塵，也就無能見之內心識。

攝論云。無有少法能取少法故也，能所皆寂，故云無相可得也。

中邊論偈云。由依唯識故，境由識所現，故無實體。因外塵無有，內本識則不生。此中分別自心者，即因外塵是唯識所現，所以可以遣除外塵的存在，此與中邊論上半偈同，即分別自心也。

心不見心者，既然無塵、則可以遣除能識之心，此與中邊下半偈同，即心不見心。

以上是約行說，故可以遣除依他起性。故瑜伽論云。問諸修觀行者，見遍計所執無相時，當言入何等性。答入圓成實性。問入圓成實性時，當言遣何等性。答遣依他起性。

以此當知，唯識觀成，則無塵也必無識。

楞伽亦云。用無心去作心量，才是真正的心量。此之謂也。

若依此論，無明熏真如，啟動真如之隨緣，而成生滅緣起。若無明風滅，識浪即止，但靜水的真如則是平等平等，未曾改變。

（結中有四。初即結相屬心。二是故下舉喻以說。三唯心下一句。釋外伏疑。四以心生下反驗唯心。顯境成妄。）

原文：「當知世間一切境界，皆依眾生無明妄心而得住持」

前中無明者。根本無明也。妄心者。業識等也。以世間一切諸境依此而成。謂即現識等也。若無明未盡已還。此識住持境界不息。故云住持等也。

*研究：

前中無明者，指根本無明也。妄心者，指阿梨耶三細之業識。

世間一切諸境依此業識，啓動二細六粗而成。若根本無明未盡之前，此阿梨耶識所住持境界永遠不息，故云住持等也。

原文：「是故一切法如鏡中像，無體可得，唯心虛妄。以心生則種種法生，心滅則種種法滅故」

喻中言無體可得者。示此境界離心之外無體可得也。又亦即是心故復無體也。如鏡外無影。鏡內復無體故也。釋疑中疑云。既其無體。何以宛然顯現。釋云。此並是眞心之上虛妄顯現。何處有體而可得耶。反驗中。疑云。何以得知心上顯現。釋云。以心生則種種法生等故知也。此中以無明力不覺心動。乃至能現一切境等故。言心生則種種法生也。此則心隨熏動。故云生也。若無明滅境界隨滅。諸識分別皆滅無餘故。言心滅則種種法滅。此則心源還淨。故云滅也。既心隨不覺妄現諸境。即驗諸境唯心無體也。問上說生滅結過屬無明。此文辨因緣。云何結屬心。答前以無明動彼靜心令其生滅故。此生滅功在無明。今此因緣和合道理。以成辦諸法。無性義顯。不住義彰故。就和合結屬於心也。

*研究：

喻中言無體可得者，示此境界離心之外無體可得，就如同鏡中的影像也是無體可得。

又亦即是心，心也是無體，如鏡外沒有影像，鏡內的影像也只是影子，並無實體。釋疑中疑云。既其無體，何以宛然顯現。釋云。此並是眞如眞心之性起及根本無明之緣起所顯現的虛妄影像，那裡有可得的實體呢？反驗中。疑云。何以得知是由心上顯現？釋云，因心生，則種種法生，故知法是由心所生。此中因根本無明之熏眞如而致阿梨耶識之不覺心動，生業識乃至二細六粗而現生一切境界。

言心生則種種法生，是指心隨熏動，故云生也。若無明滅，由無明所起之境界隨滅，而諸識之分別也皆滅盡。

言心滅則種種法滅，此指心源還淨，故云滅也。既云心隨不覺心動而妄現諸境，即可驗知諸境是唯心所現，並無實體。

問：上說生滅，結過是屬無明。此文辨因緣。為何結論是屬心？

答：前以根本無明熏動彼真如靜心，使其產生生滅，故此生滅是因無明而生，故功在無明。今以此根本無明因，加上外境界之緣，因緣和合，以成辦諸法。凡緣起法皆無自性，不住義彰故。就和合結屬於心也。

（釋意識中。初標後釋。釋中有五。初約人辨粗。二計我下出其惑體。三隨事下明執所依緣。四名為下制立其名。五此識下明識起所依。）

原文：「復次言意識者，即此相續識，依諸凡夫取著轉深，計我我所，種種妄執，隨事攀緣，分別六塵，名為意識，亦名分離識，又復說名分別事識，此識依見愛煩惱增長義故」

初中言即此相續識等者。明此生起識粗細雖殊。同是一識更無別體故。即指前第五識也。但前就細分法執分別相應依止義門。則說為意。此中約其能起見愛粗惑相應從前起門。說名[3]為意識。謂意之識。故名意識也。依諸凡夫者簡非聖人意識也。以前智識及相續識。通在二乘及地前等菩薩所起故。故今約凡顯其粗也。取著轉深者。以無對治故。追著妄境轉極粗現。故云深也。惑體中。非直心外計境為粗。亦復於身計我。於塵計所。或執即蘊。或執離蘊等。種種妄計。此顯計我之相。所依緣者。謂但攀於倒境之事。不了正理故。云隨事等也。名意識者。此論就一意識義。故不別出五識。但說意識分別六塵。亦名分離者。依於六根別取六塵。故云分離也。又能分別去來內外種種事相故。復說為分別事識也。下明識起所依者。見謂見一處住地。即見道惑也。愛謂欲色有三愛。即修道惑也。以此見修二惑熏於本識。令變生此分別事識。故云增長也。上六粗中。執取計名及起業相。並相從入此意識中。及後六染中。執相應染亦入此攝。上來廣明生滅因

緣義竟。

　　*研究：

　　初中言即此相續識等者，明此生起識粗細雖殊，同是一識更無別
體故，即指前五識也。

　　但前就細分之法執分別相應依止義門，則說爲意。五意包括三細
及六粗初二之智識及相續識，其後四粗（執取、計名、起業、業繫苦）
均屬意識位。此中約其能由外六塵，起見愛粗惑相應，從前起門，說
名爲意識，謂意之識，故名意識也。意是依止之義，依止五意之智識
及相續識。此「意識」位在凡夫，包括二乘、三賢位菩薩，簡非聖人
意識也。以前之智識及相續識，通在二乘及地前等菩薩所起故。故今
約凡夫即包括二乘三賢以顯其粗也。此意識位，取著轉深，而無對治。

　　追著妄境，轉極粗現，故云取著轉深。惑體中，不只心外計境爲
粗，又於身計我，於塵計所。或執即蘊我或離蘊我。種種妄計，皆顯
示計我之相。所依緣者，謂但攀於倒境之事，不了正理，故云隨事攀
緣。

　　本論之心、意、意識，以阿梨耶識爲心；意則包含第八識及第七
識二義，非同唯識宗之指第七識末那；意識則等同唯識宗之前六識，
不別出五識，以意識統稱前六識。

　　故分別六塵，即名意識者。亦名分離識，因依於六根別取六塵，
故云分離也。

　　又能分別過去未來，及內外種種事相，又稱爲分別事識。

　　下明「意識」所依者，見愛煩惱增長，「見」指見一處住地，即見
道惑也。「愛」指欲愛、色愛、有愛之三界思惑，即修道惑也。

　　以此見修二惑熏於本識，令變生此分別事識，故云增長也。

　　「意識」包括六粗中之執取、計名及起業相。及六染中之執相應
染，亦入此攝。

第六節、無明

（自下第二重顯所依因緣體相。於中有二。初略明緣起甚深。後所謂心性下。廣顯緣起差別之義。初中二。先標歎甚深。後何以下釋深所以。

原文：「依無明熏習所起識者」

初中言無明熏習所起識者。牒上所說依根本無明起彼靜心成業等識也。下正歎甚深。於中初凡小非分。次菩薩分知。後唯佛窮了。

*研究：

牒上所說，依根本無明熏彼真如靜心成阿梨耶識之三細初細「業識」。下正歎依無明熏習所起識之道理甚深，非凡夫及二乘之智慧所能明了。菩薩則少分明了，只有佛才能盡知窮了。

原文：「非凡夫能知，亦非二乘智慧所覺」

以彼二乘但覺四住不了無明故。此無明所起之識非其境也。

*研究：

彼二乘但覺四住不了無明，意指，二乘但覺勝鬘經所言五住煩惱之前四住，即見一處住地、欲愛、色愛、有愛，至於第五住之無住地無明，即根本無明，非二乘所能明瞭。

原文：「謂依菩薩從初正信發心觀察，若證法身，得少分知。乃至菩薩究竟地，不能盡知，唯佛窮了」

菩薩從初正信等者。十信之初創發心時。即觀本識自性緣起及因果之體。得成正信。故攝論中約彼本識說云。菩薩初起應先觀諸法如實因緣。此之謂也。三賢位中意言比觀。故云觀察。地上證之未窮。故云少分。以其但覺住相不覺生相故。如來四相俱了故。得窮源也。

*研究：

菩薩從初正信等者，意即於十信之初發心時，即能觀本識自性緣

起及因果之體。本識自性緣起即因果法之性空緣起法，性空指自體空，即因果之本體是自體空，這空自體即是眞如體，亦即本識自性。菩薩能從十信位得成正信。

故攝論中約彼本識說。菩薩初起應先觀諸法如實因緣。此之謂也。

諸法生起之如實因緣，即前文所言之二種階段之生滅因緣，也可以說是性起及緣起之二階段生滅因緣。簡單說，第一階段，眞如是因，根本無明緣。第二階段，根本無明是因，內外色心境界是緣。

三賢位即十住、十行、十迴向位，三賢位只能對無明熏習起識之理，作意言上之比較推理及觀察，此意言比觀尚在「意識」位，即攝論之所謂「意言識」，故云觀察，三賢位只在相似覺及六染之執取相應染，尚在意識位。菩薩初地以上位，雖能覺證，但尚在隨分覺，尚未能窮達眞如本覺深理，故云少分。因其只覺生住異滅四相中之住相，尚有生相未覺。如來則四相俱覺了，得以至究竟覺之窮源階段了。

原文：「何以故。是心從本已來，自性清淨而有無明，爲無明所染，有其染心。雖有染心而常恒不變，是故此義唯佛能知」

次釋深所以。先責意云。緣起妙理貫通凡聖。何故說見唯在果人。答中三。初即淨常染。二雖有染心下即染常淨。三是故下結成難測。故唯佛知。前中三句。初緣起體，即因也。次發緣起之由即緣也。後顯緣起之相。即不染而染也。

雖有下，釋緣起甚深義。即染而不染也。勝鬘經云。自性清淨心難可了知。彼心爲煩惱所染。亦難了知。乃至結云唯佛能知。楞伽經中亦同此說。故彼經云。如來藏是清淨相。客塵煩惱垢染不淨。乃至廣說。下結云。我今與汝及諸菩薩甚深智者。能了別也。

研究：

先起問。緣起妙理是貫通凡聖，是凡是聖都同樣適用緣起之妙理，即萬法是依性起及緣起而生，只是佛已將緣起修成性起，佛是緣起即性起。其他九法界眾生均適用性起及緣起之二階段生滅因緣。第一階

段「性起」的因是真如本體，緣是根本無明，果是真如已由不變隨緣之一體轉成隨緣之用。

第二階段「緣起」的因是根本無明或阿賴耶識的不覺之心，緣是內外色心境界，果是世間萬法。但性起與緣起二者非二法，兩者是體用關係，性起是體，緣起是相用，所以兩者是同時生起而且互依。

為何說這緣起妙理只適用於果人呢？

答：有三。初是即淨常染。性起即是真如緣起或如來藏緣起或法界緣起。真如體是本來清淨，不變及隨緣尚一體無分。但受根本無明熏習後，即啟動其隨緣之作用，由真如靜水生動，生成阿梨耶識，並引發阿梨耶識的不覺心動，此時真如已轉成隨緣作用及引發阿梨耶識的不覺心動即是性起階段。真如本來清淨，但已轉成隨緣可以受染，所以說即淨常染。

二雖有染心下是說明即染常淨。不覺心動生起妄心（即不覺之三細六粗），但由後文知，真如也有體及用熏習，真如可以熏習無明及妄心，使妄心生起厭生死樂求涅槃之心，再加上外緣之聞熏習，使厭求之妄心走向相似覺、隨分覺、究竟覺而至始覺，此即隨染還淨，所以說即染常淨，也可以說染心自體即是清淨真如體，故說即染常淨。

三是故下之文結成難測，故唯佛知。因為這不染而染，染而不染，其道理極其深奧難測，唯佛能知。前中三句，初之緣起體，即是自性真如體，以之為因也。

根本無明是隨真如而無始而有，因為所謂根本無明即是迷惑及不解真如之無明。因真如不生不滅，無始而有，故迷真如所起之根本無明也是無始而有。所以有真如即有根本無明，故說自性清淨而有無明。隨緣真如可受根本無明之熏染而成阿梨耶識三細之枝末無明，即染心。故說為無明所染，有其染心。

所以次發緣起之由，引發緣起的因是根本無明，緣則是內外色心境界。而所緣起之相，即是不染而染。

雖有染心而常恒不變，即是在解釋染而不染。

勝鬘經云。自性清淨心難可了知，彼心為煩惱所染，亦難了知，乃至結云唯佛能知。

其實如上所解說，自性清淨心的真如及其如何受染，還是可以解說的，只是光是解知，還是不能證悟，不能成佛，所以說唯佛能證知，既解悟也證悟。

楞伽經中亦同此說。故彼經云。如來藏是清淨相，客塵煩惱垢染不淨，乃至廣說。下結云。我今與汝及諸菩薩，須以甚深智，才能了別。這甚深智在菩薩初地是一切智，在菩薩十地是一切道種智，在佛是一切種智。

（第二所謂下廣顯緣起差別相。內有二。初顯前緣起體相。二不了一法義者下。更重料簡。初中有三。初所謂心性等釋上不變之義。）

原文：「所謂心性常無念故，名為不變」

雖舉體動而本來靜。故云常無念。顯上緣起因體也。

*研究：

自性清淨真如本來寂靜，本來是處在不變及隨緣一體融合的不動寂靜狀態。真如今受根本無明熏習而啟動其隨緣受染之作用，故說舉體動。故知真如之因體本是寂靜無念，尚處於不變及隨緣一體無分之無念靜態。

（二顯上無明緣起之由也。）

原文：「以不達一法界故，心不相應，忽然念起，名為無明」

亦釋上無明得起所由。以不了真如平等一義故。心不相應忽然念動。名為無明。此顯根本無明最極微細未有能所王數差別。即心之惑故云不相應。非同心王心所相應也。唯此無明為染法之源。最極微細。更無染法能為此本。故云忽然念起也。如瓔珞本業經云。四住地前更無法起故。名無始無明住地。是則明其無明之前無別有法為始集之本。故云無始。即是此論忽然義也。此約粗細相依之門說為無前。亦言忽

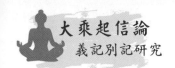

然。不約時節以說忽然。以起無初故也。

*研究：

根本無明須具備三種條件，即不達一法界、心不相應、忽然念起。以下分別解釋之。

上文已說明，根本無明是因為不明了及不通達真如或法界一味平等之真義，而所引起的無明迷惑。

次解釋心不相應。

此根本無明最極微細，只是一種初起的迷惑，尚未有主客觀之能所，及心、心所之差別。此時只是一種阿梨耶識中之不覺心動，非同心王心所可以相應，也尚無能所之形成。須至三細之能見及境界相才有能所；須至六粗之智相才有心、心所之別。故說心不相應。

再次說明忽然念起。根本無明為染法之本源，最極微細，更無法再找到在它之前的其他染法本源，故云忽然念起。

如瓔珞本業經云。四住地前更無法起故，名無始無明住地。是則明其無明之前無別有法為始集之本，故云無始，即是此論忽然義也。

所以無始是指「無前」之義，即再沒有更前面的生滅本源，故言忽然，非指時間先後的忽然，而是指「以起無初」，更無前面的初起之因，故言忽然念起，無始而有。

（自下第三顯上緣起相。謂有其染心之句也。於中有三。謂標問別解。）

第七節、染心

原文：「染心者有六種云何為六」

（別解中。六染即是上意識及五種意。但前明依因緣生起次第義。

故從細至粗說。今欲辨治斷次第。故從粗至細說。六中各二。初障後治。）

原文：「一者執相應染。依二乘解脫及信相應地遠離故」

初執相應染者。是六粗中執取相及計名字相。亦是上意識見愛煩惱所增長義。亦是上四相中粗分別執著相也。但粗心外執。與境相應污其淨行故云也。

若二乘人至無學位見修煩惱究竟離也。信相應者。十解已去。信根成就無有退失。名信相應。故地論中。地前總名信行地菩薩。無著論中亦同此說也。此菩薩得人空。見修煩惱不得現行故云遠離。非約隨眠。以留惑故。故攝論云。若不斷上心。則不異凡夫。若不留種子。則不異二乘。又二意留惑為自他也。此約終教說。若約始教。初地已上方說留惑。如餘論說。今此菩薩非直斷四住人執。亦分斷無明住地故。此論下文云不了一法界義者。從信相應地觀察學斷故。今但為顯人我粗執故。不論彼也。

＊研究：

初執相應染者，是指六粗中之執取相及計名字相；亦是五意之後的「意識」所示見愛煩惱增長義；亦是生住異滅四相中之異相，即粗分別執著相。

此執取相應染，係因粗心之對外境執取，而受外境相應，污染其淨行，所謂淨行指真如根本智，此智有二即人空智及法空智。淨行之智受染，故云染也。

二乘人之修行位階有有學之見修及無學。若修至無學位，此時見修煩惱已究竟離，故說依二乘解脫。

信相應者，指到十解位以上（十解是十住別稱），信根成就已無有退失，名信相應。

故地論中。菩薩十地前，總名信行地菩薩。無著論中亦同此說也。

此菩薩已得人我空，已斷見修煩惱之現行（即見思惑），故云遠離。

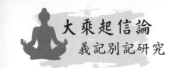

非約隨眠，以留惑故。隨眠指見修二惑之種子，菩薩爲度眾生而留惑潤生，故不斷見修惑種子。

故攝論云：「若不斷上心，則不異凡夫。若不留種子，則不異二乘」上心指現行之煩惱，即凡夫是未斷執取、計名之染心。二乘是未斷二染心所起見修煩惱之種子。

又二意留惑，爲自他也。

以上是約終教說（本論是屬終教）。若約始教，初地以上之菩薩方說留惑潤生。始教是指法相宗，約等同華嚴宗之始教及天台宗之通教。

如餘論說。指瑜伽論卷六十二及唯識論卷八。

菩薩不但斷勝鬘經之五住煩惱之前四住，而且開始要斷第五住無始無明住地。前四住是人我執，第五住是法我執。

即此論下文云不了一法界義者，指根本無明。

從信相應地觀察學斷故。今但爲顯人我粗執故，不論彼也。不論彼指不論分斷無明。

原文：「二者不斷相應染。依信相應地修學方便，漸漸能捨，得淨心地究竟離故」

二不斷相應者。五意中名相續識。六粗中名相續相。但法執相續生生起不斷。不斷即是相續名也。從十解已去修唯識觀尋思方便。乃至初地證三無性遍滿眞如。法執分別不得現行。故言淨心地究竟離也。

*研究：

二不斷相應者，指五意（業、轉、親、智、相續）中之相續識；六粗中之相續相（不斷相應染）。

此相續相所生之法執，相續生起不斷，不斷即是相續名也。從十解位（十住）即唯識宗五位之資糧位，至四加行位，修唯識觀之四加行中四尋思四如實觀，乃至菩薩初地見道位，證三無性（生無性、相無性、勝義無性）之遍滿眞如。遍滿眞如即唯識宗六眞如之遍行眞如，此眞如已證人我二空之眞如，但尚未達體相用一如的離言眞如。此初

地位只除分別法執之現行，尚未除俱生法執。故言淨心地（菩薩初地）
究竟離也。

原文：「三者分別智相應染。依具戒地漸離，乃至無相方便地究竟
離故」

三分別智相應者。是五意中智識。是六粗中智相。以能分別世出
世諸法染淨。故云智也。是法執修惑。七地已還。有出入觀異。故於
境界有微細分別。然地地分除。故云漸離。八地已去。無出觀外緣境。
故於七地盡此惑也。故云無相方便地究竟離也。以二地三聚戒具故。
云具戒地。以七地於無相觀有加行方便之功用故。云無相方便地。以
八地已去於無相無方便功用故。

＊研究：

三分別智相應者，是指五意中之智識；六粗中之智相。

以能分別世出世諸法之染淨，故云智也。是屬法執修惑，係俱生
法執。前不斷相應染是屬分別法執。

本論之斷惑論與唯識宗稍有不同。唯識宗入初地是斷分別人我執
及法我執之種子，故證人法二空真如。於第八地才斷俱生我執，佛地
斷俱生法執。本論以粗論分別，細論俱生，而且本論沒有種子說，只
談及現行。或以隨眠為種子。本論入不斷相應染之初地斷分別法執；
二至七地之分別智相應染斷俱生法執。

菩薩七地之前，尚有出入觀之不同，出觀尚有外境緣。故於境界
有微細分別。而後經地地分除法執，故云漸離。八地以上，已無出觀
外緣境，故於七地已盡除此惑。故說無相方便地（七地）究竟離也。

菩薩第二地具三聚戒，故說具戒地。菩薩第七地（不動地，不為
色惑所動），稱無相觀，但仍有加行方便之功用，故云無相方便地。菩
薩第八地以上已無方便功用，故稱無相無方便功用。

原文：「四者現色不相應染。依色自在地能離故」

四現色不相應者。是上五意中現識。是上三細中境界相。猶如明

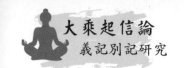

鏡現色像等。此依根本無明動令現境也。以八地中得三種世間自在。
色性隨心無有障礙。故云色自在地能離也。以色不自在位現識不亡故。
此位中遣彼相也。

*研究：

四現色不相應者，指五意中之現識；三細中之境界相，猶如明鏡
能現色像等。

此依根本無明熏動阿梨耶三細之初細業識，再轉動二細能見心及
三細境界相，令境界相顯現境界也。此時所現境界爲法執。

菩薩八地已得三種世間（眾生世間、國土世間、正覺世間）自在，
色性已能隨心而無有色心之障礙，故云色自在地能離也。

若出現色不自在，則現識不會亡失，故此位可以遣除彼色相之不
自在也。

原文：「五者能見心不相應染。依心自在地能離故」

五能見心者。五意中轉識。三細中能見相。以根本無明動令能見。
上文云。依於動心成能見故。第九地中善知眾生心行十種稠林。故云
心自在。此於他心得自在，又以自得四十無礙智。有礙之能緣永不得
起。故云心自在地能離也。

*研究：

五能見心者，指五意中之轉識；三細中之能見相。

以根本無明動令能見，已如上文所說，依於動心成能見故。第九
地中善知眾生心行之十種稠林，故云心自在。

此於他心得自在，有他心通之神通，又以自得四十無礙智，使有
礙之能緣心永不得起，故云心自在地能離也。

原文：「六者根本業不相應染。依菩薩盡地，得入如來地能離故」

六根本業者。五意中業識。三細中業相。以無明力不覺心動故。
菩薩地盡等者。謂十地終心金剛喻定無垢地中。微細習氣心念都盡故。
上文云。得見心性。心則常住。故云能離也。

*研究：

六根本業者，指五意中之業識；三細中之業相。

如上文，以無明力不覺心動故。

菩薩地盡等者，謂十地終心之金剛喻定（十地入住出之出心）無垢地中，微細習氣之心念都已盡除。如上文云，能得見心之本性，此真如心為常住，故云能離也。

（第二更重料揀中有三。初辨上無明。約治斷料揀。二釋上相應不相應義。三舉上染心及無明。約境成二礙義。）

前中標釋。）

原文：「不了一法界義者，從信相應地觀察學斷，入淨心地隨分得離，乃至如來地能究竟離故」

前中標釋。釋中。初粗者至初地離。後細者至佛地盡故也。此即是上染心所依無明住地。能染真如成染心故。上云破和合識者。滅無明故。滅相續心者。斷染心故。今無明與染心雖說有前後。然治滅並一時也。

*研究：

粗的六染初染，即不斷相應染，至初地斷離。後細之六染，即根本業不相應染，至佛地才盡除。

此即是上染心所依之無明住地（根本無明），能染真如成染心故。上云破和合識者，即滅根本無明；滅相續心者，即斷染心。今無明與染心雖說有前後，然治滅並一時。無明風若停，染心浪即止。但仍須先斷除六染心之枝末無明，才能最後斷除根本無明。

先從最粗的執相應染先破除，此時尚在「意識」位，然後才能入初地之不斷相應染，而後二至七地之智分別相應染，再破阿梨耶識的三不相應染，最後才破根本無明而成究竟覺，即始覺，也是本覺。

原文：「言相應義者，謂心念法異，依染淨差別而知相緣相同故」

第二釋相應不相應者。六染中前三是相應心。相應有二釋。一約

王數釋。以此三種皆是粗心故。言心念法異者。心謂心王。念法謂心
法也。王數不同。故云異也。迦栴延論中。名爲心及心所念法也。依
染淨差別者。是所分別境也。知相緣相同者。若心王知染。心法亦同。
心王緣淨。心法亦同也。知相即能知同。緣相即所緣同。二約心境相
應釋。以此三種依境生故。是上文中依境所起六相內攝也。下文云。
境界滅故相應心滅。言心念法異者。心謂能緣心。法謂所緣法塵。異
謂心境不同也。依染淨乃至同故者。謂於染境作染解。於淨境作淨解。
故云同也。

*研究：

第二釋相應及不相應。六染中前三是相應心。相應有二釋。一約
心王、心所釋。

以執取、不斷及智分別三種都是粗心。

言心念法異者，心謂心王；念法謂心所也。心王與心所不同，故
云異也。

心與心所之相應，俱舍論有五義平等說，即所依、所緣、行相、
時、事平等。

知相緣相同者，若心王知染，心所亦同。心王知淨，心所亦同也。
知相即能知同，即五義平等之行相平等；所緣相即所緣同，即所依平
等。本論僅談及五平等之行相及所依二平等，尚有三平等未論及。

迦栴延論之發智論中，謂心法者，心所有法之略。

依染淨差別者，是指所分別的境有染淨不同。

二約心境相應釋。以此三種依境所生，是上文中依境所起六相內
攝也。

三細六粗中，三細是根本無明之緣而生，六粗是以外境界之緣而
生。

下文云。境界滅故相應心滅，言心念法異者，心念謂能緣心，法
謂所緣法塵。異謂有能緣心與所緣境之不同，但依染淨而言則能緣心

與所緣境相同也，因能緣心對染境作染解，對淨境作淨解。故云同也。

原文：「不相應義者，謂即心不覺，常無別異，不同知相緣相故」

後三即現色能見心根業及無明皆名不相應者。亦二釋也。初約王數釋中。云即心不覺常無別異者。此顯根本無明動靜心體。即此動心是不覺相。更無王數之別。故云即心不覺常無別異。此翻前心念法異也。不同知相緣相者。既無王數之別。何有同知同緣。翻前可見。以此三種依不覺起。不異不覺故云即也。上文云依不覺故生三相。與不覺不捨離者。是此即心之不覺故云不離。非是相應而不離也。下文亦云。無明滅故不相應心滅。二亦約心境釋中。言即心不覺等者。謂此無明即此染心而無別體。不約與外境相應。方爲此不覺。但在本心之上。故云即心等也。不同知相等者。揀前相應也。此不相應心既是梨耶識。於中不分王數義。及不與外境相應義。并有覺不覺義等。並與諸論相違。和會如別記中說。

＊研究：

後三即三細：現色、能見心、根本業，三細及無明，皆名不相應。

初約心王、心所釋。此中有約無明論「即」義及約三細論「即」義。

約無明論即義，指根本無明即阿梨耶識心體不覺之相，二者無別體，即常無別異。

意指，「即」此動心是不覺相者，謂根本無明。這不覺心由根本無明熏眞如而生。

這不覺心更無心王、心所之別，故心、心所在覺心中不相應，故云不相應即心不覺。

次約三細論「即」義。

三細之枝末無明是依根本無明而生，離無明無別體，故言「即」。可說三細與無明相「即」，故說不相離。非謂三細外另有無明，而二法不相離。

如上文，生滅因緣有二重，第一重眞如靜心與根本無明。第二重。根本無明與三細。

二約心境釋

梨耶自心之當體，因違理成不覺，因有不覺而成三細心。非心外更有別體之外境相應。心指梨耶之不覺染心，此三細染心即是枝末無明，而此染心即由根本無明熏眞如所生，故可說根本無明「即」三細染心，是同一法之體相關係。

不同知相緣相者，指既無王數之別，何有同能知同所緣，故言不相應。

言即心不覺等者。謂此枝末無明「即」此染心，二者並無別體。而非無明與外境相應，才生此不覺。是根本無明直接在阿梨耶識本心上生不覺之心，故云即心等也。

不同知相等者，揀別於前之相應染心。

此不相應心既是梨耶識的不覺心業相初動，於中尚未分心王、心所，而且也不與外境相應。

阿梨耶識同時并有覺不覺二義，此與諸論相違。阿梨耶識本身的染淨，各宗論述不太一樣。

唯識宗說第八識有遍行五心所，本論與心所不相應。

唯識說第八識執持根與器界，與外境相應。本論以不與外境相應。

唯識說眞如凝然不動，說本識有覺義。本論以眞如受熏及本識有覺及不覺二義。

（釋二礙中。先標立。後重釋。）

原文：「又染心義者，名爲煩惱礙，能障眞如根本智故」

前中言染心者。六染心也。能障眞如根本智者。顯其礙義。謂照寂妙慧如理之智。名根本智。即上文智淨相也。染心諠動違此寂靜。故名染心爲煩惱礙。以煩動惱動故。今此且依本末相依門。以所起染心爲煩惱礙。能起染心之無明爲智礙。不約人法二執。以明二礙。

＊研究：

前中言染心者，六染心也。能障眞如根本智者，顯其障礙義。謂照寂妙慧如理之智，名根本智，即上文智淨相也。

照是常照而寂，照了萬法而寂靜無爲，是根本無分別智。

寂是寂而常照，雖寂靜無爲，也會起而常照萬法，是後得智。妙慧，妙是後得智之妙用，慧是根本智之般若智慧。

如理之智是由根本智生起如理之後得智。

根本智證得人法二空之眞如後即入菩薩初地，而後由十地之修習，地地增上，根本智漸漸轉成後得智，直到佛地，根本智即後得智，二者融合爲一。根本智如上文之智淨相，後得智如不思議業相。

六染心即是由最初的不覺心動所起，所以違此寂靜，即染心誼動，違此寂靜。

所以名染心爲煩惱礙，因染心即煩惱動故。

本論是依本末相依門，以所起染心爲煩惱礙，能起染心之無明爲智礙。

而非以人法二執明二礙。一般是人我執是煩惱礙，法我執是智礙。

原文：「無明義者，名爲智礙。能障世間自然業智故」

言無明者。根本無明也。能障世間業智者。顯其礙義。謂後得如量智。即上不思議業用。以無明昏迷無所分別。違此智用。名爲智礙。從所障得名。

＊研究：

言無明者，指根本無明，根本無明能障世間業智，而顯其障礙義。此世間自然業智，稱後得如量智，即同上不思議業用。

因根木無明昏迷於眞如之平等眞義，對其眞義無所分別，違反隨染本覺之不思議業用相，而障礙此世間自然業智，故名爲智礙，是從其所障之智而得名。

原文：「此義云何。以依染心，能見能現，妄取境界，違平等性故」

重釋中。先問云。既此無明動靜心體成於染心。則無明是細。應障理智。染心是粗。應障量智。

答中先釋煩惱礙。言以依染心能見能現者。後三細染也。妄取境界者。通攝前三染心。以同依境起故。違平等性者。釋成礙義。以此染心能所差別。乖根本智能所平等。所以障於理智。

＊研究：

先問云。既此無明熏動真如靜心體成於三細染心，則無明應是細，應障理智。染心是粗，應障量智。但本論反顛倒論，是何原因？

答：中先釋六染心之煩惱礙。言以依染心起能見能現，這是後三細染。而妄取境界，則是通攝前三染心，即執取、不斷、分別智等三相應染皆能妄取境界。這三相應染是以同依外境所起，故有能所之不同，已違反真如無能所之平等性，所以釋為有礙。而這三相應染心，有能所之差別，已乖離真如根本智之能所平等，所以說是障於真如根本智之理。

原文：「以一切法常靜，無有起相。無明不覺，妄與法違。故不能得隨順世間一切境界種種知故」

下釋智礙中，言以一切法常靜無有起相者。舉無明所迷法性。無明不覺，妄與法違者。正顯無明。違前法性。以不了如法寂靜。妄有起滅。與法乖違故也。不能得乃至種種知者。以內迷真理。識外見塵故。於如量之境不能隨順種種知也。此正釋障如量智義。上來釋生滅因緣竟。

＊研究：

下釋根本無明之智礙。

言以一切法本來是真如常靜，沒有起動相。而根本無明因迷惑真如法性，因無明而不能覺知真如本無起相，此妄知與法相違。正顯無明，違前真如法性，以不明了真如法之本性寂靜，無明誤以為真如本有起滅，此是與法乖違。

不能得乃至種種知者，由於因內迷眞如理，又不知唯識無塵，致執外塵爲有。因此於萬法如量之外境，不能隨順世間一切境界之種種知，即是障世間自然業智。

以上正釋根本無明障如量智之義。

上來釋生滅因緣竟。

第八節、生滅相

自下第三明生滅相。於中有三。初標數起問。二列名略顯三廣釋其相。）

（1）生滅相有粗細二相

原文：「復次分別生滅相者有二種，云何爲二。一者粗，與心相應故。二者細，與心不相應故」

言粗與心相應者。六染中前三染是心相應。其相粗顯。經中說爲相生滅也。細與心不相應者。後三染是心不相應。以無心心法粗顯之相。其體微細恒流不絕。經中說爲流注生滅。此依四卷楞伽。十卷中云。識有二種滅。一者相滅。二相續滅。生住亦如是。經中出名。不別顯相。故今論主約相應不相應義。顯其二種粗細之心生滅之相。

*研究：

言粗與心相應者，指六染中前三染之心相應染，即執取、不斷、分別智等三相應染，其相粗顯。

楞伽經說爲相生滅也。

細與心不相應者，指六染之後三染之現色、能見心、根本業，是

屬於心不相應。

因無心王心所之粗顯相，其體微細，恒流不絕，楞伽經說為流注生滅。

此依四卷宋譯楞伽及十卷魏譯中云。

識有二種滅。一者相滅。二相續流注滅，生住亦如是。經中出名不別顯相。

故今論主以相應及不相應，來顯示二種粗細之心生滅之相，即粗的心為相應相，即六染之前三染（執取、不斷、分別智），及細的不相應相，即六染之後三染（現色、能見心、根本業）。

（釋中有二。初約人對顯。後辨相所依。初中對三位人也。）

原文：「又粗中之粗，凡夫境界。粗中之細，及細中之粗，菩薩境界。細中之細，是佛境界」

前三染心俱名為粗。於中初執相應染復更為粗故。云粗中之粗也。三賢位名內凡。能覺此染故云凡夫境界。

又前三粗中。後二謂不斷相應及分別智相應染。是粗心之中稍細。故云粗中之細也。

細中之粗者。後三染心俱名為細。於中前二謂能見能現是也。同是不相應故名為細。形後根本業識故復云粗。此是十地已還菩薩位中所知境也。

細中之細是佛境界　細中之細者。謂根本業不相應染。能所未分。行相極細故。唯佛能知耳。

＊研究：

前三染心俱名為粗，而其中之執相應染，更為粗故，故說是粗中之粗。

三賢位（十住、十行、十迴向）名內凡，能覺知此染，故云凡夫境界。此凡夫包括二乘、三賢。為人我執。

又前三粗中，後二之不斷相應及分別智相應染，是粗心中之稍細，

故云粗中之細也。此屬初地之不斷相應染及二、七地之分別智相應染。為法我執。

細中之粗者，指六染後三染心俱名為細，而其中之前二染，能見及能現二染，同是不相應染，故同名為細。

但若對照其後之更細根本業識而言，則又稱為粗。故為細中之粗。屬菩薩八、九地。

以上粗中之細（不斷、分別智相應染），及細中之粗（現色、能見心不相應染）均屬菩薩十地之所知境也。

細中之細者，指根本業不相應染。

此根本業不相應染，能所未分，行相極其微細，唯佛地能知耳。

（自下第二明所依義中二。初順辨生緣。後逆論滅義。前中亦二。初明通緣。後顯別因。）

原文：「此二種生滅，依於無明熏習而有」

通而言之。粗細二識皆依無明住地而起。以本無明動起三細。依此三細轉起粗心故。以無明通為其本故。云依無明熏習而有也。

＊研究：

通而言之，粗細二識都是依無明住地（根本無明）而起。

以根本無明熏習真如，動起阿梨耶識之不覺三細，再依此三細轉起六粗之粗心也。粗細二識均以根本無明為其本故，故云依無明熏習而有也。

原文：「所謂依因依緣。依因者，不覺義故。依緣者，妄作境界義故」

若別而言之。依無明因生三細不相應心。依境界緣生三粗相應心。故云依因乃至妄作境界義故。此中文少。若具說之。各有二因。如楞伽云。大慧不思議熏及不思議變。是現識因。取種種塵。及無始妄想熏。是分別事識因。解云。不思議熏者。謂無明能熏真如。不可熏處而能熏。故名不思議熏。又熏即不熏。不熏之熏名不思議熏。不思議

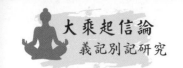

變者。謂眞如心受無明熏。不可變異而變異。故云不思議變。又變即不變。不變之變。名不思議變。勝鬘中不染而染。染而不染。難可了知者。謂此不思議也。然此熏變甚微且隱故。所起現識行相微細。於中亦有轉識業識。舉粗兼細。故但名現識即是此不相應心也。取種種塵者。即是現識所現種種境界。還能動彼心海起諸事識之浪。故也。無始妄想熏者。即彼和合心海之中。妄念習氣無始已來熏習不斷。以未曾離念故。此塵及念熏動心海種種識生。以妄念及塵粗而且顯故。其所起分別事識行相粗顯成相應心也。經中欲明現識依不思議熏故得生。依不思議變故得住。事識依境界得生。依心海得住。今此論中但說生緣。故不論依住。是於細中唯說無明熏。粗中單舉境界緣也。

＊研究：

若別而言之，依根本無明因，生三細不相應心。

依境界緣，生三粗相應心。故云依因乃至妄作境界義故。

若具說之，各有二因。

如楞伽云。大慧，不思議熏及不思議變，是現識因。

取種種塵，及無始妄想熏，是分別事識因。

解云。不思議熏者，謂根本無明能熏眞如體，此體尚處在不變與隨緣融合爲一的狀態，此狀態是體絕相，而且能所不分。經根本無明熏習後，眞如體由體絕相轉動而啓動其隨緣作用，此謂不可熏處而能熏（不熏而熏）。又熏即不熏，即由眞如體絕之相而受熏，但熏後仍無能所作用，即雖熏而不熏，此不熏而熏及熏而不熏，故名不思議熏。

不思議變者。謂眞如心受無明熏，眞如本是不變與隨緣融合的不變靜止狀態，受根本無明熏習後，由不變變成隨緣作用而形成阿梨耶識之初細業識相，此謂不變而變；形成三細後仍保持其眞如不變體，全用即體，即變而不變，此不變而變及變而不變，稱爲不思議變。

勝鬘中不染而染，染而不染，難可了知者，謂此不思議也。然此熏及變甚微細且隱密，所起現識行相微細，於中亦有轉識及業識，舉

粗兼細，故只以現識代表此三細之三不相應心也。

取種種塵者。即是現識所現種種境界加以執取，還能動彼心海，起諸事識之浪，即形成其後之不覺六粗相，即六染心。

無始妄想熏者，即彼和合心海之中，妄念習氣無始以來熏習不斷，以未曾離念故。此外六塵及內妄想心念熏動心海種種識生，以妄念及六塵粗而且顯，因此其所起之分別事識，行相粗顯而形成三相應心也。

經中欲明現識依不思議熏故得生，依不思議變故得住。

分別事識依境界（外六塵）得生，依心海（內之妄心念）得住。今此論中但說生緣，未論及依住。

因此於細中只說無明熏，粗中單舉境界緣也。

（第二逆顯滅義中二。初正辨。後釋疑。）

原文：「若因滅，則緣滅。因滅故，不相應心滅，緣滅故，相應心滅」

前中二。先明通滅。謂得對治無明滅時。無明所起現識境界亦隨滅。故云因滅則緣滅也。

二別顯滅中。先因滅者。以三細親依無明因生故。無明滅時亦隨滅也。後緣滅者。以三粗染親依境緣生故。境界滅時亦隨滅也。此依始終起盡道理。以明二種生滅之義。非約剎那生滅義也。

*研究：

前中二。

一先明通滅。謂若對治根本無明使其滅時，由根本無明熏習真如所生起之阿梨耶識三細之現識境界亦隨之而滅，故云因滅則緣滅也。

二別顯滅中。先因滅者。以三細是依根本無明因而生，故根本無明滅時，三細亦隨之而滅。

後緣滅者，以三粗染是依境界緣而生，故境界緣滅時，三粗亦隨之而滅也。

以上是依由始因終果之一期生滅之起盡道理而說，以明二種生滅

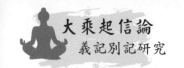

之義，而非以剎那生滅之義而說。

（釋疑中。先問後答。）

原文：「問曰。若心滅者，云何相續。若相續者，云何說究竟滅」

問中言若心滅云何相續者。若境界滅時心體亦滅者。無明三細既其未盡。心體已亡。更依何法而得相續。此疑相應心。若相續云何究竟滅者。若言以心體不滅。令無明得相續者。心體既其不滅。無明則常相續。云何治道得究竟滅也。此疑不相應心。

＊研究：

問中言，若心滅云何相續者。指若境界滅時，心體已滅，而無明三細卻尚未盡除，此時心體已亡，無明三細無體可依，將更依何法而能相續呢？此疑相應心。

若相續云何究竟滅者。指若心體不滅，令無明得相續。心體既其不滅，而無明則常相續而未滅，如此將如何治道才能滅無明而得究竟滅呢？此疑不相應心。

（答中雙答此二也。有法喻合。法中總說。喻合別說。）

原文：「答曰。所言滅者，唯心相滅，非心體滅」

言唯心相滅非體滅者。境界滅時。唯心粗相滅。非心自體滅。又以無明滅時。唯心細相滅。亦非心體滅。此通答二問也。

＊研究：

答曰：會有以上疑問，是因將心相及心體混同一法所致，其實真如心體是體，心相是其相用，心體及心相二者有別。

以上之無明及境界都是心相而非心體，故二者滅是指心相滅而非心體滅。

境界滅時，是心相的粗相滅，非心自體滅。又以無明滅時，是心相的細相滅，亦非心體滅。此通答二問也。

原文：「如風依水而有動相。若水滅者，則風相斷絕，無所依止。以水不滅，風相相續。唯風滅故，動相隨滅，非是水滅」

喻中別顯此二。如風依水而動者。喻無明風依心體故有動相。此示無明離於心體不能自現動相也。若水滅乃至無所依止者。此示若境果滅時。令心體亦滅者。則無明風無所動故。業等三細則應斷滅。以水不滅風相續者。以境界滅時心體不滅故。無明三細則得長相續。良以無明滅故境界滅。非以境界滅故無明滅。由是義故。境界滅時。無明動心。三細相續。此答初問相應心滅義也。唯風滅乃至非水滅者。以無明盡時。業等動相亦隨之滅。非靜心體而亦滅也。此答後問不相應心滅義。

*研究：

喻中別顯此二。如風依水而動者，風喻根本無明，靜水喻真如心體。風要吹水使水成波動，才知風在吹動，故說無明風依心體故有動相。

此示根本無明風若離於真如心體，無明風是不能自現動相的，即不覺依覺而有。

若水滅乃至無所依止者，此示若境界滅時，令真如心體亦滅，則無明風無心體可吹動，故說無所動。若風不動，此時由根本無明風熏習真如所生的業等三細，則應斷滅。

但水體是不會滅的，故風得相續。

以境界滅時，心體是不會滅的，而無明三細也得以長相續。因無明滅，由其所生之境界當然會滅。而非因境界滅，能導致無明滅。由是義故，境界滅時，無明動心及三細均仍相續。此答初問相應心滅義，即只無明風滅，而非真如靜水滅。

若無明風盡時，由其所生之業等動相亦隨之而滅，故非靜心真如體滅也。此答後問不相應心滅義。

（2）心相滅，非心智滅

原文：「無明亦爾。依心體而動，若心體滅，則眾生斷絕，無所依止。以體不滅，心得相續。唯癡滅故，心相隨滅，非心智滅」

合中次第合前二種心也。非心智滅者。上文以對不覺故名爲覺。則一識有二義。今以對癡故名爲智。則一心有體相。不覺癡相轉滅成於始覺。本覺智體不滅。與還源無二無別也。上來釋染淨生滅因緣相竟。

*研究：

合中次第合前二種心也。由上文知，無明及塵境滅，是心相滅，而非心體或心智滅。

上文以對不覺故名爲覺，則一識有覺及不覺二義。今以對癡故名爲智，則一心有體智及癡相。

由不覺癡相轉滅，經相似覺、隨分覺、究竟覺而成於始覺，此始覺即同本覺。本覺智體不滅，與不覺隨染返淨而還源成始覺，始覺與本覺無二無別，也是智體不滅。

上來釋染淨生滅因緣相竟。

第五章、大乘起信論義記卷五研究

（自下第二明染淨互熏相生不斷。即顯上總中能生一切法義也。於中有四。初舉數總標。二列染淨法名。三廣釋染淨熏習之義。四明染淨盡不盡義。）

第一節、四種法熏習

原文：「復次有四種法熏習義故，染法淨法，起不斷絕」
初中由此染淨相資故。得起不斷也。
*研究：
有四種法熏習義，包括眞如淨法，及三種染法，即無明、妄心、妄境界。
這染淨二法，互相熏習，相續不斷。
原文：「云何爲四。一者淨法，名爲眞如。二者一切染因，名爲無明。三者妄心，名爲業識。四者妄境界，所謂六塵」
第二中言淨法名眞如者。此是生滅門中眞如。以三義故故云淨法。一約體。本來淨故。二約體相。以內熏故。令返染成於始淨故。梁攝論云。能成立者。謂眞如十種功德法。所成立者。謂十種新生正行也。三約用熏故。應機成淨緣也。染因名無明者。謂六染及九相等。皆因無明而有也。妄心通事識及業識。今據其本。故但言業識也。妄境謂

六塵者。謂事識所緣之境此三皆是染法。由此染法自性差別仗託因緣故。具說三種。淨法對染雖成熏義。然其體用竟未曾別。故但明一種。

（一）染法熏習

*研究

先言淨法眞如，此是生滅門中眞如。心生滅法包括眞如之隨緣，即下文眞如之染相，及無明的有用成事。

淨法熏習有體相用三義。

一約體。眞如體本來即清淨。

二約體相。眞如的功能相可以內熏無明，令阿梨耶識不覺的妄心起厭生死樂求涅槃之心，而經相似覺、隨分覺、究竟覺，返不覺染心成於原本即清淨的始覺，即同本覺也。

梁攝論云。能成立者，謂眞如十種功德法（十波羅密），所成立者，謂十種新生正行也。即十地之十度

三約用熏故。應眾生根機不同而成淨緣也。

染法熏習包括染因、妄心、妄境界。染因名無明，謂六染及九相，皆因根本無明而有。

妄心通分別事識及業識，今據其本，故以三細之初細業識代表阿梨耶識。

妄境謂六塵者。謂分別事識所緣取之內外色心境。

此三皆是染法，由此染法自性差別不一，都是仗託因緣起法所生，故說有無明因、妄境緣及妄心相三種。

而淨法之眞如雖也有體相用，但其體用一體，即體即用，未有分別，故淨法雖可以熏染，但只明眞如體一種。

原文：「熏習義者，如世間衣服。實無於香，若人以香而熏習故，則有香氣，此亦如是。眞如淨法，實無於染。但以無明而熏習故，則

有染相。無明染法，實無淨業，但以眞如而熏習故，則有淨用」

總中二。先喻，後合。合中二。謂染淨熏也。言熏故有染相者。顯眞無相隨熏現相。又顯妄法無體。故但云相。又當相自無返流之用。故云相不云用也。此約隨流生滅門說。此釋經中如來藏爲惡習所熏等。二有淨用者。此是生滅門中本覺眞如。故有熏義。眞如門中則無此義。由此本覺內熏不覺。令成厭求。返流順眞。故云用也。此釋經中由有如來藏故能厭生死苦。樂求涅槃也。涅槃經云。闡提之人未來佛性力故。還生善根。彼言佛性力者。即此本覺內熏之力耳。良以一識含此二義。更互相熏遍生染淨故也。此中佛者是覺。性者是本。故名佛性爲本覺也。

*研究：

總中二。先喻，後合。合中二。謂染淨熏也。

一者，眞如受無明熏而有染相者。

眞如之體是絕相，即無形相，只是隨受無明熏而現妄相。又妄法無明之體是「無體是空」，也是眞如絕相體，故眞如受染但呈妄相，所以只說差別「相」。又不覺之心啓動妄心，妄心受無明續熏，即導向六粗及分別事識，故此妄心並無返流之用，故只說「相」不說「用」也，此約眞如隨流（隨緣）生滅門說。

如釋經中，如來藏爲惡習所熏等。

二無明受眞如熏而有淨用，此是生滅門中梨耶識之覺義，即本覺眞如之隨緣部分受熏義，眞如門中之不變眞如則無此受熏義。

由此本覺內熏不覺，使不覺心動，生起妄心，同時使妄心生起厭生死求涅槃心，走向返流順眞之途，故云無明受眞如熏起淨用也。

如釋經中，由有如來藏故能厭生死苦，樂求涅槃也。

涅槃經云。闡提之人，未來佛性力故，還生善根。彼言佛性力者，即此本覺內熏之力耳。

良以一識含此覺及不覺二義，更互相熏，遍生染淨故也。

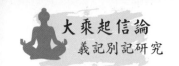

此中佛者是覺，性者是本，故名佛性爲本覺也。

原文：(自下第二別釋中二。先染後淨。染中亦二。先略後廣。汎論熏習有二種。一習熏。謂熏心體成染淨等。二資熏。謂現行心境及諸惑相資等。)

*研究：

熏習有二種，一習熏。謂直接熏心體，呈現染淨。如無明直熏眞如體，是習熏。

二資熏，謂以現行心境與諸惑相熏，如妄心熏無明是資熏。

原文：「云何熏習，起染法不斷。所謂以依眞如法故，有於無明。以有無明染法因故，即熏習眞如。以熏習故，則有妄心。以有妄心，即熏習無明。不了眞如法故，不覺念起，現妄境界。以有妄境界染法緣故，即熏習妄心，令其念著，造種種業，受於一切身心等苦」

初中言依眞如有無明者。是舉能熏之法所熏之法體也。又亦可此中但舉能熏無明。然必依眞故約本舉也。以有無明乃至熏眞如者。謂根本無明熏習義也。以熏習故有妄心者。依無明熏動眞如有業識心也。以此妄心還資熏無明增其不了。令其轉成轉識及現識。故云不覺念起現妄境界故。以此境界還熏動心海起諸識浪。緣念彼境。即起事識也。上六粗中。初二名念。中二名著。後二名同此也。謂依惑造業。依業受苦報。

*研究：

所謂以依眞如法故，有於無明。指根本無明是因不達眞如法界平等一味，因而生起的迷惑。所以有眞如即有無明，無明是依眞如而相對生起，並無自體而且非以眞如爲生因而生起無明。

以有無明染法因故，即熏眞如者，意指根本無明熏習眞如義也，此即前文之生滅第一階段，根本無明熏習眞如，使其由不變眞如轉成隨緣眞如，而啓動眞如之受熏作用。等同性起階段。

以熏習故，則有妄心者。即指依根本無明熏動眞如而有業識心，

此即前文生滅因緣之第二諧段，等同緣起階段。

　　以有妄心，即熏習無明。指以此妄心，還資熏無明，增加對眞如之不了，令其轉成轉識及現識，故云不覺念起，現妄境界故。以妄境界染法緣故，即熏習妄心，令其念著造種種業。意指此妄境界，還熏妄心，啓動心海諸識浪，緣念彼境，即生起分別事識。而分別事識造成六粗心，上六粗中之初二，智及相續，名念。中二粗，執取及計名，名著。最後二粗，起業及業繫苦，名同此也，即依惑造業，依業受苦報也。

　　（自下廣釋。即明前三種。從後向前次第說也。）

　　1.妄境界熏習

　　原文：「此妄境界熏習義則有二種。云何爲二。一者增長念熏習，二者增長取熏習」

　　先明境界熏動妄心。增長念者。謂由境界力。增長事識中智相相續相，法執分別念也。增長取者。增長事識中執取相計名字相。謂人我見愛煩惱也。

　　*研究：

　　先明境界熏動妄心，增長念者。指由境界力，增長分別事識中之智相及相續相，此二相係法執分別念。增長取者，增長事識中之執取相、計名字相。此二相屬人我執，包括見及愛等四住煩惱也。

　　2.妄心熏習

　　原文：「妄心熏習義有二種。云何爲二。一者業識根本熏習，能受阿羅漢辟支佛一切菩薩生滅苦故。二者增長分別事識熏習，能受凡夫業繫苦故」

　　妄心熏中。業識根本熏習者。以此業識能資熏住地無明。迷於無相。能起轉相現相等相續。令彼三乘人雖出三界離事識分段粗苦。猶受梨耶變易行苦。然此細苦無始來有。但爲揀細異粗故。約已離粗苦時相顯處說。事識熏者。以此事識能資熏起時無明。起見愛粗惑。發

動身口造種種業。受凡夫分段苦也。

妄心熏中。業識根本熏習者。以此業識能資熏住地無明

*研究：

妄心熏中，業識根本熏習者，指以此阿梨耶識三細之業識，能資熏住地無明（即根本無明）。業識因迷於無相，而能生起三細之另二細即轉相及現相之對境之能所心生起

業識根本熏習能使三乘人（阿羅漢、辟支佛、菩薩）出三界，離分別事識之分段生死粗苦，但仍受阿梨耶識三細之變易生死行苦（苦苦、壞苦、行苦等三苦之行苦），此三細苦無始以來，即不同於六粗苦。以上是約已離分段生死粗苦之阿梨耶識三細說。

增長分別事識熏者。以此分別事識能資熏起時無明，起見愛四住煩惱之粗惑，發動身口造種種業，受凡夫分段生死苦也。

本論之人法二執如下，粗人我執是計名字相；細人我執是執取相、執取相應染。二者在三賢位，粗指分別，細指俱生。

粗法我執是相續相、不斷相應染；在菩薩初地。

細法我執是智相、分別智相應染，在二地-七地。粗是分別，細是俱生。

以上之見解不同於唯識宗。唯識有分別、俱生及現行、種子、習氣之分別。

菩薩初地斷分別我執及分別法執之種子。八地斷俱生我執；十地斷俱生法執。而且粗細非指分別俱生。

作者認為唯識之見解較為細膩。

3.無明熏習

原文：「無明熏習義有二種。云何為二。一者根本熏習，以能成就業識義故。二者所起見愛熏習，以能成就分別事識義故」

無明熏習中。根本熏習者。謂根本不覺熏動真如成業等諸識。但今舉初故云業識也。所起見愛熏者。謂枝末不覺熏習心體成分別事識。

上文云。此識依見愛煩惱增長義故。但末從本生故云所起也。勝鬘中說。無明住地能起一切四住煩惱也。

＊研究：

無明熏習中，根本熏習是指，根本不覺（根本無明）熏動眞如，成阿梨耶識之業識等諸識。今所指初是指三細中之初細業識也。

二者所起見愛熏者。指枝末不覺（枝末無明，即阿梨耶識之三細）熏習妄心心體，形成分別事識及其六粗相。即上文所言，此識依見愛四住煩惱增長義故。但末之枝末無明是從本之根本無明熏習眞如所生，故云所起也。

勝鬘中說。無明住地（即根本無明）能起一切四住煩惱（即三細六粗之枝末無明）也。四住是見一切處、欲愛、色愛、友愛等四住煩惱。

（二）淨法熏習

（次明淨熏。於中有二。先問後答。答中亦二。先略後廣。前中亦二。初正明熏習。後自信已性下辨其功能。）

原文：「云何熏習起淨法不斷。所謂以有眞如法故，能熏習無明。以熏習因緣力故，則令妄心厭生死苦，樂求涅槃。以此妄心有厭求因緣故，即熏習眞如」

前中二。先明眞如內熏無明令成淨業。後即此淨用返熏眞如。增其勢力。前即本熏。後即新熏。文處可見也。

＊研究：

前中二。先明眞如內熏無明令成淨業，即指眞如熏無明生「厭生死求涅槃」之妄心，此即本熏。

此妄心再返熏眞如，使厭求心增強勢力，此即新熏。

（功能中。因果分二。）

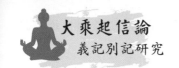

原文:「自信已性,知心妄動,無前境界,修遠離法。以如實知無前境界故,種種方便起隨順行,不取不念,乃至久遠熏習力故」因中。自信已性者。十信位中信也。知心妄動下。三賢位中修也。知心妄動無前境界者。是解也。修遠離法者。是依解成行。謂尋思等觀。唯識無塵等行也。言以如實知無境者。是初地見道證唯識理。異前比觀故云如實知也。種種下乃至久遠熏習力者。是明十地修道位中廣修萬行巧顯眞如也。不取者。所取無相。不念者。能念不生。久遠者。三祇熏故也。

*研究:

由上淨法熏習結果,能自信已性者,能夠相信自己擁有眞如本性,此時處在十信位中之信也。

知心妄動以下三句只在三賢位中修行。知心妄動,無前境界是屬於信解行證的解。修遠離法是,是依解成行,在加行位中之四尋思觀。此時在修習唯識無塵之行也。言以如實知無境者,是初地見道,已證人法兩空之眞如唯識性。已證入初地,不同於前解行之比較觀行階段,故云如實知也,即是證觀而非比觀。入地後,由地地向上修習,直至十地之久遠熏習。以上是明十地修道位中,廣修十度萬行,巧顯如十地經所說的十眞如。

不取是指所取無相;不念是指能念不生。

指能所皆泯之眞如也。久遠是指三阿僧祇劫之久。

原文:「無明則滅。以無明滅故,心無有起。以無起故,境界隨滅。以因緣俱滅故,心相皆盡。名得涅槃,成自然業」

自下明果。於中有二。初滅惑。後證理。前中。無明滅者。根本無明盡也。以無明滅心無起者。妄心盡也。以無起境界滅者。妄境滅也。即翻前三種染法也。以因緣下乃至自然業者。明證法德。因謂無明。緣謂妄境。心相謂染心。此並盡故。心體轉依名得涅槃。起不思議業用名自然業也。

*研究：

自下明果。於中有二。初滅惑。後證理。

前中。無明滅者，指根本無明盡也。以根本無明滅，則心無有起，指眞如由動歸靜，回復絕相不變體，不再起眞如之隨緣狀態。

妄心盡也。指以無起，則境界滅者。

由上知眞如無起，即無阿梨耶三細及分別事識六粗等之生起，如此則妄境滅也。

即翻前三種染法即染因、染緣、染相。

文中因緣下乃至自然業者，明證法德。其中因即無明。緣即妄境。心相即染心。

以上無明、妄境、染心，三種並盡，則心體能轉依，轉依即是轉捨生死，轉得涅槃。此時涅槃能生起其不思議業用，名自然業也。

（自下廣中二。先明妄心熏習。後顯眞如熏習。）

1.妄心熏習

原文：「妄心熏習義有二種。云何爲二。一者分別事識熏習，依諸凡夫二乘人等，厭生死苦，隨力所能，以漸趣向無上道故」

前中標釋。釋中分別事識即是上意識也。以此識不知諸塵唯是識故。執心外實有境界。凡夫二乘雖有發心趣向解脫。而猶計有生死可厭涅槃可欣。不了唯心道理。仍復由此作意力故。久後還得菩提。故云分別事識熏習乃至漸向無上道故。

*研究：

前中標釋。

釋中分別事識即是意識。以此「意識」尚不能知諸塵唯是識所現起，故仍執心外實有境界。

凡夫二乘即處在此分別事識熏習階段。

雖有發心，趣向解脫，而猶計有生死可厭，涅槃可欣，不明了萬法唯心所現之道理。

故仍須由此作意力，經久遠修習才能修得菩提。故云分別事識熏習，仍須修習才能漸向無上道也。

原文：「二者意熏習。謂諸菩薩發心勇猛，速趣涅槃故」

意熏習者。若就本而言。名爲業識。通而論之。即前五種意也。以諸菩薩知一切法唯是識量。捨彼事識外計分別。既了唯心。趣理速疾。異前漸悟故云乃至速趣涅槃也。問此中妄心既並熏習眞如起返流行。意熏既屬梨耶。如何能各自發心修行。答前凡夫二乘不覺梨耶。但依分別事識資持力故。而發心修行。以不達本故。向大菩提。疏而且遠。故云漸也。此菩薩既了梨耶本識。即依此識資持力。方得發心修行。以了本故。向大菩提親而且近。故云速也。此約所依相資辨熏。非各自發心等。此如下文證發心中說。

*研究：

意熏習者。若就本而言，名爲阿梨耶識三細之初細即業識。

通而論之，即前五種意也。五意爲業識、轉識、現識、智識、相續識等。由前文知五意相當於阿梨耶識及末那識。

意熏習是在菩薩位。諸菩薩已能知一切法唯是識所現量，已捨彼分別事識之對外境執取分別。既已明了萬法唯心，則趣理速疾，不同於前之分別事識熏習之漸悟，故云乃至速趣涅槃也。問：此中妄心既並熏習眞如，起返流之隨染返淨行，意熏習既屬梨耶，如何能各自發心修行呢？

答：前凡夫二乘不能覺了阿梨耶識，但依分別事識之熏習資持力而已。而二乘之發心修行，因尚不達阿梨耶之本識，故向大菩提，疏而且遠，故云漸也。二乘雖能發心，但其尚未知無塵唯識理，修行尚未了達阿梨耶本識。

而意熏習之菩薩，既了梨耶本識，即依此識資持力，方得發心修行。因了阿梨耶本識，已知無塵唯識，及本識平等心，以發心修行與眞如淨用，二者互資，使修平等之行。故向大菩提親而且近，故云速

也。

以上爲所依之阿梨耶識或分別事識辨別二者之熏習不同，而非依各自發心之不同也。此如下文證發心中說。

（眞如熏習中有三。初標數。次列名。謂內熏外緣也。）

2.眞如熏習

原文：「眞如熏習義有二種。云何爲二。一者自體相熏習。二者用熏習」

*研究：

眞如熏習有二種，自體相熏習及用熏習。

（三辨相。於中有二。先別釋。後合明。前中亦二。先體相。後用大。前中亦二。初正顯。後除疑。）

原文：「自體相熏習者，從無始世來，具無漏法，備有不思議業，作境界之性。依此二義恒常熏習，以有力故，能令眾生厭生死苦，樂求涅槃，自信己身有眞如法，發心修行」

前中先辨熏習。言從無始乃至不思業者。不空本覺名無漏法。此法冥熏眾生。非物能了。故云不思業也。此中業者。是冥熏作用也。作境界性者。明非直熏彼妄心令其厭求成能觀智。亦乃與其觀智作所觀境界也。以此二法等者下顯熏功能。謂此心境二法。亦可此體相二法。冥熏眾生有力故。令起厭求等行。自信等者。明依熏起修行之相也。

*研究：

自體相熏習是無始以來，眞如即具有無漏法之自體及具有不思議業之功德相。

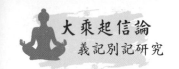

第二節、真如自體相及真如用

（一）真如自體相

眞如自體相即不空本覺，名無漏法。此法可以冥熏眾生，非是眾生所能解了，故云不思議業也。此中業者，即是冥熏作用。作境界性者，指不只是直熏彼妄心，令妄心有厭求心，成為能觀智。而且此能觀智能將所觀境，變成以此能觀智所觀之下呈現的所觀境界。所以說能作境界性。

以此不思議業及能作境界性之二法，顯示熏的功能。謂此心境二法，也可說此體相二法，可以有力地冥熏眾生，令起厭求等行，而後自信己性，依熏起修行之相也。

（釋疑中二。先問後答。）

原文：「問曰。若如是義者，一切眾生悉有眞如，等皆熏習。云何有信無信，無量前後差別。皆應一時自知有眞，如法勤修方便，等入涅槃」

問中。初約現在信心有無。後約未來信心前後。內熏既齊。何得如是。皆應一時下結成難。此則執別疑通難。

*研究：

問曰：若如上義，一切眾生悉有眞如，那麼眞如應平等熏習眾生，為何眾生有信無信，而且前後差別很大。照理說，皆應一時自知有眞如，然後如法勤修方便，一起平等入涅槃才是？

（答中二。初一句通體明內熏不無。後明染淨賴緣。顯成前後。）

原文：「答曰。眞如本一，而有無量無邊無明，從本已來，自性差別，厚薄不同故。過恒沙等上煩惱，依無明起差別，我見愛染煩惱，依無明起差別。如是一切煩惱，依於無明所起。前後無量差別，唯如

來能知故」

此文有二。初約染惑。對緣起有厚薄。後約淨法。賴緣前後差異。前中言而有無量乃至不同者。謂即根本無明住地本來自性差別隨人厚薄。厚者不信。薄者有信。前後亦爾。非彼內熏使之然也。過恒沙上煩惱依無明起差別者。是從無明所起迷諸法門事中無知。所知障中粗分攝也。我見愛染煩惱者。是無明所起四住煩惱。煩惱障攝也。如是下雙結於前二種煩惱。皆依根本無明所[1]起。由是義故前後非一。如此惑性差別無量。前後難知。故唯佛能了。

＊研究：

此文有二。初約染惑，對緣起有厚薄。後約淨法，賴緣前後差異。

前中言而有無量乃至不同者，謂即根本無明住地，本來即自性有差別，隨人厚薄不一。無明厚者不信，無明薄者則有信。前後亦爾。並非因內熏不同而使之然也，而是因各人之無明厚簿不同所致。

過恒沙上煩惱，都是依根本無明所生起之種種差別煩惱。上煩惱指天台之塵沙惑或俱舍之不染汙染無知，屬粗分所知障。

此等迷諸法門事中之無知，即是所知障中之粗分所攝。

而我見愛染煩惱者，是無住無明所生起之四住煩惱，為煩惱障所攝。故此，前二種煩惱，都是依根本無明所生起。

由是義故，才會呈現信之前後非一。

如此惑性差別無量，前後難知，故唯佛能了。

原文：「又諸佛法，有因有緣，因緣具足乃得成辦」

下明淨法約緣故有前後者。若獨內因不假外緣。可如所責。然今外假用熏。及內正因方得成辦。故致前後。不可一時也。是故上開二熏習。不云一也。

＊研究：

下明淨法，約緣故有前後不同。若獨依內因，不假外緣，就如所責問。

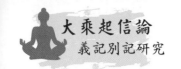

又諸佛法，必須有因有緣，只有因緣具足，才能成辦。

原文：「如木中火性，是火正因。若無人知，不假方便，能自燒木，無有是處」

於中法喻合。法中但明因緣具成得。略無不具失。喻中偏明不具失。略無具緣得。合中雙明二義。法喻可知。

*研究：

於中法喻合。法中但明因緣必須俱備，法才能成。喻中偏明不具失。略無具緣得。合中雙明二義，即因緣須俱備，木中火性之正因及外緣之方便，因緣俱足，才能燒木。

原文：「眾生亦爾。雖有正因熏習之力若不遇諸佛菩薩善知識等以之為緣能自斷煩惱入涅槃者則無是處若雖有外緣之力而內淨法未有熏習力者亦不能究竟厭生死苦樂求涅槃」

合中眾生合前木也。正因合火性。若不遇諸佛菩薩等。合若無人知等也。能自斷下合能自燒無有是處。此顯闕緣之失也。若雖有下明闕因不成。謂無明厚重之流雖本覺內熏。然未有力故。是故雖遇善友外緣之力。而亦不能令其得道也。此即明因緣互闕之失。

*研究：

合中眾生合前木，正因合火性。

若不遇諸佛菩薩善知識等外緣，合上文中之「若無人知」。能自斷下合上文之「能自燒木無有是處」，此顯有內因缺外緣之失也。

若雖有下，明缺因不成，有外緣無內因也不成。

因無明厚重各人不同，雖本覺平等內熏，但若遇厚無明，也是力有所不足。

反之，雖遇善友外緣之力，而無內因之熏，也是不能令其得道。此即明因緣互缺之失。

原文：「若因緣具足者，所謂自有熏習之力，又為諸佛菩薩等慈悲願護故」

若因緣具下，明性用相應之得。於中二。初辨具緣。後能起下明熏益。

*研究：

若因緣具下，明性之因及用之緣，二者因緣相應才能得。於中二。初辨具緣。後能起下明熏益。

因緣具足是指，自有熏習之「因」，及諸佛菩薩之慈悲願護之「緣」。

原文：「能起厭苦之心，信有涅槃。修習善根，以修善根成熟故，則值諸佛菩薩示教利喜，乃能進趣向涅槃道」

益中二。先明自分。以修善根下明勝進也。示其義教其行。得義利行成喜故也。

*研究：

利益有二。

一是先明自分。即能起厭苦之心，信有涅槃，及修習善根。

二是以修善根下明勝進也。即能使修善根成熟後，而能遇諸佛菩薩示佛法法義，教導佛法修行，示其義教其行，得義利行成喜故也。

（就用熏中二。初指事總標。後如是外緣下約緣別顯。別顯中三。謂標列釋。）

（二）真如用

原文：「用熏習者，即是眾生外緣之力。如是外緣有無量義，略說二種。云何為二，一者差別緣，二者平等緣」

列中言差別緣者。為於凡小事識熏習而作於緣。謂現形不同故云也。亦可與差別機為緣故也。謂三賢已上乃至諸佛能作此緣。平等緣者。為諸菩薩業識熏習而作於緣。謂唯現佛身平等無二故云也。亦可與平等心機為緣故也。謂初地已上乃至諸佛。要依同體智力能作此緣。

*研究：

列中言差別緣者，爲凡夫小乘以分別事識熏習而作於緣，使緣之表現不同。也可與眾生的根機不同爲緣，而顯示差別緣。

謂三賢以上乃至諸佛能作此緣。

平等緣者。爲諸菩薩阿梨耶識之熏習所作的緣，謂唯現佛身平等無二故也。亦可與眾生的平等心機爲緣。屬初地以上乃至諸佛，要依同體眞知根本智力（即無分別心）才能作此緣。

（釋中二。緣即爲二分。初中有二。先總後別。總中亦二。初明感用因。後或爲眷屬下正明用相。）

原文：「差別緣者，此人依於諸佛菩薩等，從初發意始求道時，乃至得佛，於中若見若念」

前中言此人者。機欲之人。諸佛菩薩者。出外緣體。從初發意下。明能感緣機修行時也。若見若念者。正明行者之心感用器也。謂見其身形念其功德也。

*研究：

前中言此人者，指此等眾生以樂欲修行之機，諸佛菩薩者，會以外緣體出現而感應之。

從眾生初發意開始求道，直至成佛，佛菩薩能於其間，以見其身形，或憶念其功德，讓此等機欲眾生能隨機緣而得感應道交。此正是明示行者可以見佛菩薩之身形，念佛菩薩之功德，來與佛菩薩作心靈感應之用器也。

原文：「或爲眷屬父母諸親，或爲給使，或爲知友，或爲冤家，或起四攝。乃至一切所作無量行緣，以起大悲熏習之力，能令眾生增長善根，若見若聞得利益故」

用相中二。初正明差別之用。二以起大悲下辨用之益。前中二。初五句開總成別。後乃至下攝別成總。五句中。一慈愛以攝生。二居卑以引物。三同類以勸發。四怖之以入道。五直以四法攝令修益。文可知。

240

*研究：

用相中二。初正明差別之用。二以起大悲下辨用之益。前中二。初五句開總成別。後乃至下攝別成總。

五句中。一或化爲眷屬父母諸親：慈愛以攝生。

二或化爲給使：居卑以引物。

三或恢復化爲知友：同類以勸發。

四或化爲冤家：怖之以入道。

五或起四攝：直以四攝法（布施、同事、愛語、利行）令修益。

（別開中有二。先就根熟不熟開近遠二緣。後就前近遠復各開爲二。各有標釋。）

原文：「此緣有二種。云何爲二。一者近緣，速得度故。二者遠緣，久遠得度故。是近遠二緣，分別復有二種。云何爲二，一者增長行緣，二者受道緣」

後中增長行者。謂方便行。即自分也。受道者。謂依前方便正觀相應。即勝進也。亦可初即四攝利他行。後即三空自利行故也。

*研究：

後中增長行者，指增長其方便行，方便行指正觀前之方便行，此方便行爲自己之當分，即自分也。受道者，指依前方便行，得以正觀相應，感受其方便道行，如此則可以更進一步之勝行，即勝進也。

亦可初即以四攝利他，而後以修三空（修空、無相、無願三解脫）而得受道之自利。

原文：「平等緣者。一切諸佛菩薩，皆願度脫一切眾生，自然熏習常恒不捨。以同體智力故，隨應見聞而現作業。所謂眾生依於三昧，乃得平等見諸佛故。」

中有二。先明能作緣者。於中願度生者。平等心也。自然等者。常用應機。以同體智力者。釋成常用也。隨應等者。顯其用相。

二明對機顯平等義。

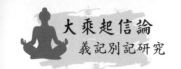
謂十住已去諸菩薩等依三昧力。悉見諸佛身量平等。無有彼此分齊之相。故云平等見也。上來別明體用竟。

*研究：

中有二。

一者先明能作緣者，即諸佛菩薩能作平等緣，願平等度一切眾生令其解脫，這是自然等。因皆具眞如同體智力，故能隨應，顯其用相，這是隨應等。

二，十住以上之菩薩：若能依三昧力，即能平等得見諸佛，而且所見諸佛身量平等，沒有不同，這是平等見。

原文：「此體用熏習，分別復有二種。云何爲二。」

原文：「一者未相應，謂凡夫二乘初發意菩薩等，以意意識熏習。依信力故而能修行」

二釋中亦二。先明未相應中三。初約位舉人。次辨行劣。後明未相應。行中凡小意識熏。菩薩五意熏。並未契眞如。故云依信修行也。

*研究：

初約位舉人。次辨行劣。後明未相應。

所謂與眞如的體用熏習不相應，是屬凡夫及二乘小乘，，此二者是由意識熏。初發意菩薩是由五意熏。這三者均未契入眞如，故尚在依信修行之位。

原文：「未得無分別心，與體相應故。未得自在業修行，與用相應故」

後明未相應中二。初言未得無分別心與體相應者明無正體智故未與法身體相應。後以無證眞後得智故。未與應化身用相應也。

*研究：

其次說明未相應有二種。初言，未得無分別心而不能與眞如體相應者，因尚未有眞如根本智之正體智，故未能與法身體相應。

而後因未證眞如後得智，故未能與應化身之用相應。

原文:「二者已相應，謂法身菩薩得無分別心，與諸佛自體相應。得自在業，與諸佛智用相應，唯依法力自然修行，熏習眞如，滅無明故」

第二已相應中亦三。先顯人位。謂地上菩薩也。次正辨相應。得無分別心者。謂如理智與體相應也。與佛智用相應者。謂以有如量智故得然也。後明其行勝。初地已上證眞如法而修行。非如前位但有信力故云依法力也。自然修行者。八地已去無功用行也。熏眞滅妄。顯行成也。明淨法熏竟上來初別明。次合釋。總明第三染淨熏義竟。

*研究：

第二已相應，也有三種，指位在地上菩薩才能與眞如相應。

其次正辨相應。若證得無分別心，即稱如理智（眞如根本智），此時能與眞如體相應。

與佛智用相應者，指證得如量智（眞如後得智），能與眞如之用相應。

後明其行勝。初地以上證眞如法而修行。非如前文初地之前只有信力。從初地以上依修習法力，地地漸次修行，直至第八地以上，已達無功用無相行，此時熏眞而滅妄，已顯行成也。

明淨法熏竟，上來初別明，次合釋，總明第三染淨熏義竟。

（第四顯盡不盡義。於中二。初明染法違眞，無始有終。後明淨法順理，有始無終。）

原文:「復次染法從無始已來，熏習不斷，乃至得佛後則有斷」

*研究：

染法熏習包括根本無明、妄心、妄境界。根本無明是無始而有，故無始以來一直熏習「隨緣眞如」，而啓動阿梨耶識之不覺心動的業識，乃至另二細，而致妄心初動，其後及至分別事識及六粗形成，再由妄心熏無明生妄境界，妄境界資熏妄心而起業受苦報。

若於妄心受眞如熏習初起厭求心時，眞如繼續內熏及聞熏習之外

熏，持續不斷內外熏習，則可由不覺修至相似覺、隨分覺乃至根本覺，
此時即可破根本無明而成始覺，始覺即同本覺，也是佛地階位。故染
法之根本無明斷後即可成佛。

（淨法中二。初正顯。後釋成。）

原文：「淨法熏習則無有斷，盡於未來。此義云何。以眞如法常熏
習故，妄心則滅，法身顯現。起用熏習，故無有斷」

釋成中。以熏眞滅妄。淨用無盡故也。文處可見。上來釋生滅門
中能顯義之法竟。

＊研究：

淨法熏習，如上文當修至始覺，即同本覺，此時因熏眞，已滅妄，
本覺即法身，本具性淨功德，此性德可以無盡存在，永遠發揮其妙用，
故說淨法熏習無有斷。

上來釋生滅門中能顯義之法竟。

（自下第二釋生滅門中所顯之義大。於中有二。初釋體相二大。
後別解用大。前中亦二。初總標二大名。）

原文：「復次眞如自體相者」

＊研究：

凡法都有其體相用，眞如也不例外。但眞如是即體即相即用，故
只言及體相，因相是體之功德相，故體相合併討論。

（後別釋二大義。義中亦二。先明體大義。）

原文：「一切凡夫聲聞緣覺菩薩諸佛，無有增減。非前際生，非後
際滅，畢竟常恒」

謂人雖就位以分優劣。眞體隨人未曾增減。故云無增減也。非前
乃至常恒者。顯不增減所以也。非前際生故常。非後際滅故恒也。凡
位爲前際。佛果爲後際也。

＊研究：

謂人雖就位，有凡夫、聲聞、緣覺、菩薩、諸佛之優劣分別，但

真如體卻不因人而有增減，凡夫不減，佛也不增，大家的真如體都是一樣，而且沒有增減。

非前乃至常恒，是在說明不增減的原因。非前際生，所以是常。非後際滅，所以是恒。凡位為前際，佛果為後際。

（次釋相大義。於中有二。初正明性德。二問答重辨。前中亦二。先明德相。後顯立名。前中三。初總次別。後結。）

原文：「從本已來，自性滿足一切功德。所謂自體有大智慧光明義故，遍照法界義故，真實識知義故，自性清淨心義故，常樂我淨義故，清涼不變自在義故」

別中六句。一本覺智明義。二本覺顯照諸法義。三顯照之時無倒義。四性離惑染義。五性德圓備義。六性德無遷義。

＊研究：

真如體的功德相有六種：

一本覺智明義，即大智慧光明義。

二本覺顯照諸法義，即遍照法界義。

三顯照之時無倒義，即真實識知義。

四性離惑染義，自性清淨義。

五性德圓備義，即常樂我淨義。

六性德無遷義，即清涼不變自在義。

原文：「具足如是過於恒沙，不離不斷不異，不思議佛法，乃至滿足無有所少義故，名為如來藏，亦名如來法身」

下結中。謂性德塵沙。不離真體故云不離也。無始相續故云不斷。亦可謂治道不亡也。與體同味故云不異。不異而有恒沙之義故云不思議。唯佛窮達。故云佛法。亦可此是所覺法故也。若此真體無性德者，如來證此不應具德。既證性已萬德圓滿。即驗真如本具恒沙德也。故云滿足無有所少。下立二名。隱時能出生如來名如來藏。顯時為萬德依止名為法身。

*研究：

下結中，謂性德如塵沙之多。

不離眞體，故云不離也。

無始相續，故云不斷，亦可說治道不亡。

與體同味，故云不異。

不異而有恒沙之義，故云不思議。

唯佛窮達，故云佛法，也可說是所覺法。

若此眞體未具性德，則如來所證眞如，即不應具有性德。但如來既證眞如本性後已萬德圓滿，可見眞如本具恒沙德也。

故云性德滿足，無有缺少。

下立二名。隱時能出生如來，名如來藏。顯時爲萬德依止，名爲法身。以佛而言，如來藏因即法身果，佛是即因即果。但以除佛外之其他九法界眾生而言，則因果不同。

（重辨中二。初執體疑相難。）

原文：「問曰。上說眞如其體平等，離一切相。云何復說體有如是種種功德」

（後相不違體答。答文有二。初明雖差別而不二。後復以何義下。明雖不二而差別。）

原文：「答曰。雖實有此諸功德義。而無差別之相，等同一味，唯一眞如。此義云何。以無分別，離分別相，是故無二」

前中亦二。初明實德雖多同一如味。次釋成不二。以無分別者。非能分別故。離分別相者。非所分別故。次無能所分別故無二也。

*研究：

雖然眞如體之實際功德雖多，但六種功德其實是同一眞如體所展現的體的功德相。

次解釋其不二之意義。以無分別者，是指六種功德相都是同一種眞如體所展現的體的功德相，能分別是眞如體，所分別是體的功德相，

體及體之功德相，二者實無差別，無能所分別，故無二也。

（無二而差別中。先略後廣。）

原文：「復以何義得說差別。以依業識生滅相示」

略中疑云。既其不二。何以說別。釋云。以依生滅識相恒沙染法。返此表示眞如淨德恒沙差別。且舉其染本故但云業識。

＊研究：

既其不二。何以說有別。釋云。因依生滅識相所展現之恒沙染法。由隨染返淨，返此表示眞如淨德也有恒沙差別。且舉其染法的根本即是阿梨耶識三細之初細，即業識。

（廣中二。先問對染表示之相。次舉彼染法一一對顯。）

原文：「此云何示。以一切法本來唯心，實無於念，而有妄心，不覺起念，見諸境界，故說無明。心性不起，即是大智慧光明義故」

以一切法乃至無念者。舉所迷理也。而有妄心等者。依眞起妄。謂細粗染心本末不覺也。將欲釋淨。先舉其染對以顯之。下諸句例然。云何顯者。以心相念起。即是不覺無明故。知心性不起。即是本覺智明。故云大智慧光明義也。

＊研究：

以一切法乃至無念者。指根本無明迷於眞如理，而有妄心。依眞起妄。由根本無明生起不覺之三細及六粗等枝末無明。

將欲釋淨，先舉其染對以顯之。下諸句例也是一樣。

云何顯者。以根本無明熏習眞如產生業識之不覺心相念起，即是不覺枝末無明。若心性不起，即眞如尚處在不變及隨緣二者融合之靜止狀態，此不起之心性本具大智慧光明，即是本覺智明，故云大智慧光明義也。

原文：「若心起見，則有不見之相。心性離見，即是遍照法界義故」

若心起見等者。明妄見不周。心性離見等者。顯眞照圓明。

＊研究：

若心起見指三細之業識生起，而後引生能見及境界相之能所心生起，明妄見不周。心性離見即先離能所心，而後破三細之業識及根本無明，返回眞如本體，則能顯眞照圓明，此眞照可以遍照法界。

原文：「若心有動，非眞識知。無有自性」

若心有動非眞識知者，明妄識倒知。返之即顯眞照無倒。無有自性者。明妄染無體。返之即顯自性清淨心也。

*研究：

若心有動非眞識知者，指不覺心動後所生之妄識倒知，此妄識倒知即非眞識知。相反即可以對照顯示眞照無倒。

無有自性者，謂妄染無自體。反之相對照即顯示自性清淨心也。

原文：「非常。非樂。非我。非淨。熱惱衰變，則不自在」

非常等者。明妄四失。返之即顯眞如四德。諸惑燒心。是極熱惱故。說眞如是清涼也。妄染遷改。是衰變相。即返顯眞如爲不變。以業果繫縛不自在故。即顯眞如爲自在也。故上文云清涼不變自在義故也。

*研究：

因無自性則非常、非樂、非我、非淨。明此四妄失，反之對照即顯示眞如之四德，即常樂我淨。

諸惑燒心是極熱惱。眞如因無諸惑燒心，所以無熱惱，也即是清涼也。妄染會遷動改變，呈衰變相。即反顯眞如爲不變。以業果繫縛不自在，即顯眞如爲自在也。故上文云清涼不變自在義故也。

原文：「乃至具有過恒沙等妄染之義，對此義故，心性無動，則有過恒沙等諸淨功德相義示現」

言乃至具有等者，總舉妄染眾多。翻對此妄染，若心性不動，即有恒沙德相等也。

若心有起，更見前法可念者，則有所少。如是淨法無量功德，即是一心更無所念是故滿足名爲法身如來之藏　言若心有起更見前法等

者。明妄心外念。求之不足。如是淨法等者。明淨德性滿無假外求。
結名可知。

＊研究：

言乃至具有等者。總舉妄染眾多。翻對此故。心性不動。即有恒
沙德相等也。

若不覺心起，業識起動，更見前法，明妄心外念，外念起自妄心，
二者均是求之不足。

如是淨法等者，指明淨德性滿，性德本具而有，非假外求。結名
可知。

（第二用大。文有二。初總明。次此用有二下。別釋前中亦二。
初對果舉因。二牒因顯果。）

原文：「復次眞如用者，所謂諸佛如來。本在因地發大慈悲，修諸
波羅蜜攝化眾生。立大誓願，盡欲度脫等眾生界，亦不限劫數，盡於
未來。以取一切眾生如己身故，而亦不取眾生相。此以何義。謂如實
知一切眾生及與己身，眞如平等，無別異故」

初中有三。初諸佛乃至化眾生者。舉本正行也。

次言立大誓願乃至盡未來者。舉本大願也。

於中初廣大心，次長時心。取一切乃至眞如平等者。舉悲智大方
便也。亦則不顛倒心。於中取物如己。顯悲深也。亦可釋前得長時所
以也。不取物相，明智深也。此以何義者。徵前悲智深所以也。謂如
實知下依眞如門答顯深也。

＊研究：

初中有三。

初諸佛本在因地發大慈悲，乃至修波羅密攝化眾生者，是指本正
行。

此正行即顯示其廣大心。

次言立大誓願，欲度脫眾生，乃至盡未來者，此指本大願。

此大誓願需有長時心。

取一切眾生如己身，而亦不取眾生相，乃至真如平等者，指以悲智大方便及不顛倒心，取一切眾生猶如己身，而且也不執取眾生相。於中取物如己，顯慈悲之深也，

也可解釋前文得長時之所因。

也不取物相，明智慧之深也。

此是何義呢？因能如實知一切眾生及與己身，其體都是真如體，都是平等，彼此沒有不同。

原文：「以有如是大方便智。除滅無明，見本法身。自然而有不思議業種種之用，即與真如等遍一切處。又亦無有用相可得，何以故。謂諸佛如來，唯是法身智相之身。第一義諦，無有世諦境界，離於施作，但隨眾生見聞得益，故說為用」

以有如是下。明牒因顯果。於中亦三。

初牒前因也

二滅無明見法身者。自利果也。

三自然已下正顯用相。即利他果也。此中三句。

初明用甚深非待作意。如攝論云。如摩尼天鼓無思成自事等。二即與真如等遍一切處者。顯用廣大。以稱理之用故。三又亦下明用而常寂。於中何以故者。責云。佛具三身。何故乃云無有用相。釋云。若廢機感。如來唯是妙理本智。更無應化世諦生滅等相。但隨緣起用。用即無用。如波即水。故用恒寂也。涅槃經云。吾今此身即是法身。梁攝論云。唯如如及如如智獨存。名為法身。故云謂諸佛如來乃至離於施作也。雖真理妙智本來常湛。而隨機感益用無邊。即寂而常用。故云但隨眾生乃至為用。

＊研究：

以有如是下。明牒因顯果。於中亦三如下：

初牒前因也

二滅根本無明，顯見法身，是自利果。

三正顯不思議業種種之用相，即利他果也。

以上文中初三句：

初明用甚深，即法身天生即本具種種不思議業用，而非後天所作得。

如攝論云。如摩尼天鼓，無思成自事等。二 即與眞如等遍一切處者，指顯其用廣大，可以稱合眞如理體，並由體所起之用。

三又亦無有用相可得。雖然呈現用相，但全用即體，即用即體，體即空寂，故用也常寂。

於中何以故者。責問云。佛具有法報化三身之相，何故說無有用相。釋云。若不談隨機感應，如來確是只有靜態的妙理本智，更無應化眾生及世間眞諦之生滅等相。但眞如可以隨緣起用，而且是全體即用，故雖是起用，但用也是體，所以用有如體之空而無用。如波即水，水波是水體所起之用，而水波也是水。故雖有用而仍持體之恒寂也。涅槃經云。吾今此身即是法身。梁攝論云。唯如如及如如智獨存。名為法身。

故云諸佛如來離於施作。

雖眞理妙智本來常湛寂，但隨眾生機緣之感應，而能起用益生，而且益用無邊，即寂而常用。故云但隨眾生乃至為用。

（別釋用中二。先標後釋。釋中亦二。初正顯用相。後問答釋疑。前中亦二。一直顯其用。二重牒分別。前中二。先明應身。後明報身。）

原文：「此用有二種，云何為二。一者依分別事識。凡夫二乘心所見者，名為應身。以不知轉識現故，見從外來，取色分齊，不能盡知故」

前中。言依分別事識者。凡夫二乘未知唯識。計有外塵。即是分別事識義。今見佛身亦謂心外。順彼事識分別計度識故說依分別事識見也。亦可此人雖覺六識。不覺知彼七八識。故一但依事識也。依此

粗識分別佛身。但見應化粗相。不見報身細相。故云名爲應身也。以
不知轉識現乃至不能盡知者。釋見粗所以也。迷於唯心故云從外。不
達即色是心無有分齊。故云取色分齊不能盡知也。問佛身何故唯眾生
識耶。答眾生眞心與諸佛體平等無二。但眾生迷自眞理起於妄念。是
時眞如但現染相不顯其用。以彼本覺內熏妄心故有厭求。有厭求故眞
用即現。厭求劣故。用相即粗。厭求漸增。用亦漸細。如是漸漸乃至
心源。無明既盡。厭求都息。始覺同本。用還歸體。平等平等。無二
無別。未至心源已還用於識中隨根顯現。故云識中現也。問若據此義。
用從眞起。何故說言轉識現耶。答轉識即是梨耶中轉相。依此轉相方
起現識現諸境界。此識即是眞妄和合。若隨流生死。即妄有功能。妄
雖有功。離眞不立若返流出纏。眞有功能。眞雖有功。離妄不顯。故
就緣起和合識中說其用耳。問若據此義。乃是眾生自心之中眞如之用。
云何說言佛報化耶。答眾生眞心即諸佛體更無差別。故華嚴經云。若
人欲求知三世一切佛。應當如是觀。心造諸如來。又不增不減經云。
法身即眾生。眾生即法身。法身與眾生。義一名異也。既從法身起報
化用。何得不是眾生眞心耶。問義若然者。眾生心佛還自教化眾生。
何故說言佛悲願力。答即此眞心是佛悲願。謂無緣大悲及自體無障礙
願等。即性起大用也。問眾生既無始有心。何不早起化用令滅無明。
答未有厭求故。問既元有本覺。何不早熏令起厭求。答無明厚薄不同。
因緣互闕不等。此如上說。問若眞心即是佛者。何故下文云從諸波羅
蜜等因生。答此約本覺隨緣義說。然其始覺覺至心源。平等一際。有
何差別。上來約終教說。若約始教說者。即以諸佛悲智爲增上緣。眾
生機感種子爲因緣。故託佛本質上。自心變影像。故云在自識中現也。
餘如瑜伽唯識等論說。

　　*研究：

　　前中。說依分別事識者。凡夫二乘未知唯識無塵之理，計外塵爲
實有，不知外塵唯由心現，此即是分別事識之義。

今見佛身也說是心外之實物，順從彼事識之分別計度外塵爲實有，故說依分別事識見也。

亦可說，此人只能覺知六識，不覺知彼七及八識。因小乘只言及六識說。

故一但依分別事識，則依此粗識所分別之佛身，但見應化粗相，不見報身細相。故云名爲應身也。

因不能盡知外塵相乃係由業識經轉識而後現識，再由現識所展現的外在妄相。以上解釋見粗相之所由。

因迷惑於不知萬法唯心所現，而說外境實有，不明了即色是心所現，色與心無有分齊。故云取色分齊，不能盡知也。

問：佛身何故唯眾生識耶。

答：眾生之眞如眞心與諸佛之眞如體，同是眞如，平等無二。只是眾生迷惑於眞理，無始而有根本無明，去熏習眞如，而起不覺心動之妄念。

是時眞如已由靜的「不變」轉成動的「隨緣」染相，但被此染相覆蓋而不能顯現其用。

若以彼本覺內熏妄心，使妄心產生「厭生死求涅槃」之心，有此厭求心，則眞如之用即可顯現。若厭求心劣弱，所展現的用相即粗。若厭求心漸增，所展現的用亦漸細，如是漸漸由細厭求心經內外熏習，乃進至心源之究竟覺，此時枝末及根本無明既盡破，則厭求心都息，始覺即展現，而始覺即同本覺。可以說由用還歸體，全用即體，則體用平等，無二無別。

若未修至心源，則眞如之用僅能於識中隨眾生根機感應而顯現。故云識中現也。問：若據此義，用從眞起，何故又說是由轉識所現耶。

答：轉識即是阿梨耶識中之轉相，依此轉相方起現識，再由現識現諸境界。因此阿梨耶識是眞妄和合。若隨流生死，即妄有力強而呈現妄功能。然妄雖有功，妄若離眞，則妄不能成立。若返流出纏，眞

有力而強，而呈現真功能。真雖有功，然真依妄顯，若離妄則真不顯。

故就緣起和合識中說其用耳。

問：若據此義，乃是眾生自心之中即有真如之用，云何說言由於佛報化身起用耶。

答：眾生真心即諸佛體，二者更無差別。故華嚴經云。若人欲求知三世一切佛，應當如是觀，心造諸如來。

又不增不減經云。法身即眾生，眾生即法身，法身與眾生，義一名異也。

既從法身起報化身，而法身即是眾生真心，何得不是眾生真心耶。

問：義若然者，眾生心即是法身，佛為何還自教化眾生，為何說佛悲願力。

答：即此眾生之真心即是佛之悲願。「悲」指無緣大悲。「願」指自體無障礙願。也等於是「性起」之大用也。

問：眾生既無始即有此真心，為何不早起化用，令滅無明。

答；因眾生之真心在靜止狀態，尚未啟動不覺妄心之「厭生死求涅槃心」故。

問：眾生既元有本覺，為何不早熏，令起厭求。

答：因眾生之無明厚薄不同，而且因緣互闕也不等。此如以上之前文所說。

問：若眾生之真心已經是佛，為何下文云須從諸波羅蜜等因生起。

答：此約本覺隨緣之義說。眾生雖具本覺，但也有不覺。此不覺須經相似覺、隨分覺、究竟覺，才能成始覺，此時才是覺至心源，即同本覺，平等一際，有何差別。

上來是約終教真常唯心說。

若約始教虛妄唯識說，即以諸佛悲智為增上緣，眾生機感種子為因緣，以阿賴耶識緣起，依託佛本質之真如，自心識之自體分（即本論三細之業相）變現見分及相分，再由見分去認知相分上的影像。故

云在自識中現也。餘如瑜伽唯識等論說。

（報身中有三。初約識舉人。二身有無量下明所見報相。三結果由因釋顯報名。）

原文：「二者依於業識。謂諸菩薩，從初發意乃至菩薩究竟地。心所見者名爲報身」

前中依業識者。十解已去菩薩能解唯識無外諸塵。順業識義以見佛身故云報身也。

＊研究：

前中依業識者，業識是指阿梨耶識之三細「業相識」，以此代表阿梨耶識。十解以上菩薩能解唯識無外諸塵，十解指十住。依天台宗初住位是二乘初果向，二住是初果見道位，七住是四果阿羅漢位，小乘已斷我及我所之我執及主觀法執，尚未斷客觀法執。因此十住位尚未能唯識無外諸塵。

欲解唯識無外諸塵，必須斷客觀法執才行。依本論，在初地之六染之不斷相應染才能斷粗分別法執，二-七地之分別智相應染才能斷細俱生法執；依唯識宗，入初地才能斷分別法執之種子。

依於業識，謂諸菩薩，從初發意乃至菩薩究竟地，心所見者名爲報身。可見從初發意乃至菩薩究竟地，才能見報身。

初發意菩薩究指何位菩薩？作者以爲是指八-十住位、十行位及十迴向位。七住位以前應屬二乘位。二乘是依分別事識，可見應身。

十行位及十迴向位是依分別事識，但可見報身。十地菩薩依業識，可見報身，殆無疑義。

原文：「身有無量色，色有無量相，相有無量好。所住依果亦有無量。種種莊嚴，隨所示現，即無有邊，不可窮盡。離分齊相，隨其所應，常能住持不毀不失」

所見報相中二。先正後依。正中身無分齊故云無量色。依身有相。相亦無邊。依相有好。好亦無盡。然相以表德。令人敬德以念佛。好

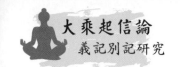

爲嚴身。令人愛樂欲親近。依報中言無量種種莊嚴者。能依無邊故。所依土田亦復無邊。頗致柯等殊勝之寶。常放光明無礙校飾。故云種種莊嚴。言隨所示現乃至離分齊相者。異前化身分齊之色。由此菩薩知分齊即無分齊故。一一色相皆遍法界。互融無礙。自在難思故。隨其所應乃至不毀不失者。隨其業行所應感者即皆常住。非三災等之所壞也。

＊研究：

所見報相中二。先說「正」之報身，後說「依」之報身土。

正中，報身無分齊，故說有無量色。依身有相，相亦無邊。依相有好，好亦無盡。

相以表德，令人敬德以念佛。

好爲嚴身，令人愛樂欲親近。

依報中，說有種種莊嚴的報身土，能依之報身無邊故，所依之土田（報身土）亦復無邊。頗致柯（水玉或水珠）等殊勝之寶，常放光明，無礙校飾，故云報身土種種莊嚴。

此報身隨所示現，可離分齊相，不同於前應化身分齊之色相。報身是由法身體所起，等於是法身的功德身，當然無形相，是一種智身。

因此菩薩所現的報身，如同法身，分齊即無分齊，一一色相皆遍法界，互融無礙，自在難思故。

隨其報身所現應，乃不毀不失。隨其報身業行之所應感者，即皆常住，非水火風三災所可破壞。

原文：「如是功德，皆因諸波羅蜜等無漏行熏，及不思議熏之所成就。具足無量樂相，故說爲報身」

辨因中。如是依正二報無障礙不思議事。皆因十度深行之熏及本覺不思議熏二因所成。樂相圓備故名報身。故云如是功德乃至說爲報身。

＊研究：

辨因中。如是依正二報無障礙不思議事,皆因十度波羅密深行之熏及本覺不思議熏二因所造成。樂相圓備,故名報身。故云如是功德乃至說爲報身。

(第二重分別中。先應後報。)

原文:「又爲凡夫所見者,是其粗色。隨於六道各見不同,種種異類,非受樂相。故說爲應身」

應中簡凡異小。如三惡道習。見佛如黑象腳等三尺之身。又如提謂等。以人天位見佛。爲樹神及天神身等。準此。即六道眾生並見佛不同也。皆非出世相故非樂也。如二乘人等見佛爲出世。是阿羅漢等聖人身。故云凡夫所見乃至應身。

*研究:

凡夫及小乘之應身是有所不同。如三惡道之眾生,見佛如黑象腳等三尺之身。又如提謂等,以人天位見佛爲樹神及天神身等。準此,即六道眾生所見之佛身彼此有不同,皆非出世相,故非受樂相。

如二乘人等見佛爲出世相,是阿羅漢等聖人身。故云凡夫所見乃至應身。

第三節、隨順入眞如門

(報中簡比異證。於中有二。先明地前所見。後顯地上所見。)

原文:「復次初發意菩薩等所見者,以深信眞如法故,少分而見。知彼色相莊嚴等事,無來無去,離於分齊,唯依心現,不離眞如。然此菩薩猶自分別,以未入法身位故。若得淨心,所見微妙,其用轉勝,乃至菩薩地盡,見之究竟。若離業識,則無見相。以諸佛法身,無有彼此色相,迭相見故」

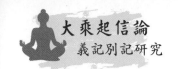

報中簡比異證。於中有二。先明地前所見。後顯地上所見。

前中言深信眞如法少分見者。十解菩薩等依比觀門見眞如理。是相似覺故云少分。異前十信故復云深。異後眞證故但云信。言知彼色相乃至離於分齊者。以見眞如異於凡小。是故得知色相等事性無分別也。言唯依心現不離眞如者。釋無分別所以也。攝論中地上見報身者。彼據證之相應成就處說。今此地前菩薩少分見者。以知色境但是現識不離眞如。即無分齊故。得少分見也。既非全見。故不相違。但以異於凡小心外取境見應化故。故約唯心少分明見。言此菩薩猶自分別等者。簡異地上也。若得淨心下。顯於地上所見用相過於地前。故云轉勝。漸漸微細。至金剛後。業相都盡。用即歸體。故云見之究竟。以窮其源故。若離業識則無見相者。要依業識乃有轉相及現相故也。以諸佛乃至迭相見故者。若離業識等無明即唯是眞如。故佛無有此彼分別之見也。

＊研究：

報身是「證觀」眞如之用，不同於應身是「比觀」眞如之用。

於中有二。

先明菩薩十地前所見，後顯菩薩入地後所見。

前中言，初發意菩薩是指十住以上菩薩，尤指七住以上，包括十行位及十迴向位。七住前尚在二乘位。

總稱爲地前菩薩，但非二乘及凡夫。

十地前之初發意菩薩，深信眞如法而有少分見者，指十解菩薩等，是依「比觀」見眞如理，是屬相似覺，故云少分。因異前十信位，故復云深。異後「眞證」之地上菩薩，故但云信。此位菩薩知彼色相是離於分齊的，其見眞如也異於凡小。

是故得知，色相等事，色之本性體無分別。言色相是唯依心所現，是由眞如體發用所現。以上釋無分別之所由。

攝論中地上見報身者，彼據證之相應，已有成就處說。

今此地前菩薩僅少分見者，以知色境但是現識所現，不離眞如之發用，即無分別心，僅得少分見也。然既非全見。故不相違。

但此位少分見之地前菩薩，其十行位已有認法爲假之破除分別法執之塵沙惑，不同於凡小仍有法執，以心外仍執取法境爲實有，故凡小只能見應化身。

但此地前菩薩，十行位是斷塵沙煩惱，十迴向是伏無明煩惱，仍有地上之無住無明未破，對於外境唯識之見證仍屬只有少分明見，此位菩薩尚有一絲分別外境之心，尚未完成破除分別法執，不同於地上菩薩，已完全知心外無境，已證人法二空眞如，破除分別我執及分別法執。若得淨心之初地位，即顯示地上菩薩所見之用相，勝過於地前菩薩，故云轉勝，漸漸微細，至十地金剛喻定地後，阿梨耶識三細之業相都可盡除，此時眞如用即歸眞如體，全用即體，故云見之究竟，以窮其源故。

若離業識則無見相者，指要依業識才有轉相及現相，若離業識，則離能所之轉現識。以諸佛乃至迭相見故者。若離業識後，根本無明再破除，唯顯眞如。故佛無有此彼分別之見也。

（第二除疑中二。先問後答。）

原文：「問曰。若諸佛法身離於色相者，云何能現色相」

（答中亦二。先釋法身能現。後釋所現之色。）

原文：「答曰。即此法身是色體故，能現於色，所謂從本已來，色心不二。以色性即智故，色體無形，說名智身。以智性即色故，說名法身遍一切處」

前中亦二。先總。後所謂下別。別中本來色心不二者。謂彼所現報化之色不異法身眞心。如波與水本來無二。言以色性即智等者。明色即心顯前不二。以色即心故。遂令色相都盡。故就其本但云智身。智謂本覺心智也。言以智性即色故說法身遍一切處者。明心即色顯前不二。如水遍在波中故也。

*研究：

前中亦二。先總。後所謂下別。

別中本來色心不二者，指彼所現報身化身之色身，不異法身之眞心，如波與水，本來無二。

法身是體，報身是相，應化身是用，也如同智者大師之佛性三因，法身是正因，報身是了因，應化身是緣因，三者是體相用之關係，也如同水是法身，報化身是波。波由水形成，但波也是水。

言以色性即智等者，明色即心，顯前色心不二，因色即心故。

色及心之體均是眞如體，色及心只是不同的體相用表現。以佛而言，即色即心，即空（心）即假（色），色心不二。但其他九法界眾生則仍有色心之分別。

若色心不二，則令色相都盡，故就其本而言，色相即心相，心相即智相，故但云智身，智謂本覺心智也，即是眞如本體，而眞如是體相用一如，所以佛是法報化三身一身。

言以智性即色，故說法身遍一切處者。

明心即色，顯前色心不二，如水（心）遍在波（色）中故也。

原文：「所現之色無有分齊，隨心能示十方世界。無量菩薩，無量報身，無量莊嚴，各各差別，皆無分齊而不相妨。此非心識分別能知，以眞如自在用義故」

所現色中，以彼眞心無礙周遍，所現之色亦復圓融自在無礙。故云所現之色乃至不相妨礙。於中無量菩薩者。亦是報身作用。亦可即是感報身大用之機緣。皆能頓赴故也。以一一諸根皆遍法界。然互不相妨。此眞如之用非妄識能知。故云非心識分別乃至用義故。

上來釋生滅門中法義二重竟。初釋眞如門。次釋生滅門。總是大段第一別釋二門。顯不一義竟。

*研究：

所現色中，因心之眞如體是無礙周遍，色為心所現，又色心不二，

故所現色也是圓融而自在無礙，故云所現之色雖各有差異，但不相妨礙。

所以說隨心能示十方世界之色相，包括無量菩薩，無量報身，無量莊嚴外境，雖各各差別，但因皆是心真如體所現，故無分齊。

於中無量菩薩者，也是報身作用。只要有感應報身大用之機緣，皆能以報身感應道交。

以一一諸根皆遍法界，然互不相妨。

意指六根皆是真如所現，皆同真如遍在法界，然互不相妨，這是真如之用，非妄識能知，故云非心識分別乃至用義故。

上來釋生滅門中法義二重竟。初釋真如門，次釋生滅門。總是大段，第一別釋二門，一顯不一義竟。

（第二二門相對會相入實。顯不異義。於中有三。先標。次釋。後還總結。）

原义：「復次顯示從生滅門即入真如門，所謂推求五陰，色之與心。」

標中。言推求五陰色之與心者。色陰是色。餘四是心。

*研究：

標中。言推求五陰，五陰是色、受、想、行、識。色陰是色。餘受想行識四陰是心。

原文：「六塵境界，畢竟無念。以心無形相，十方求之，終不可得」

釋中先觀色法。言六塵無念者。境從心起。畢竟無體。離心之外無可念相也。言以心無形求不得者。非直心外無別色等六塵。就心內求色等形質亦不可得也。前則所緣無相。此則能緣不生也。

*研究：

釋中先觀色法。言六塵無念者，指境從心現起，外境畢竟無體，其自體是空。離心之外，沒有可由心念可認取的外境相。

言以心無形求不得者，指不只心外無另外存在的六塵色，就是心

內求色等形質，也是不可得。前則所緣境是無相，此則能緣心也不生。

依唯識宗，八識均有四分，其中以見分認知現分的影像，而外境只是投射在識中相分的影像，由見分去認取，並非由識直接認取外境，此所謂唯識無塵。

本論也主張唯識無塵，且更進一步主張超越唯識的唯心，這心指真如體，是色心合一的絕對心。

唯識宗雖說唯識，但其終結是唯識性，這唯識性也是真如，但其所指的真如是凝然不動的理體，不會受熏染，不同於本論的一心二門，真如有不變隨緣二義，不變是二門之心真如門，隨緣是心生滅門。

原文：「如人迷故，謂東為西，方實不轉。眾生亦爾。無明迷故，謂心為念，心實不動」

自下觀心法。先喻後合。合中言心實不動者。推求動念。已滅未生中無所住。無所住故則無有起。故知心性實不動也。

＊研究：

自下觀心法。先喻後合。

合中言心實不動者，心指真如體，本身是絕對靜，絕對靜是即動即靜，也是體之不變及隨緣作用尚處在一體不動的平靜狀態。一旦受根本無明熏習，則不變轉隨緣，不覺心念開始啟動，但此時其不變部分仍屹立不動。

推求動念，可見過去心念已滅，未來心念未生，現在心念不住持，即金剛經所說，三心不可得。

現在心念無所住，即無有起動，故知是念在動，但心性實不動也。

原文：「若能觀察知心無念，即得隨順入真如門故」

若能已下結中。即得隨順者。是方便觀也。入真如門者。正觀也。上來顯示正義竟。

＊研究：

若能已下結中。

即得隨順者，是指方便觀。入眞如門者，即指正觀也。

隨順是隨著眞如的方向進行，是進入正觀前的準備方便法。

直至實際證入眞如，才稱正觀。

上來顯示正義竟。

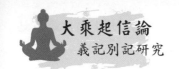
第六章、大乘起信論義記研究

第一節、對治邪執

（第二對治邪執中有二。初就本總標。二別明障治。）

原文：「對治邪執者，一切邪執皆依我見，若離於我則無邪執」

*研究：

一切邪執皆因人我見引起，若能離於人我見，則無邪執。

（二別中有二。初對治離。後究竟離。前中有三。先標數。次列名。後辨相。）

（1）我見有二種

原文：「是我見有二種，云何爲二。一者人我見，二者法我見」

列名中。言人我見者。計有總相主宰。此是佛法內初學大乘人迷教妄起。非是外道等所起也。法我見者。計一切法各有體性。即二乘所起也。

*研究：

列名中。言人我見者，計有總相主宰。

總相主宰有二種，外道所計及佛法中人所計。外道有數論及勝論等。佛法中人則有身見眾生，未離身見，妄計如來藏是總相主宰者。本論是指佛法中人，非指外道。

佛法內初學大乘人，其迷教妄起，非是外道等所引起也。

迷教妄起是指，迷惑於下文之五種人我邪見，都是由於不明了而迷惑於修多羅經文之教理所致。

次言法我見，即計一切法各有自體性，這是二乘人所有之法執。

凡夫連人我見均尚未去除，如何能去除法我見呢，故說凡夫有人我見及法我見，二乘已除人我見，尚有法我見。故說法我見是二乘人所起，而不說及凡夫。

（辨相中。先人後法。人我中亦二。總標別解。）

（2）人我見有五種

原文：「人我見者，依諸凡夫說有五種，云何爲五。一者聞修多羅說，如來法身畢竟寂寞。猶如虛空，以不知爲破著，即謂虛空是如來性」

別解中。此五種執何別者。初一約果。餘四通因果。又初二於空謬執。後三於有倒知。前二中。初一妄執事空以爲法體。次一妄執法體唯是空無。執有三中。初執性德同色心。次執法性本有染。後執染淨有始終。問此等既並於眞如法上計。云何說爲人我執耶。答此有二釋。一云。此是初學凡夫有人我者作此執。故云人我執也。二云。由如來藏中有二義。一是本覺義。即是當人。於上妄計。故云人執。二是理實義。當所觀之法。今據初義故說人執。

＊研究：

別解中。此五種執有何分別。初一約果。

初一是指，虛空是如來性。以爲如來法身「果」等同虛空。

餘四通因果。餘四有：眞如涅槃之性唯是其空；如來之藏有色心法自相差別；如來藏自體具有一切世間生死等法；如來所得涅槃有其終盡。以上四種都是通因果。

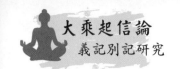

又初二的二種，一是計如來之性爲虛空，一是眞如涅槃之性唯是空無，二者均是於空有謬執。

後三種是因有倒知所致。

前二中。初一妄執事空以爲法體，以爲如來藏就是虛空。虛空是妄法，由心所現，所以只是一種事法的空相，即事空而非理空。

次一妄執法體（即眞如涅槃）唯是空無，即一無所有。

執有三中。初執性德同色心，即如來藏具有色心自相差別；次執法性本有染，即如來藏自體具有一切世間法之染；後執染淨有始終，即認爲涅槃有終盡。

問：以上都是在說如來藏眞如法，應屬法執，爲何說爲人我執耶。

答：此有二釋。一云。此指初學凡夫有人我之執，故云人我執。二云。由如來藏中有二義。一如來藏是阿梨耶識之本覺義，是在即人，於人之本覺上妄計，故稱人執。二如來藏是指理實義，即同所觀之法。

今本論是依據初義而說，故說人執。

本論所說之人我，其實是指如來藏之大我，而非凡夫及二乘之人我見。

凡小之人我見是指計我及我所爲實有。法我見是計諸法爲實有。

（於此五中各有三。謂初修多羅說等爲起執緣。二以不知等正明執相。三云何對治等。辨對治相。）

原文：「一者聞修多羅說。如來法身畢竟寂寞，猶如虛空，以不知爲破著故，即謂虛空是如來性」

初中。執相內言以不知破著等者。以眾生執佛色身之礙相故。說法身如空迷說意故。執同太虛。

*研究：

眾生因不知破除執著，以爲經中說，如來法身是畢竟寂寞，猶如虛空，意指如來法身就如同虛空，這是迷惑於佛經之所說意，執如來法身同太虛之虛空，是一種對法身執如虛空有之人我執。

原文：「云何對治。明虛空相是其妄法，體無不實。以對色故有，是可見相，令心生滅。以一切色法本來是心，實無外色。若無外色者，則無虛空之相。所謂一切境界，唯心妄起故有。若心離於妄動，則一切境界滅，唯一眞心無所不遍，此謂如來廣大性智究竟之義，非如虛空相故。」

治中有二。初明此虛空是妄非眞。後唯一眞心下。明彼法身是眞非妄。前中有三。先立。次釋。後結。立中二。先立情有。後體無不實者。立理無。

釋中二。先明情有。遍計性中相待而有。妄念所緣故非法身。故云以對色故乃至心生滅也。次釋理無。本以待色爲空。今既唯心無色。何得更有於空。故云以一切色法乃至虛空之相也。

結中二。先結情有。若心離於下。後結理無。是眞非妄中。言唯一眞等者。辨法同喻。以周遍如空故。取虛空爲喻。此謂如來等者。簡法異喻。謂是如來本覺性智。豈同人虛虛妄法也。

＊研究：

治中有二。初明此虛空是一種妄法，而非眞法。後唯一眞心無所不遍，明彼法身是眞而非妄。

前中有三。先立。次釋。後結。立中二。先立情有，即立虛空相是妄法，後體無不實者，是立虛空之理體是無。

釋中二。先明情有，是由遍計所執中計相待爲有，即妄念所緣，故非法身。故云虛空是相對於形色才顯見虛空，虛空也是一種可見相，而且會令心因之生起生滅，也是一種生滅法。

次釋理無，本以待色爲空，今既色是由心所現，故唯心無色。所以虛空也是心所現，實無虛空。故云以一切色法本來是心，實無外色。若無外色，則無虛空之外色相，故所謂一切境界，唯心妄起故有。

結中二。

先結情有，即若心離於妄動，則一切境界滅。

　　一切境界是偏計情執的妄有，是一種情執之有，實因阿梨耶識不覺心動的業識所生起。故若心離於妄動，則一切境界滅。後結理無，指唯一眞心無所不遍，眞心即眞如，眞如是眞非妄。因眞如無所不遍有如虛空，故取虛空爲喩。謂如來廣大性智究竟之義，即指眞如非同虛空虛妄法，眞如是如來本覺性智，不同於虛空之比喩。

　　原文：「二者聞修多羅說。世間諸法畢竟體空，乃至涅槃眞如之法亦畢竟空。從本已來自空，離一切相。以不知爲破著故，即謂眞如涅槃之性唯是其空。」

　　第二中言乃至涅槃眞如等畢竟空離一切相者。大品經云。乃至涅槃如幻如夢。若當有法勝涅槃者。我說亦復如幻如夢也。以不知爲破情計有故。即執性德唯是其無。故云以不知等也。

　　*研究：

　　涅槃眞如是畢竟空，離一切相，空是指空無自性，離一切色相，非指空無所有。大品經云。乃至涅槃如幻如夢，若當有法勝涅槃者，我說亦復如幻如夢也。

　　涅槃是空無自性所緣起的假法，此假法如幻如夢，但是具有無量性功德。

　　以不知其理而破情計有，即執取眞如涅槃之性德只是空無一物。

　　原文：「云何對治。明眞如法身自體不空，具足無量性功德故」

　　對治可知。

　　*研究：

　　如何對治眞如涅槃之性唯是其空呢？

　　只要明白眞如法身自體不空，具足無量性功德，即可對治眞如是空無所有。

　　原文：「三者聞修多羅說。如來之藏無有增減，體備一切功德之法，以不解故，即謂如來之藏，有色心法自相差別」

　　第三中執性德同妄法。

＊研究：

修多羅說：如來之藏無有增減，體備一切功德之法。

如來藏是在纏，出纏即是法身。

如來藏有空如來藏，即空除一切煩惱障。不空如來藏，即具一切不思議佛法。

故如來藏之自相空除一切煩惱障，自相並無色心法之差別。

原文：「云何對治。以唯依眞如義說故，因生滅染義示現說差別故」對治中言依眞如義說者。二之不二也。因生滅染義示等者。不二之二也。如上文云。以依業識生滅相示等也。

＊研究：

對治中，是指依眞如義說。

眞如是二而不二。眞如有隨緣及不變二義，眞如的不變是二而不二，眞如雖隨緣生起萬法，但差異萬別的諸法仍然保持其不變的眞如本體，此即唯依眞如義說，即二而不二。

不變眞如（即不二）可以受根本無明及外境界之熏染，而隨緣生起差別萬法（即二），此即不二而二，也即是就生滅染義示現說差別。

原文：「四者聞修多羅說。一切世間生死染法皆依如來藏而有，一切諸法不離眞如，以不解故，謂如來藏自體具有一切世間生死等法」

第四中以不解隨緣之義。則謂自性有染。

＊研究：

同上文，不變眞如雖隨緣生起差別萬法，但所緣生的萬法仍然具有不變的眞如體。眞如隨緣部分會受染，而其不變部分則不受染。

如同智者大師之佛性三因，正因佛性不受染，緣了因佛性則可受染。

原文：「云何對治。以如來藏從本已來，唯有過恒沙等諸淨功德，不離不斷不異眞如義故。以過恒沙等煩惱染法，唯是妄有，性自本無，從無始世來未曾與如來藏相應故。若如來藏體有妄法，而使證會永息

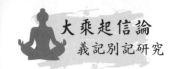

妄者,則無有是處」

治中先奪破後縱破。

以如來藏等者。明淨德妙有。以過恒沙等煩惱等者。明妄染理無。從無始已下。明妄不入眞。若如來藏體有妄法等者。此明縱破。可知。

*研究:

治中先奪破,後縱破。

以如來藏有不空如來藏,具有無量性功德,故言淨德妙有。

而過恒沙等煩惱等者,如前文所言,無明在心眞如門是「體無是空」,恒沙煩惱之理體也是空無自性的眞如體,其外在煩惱染法則是虛妄假法,故說過恒沙等煩惱染法,唯是妄有,性自本無。

故說其理下明妄染理無。

文中所言,從無始世來,未曾與如來藏相應,即明妄不入眞。

如前文所言,如實空眞如是從本已來一切染法不相應,故未曾與如來藏相應。

若如來藏體有妄法等者,此明縱破,可知。

原文:「五者聞修多羅說。依如來藏故有生死,依如來藏故得涅槃。以不解故,謂眾生有始,以見始故,復謂如來所得涅槃有其終盡,還作眾生」

,第五內教中說二法。執中亦執二。治中亦治二。謂生死涅槃也。執中聞依眞有妄。便謂眞先妄後。故起有始見也。如外道立從冥初生覺等。既眾生有始而後依眞故。證得涅槃者。還作眾生。以成有始之義也。如外道立眾生終盡,還歸於冥,名為涅槃。從冥起覺。更作眾生。此亦如是。

*研究:

第五內,教中說二法,執中亦執二。治中亦治二,謂生死涅槃也。

執中聞依眞有妄,即依如來藏故有生死,便說眞先妄後,故起有如來藏在先,生死在後之見。

如同外道，立從冥初生覺等。既然眾生有始而後依眞，眾生證得涅槃後，涅槃會終盡又還作眾生，於是有始之義也。

如外道立眾生終盡，還歸於冥，名爲涅槃。從冥起覺，覺後更作眾生，此亦如是。

原文：「云何對治。以如來藏無前際故，無明之相亦無有始。若說三界外，更有眾生始起者，即是外道經說。又如來藏無有後際，諸佛所得涅槃與之相應，則無後際故」

對治中二。先明法體離始。則顯生死無初。梁攝論云。生死無初也。後明法體離終涅槃無盡。

前中言外道經說者。如仁王經云。我說三界外別有一眾生界藏者。是外道大有經中說。非七佛說也。

＊研究：

對治中二。先明法體離始，則顯生死無初。

法體是眞如，眞如是不生不滅，無始無終。眞如是無始而有，法爾本有，前面再無生因。

梁攝論云。生死無初也。

後明法體離終，涅槃無盡。

眞如法體也是無終，有始必有終。根本無明是無始有終，因根本無明是有法，是迷惑於眞如而有，只是不知何時即有，有法必有。只要「終斷」對眞如的迷惑，即可破根本無明。而枝末無明是由根本無明所生，所以枝末無明是可破，但破了又由根本無明再生起，唯有斷盡源頭的根本無明，才能破枝末無明。

眞如是非有非無，無始無終，無前際生，也無後際滅。故涅槃是無始而有，本來自有（即自性清淨涅槃），但也是無終，不會終盡（即無住涅槃）。

前中言外道經說者，如仁王經云。我說三界外別有一眾生界藏者。

是外道大有經中說。都非七佛所說也。

（法我見中亦三。初起執之由。二以說不究竟下次顯其執相。三云何下顯其對治。）

（3）法我見

原文：「法我見者，依二乘鈍根故。如來但爲說人無我，以說不究竟。見有五陰生滅之法，怖畏生死，妄取涅槃。云何對治。以五陰法自性不生，則無有滅，本來涅槃故」

文相可見。

*研究：

法我見，是依二乘鈍根所說。二乘已斷人我見，卻尚未斷法我見。凡夫則人我見及法我見均未斷。

如來但爲說人無我，以說不究竟。

法我見是五陰生滅之法。二乘人怖畏生死，一心追求涅槃。

其實二乘追求的涅槃是有餘涅槃或無餘涅槃，尚未是究竟的無住涅槃。

如何對治。五陰法是自性空無，其體也是自性空的眞如體。

五陰法也是性空緣起法，這性空的眞如自性，是不生，也沒有滅，是本來即無始而有，所以說是本來涅槃，即自性清淨涅槃，所有眾生皆本具而有。

（第二究竟離中有二。初約法明治。二會釋伏疑。）

（4）一切法從本以來畢竟不可說相

原文：「復次究竟離妄執者，當知染法淨法皆悉相待，無有自相可說。是故一切法從本已來，非色非心，非智非識，非有非無，畢竟不可說相。」

前中亦二。初約法總顯。二是故下舉廣類求。二是故下，舉廣類求。前中言染淨相待無自相者。中論云。若法因待成。緣是法還成待。今則無因待。亦無所成法等。準釋可知。相待無相待法體本爾。非由悟後方使其然。故云本來等也。智及與識。顯上非心。有之與無顯上非色。

*研究

前中亦二。初約法總顯，指染淨法都是相待法，無自相可說。二是故下舉廣類求，指一切法非色非心，非智非識，非有非無，畢竟不可說。

前中言染淨相待，無自相者。

中論云。若法因待成，是法還成待。今則無因待，亦無所成法等。準釋可知。

相待無相待，法體本來即有，即是眞如體，非由悟後方得，故云本來平等也。

相對法可以說其實是同一法，因有共同的眞如法體，而相對法只是眞如法體所生起的不同相用表現而已。

若法有因，則因必又有因，故其實法是空無自體因，只是由緣相待而成，而所成法是因緣合和法，也是假法，故言今則無因待，亦無所成法。

相待及無相待，二者是同一眞如法體，此法體是法爾本有，而非由悟才有，悟只是斷惑，而後顯現本來即有的法體。

智及與識，顯示上之非心。有之與無顯示上之非色。

原文：「而有言說者，當知如來善巧方便。假以言說引導眾生，其旨趣者，皆爲離念歸於眞如。以念一切法令心生滅不入實智故」

釋疑中。疑云。聖者了知諸法離性不可說相。云何乃有種種言辭。釋云。假言巧引。旨不在言。於中有三。初正會伏疑。二其旨趣下。辨定聖意。三以念一切法下返以釋成。

*研究：

疑云。聖者了知諸法離性而不可說相，爲何又有種種言辭說言？
釋云。只是假借言語巧爲指引，其旨不在言說。

於中有三。初正會釋疑，即當知如來之善巧方便，只是假借言說
以引導眾生。其旨趣是，爲了使眾生離念而歸於眞如。

三以念一切法，念心動即令心有生滅，而無法入實智的無念眞如。

（第三發趣道相中有二。初總標大意以顯其名。二別開分別。）

第二節、分別發趣道相

原文：「分別發趣道相者，謂一切諸佛所證之道，一切菩薩發心修
行趣向義故」

前中言一切諸佛等者。舉所趣之覺道。一切菩薩下。顯能趣之因
行。欲明菩薩發心趣向佛所證道種類不同故。云分別發趣道相也。

*研究：

前中言一切諸佛所證之道，指所趣之覺悟之道。

一切菩薩發心修行趣向義，指能趣覺道之菩薩因行。欲明白菩薩
發心趣向佛所證道之種種不同方法，故云分別發趣道相也。

（別釋中三。初標數。二列名。三辨相。）

（1）發心有三種

A.信成就發心

原文：「略說發心有三種，云何爲三。一者信成就發心，二者解行
發心，三者證發心」

列名中。信成就發心者。位在十住。兼取十信。十信位中修習信心成就。發決定心即入十住。十住初心。名發心住。即十信行滿名信成就進入十住之初。故云發心。解行發心者。位在十迴向。兼取十行。十行位中。能解法空。順行十度。行成純熟。發迴向心。入十向位。故云解行發心也。證發心者。位在初地已上乃至十地。前二是相似發心。後一是眞實發心。

＊研究：

列名中。信成就發心者，指在十住位，兼取十信位。

十信位中修習信心成就，指發決定信心，信心圓滿後即入十住位，即十住之初心位，名發心住。

即十信行滿，名信成就，而進入十住之初，故云發心住。

解行發心者，位在十迴向，兼取十行。

十行位中，開始破塵沙惑的法執，而能解法空。順行十度，行成純熟，再發迴向心，而入十向位。故云解行發心也。

證發心者，位在初地以上乃至十地。

前二之信成就及解行發心，是相似發心。後一之證發心是眞實發心。

（廣辨中。辨上三名即為三段。初中亦三。一明信心成就之行。二顯發心之相。三顯發心利益。初中二。先問後答。）

原文：「信成就發心者，依何等人，修何等行，得信成就，堪能發心」

問中三問。一問能修行人。二問所修之行。三得信成就等者。問行成已堪能發心。

＊研究：

問中三問。一問依何等人而能修行。

二問 所修之行為何。三問 得信成就後，行成已，才能發心嗎？

（答中有二。初正答前問。次舉劣顯勝。謂前信滿故進也。後信

未成故退。正答中二。先答三問。後結成位。）

原文：「所謂依不定聚眾生，有熏習善根力故。信業果報，能起十善，厭生死苦，欲求無上菩提。得值諸佛，親承供養，修行信心。經一萬劫，信心成就故。諸佛菩薩教令發心，或以大悲故，能自發心。或因正法欲滅，以護法因緣故，能自發心」

依不定聚眾生者。答初問也。分別三聚乃有多門。今此文中。直明菩薩十住已上決定不退名正定聚。未入十信不信因果名邪定聚。此二中間十信位人。欲求大果而心未決。或進或退。故本業經中。十信菩薩如空中毛名不定聚。今依此人明其修行也。

有熏習下答第二問。於中先辨行因。謂有聞熏及本覺內熏之力。并依前世修善根力故。能信業果。故捨惡從善修福德分也。言厭生死苦求菩提者。成菩提分及解脫分善也。得值諸佛修信心者。明修行緣。謂約此緣修十種信心行也。

經一萬劫信心成就故諸佛菩薩教令發心或以大悲故能自發心或因正法欲滅以護法因緣故能自發心逐一萬劫下答第三問。於中二。先明時滿行成。後約勝緣明其發心。前中言一萬劫者。謂十千劫修信心成就也。佛菩薩教令發心等者。謂發十住初心也。如瓔珞本業經云。是信想菩薩於十千劫行十戒法。當入十信心入初住位釋云。此中言入初住位者。謂十住初發心住位也。以至此位方得不退信心。是故亦名入十信心。非謂十解以前之十信也。何以知者。仁王經云。習種性有十心。已超二乘一切善地。此習忍已前行十善菩薩有退有進。猶如輕毛隨風東西。雖以十千劫行正道發菩提心。乃當習忍位。以是文證故得知也。十種心相及諸委曲。如華嚴疏中說也。勝緣雖多。略舉三種。於中一他力。二自力。亦可同下三心。謂教故得直心。護法故得深心。餘同也。

*研究：

言依不定聚眾生者，答初問之依何等人。至於分別三聚（邪定、

不定、正定），有很多經有探討到三聚。今此文中，只明菩薩十住以上，即是決定信心不退位，名正定聚。

未入十信前，不信因果，名邪定聚。

此二中間之十信位人，欲求大果而心未決定，或進或退。

故本業經中說，十信菩薩如空中毛，飄浮不定，名不定聚。

信成就發心即是依此不定聚之十信位眾生而修行。

有熏習下答第二問修何等行，於中先辨行因。謂有聞熏及本覺內熏之力，並依前世所修善根力故。因相信因果業報，故能捨惡從善，修福德分也。所言厭生死苦及求菩提，其中求菩提能成就菩提果，厭生死能成就涅槃解脫果。若能得值諸佛在世，親承供養，以修行信心。以上是明修行緣，謂以這些緣修行十種信心行（信、進、念、定、慧、施、戒、願、捨、護）。

經一萬劫信心成就以下，是答第三問。於中二。先明時滿行成，後約勝緣明其發心。

前中言一萬劫者，謂十千劫修信心成就也。

佛菩薩教令發心等者，指發十住位初心之發心住。如瓔珞本業經云。是信想菩薩，於十千劫行十戒法（即十信法），當入十信心，而後入十住之初住位。釋云。此中言入初住位者，指十住初發心住位也。以至此發心住位，才能住得信心而得不退信心，是故亦名入十信心。此處非指十解（住）位以前之十信位。何以知者。

仁王經云。習種性有十心，已超二乘一切善地。

習種性即十住位之十住心。十住之七住位即不退位，此位已得二乘四果阿羅漢，並能出三界。故十住已超二乘一切善地。

此習忍以前，行十善菩薩。習忍即十住位，習忍以前指十信位。此位有退有進，猶如輕毛，隨風東西，飄忽不定，雖以十千劫修行正道及發菩提心，才能修得十住位之習忍位。以是文證故得知也。

十種心相及諸委曲，如華嚴疏中說也。

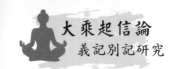

勝緣雖多，略舉三種。於中一他力，二自力。亦可同下三心即直心、深心、大悲心。謂教之以眞如理，故得直心。因護法而集善行，故得深心。餘同也。

原文：「如是信心成就得發心者，入正定聚，畢竟不退，名住如來種中，正因相應」

如是信心下，結成位。言初入正定聚不退者。顯於下無失也。謂入十住初發心住位。不墮凡小之地也言名住如來種中正因相應者。明於上有得也。謂住習種性位。行順內熏之因。故云正因。又此位已去。定當得果。故云正因。以不更退失故。

*研究：

如是信心下，結成位。言初入正定聚十住位之不退位者，顯於此位無退失也。若入十住位之初發心住位，則能生起堅定信心，不會墮凡夫小乘之地，即名住如來種中，已得修成正果之正因相應。

明於上有得也，謂住十住位之習種性位，能行順眞如內熏之因，故云正因。又此十住位以後，歷經十行、十迴向、十地等位，將來定當得果，故云正因，因不會再退失故。

（言若有下第二明舉劣顯勝。勝者如前進。劣者如此退。攝論云。諸菩薩在十信位中。修大乘未堅固。多厭怖生死。慈悲眾生心猶劣薄。喜欲捨大乘本願修小乘道。故言欲修行別大乘意也。於中有二。初明劣相。後如是等下。結成退失。前中亦二。初內因力微。後或有供養下明外緣力劣。）

原文：「若有眾生善根微少，久遠已來煩惱深厚。雖值於佛，亦得供養。然起人天種子，或起二乘種子。設有求大乘者，根則不定，若進若退」

前中四句。初一惑重。後三德薄。薄中。一倒求人天。二異求小果。三猶豫大乘。

*研究：

前中四句，初一惑重，即久遠已來煩惱深厚。後三德薄，指

一、起人天種子、或二、起二乘種子、或三、設有求大乘者，根則不定，若進若退。

此三德薄中，一倒求人天。二異求二乘小果。三猶豫大乘。

原文：「或有供養諸佛未經一萬劫，於中遇緣，亦有發心。所謂見佛色相而發其心，或因供養眾僧而發其心，或因二乘之人教令發心，或學他發心」

外緣中二。先明行時未滿。後遇緣不勝。此中有四句。一觀佛色。二供大眾。三劣友勸。四學他教。此等並非菩薩悲智之心。故退失也。

*研究：

外緣中二。先明行時未滿，後遇緣不勝。此中有四句。

一觀佛色。二供大眾。三劣友勸。四學他教。

此四種發心因緣，並非發自菩薩悲智之心，故會退失。

原文：「如是等發心，悉皆不定。遇惡因緣，或便退失，墮二乘地」結文可知。

*研究：

以上之發心，尚在十信位，悉皆不定。

若遇惡因緣，即可能便退失，回墮二乘地。

（下明發心相中有二。初正明三心。後問答除疑。）

原文：「復次信成就發心者，發何等心，略說有三種，云何為三。一者直心，正念真如法故。二者深心，樂集一切諸善行故。三者大悲心，欲拔一切眾生苦故」

前中二。先問後答。答中標數及別釋。釋中言直心者。謂向理之心。無別岐徑故云正念真如。即二行之本也。言深心者。備具萬德。歸向心源。故云樂集等也。上來二種。自利行本也。言大悲心者。廣拔物苦。令得菩提。故云欲拔等也。即利他行本。妙行雖廣。三行統收。故上云略說三也。以此即是三聚戒故。三德三身皆由此故。亦即

是彼三迴向故。謂初迴向實際。次向菩提。後向眾生。皆應相配釋之。

＊研究：

復次，信成就之十住發心位，是發何等心？發三種心：直心、深心、大悲心。

釋中言，直心者，指向真如理之心，除此外無其它的分岐路徑，故云正念真如。此直心即是深心及大悲心二行之本也。

言深心者，指備具萬德、歸向心源，故云樂集，即樂集一切諸善行。

上來二種，直心及深知，是自知真理及自行善行之自利行本也。

言大悲心者，指廣拔一切眾生苦，令得菩提果。故云欲拔眾生苦，是屬於利他行本。

妙行雖廣，直心、深心、大悲心三行統收，故上云略說三也。

以上三行可以配對三聚戒：攝律儀（直心）、攝善行（深心）、攝眾生（大悲心）。

三行配三德：智德（直心）；斷德（深心）；恩德（大悲心）。

三行配三身：法身（直心）、報身（深心）、應身（大悲心）。

三行配三迴向：迴向實際（直心）；迴向菩提（深心）；迴向眾生（大悲心）。

（釋疑中有二。先問後答。）

原文：「問曰上說法界一相，佛體無二，何故不唯念真如，復假求學諸善之行」

答中亦二。初正答前問。二重顯方便。前中亦二。先喻後合。

＊研究：

問說：上說法界一相，佛體無二，為何不直接求念真如，卻假借求學諸善之行。

答曰。譬如大摩尼寶，體性明淨而有礦穢之垢。若人雖念寶性，不以方便種種磨治，終無得淨。

如是眾生，真如之法體性空淨，而有無量煩惱染垢。若人雖念真如，不以方便種種熏修，亦無得淨。以垢無量，遍一切法故。修一切善行以為對治。若人修行一切善法，自然歸順真如法故」

合中有三。初正合前文。二以垢無量下釋修眾行所以。三若人修行下，明善行順真。以諸善行，外違妄染，內順真如

1.四種修行方便（十三之2）

原文：「略說方便有四種，云何為四」

（釋中四門。初一不住道。次二自利行。後—利他。自利中。初斷德。次智德。此四門中。各有三義。一列名。二釋相。三以隨順法性下明修意。）

原文：「一者行根本方便。謂觀一切法自性無生，離於妄見，不住生死。觀一切法因緣和合，業果不失。起於大悲，修諸福德，攝化眾生，不住涅槃，以隨順法性無住故」

初門釋相中有二。先智後悲。無住行也。

a.行根本方便

*研究：

第一門行根本方便。先智，後悲，而後無住行。

先智指二種觀智，觀一切法自性無生；觀一切法因緣和合

一切法之法體即真如體，其體是自性空，自性體不生不滅，體相用一如，故言自性無生。如前文，真如體的如實空是與一切妄染法不相應，離一切法差別相及無虛妄心念，故言離於妄見。真如體不住生死也不住涅槃，生死即涅槃。

觀一切法是因緣和合，是性空緣起的因緣和合法，乃由十二因緣依惑業苦所生之業果，其業果宛然存在，故說業果不失。

後悲，指入菩薩初地證真如後，會起根本智及後得智。由二智生起於大悲心，修諸福德，攝化眾生。以智悲雙運，遂能令真如的法性，展現其不住生死及涅槃的無住功德。

原文：「二者能止方便。謂慚愧悔過，能止一切惡法，不令增長。以隨順法性，離諸過故」

第二門者。則是勤斷二惡，止持門也。

b.能止方便

*研究：

第二門能止方便。止是指止持。止是離諸過，止一切惡法。持是勤斷二惡，慚愧悔過，不令惡法增長，以隨順法性。

原文：「三者發起善根增長方便。謂勤供養禮拜三寶，讚歎隨喜，勸請諸佛。以愛敬三寶淳厚心故，信得增長，乃能志求無上之道。又因佛法僧力所護故，能消業障，善根不退，以隨順法性，離癡障故」

第三勤修二善。即作持門也。此釋相中有二。初約緣修行。二以愛敬三寶下。辨修行成益。益中亦二。初生智益。次又因佛法僧力下。明滅障益。又敬之與愛成於四句。一愛而非敬。如母於子等。二敬而非愛。如僕於主等。三亦敬亦愛。如修行者於三寶等。四非敬非愛。如怨家等。

c.發起善根增長方便

*研究：

第三門發起善根增長方便。勤修二善。即作持門也。

此釋相中有二。

初約緣修行，指勤供養禮拜三寶，讚歎隨喜，勸請諸佛。

二辨修行成二種利益。一者，即以愛敬三寶之淳厚心，使信得增長，而能志求無上之道。此即產生智慧之益。

二，又以佛法僧三力之所護，能夠消除業障，此即滅除障礙之益。

敬與愛有四種情形：一愛而非敬，如母對於子。

二敬而非愛，如母於子等。如僕對於主等。

三亦敬亦愛。如修行者對於三寶等。

四非敬非愛。如怨家等。

本論屬第三，對於佛法僧三寶是又敬又愛。

原文：「四者大願平等方便。所謂發願盡於未來，化度一切眾生，使無有餘，皆令究竟無餘涅槃，以隨順法性，無斷絕故。法性廣大，遍一切眾生，平等無二，不念彼此，究竟寂滅故」

第四門中釋相內。盡未來等者。長時心也。度一切眾生使無餘者。廣大心也。令得無餘涅槃者。第一心也。修意中二。初顯順性。二法性廣大下。明起大願意。亦即常心也。

d.大願平等方便

*研究：

第四門大願平等方便。

所謂發大願化度一切眾生，盡於未來際，這是長時心。

度一切眾生，使所有眾生均得度而無餘者，這是廣大心。

令眾生都能入究竟無餘涅槃，這是第一心。

令眾生隨順廣大的法性，沒有斷絕。

而且遍一切眾生，平等無二，不念彼此，使達究竟涅槃寂滅，這是常心，令眾生常起大願意。

原文：「菩薩發是心故，則得少分見於法身。以見法身故，隨其願力能現八種利益。眾生所謂從兜率天退，入胎，住胎，出胎，出家，成道，轉法輪，入於涅槃」

初中有二。初自利功德。謂十解菩薩依比觀門見於法界故。云少分見也。亦可依人空門見法身故。二以見法身下明八相益生。即利他功德。十解初發心住中能作此事

*研究：

十住之初住即發心住，即能顯二種勝德。一自利功德，二利他功德。

十解菩薩依比觀門見於法界，因尚在信階段，尚未親證法身，故云少分見也。亦可依十住二乘人之人我空，少分見法身。

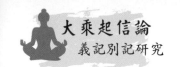

二以見法身故,隨其願力能現八種利他功德,以利益眾生,即
從兜率天退,入胎,住胎,出胎,出家,成道,轉法輪,入於涅
槃。

原文:「然是菩薩未名法身,以其過去無量世來有漏之業未能決
斷。隨其所生與微苦相應,亦非業繫,以有大願自在力故」

然是菩薩下,次明微過。於中二。先異地上。後異凡愚。前中言
未名法身者。以未證真但依信力見於少分故。異於地上也。以其過去
下。釋異所由。於中初往業未亡。次微苦猶續。下顯異凡。既聞業苦
未亡。則謂與凡夫無異。今明菩薩於報脩短而得自在。不由惑業故云
非業繫。以留惑益生悲願之力故。云以大願等力也。

*研究:

然是菩薩未名法身以下,此指此信發心菩薩,尚在十住位,尚有
微過,指變易生死及法我執。

於中有二,先異地上菩薩,後異十信位以前之凡愚。

前中言未名法身者。因十住位尚未真證法身,只能依信力少分見
法身,此與地上菩薩之親證法身不同。

以其過去無量世來有漏之業,未能決斷。此有漏業指分別我法執,
及無量世來的俱生我法執。

七住菩薩只能斷分別我執種子,七-十住之辟支佛只能斷分別我執
的習氣,因此十住菩薩只斷分別我執,尚未斷分別法執,更遑論斷俱
生我法執。故言於中初往業未亡,而且微苦猶續。

下顯異凡,即十信位或十信以前之內凡及外凡位凡夫,既聞業苦
未亡,則謂與凡夫無異。

今明地上菩薩,於報脩短而得自在,已分證真如法身,已破分別
我法二執種子,故云不由惑業。若破分別我執即能超出三界,擺脫六
道業繫苦,故云非業繫。十地菩薩已生起留惑益生之悲願力,以行惑
業潤生,故云以大願等力也。

原文：「如脩多羅中，或說有退墮惡趣者，非其實退，但爲初學菩薩未入正位而懈怠者，恐怖令彼勇猛故」

第三通權教者。於中二。先舉教。後釋通。文處可知。如纓絡本業經中言。七住已前。名爲退分。若不值善知識者。若一劫乃至十劫。退菩提心。如淨目天子法才王子舍利弗等欲入第七住。其間值惡知識因緣故。退入凡夫不善趣中。乃至廣說。今釋此經意。是權語。非實退。但恐彼初人令不慢怠故也。

＊研究：

第三通權教者。於中二。先舉教。後釋通。文處可知。如纓絡本業經中言。七住以前，名爲退分。若不值善知識者，若一劫乃至十劫，會退菩提心。如淨目天子、法才王子、舍利弗等欲入第七住，其間值惡知識因緣故，即退入凡夫不善趣中。乃至廣說。

菩薩七住位是不退位，而且七住位是小乘四果阿羅漢位，已超出三界，破人我執及分段生死。

今釋此經意，如經中說，或有退墮惡趣者，其所言退，是權語，非實退。說會退的用意是作爲慢怠的人的一種警惕作用，目的在令其不慢怠。

原文：「又是菩薩一發心後，遠離怯弱，畢竟不畏墮二乘地。若聞無量無邊阿僧祇劫，勤苦難行乃得涅槃，亦不怯弱。以信知一切法從本已來，自涅槃故」

第四歎實行中有二

初於下不戀。二若聞下。於上不怯。以信知下。釋不怯所以也。以此即顯彼經文是權非實故也。

＊研究：

第四歎實行中有二

初於下不戀，菩薩一旦發心，即能遠離怯弱，絕不致再怕會墮二乘地。

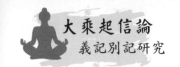

二若聞無量無邊阿僧祇劫，雖知必需勤苦經歷難行，才能得涅槃，但也不覺怯弱。因爲信知一切法從本以來，即自具自性清淨涅槃故。

以此可顯彼經文所謂有退墮惡趣者，是權說而非實說也。

B.解行發心

（第二解行發心中有二。初總標歎勝。）

原文：「解行發心者，當知轉勝」

謂前位信滿入解。今此行滿入向。更深發心。故知轉勝。

*研究：

謂前位信發心是十信位行滿，進入十住位。

今解行發心是十行位行滿，進入十迴向位，發心更深切，而且從前位之信轉勝，開始進入實際解行。

（二顯其勝相。於中亦二。初舉時顯勝。）

原文：「以是菩薩從初正信已來，於第一阿僧祇劫將欲滿故」

謂在十向位中。望於初地。鄰而且近。故云將欲滿也。

*研究：

菩薩從初正信位以來，直至菩薩初地，需歷經一阿僧祇劫之久。此時在十迴向位，向菩薩初地邁進，離初地已近，故說將欲滿也。

（二明其行勝。於中二。先總後別。）

原文：「於眞如法中，深解現前所修離相」

總中言於眞如法中深解現前者。明解勝。異前位。故云深也。異後位。故但云解。所修離相者。明行勝。

*研究：

總中言於眞如法中深解現前者，指此十行、十迴位之解行發心位，比前十住位之信發心位更爲殊勝，故云深也。但此位比後證發心位，仍是在解行階段，尚未證眞，故但云解。

所修離相，是指所修之離相行是殊勝行。

原文：「以知法性體無慳貪故。隨順修行檀波羅蜜。以知法性無染，

離五欲過，故隨順修行尸羅波羅蜜。以知法性無苦，離瞋惱故，隨順修行羼提波羅蜜。以知法性無身心相，離懈怠故，隨順修行毗梨耶波羅蜜。以知法性常定，體無亂故，隨順修行禪波羅蜜。以知法性體明，離無明故，隨順修行般若波羅蜜」

別中廣約六度明此二也。謂知法性無慳者。顯上深解也。隨順修行等者。顯上所修離相也。謂離三輪等相。以十行已去菩薩得法空故。能順法界修六度等行。即發心所依之解行也。以垢障乖真故。修離障之行以順如也。餘文可知。

*研究：

所謂解行是了解六度波羅密行：施、戒、忍、進、定、慧。

知法性體無慳貪，即隨順修行檀（施）波羅蜜。

知法性無染，離五欲（色聲香味觸或財色名食睡）過，即隨順修行尸羅（戒）波羅蜜。

知法性無苦，離瞋惱，即隨順修行羼提（忍）波羅蜜。

知法性無身心相，離懈怠，即隨順修行毗梨耶（精進）波羅蜜。

知法性常定，體無亂，即隨順修行禪（定）波羅蜜。

知法性體明，離無明，即隨順修行般若（慧）波羅蜜。

以上之施波羅密，知法性無慳者，即顯示上句之深解意。隨順修行即顯示上句之所修離相，所謂離相是指行施時，三輪體空，即施者、施物、受施者，三者均空，無所執著。

十行位以上菩薩，已破塵沙惑，屬法執惑，或已得法空，故修六度行均能以所修可以離相，破除法執相。

此解行發心位，能順法界之法空理，修六度等行，即發心所依之解行也。

因煩惱、所知二障會乖離真如法性，故修離二障之行，可以順真如之空妄本性。

餘文可知。

（第三證發心中有三。初通明發心體。次明發心相。三明成滿德。初中亦三。先標地位。二明[1]辨行體。即根本智。三明勝用。即後得智。）

C.證發心者

原文：「證發心者，從淨心地乃至菩薩究竟地，證何境界，所謂眞如。以依轉識說爲境界，而此證者無有境界，唯眞如智，名爲法身」

行體中。以依轉識等者。境界即是現識。必依轉相起故也。然本智正證之時。實無能所。豈可得說以爲境界。今但約後得智中業識未盡故。轉現猶存。假就此識說正證中定有眞如爲所證境也。以後得智反緣正證。亦有現似境故。說轉識現也。而實眞證能所平等。故云唯眞如智名法身也。

＊研究：

證發心所在位，是從淨心地（菩薩初地）至菩薩究竟地（菩薩十地）。是以眞如智證得眞如境。

從前文知，由阿梨耶之業識，形成轉識，再成現識，外境界即是現識所現，必依轉相起故也。

若能證得眞如根本智，即根本智正證之時，無分別根本智實無能所。根本智隨即生起後得智，菩薩入初地後會生起無分別根本智，而後得智也會隨之生起。此後得智經地地逐次修行完全。後得智能將有能所之轉識及現識返回到無能所之業識，再破除業識，即修得後得智。而後得智再破除根本無明，即得無分別之眞如智，眞如智即智境不二，眞如智所觀之境即是眞如境。根本智是眞如的體，後得智是根本智所起的用，眞如智即是體用不二，根本智及後得智不二。

故若後得智中業識未盡除，則轉現識猶存，則還會現有能所分別之外境。

故說正證中，定有眞如爲所證境，而以眞如智爲能證智。此眞如之根本及後得智已融合爲一智，即是唯眞如智，也名法身。

（後得智勝用中有四。）

原文：「是菩薩於一念頃，能至十方無餘世界，供養諸佛，請轉法輪，唯爲開導利益眾生，不依文字。」

初請法上首德。有二句。初正明請法。後唯爲下。顯其請意。

＊研究：

證得眞如後得智後，其勝用有四。

初請法上首德，意即請佛說法上的首導大德，即請佛能轉法輪。有二句，初句即正明請法。菩薩於一念頃，能至十方無餘世界，供養諸佛，請轉法輪。

第二句顯其請意。即唯爲開導利益眾生，不依文字。請意指唯爲眾生而作利益之意。

原文：「或示超地，速成正覺，以爲怯弱眾生故。或說我於無量阿僧祇劫當成佛道，以爲懈慢眾生故，能示如是無數方便，不可思議」

二或示下明隨根延促德。有三。先促。次延。各有二。先舉用後明意。後能示如是下總結。

＊研究：

後得智第二勝用。或示超地，讓怯弱根基的眾生，速成正覺，爲快速促成。

或說，讓懈慢眾生，於無量阿僧祇劫當成佛道，爲延緩完成。由上，能示如是無數之方便，或促速或延緩，以展現後得智的勝用。可說是不可思議。

原文：「而實菩薩，種性根等，發心則等，所證亦等，無有超過之法。以一切菩薩皆經三阿僧祇劫故」

三而實下，明實行不殊德。於中種性等，即因等也。發心等，即行等也。所證等，即證眞等也。無有下，明時等也。

＊研究：

第三勝用，後得智可以顯示其實際修行之不同殊德。若種性之根

相同，即因同，則發心亦相同，即行相同，而所證也相同，即證真也相同。所需時間共需經三阿僧祇劫，即時同。發心，解行及證真均各需一阿僧祇劫之久，共需三大阿僧祇劫。

原文：「但隨眾生世界不同，所見所聞，根欲性異，故示所行亦有差別」

四但隨下明應機殊用德。

*研究：

第四隨眾生應機不同而有不同的後得智勝用。隨眾生世界不同，所見所聞不同，根基樂欲本性不同，而顯示所行亦有差別。

（第二發心相中二。先歎細標數。後列名釋相。）

原文：「又是菩薩發心相者，有三種心微細之相，云何為三。一者真心，無分別故。二者方便心，自然遍行利益眾生故。三者業識心，微細起滅故」

釋相中。真心者。謂根本無分別智也。方便心者。謂後得智也。業識者。二智所依阿梨耶識。理實亦有轉現。但今略舉根本細相。此非發心之德。但顯此菩薩二智起時。有微細生滅之累。不同佛地純淨之德。是故合為發心相。

*研究：

菩薩發心相，有三種心微細之相。

釋相中。

真心者，指真如之根本無分別智也。即上文之隨染本覺智淨相。

方便心者，指真如後得智。即上文隨染本覺之不思議業相。

業識者，指上二智所依之阿梨耶識。

理實亦有轉現。但今略舉根本細相，指阿梨耶識之三細相之業相，因尚無能所，故非發心之德。

但顯此菩薩二智起時，此時入菩薩初地，及地地進入十地，尚有微細生滅之累，如尚有俱生我法執未斷，尚不同於佛地之漏盡純淨德

相，是故合為發心相。

（第三德成滿中有二。初正顯勝德。次問答除疑。前中初總辨德滿位顯。二謂以一念下。別明德滿。）

原文：「又是菩薩，功德成滿，於色究竟處，示一切世間最高大身」

前中言又是菩薩功德成滿者。因位窮也。故地論云。一者現報利益。受佛位故。言於色究竟等者。果位彰也。故地論云。二者後報利益。摩醯首羅智處生故。何故他受用報身在此天者。一義云。以寄十王顯別十地。然第十地菩薩寄當此天王。即於彼身示成菩提。故在彼天也。餘義如別說。

*研究：

前中言又是菩薩功德成滿者，指由因位已修盡故。

故地論云。一者現報利益。菩薩功德成滿者，即能受佛位。

言於色究竟等者，色究竟指即色即心之佛果位，故果位彰也。

故地論云。二者後報利益，摩醯首羅智處生故。

何故他受用報身在此天者，一義云，以寄借十天王天來顯別十地，第十地菩薩寄當此天王，即於彼身示已修成菩提，故在彼天也。

餘義如別。

（2）一切種智

原文：「謂以一念相應慧，無明頓盡，名一切種智。自然而有不思議業，能現十方利益眾生」

次別顯中。言一念等者。明自利行滿。即顯上眞心於此成也。謂一念始覺至心源時。契於本覺。故云相應。以無明盡故。顯照諸法。名一切種智也。亦可前一念相應慧等者。是無間道也。名一切種智者。是解脫道也。自然下。解利他德。顯上方便心。明不待功用也。又亦可初智淨相。後不思議業相。故云本覺隨染所成也。

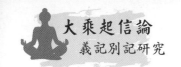

＊研究：

次別顯中。言一念相應慧，明自利行滿，即顯上眞心於此已成。所謂一念相應慧，即一念始覺至心源，契於本覺，故云相應。以根本無明破盡，得眞如智，此智可以顯照諸法，名一切種智也。意指，破了根本無明，才成始覺，即同本覺，此本覺可以顯照諸法。

也可說前一念相應慧，是無間道。

一切種智，是解脫道。

有了一切種智，即有本覺隨染之智淨相及不思議業相，後者之不思議業智，也是後得智，能現十方利益眾生，解爲利他德。同上文所言方便心之後得智發用，此功用是自然而發，所以說不待功用也。

（釋疑中有二問答。初問上種智。後問上自然業用。初中先問後答。）

原文：「問曰。虛空無邊故，世界無邊。世界無邊故，眾生無邊。眾生無邊故，心行差別亦復無邊。如是境界，不可分齊，難知難解。若無明斷，無有心想，云何能了，名一切種智」

問中二。初陳疑。謂有虛空處皆有世界。有世界處皆有眾生。有眾生處皆有心行。如是境界分齊難知也。若無明下。正設難。難云。非直外境無邊分齊難知。亦復內盡心想。云何得了也。

＊研究：

問中二。初陳疑。謂有虛空處皆有世界，有世界處皆有眾生，有眾生處皆有心行。如是境界，分齊難知難解。

正設問難。難云：不只外境無邊，分齊難知，亦復內心已盡，已無心想。如何能了呢？

原文：「答曰。一切境界，本來一心，離於想念。以眾生妄見境界，故心有分齊，以妄起想念，不稱法性，故不能決了。諸佛如來離於見相，無所不遍，心眞實故，即是諸法之性。自體顯照一切妄法，有大智用，無量方便，隨諸眾生所應得解。皆能開示種種法義，是故得名

一切種智」

答意云。只由內盡妄想心故。能外廣知也。於中有三。初立正理。次舉非顯失。後舉是彰得。前中境雖無邊。不出一心。既證心源。何不能了。即心之境離於妄念故。盡想念方始能知。故云一切境界等也。

舉非中二句。初妄見有限之境。次以妄起想。釋成無見所由。即明有妄見故。有所不見也。

顯是中。言離於見相無所不遍者。明無妄見故。無所不見也。言心真實故即是諸法之性者。佛心離妄體一心源。無始覺之異。故名真實。然此本覺在生滅門中爲妄法之體。故云諸法性也。一切妄法。並是本覺佛心之相。相既現於自體之上。以體照其相。有何難了而不了知也。故云自體顯照等也。故上文中。辨佛報化之用則在於眾生心中。今辨眾生妄法則在於佛心之上。良以心源無二故得然也。華嚴云。如心佛亦爾。如佛眾生然。心佛及眾生。是三無差別。此之謂也。以同體智力。起勝方便攝化有情故。云有大智用乃至名一切種智也。

*研究：

答意云。只因能對內盡除妄想心，自能對外而能廣知也。於中有三。初立正理，即一切境界，本來一心，離於想念。

次舉「非」以顯「失」。以眾生妄見境界及妄起想念之「非」，顯示心有分齊及不稱法性及不能決了之「失」。

其後舉「是」以彰「得」，即

以諸佛如來離於見相之「是」，以彰顯無所不遍，心真實之諸法法性之「得」。

前中境雖無邊，不出一心，既已證心源之本覺，怎會不能了知呢。因離於妄念之心自已離境，此心已盡除想念，方始能知。故云一切境界，本來一心，離於想念。

舉非中二句，初妄見有限之境，次以妄起想，以解釋不能見之原因，即若有妄見，則有所不見也。

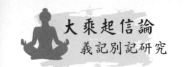
顯是中。言離於見相,無所不遍,指若明無妄見,則能無所不見。

言心眞實,即是諸法之法性,佛心離妄,若返妄歸眞,即歸心源眞體,即是始覺,此同本覺,故名眞實。

然此本覺在生滅門中,爲妄法之本體,故云諸法之法性也。一切妄法,並是本覺佛心之顯相。相既顯現於自體之上,以自體照其自相,有何難了而不能了知呢。

故云自體顯照也。

故前文中有提及,辨佛報化身之用,是在於眾生心中。今辨眾生妄法,則在於佛心之上。良以心源無二,故得然也。

華嚴云。如心佛亦爾,如佛眾生然。心佛及眾生,是三無差別。

因佛心及眾生心都是同體智力,所以三無差別。

以此同體智力,起勝方便,攝化有情,故云有大智用,乃至名一切種智也。

(第二問答中。先問後答。)

(3)為何世間多不能見諸佛有自然業

原文:「又問曰。若諸佛有自然業,能現一切處,利益眾生者。一切眾生,若見其身,若睹神變,若聞其說,無不得利。云何世間多不能見。」

問中。先陳疑。後云何下設難。

*研究:

給問中,先陳述疑惑,即佛的自然業力,能現一切處,利益眾生,令一切眾生,能見其身,睹其神變,聞其所說,無不得利。

再最後提問:有這些利益眾生之事,爲何世間多不能見。

原文:「答曰。諸佛如來法身平等,遍一切處,無有作意故,而說自然,但依眾生心現。眾生心者,猶如於鏡,鏡若有垢,色像不現。

如是眾生，心若有垢，法身不現故」

答中。有法喻合。以法身普遍眾生心中。但有厭求機感即顯粗細之用。非由功用也。上文中已顯此義也。鏡有垢者。明無感佛之機。非謂煩惱現行。以善星等煩惱心中得見佛故。言法身不現者。法身能現報化之用。今據本而言。故云法身不現。如攝論中十二甚深皆是法身之德。顯現甚深。彼中言。由失尊不現。如月於破器。釋曰。諸佛於世間不顯現。而世間諸佛身常住。云何不顯現。譬於破器中水不得住。水不住故。於破器實有月不得顯現。如是諸眾生無奢摩他軟滑相續。但有過失相續。於彼實有諸佛亦不顯現。水譬奢摩他軟滑性故。此中依定得見佛。見佛者。是過去修習念佛三昧。乃於此世得見佛身。非謂今世要依定心方能見佛。以散心中亦見佛故。彼攝論中約過去定習為因。非約現世。此論中約根熟為因。非約惑無。有此左右也。解釋分竟。

*研究：

答中。有法、喻、合三者。以法身普遍存於眾生心中，但有厭生死求涅槃之機感，即能顯心之粗細作用，此用自然本有，非由作功才有。

上文中已顯此義也。鏡有垢者，明無感佛之機，此垢非指煩惱現行，因善星等煩惱心中得見佛故。

言法身不現者，法身為體，能現報化之用。今據本而言，法身無形無相，故云法身不現。

如攝論中，十二甚深皆是法身之德，顯現甚深。是指十二甚深之第七甚深。

彼中言，由失尊不現，如月於破器。釋曰。諸佛於世間不顯現，而世間諸佛身卻常住，云何不顯現。譬如同於破器中水不得留住，水不住故，於破器實有月不得顯現。

如是諸眾生無奢摩他軟滑相續，奢摩他之性軟滑，非煩惱性粗惡

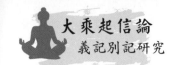

之比也，但有過失相續，於彼實有諸佛亦不顯現，水譬奢摩他軟滑性故。

此中依定得見佛，見佛者，是指因過去有修習念佛三昧，才能於此世得見佛身，而不是說今世一定要依定心，才能見佛，

因散心中（指欲界中定）也能見佛。

所謂念佛三昧者，指一心觀佛相好或一心觀法身實相之觀想念佛；或一心稱佛名之稱名念佛。二者修習成就，心入禪定。

彼攝論中，約過去定習為因，非約現世而言。

本論則約根熟機緣為因，所謂境垢是指根緣未至，非指須無惑才是無垢，本論有此不同論調。

解釋分竟。

第七章、大乘起信論義記卷七

第一節、修行信心分

（第四修行信心分何故來。以上來明其大乘。今爲正明起信故來
也。於中有三。初就人標意。二約法廣辨。三顯防退方便。）

（一）四種修行信心

原文：「已說解釋分，次說修行信心分。是中依未入正定眾生，故
說修行信心」

初中言依未入正定聚人修行信心者。不定聚人有二。一者修信滿
足。爲說發趣道相令入正定。是前勝人也。二者修信未滿。是前劣人。
即是此文所爲。以四信五行令其修行。使信成滿。信成滿已還依發趣
入正定也。

*研究：

初中言依未入正定聚人修行信心者。

定聚有三種：邪定聚（十信前凡夫）、不定聚（十信位內凡）、正
定聚（十住位以上）。

不定聚人有二。一者修信已滿足，爲說發趣道相，令入正定。是
前勝人也。二者修信未滿，是前劣人。

即是此文所說，以四信（眞如、佛、法、僧）及五行（施、戒、

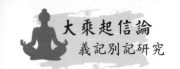
忍、進、止觀）令其修行，使信成滿。信成滿即十信心位成滿足，即
入十住初住位之發心住，進入十住位即入正定聚位。十住位以上即是
正定聚位。

（第二廣辨中有二。先興二問。後還兩答。）

原文：「何等信心，云何修行」

（答中先明信心。謂標數。列釋。釋中四不壞信。）

原文：「略說信心有四種，云何爲四。一者信根本，所謂樂念眞如
法故。二者信佛有無量功德，常念親近供養恭敬，發起善根，願求一
切智故。三者信法有大利益，常念修行諸波羅蜜故。四者信僧能正修
行，自利利他，常樂親近諸菩薩眾，求學如實行故。」

初言信根本者。眞如之法諸佛所師。眾行之源。故云根本。非直
懸起信心。亦乃樂念觀察。故云樂念等也。

次約三寶勝境以起信心。三寶中各有二。初標所信之勝德。次即
起勝因以願求。文處可見。

*研究：

本論主張四信，信眞如、佛、法、僧。

初言信根本者，根本即是眞如法。

眞如之法是諸佛所師，諸佛所師的佛法是以眞如爲法體。眾行之
源，指眾生的修行及諸法皆以眞如爲「依止因」而生起，故云根本。

不只要建立信有眞如之信心，而且要樂念觀察眞如法，故云樂念
等也。

次從佛法僧三寶之勝境以生起信心，要信三寶。

三寶中各有二。初標所信之三寶勝德，如佛有無量功德；法有大
利益；僧能正修行，自利利他。

次即發起勝因行，以能如願求得勝德。

如佛有無量功德，需常念親近，供養恭敬，發起善根，願求一切
智。

法有大利益，需常念修行諸波羅蜜。

僧能正修行，自利利他，需常樂親近諸菩薩眾，求學如實行。

（答修行中有三。初舉數標意。次問數列名。三依問別解。）

（二）修行有五門

原文：「修行有五門，能成此信」

初中言能成此信者。有信無行。則信不堅。不堅之信遇緣便退。故修五行。以成四信之心。令不退也。

*研究：

初中言能成此信者，若有信無行，則信不堅。不堅之信，遇緣便退。

故修五行，以成四信之心。令信心不退也。

原文：「云何為五。一者施門，二者戒門，三者忍門，四者進門，五者止觀門」

第二列名中。以止觀合修雙運不二故。唯有五也。

*研究：

第二列五行的名稱，即施門，戒門，忍門，進門，及止觀門。

其中止觀門，因止觀必須合一雙修，雙運不二，故合稱止觀，只算一門。

（第三別解中二。初四行略明。後一行廣說。四中二。初顯四行相。後別就進門明除障方便。初中四門即四分。）

1.施門

原文：「云何修行施門。若見一切來求索者，所有財物，隨力施與，以自捨慳貪，令彼歡喜。若見厄難恐怖危逼，隨己堪任，施與無畏。若有眾生來求法者，隨己能解，方便為說，不應貪求名利恭敬，唯念自利利他，迴向菩提故」

施內有三施。謂初財。次無畏。後法。文處可見。

＊研究：

施內有三種施：財施、法施、無畏施。

初財施：若見一切來求索者，所有財物，隨力施與，以自捨慳貪，令彼歡喜。

次無畏施：若見他人厄難恐怖危逼，隨己能力所及，施與無畏協助。

三法施：若有眾生來求法者，隨己能解，方便為說，但不應以說法貪求名利恭敬，唯念自利利他，迴向菩提。

2.戒門

原文：「云何修行戒門。所謂不殺，不盜，不婬，不兩舌，不惡口，不妄言，不綺語，遠離貪嫉，欺詐諂曲，瞋恚邪見。若出家者，為折伏煩惱故，亦應遠離憒鬧，常處寂靜，修習少欲知足頭陀等行。乃至小罪，心生怖畏，慚愧改悔，不得輕於如來所制禁戒，當護譏嫌，不令眾生妄起過罪故」

戒門中亦三。初攝律儀戒。次若出家者下攝善法戒。於中乃至小罪下明護戒心。三當護譏嫌下明攝眾生戒。

＊研究：

戒門中亦三。

一攝律儀戒：

所謂不殺，不盜，不婬，不兩舌，不惡口，不妄言，不綺語（沒意義的話），遠離貪嫉，欺詐諂曲，瞋恚邪見。

二攝善法戒：

若出家者，為折伏煩惱故，亦應遠離憒鬧，常處寂靜，修習少欲知足頭陀等行。攝眾生戒：於中乃至小罪，心生怖畏，慚愧改悔，不得輕忽如來所制禁戒。

三攝眾生戒：

當護譏嫌（被譏笑嫌惡），不令眾生妄起過罪。

3.忍門

原文：「云何修行忍門。所謂應忍他人之惱，心不懷報。亦當忍於利衰毀譽，稱譏苦樂等法故」

忍中二。初他不饒益忍。二亦當忍於下。明於違順境喜怒不動其心。安受忍也。利謂財榮潤己。衰謂損耗侵陵。毀謂越過以毀。譽謂越德而歎。稱謂依實德讚。譏謂依實過論。苦謂逼迫侵形。樂謂心神適悅。

*研究：

忍中有二。一他不饒益忍。二安受忍。

一他不饒益忍：所謂應忍他人之惱害，心不懷回報。

二安受忍：亦當忍於利衰毀譽，稱譏苦樂等法。

指於違境、順境，喜怒均不動其心，安受怨忍也。利謂財榮潤己。衰謂損耗侵凌。毀謂越過以詆毀。譽謂越德而贊歎。稱謂依實德而稱讚。譏謂依實過而譏論。苦謂逼迫侵形。樂謂心神適悅。

4.進門

原文：「云何修行進門。所謂於諸善事，心不懈退。立志堅強，遠離怯弱。當念過去久遠已來，虛受一切身心大苦，無有利益，是故應勤修諸功德，自利利他，速離眾苦」進中亦三。初勤勇精進。二立志下明難壞精進。三當念下明無足精進。以念己長淪虛受大苦。以自勤勵修善無厭。是故下總結勸修。

*研究：

進中亦有三。勤勇精進、難壞精進、無足精進。

一勤勇精進：所謂於諸善事，心不懈退。

二難壞精進：立志堅強，遠離怯弱。

三無足精進：當念過去久遠已來，虛受一切身心大苦，無有利益。以自勤勵，修善無厭足。

是故應勤修諸功德，自利利他，速離眾苦。

（第二除障方便中有二。先障後治。）

原文：「復次。若人雖修行信心，以從先世來，多有重罪惡業障故，為邪魔諸鬼之所惱亂，或為世間事務種種牽纏，或為病苦所惱，有如是等眾多障礙」

障中二。先明內有業障為因。後明外感魔邪惱等。是報障也。

＊研究：

障中有二，先明內有業障為因，後明外感魔邪惱等，是報障也。魔邪指邪魔諸鬼；惱指，為世間事務種種牽纏，或為病苦所惱，有如是等眾多障礙。

原文：「是故應當勇猛精勤，晝夜六時，禮拜諸佛，誠心懺悔，勸請隨喜，迴向菩提，當不休癈，得免諸障，善根增長故」

治中六時禮拜等。總明除障方便。如人負債。依附於王。則於債主無如之何。如是行人禮拜諸佛。諸佛所護。能脫諸障。懺悔下別除四障。一諸惡業障。懺悔除滅。二謗正法障。勸請除滅。三嫉妒他勝障隨喜對治。四樂三有障迴向對治。由此四障能令行人不廢諸行。不趣菩提。故修是四行以對治之。又初一治業障。以止持故。後三長善根。以作持故。

＊研究：

對治中，六時禮拜等，總明除障之方便法，如人負債，依附於王，則於債主無如之何。如是行人禮拜諸佛，為諸佛所護，才能夠脫離諸障。

懺悔以下別除四障。

一諸惡業障，懺悔以除滅之。

二謗正法障，勸請以除滅。

三嫉妒他勝障，隨喜他勝對治。

四樂三有障，迴向對治。

由此四障能令行人不廢諸惡行，不趣菩提，故修這四行以對治之。

又初一之對治業障，是以止爲持，後三增長善根，是以作爲持。

（止觀中有二。先寄問。次釋相。釋相中亦二初略明。後廣說。略中三。先止。次觀。後雙順。）

5.止觀門

原文：「云何修行止觀門。所言止者，謂止一切境界相，隨順奢摩他觀義故」

言止一切境界相者。先由分別作諸外塵。今以覺慧唯識道理破外塵相。塵相既止。無所分別。故云止。此是方便也。順奢摩他等者。正顯止也。奢摩他此翻云止。但今就方便存此方語。約正止。存梵言故也。毘婆舍那亦如是也。以雙現前時方正名止觀故。今但言隨順耳。

*研究：

言止一切境界相者，先由分別作諸外塵，今以本覺眞如在分別境中而能無分別之根本智，及以無分別心而入分別境之後得智，及以唯識無塵之道理，破外塵相。塵相既止，無所分別境，故云止。

此是方便止。

順奢摩他，是正顯止，奢摩他止也翻譯爲止。但今就方便存此方語，約正止，存梵言故也。毘婆舍那也是如此。

以止觀雙雙現前時，方正名止觀，因此此處但言隨順耳。

原文：「所言觀者。謂分別因緣生滅相，隨順毘缽舍那觀義故」

言分別生滅相者。依生滅門觀察法相故言分別。如瑜伽論菩薩地云。此中菩薩即於諸法無所分別。當知名止。若於諸法勝義理趣。及諸無量安立理趣。世俗妙慧當知名觀。是知依眞如門止諸境相無所分別。即成根本無分別智。依生滅門分別說相。觀諸理趣。即成後得智。然二門唯一心故。是故雙運方得名爲正止觀也。

*研究：

言分別生滅相者，依生滅門觀察法相故言分別。生滅門有隨緣眞

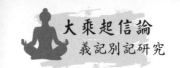

如及有用成事無明。

如瑜伽論菩薩地云，此中菩薩即於諸法無所分別，當知名止。若於諸法勝義理趣及諸無量安立理趣，世俗妙慧當知名觀。

止等同於空，等同於定。即由假法入於空，將假相的外境止於空；即緣起性空，緣起的法都是性空，即法自性空。也是本論一心二門之心眞如門。心眞如門有不變眞如及無明是無體爲空。

故說依眞如門，止諸境相，無所分別，即成眞如根本無分別智。

觀也等同於假，等同於慧。即由自性空生起假法，也是性空緣起，由性空所生起的緣起諸法，即觀無分別的「隨緣眞如」，可以生起分別的諸法，即眞如後得智，也是本論之心生滅門。故說依生滅門分別說相，觀諸理趣，即成後得智。

根本智是無分別智，由有分別之外境「止」於無分別之空性眞如心。

後得智是由無分別的根本智，可以生起有分別的後得智。

然二門唯一心所分之二門，是故只有止觀雙運，才能顯示一心，方得名爲正止觀也。

原文：「云何隨順。以此二義漸漸修習，不相捨離，雙現前故」

此釋雙順義。漸漸修習等。顯能隨之方便。雙現前者。明所隨之止觀。隨相而論。止名定。觀名慧。就實而言。定通止觀。慧亦如是。如梁攝論云。十波羅蜜通有二體。一不散亂爲體。謂止定。二不顚倒爲體。謂觀慧也。

*研究：

此釋雙順義，即言止觀必須雙現，才能呈現一心。

漸漸修習等，顯能隨方便法漸漸修習。

雙現前者，明所隨之止觀雙現。

隨相而論，止名定，觀名慧。

就實而言，定通止及觀，慧也通止及觀。

如梁攝論云。十波羅蜜通有二體，一不散亂爲體，謂止定。二不顚倒爲體，謂觀慧也。

雖說先止後觀，其實是一心同時即止即觀，止之時即是觀，觀之時即是止，所謂止觀雙運，定慧等持。

（第二廣說中有三。先止。次觀。後還雙運。止中有五。一修止方法。二顯止勝能。三辨其魔事。四簡僞異眞。五示益勸修。前中有二。初明勝人能入。後顯障者不能。前中亦二。初託靜息心修止方便。二久習淳熟下明止成得定除障不退。前中二。初約外緣。後內安心。）

（三）如何修行止觀

原文：「若修止者，住於靜處，端坐正意」

前中言住靜處者。是修止緣等也。具言之有五緣。一者閒居靜處。謂住山林及諸閒靜等處。若住聚落。必有諠動也。二者持戒清淨。謂離業障。若不淨者必須懺悔。三者衣食具足四者得善知識。五者息諸緣務。今略舉初故云靜處。

言端坐者調其身。正意者調其心。調身者。先安坐靜處。每令安穩久久無妨。次當正腳或全跏或半跏。若全跏者。先以右腳置左髀上。牽來近身。令腳指與髀齊。次解緩衣帶使周正。不令坐時脫落。次以左手置右掌上。累手相對頓置腳上。牽來近身。當心而安。次當正身。先挺動其身。開諸支節作七八反。如自按摩法。亦勿令手足差異。正身端直令脊骨相對。勿曲勿聳。次正頭頸。令鼻與臍相對。不偏不斜。不低不昂。平面正住。次以舌約上齶。次閉眼不令全合。廣如天台顗禪師二卷止觀中說也。今略總說故言端坐也。調心者。末世行人。正願者少。邪求者多。謂現寂靜儀。苟求名利。心既不正得定無由。離此邪求故云正意。意欲令其觀心與理相應。自度度他。至無上道。名正意也。上來總顯修止之儀。

*研究：

前中言住靜處者，是修止之緣也。

具言之有五緣。

一者閒居靜處，謂住山林及諸閒靜等處。若住聚落。必有諠動也。

二者持戒清淨，謂離業障，若不淨者必須懺悔。

三者衣食具足。

四者得善知識。

五者息諸緣務。

今略舉初故云靜處。

言端坐者指調其身。正意者指調其心。

調身者。先安坐靜處，每令安穩，久久無妨。次當正腳或全跏或半跏。若全跏者，先以右腳置左髀上，牽來近身，令腳指與髀齊。次解緩衣帶使周正，不令坐時衣帶脫落。次以左手置右掌上，累手相對頓置腳上，牽來近身，當心而安。

次當正身，先挺動其身，開諸支節作七八反。如自按摩法，亦勿令手足差異。

正身端直，令脊骨相對，勿曲勿聳。

次正頭頸，令鼻與臍相對，不偏不斜，不低不昂，平面正住。

次以舌約上齶。

次閉眼不令全合。

廣天台顗禪師二卷止觀中說也。今略總說故言端坐也。

調心者，末世行人，正願者少，邪求者多。謂現寂靜儀，苟求名利，心既不正，得定無由。離此邪求，故云正意。

意欲令其觀，心與理相應，自度度他，至無上道，名正意也。上來總顯修止之儀。

（自下內自安心。明修止次第。於中有二。初約坐修止。後約餘威儀修止。前中二。先離倒境。）

原文：「不依氣息，不依形色，不依於空，不依地水火風，乃至不依見聞覺知，一切諸想，隨念皆除。亦遣除想，以一切法，本來無相，念念不生，念念不滅」

言不依氣息者。數息觀境。言形色者。骨瑣等青黃赤白四相也。空地水等五相。皆是事定所緣境界。見聞覺知是識一切處。通前為十一切處。亦可見聞等是舉散心時所取六塵。於此等諸塵推求了達。知唯自心。不復緣託。故言不依。次除依前倒境所生妄想之心亦遣也。故云一切諸想隨念皆除。所遣既無。能遣不立。泯然寂靜。方名止也。故云亦遣除想。何故乃令能除所除一切心想並不存者。釋云。以一切法本來無想。今欲順於法性故須爾也。念念不生滅等者。轉釋成法性無相所以也。良以想無自性。窮之即空。故無生滅自體可得。此乃即生無生。即滅無滅故也。如陽炎水本自乾耳。

＊研究：

一、言不依氣息者，數息觀境。

如六妙門：數息、隨息、止觀、還、淨。

十六特勝：身（知息入、知息出、知息長短、知息遍身、除諸身行）；受（受喜、受樂、受諸心行）；心（心作喜、心作攝、心作解脫）；觀（觀無常、觀離欲、觀出散、觀滅、觀棄捨）

二、言形色者，骨瑣等青黃赤白四相也。

如八勝處、八背捨、十遍處。

八勝處：八種能引發勝知勝見以便捨棄貪愛的禪定，因它是引發勝知勝見的依處，所以叫做勝處，即：內有色想觀外色少勝處、內有色想觀外色多勝處、內無色想觀外色少勝處、內無色想觀外色多勝處、青勝處、黃勝處、赤勝處、白勝處。

八背捨：又名八解脫。（參見：八解脫）

八解脫：又名八背捨，即八種背棄捨除三界煩惱的繫縛的禪定。即：內有色想觀外色解脫、內無色想觀外色解脫、淨解脫身作證具足

住、空無邊處解脫、識無邊處解脫、無所有處解脫、非想非非想處解脫、滅受想定身作證具足住。

以上都是「事定」所緣境界，而非「理定」。

見聞覺知是識一切處，通前為十一切處（即十遍處，有地水火風空識青黃赤白）。亦可見聞等，是舉散心時所取六塵。於此等諸塵推求了達，知唯自心所現，即無塵唯識，外塵都是自心所現。不復緣託，故言不依。

其次對六塵倒境所生起之妄想心，也要遣除。故云一切諸想隨念皆除。所遣外塵境既無，能遣之分別心自也不立，能所均無，泯然寂靜，方名止也。故云亦遣除想，能想心及所想境均予遣除。

何故乃令能除所除一切心想並不存者。釋云。因一切法本來無想，一切法之法體本來即是自性空，無能所的真如，今欲順於真如法性，故須爾也。

念念不生滅者，指法性真如本即無相，正因為心想本身無自性，故窮探心想的自性即是空，故無生滅自體可得，此乃即生（生指生滅現象）無生（生指生滅自性），即滅無滅，道理同上。故陽炎水本來就沒有水，即本自乾耳，水是妄想而生。

原文：「亦不得隨心外念境界，後以心除心，心若馳散，即當攝來，住於正念，是正念者，當知唯心，無外境界。即復此心，亦無自相，念念不可得。」

言亦不得隨心外之念想境界，而後想以心除心。若心外有實境，心緣此境時，抑令不緣不可得。故後以心除之。今既心外無塵。即所取無相。所取無相故。能取自然不得生。何動後心方便除也。心若馳散攝住正念者。初習多馳故攝令住正。何者正念而言令住。所謂唯心無外境也。妄境既無。唯心亦寂。故云即復此心亦無自相念念不可得也。

*研究：

言亦不得隨心，乃至以心除心者。若心外有實境，心緣此境時，抑令不緣不可得，故後須再以心除去此緣實境的心。今既心外無塵，即所取無相。若所取外塵爲無相，則能取心自然不得生，何必再動後心去方便除之。心若馳散，必須將心攝住，並使心住於正念。初習時心多會馳散，故攝之令住於正念。何者是正念而言令住？所謂唯心無外境也。妄境既無，唯心亦寂，心境俱亡，故云即復此心，亦無自相，念念不可得。

原文：「若從坐起，去來進止，有所施作，於一切時，常念方便，隨順觀察」

若從坐起乃至隨順觀察者。非直坐時常修此止。餘威儀中一切時處常思方便。順於法性不動道理。

*研究：

若從坐起，乃至隨順觀察者。指非只坐時，才常修此「止」。其餘行住坐臥四威儀中，不管一切時，一切處，均須常思此方便止，如此才能順於法性之不動道理。

（第二止成得定相）

原文：「久習淳熟，其心得住。以心住故，漸漸猛利，隨順得入眞如三昧，深伏煩惱，信心增長，速成不退」

中三句。初止成。二以心住下明止力附心猛利得定。三深伏煩惱下明伏惑入位。即信滿入住。略辨定益也。上來明能入。

*研究：

久習淳熟，其心得住。此句表初「止」已成。二以心住故，漸漸猛利，隨順得入眞如三昧。明止力附於心，止力已勇猛有力，得以入定。

三深伏煩惱，信心增長，速成不退。

既已得定，可以深伏煩惱，明伏惑入位，即十信心滿入於十住位之發心住，速成不退。

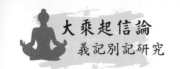

以上略辨定之利益，以明能入之意。

（下顯障者不能。）

原文：「唯除疑惑，不信，誹謗，重罪業障，我慢，懈怠，如是等人所不能入」

不能中六種障故不能也。一疑惑者。於理猶豫故。二不信者。是闡提故。三誹謗者。是外道故。四重罪業障者。謂五逆四重人故。五我慢者。是恃我自高故。六懈怠者。是放逸不勤故。是六種人隨有一種即不能入也。

＊研究：

有六種障不能入。

一疑惑者。於理仍猶豫有疑，不能明了。

二不信者。是闡提，犯五逆四重罪，不信樂大乘。

三誹謗者。是外道故。

四重罪業障者。謂五逆（殺父、殺母、殺阿羅漢、出佛身血、破和合僧）四重（殺、盜、淫、妄語）人故。

五我慢者。是恃我自高故。

六懈怠者。是放逸不勤故。

此六種人隨有一種，即不能入也。

（第二明止勝能中有二。初能生一行三昧。二當知下能生無量三昧。）

（1）一行三昧

原文：「復次依是三昧故，則知法界一相，謂一切諸佛法身，與眾生身，平等無二，即名一行三昧。當知真如是三昧根本，若人修行，漸漸能生無量三昧」

前中三。初立。次謂一切下釋顯其相。後即名下顯其名也。一行三昧者。如文殊般若經云。何名一行三昧。佛言。法界一相繫緣法界。是名一行三昧。入一行三昧者盡知恒沙諸佛法界無差別相。乃至廣說。

以此眞如三昧能生此等無量三昧故。名三昧根本也。

*研究：

前中三。初立，依是三昧故，則知法界一相。

次謂，一切諸佛法身，與眾生身，平等無二。

所謂心佛眾生，三無差別。

下釋顯其相。即名一行三昧。

一行三昧者，如文殊般若經云。何名一行三昧，佛言。法界一相，繫緣法界，是名一行三昧。

所謂法界一相，這一相即是法界一大總相，此一是絕對一，是多即一，一即多。故一行三昧等同於華嚴三昧。入一行三昧者，盡知恒沙諸佛法界之無差別相。

所謂眞如三昧，是指心已入無住，等同於華嚴之海印三昧。

眞如三昧是體，一行三昧是用。故說當知眞如是三昧之根本，若人修行，漸漸能生無量三昧。

（第三魔事中二。先略後廣。略中亦二。先障後治。）

原文：「或有眾生無善根力，則爲諸魔外道鬼神之所惑亂。若於坐中，現形恐怖，或現端正男女等相。當念唯心境界則滅終不爲惱」

障中魔者天魔。此云障礙也。鬼者堆惕鬼也。神者精媚神也。如是鬼神嬈亂佛法令入邪道。故名外道。如是三種能變作三種五塵壞人善心。言坐中現形恐怖者。示可畏之身。怖之以失志。或端正男女者。現可愛之形。惑之以生染。言等相者。現非違非順平等五塵。動亂人心也。

當念已下次明對治。

一切諸境尚唯自心。何況坐中此等諸境。是故觀察唯心。魔境隨滅不能嬈亂。以此唯心非彼所知故。此是通遣之法。別門遣者。治諸魔者。當誦大乘般若及治魔咒默念誦之。埠塲鬼者。或如蟲蝎緣人頭面鑽刺瘤瘤。或復擊攊人兩腋下。乍抱持於人。或言說音聲誼鬧。及

作諸獸之形。異相非一。來惱行者。則應閉目一心陰而罵之。作如是
言。我今識汝。汝是此閻浮提中食大火嗅香偷臘吉支。邪見喜破戒種。
我今持戒終不畏汝。若出家人應誦戒律。若在家者應誦菩薩戒本。若
誦三歸五戒等。鬼便卻行匍匐而出也。精媚神者。謂十二時狩。能變
作種種形色。或作少男女相。或作老宿之形及可畏身相等。非一眾多
惱亂行者。其欲惱人。各當本時來。若其多於寅時來者。必是虎兕等。
若多於卯時來者。必是兔鹿等。乃至多於丑時來者。必是牛類等。行
者恒用此時則知其狩精媚。說其名字訶責。即當除滅。此等皆如禪經
中及顗禪師止觀中廣說。上來略明竟。

＊研究：

障中諸魔指天魔，此云障礙也。鬼者堆惕鬼也。神者精媚神也。
如是鬼神擾亂佛法，令入邪道，故名外道。如是三種，能變作三種五
塵壞人善心。

言坐中現形恐怖者，指坐中顯示可畏之身，怖之以令失志。或現
端正男女相者，現可愛形相，惑之以生染心。言等相者，現非違也非
順的平等五塵相，以動亂人心。

當念以下，次明對治。

一切諸境，尚唯自心所現，何況禪坐中所現此等諸境，也是唯心
所現。是故若能觀察唯心所現，則魔境隨滅，不能擾亂。

以此唯心，非彼所知故。以上是通遣之法。

其次別門遣者。對治諸魔，當誦大乘般若及治魔咒，默念誦之。
堆惕鬼者，或如蟲蝎，緣人頭面，鑽刺瘤瘤。或復擊攊人兩腋下，乍
抱持於人。或言說音聲諠鬧，及作諸獸之形。遇以上異相非一，來惱
行者，則應閉目，一心陰而罵之，並作如是言：我今識汝，汝是此閻
浮提州中，食大火嗅香，偷臘吉支，邪見喜破戒種。

（2）廣辨魔事

原文：「或現天像，菩薩像。亦作如來像，相好具足。或說陀羅尼。

若說布施持戒，忍辱精進，禪定智慧。或說平等，空無相無願，無怨無親，無因無果，畢竟空寂，是眞涅槃。或令人知宿命過去之事，亦知未來之事，得他心智。辯才無礙，能令眾生，貪著世間名利之事。又令使人數瞋數喜，性無常準。或多慈愛，多睡多病，其心懈怠。或卒起精進，後便休廢。生於不信，多疑多慮。或捨本勝行，更修雜業。若著世事，種種牽纏，亦能使人，得諸三昧。少分相似，皆是外道所得，非眞三昧。或復令人，若一日，若二日，若三日，乃至七日，住於定中，得自然香美飲食，身心適悅，不飢不渴，使人愛著。或亦令人食無分齊，乍多乍少，顏色變異」

前中有十事五對。一現形說法。二或令人下得通起辨。三又令使人下起惑造業。四亦能使人下授定得禪。五或亦令人食無分齊下食差顏變。

如文可見。

問如現佛菩薩像說甚深法。或是宿世善根所發。云何揀別定其邪正。答此事實難。所以然者。若是魔所作謂是善相而心取著。則墮邪網。若實是善根所發之境謂爲魔事心疑捨離。則退失善根終無進趣。是故邪正實難取別。

今且依古德相傳。略以三法驗之。一以定研磨。二依本修治。三智慧觀察。如經言。欲知眞金。三法試之。謂燒打磨。行人亦爾。難可別識。若欲別之。亦須三驗。一則當與共事。共事不知。當與久處。久處不知。智慧觀察。今則借此意以驗邪正。謂如定中境相發時邪正難知者。當深入定心於彼境中不取不捨。但平等定住。若是善根之所發者。定力逾深善根彌發。若是魔所爲。不久自壞。第二依本修治者。且如本修不淨觀禪。今則依本修不淨觀。若如是修。境界增明者則非僞也。若以本修治。漸漸壞滅者當知是邪也。第三智慧觀察者。觀所發相推驗根源。不見生處。深知空寂心不住著。邪當自滅。正當自現。如燒眞金益其光色。若是僞金即當焦壞。此中眞僞當知亦爾。定譬於

磨。本治猶打。智慧觀察類之以燒。以此三驗邪正可得知也。

*研究：

前中有十事五對。

1.一現形說法：

　現形：或現天像，菩薩像，亦作如來像，相好具足。

　說法：或說陀羅尼，若說布施、持戒、忍辱、精進，禪定、智慧。或說平等，空無相無願，無怨無親，無因無果，畢竟空寂，是眞涅槃。

2.二得通起辨：或令人知宿命過去之事，亦知未來之事，得他心智，辯才無礙，能令眾生，貪著世間名利之事。

3.三起惑造業：又令使人數瞋數喜，性無常準，或多慈愛，多睡多病，其心懈怠。或卒起精進，後便休廢。生於不信，多疑多慮。或捨本勝行，更修雜業，若著世事，種種牽纏。

4.四授定得禪：亦能使人，得諸三昧。少分相似，皆是外道所得，非眞三昧。或復令人，若一日，若二日，若三日，乃至七日，住於定中，得自然香美飲食，身心適悅，不飢不渴，使人愛著。

5.五食差顏變：或亦令人食無分齊，乍多乍少，顏色變異。

問：如現佛菩薩像，說甚深法，或是宿世善根所發。云何揀別定其邪正。

答：此事實難。所以然者。若是魔所作，雖現佛菩薩等善相，而心取著此善相，則仍然會墮邪網。

若實是善根所發之境，卻如同魔事，心疑捨離，則退失善根，終無進趣。

是故，邪正實難取別。

今且依古德相傳，略以三法驗之。

一以定研磨，二依本修治，三智慧觀察。一以定研磨：

如經言，欲知眞金，三法試之，謂燒打磨。行人亦爾，難可別識。

若欲別之，亦須三驗。一則當與共事。共事不知，當與久處。久處不知，智慧觀察。

今則借此意以驗邪正，謂如定中境相發時，邪正知時，應當深入定心，於彼境中不取不捨，但以平等定住。

若屬善根之所發者，則定力逾深，善根彌發。

若是魔所為，則不久自壞。

第二依本修治：

且如本修不淨觀禪，今則依本「修不淨觀」。

若如是修，境界增明者，則非偽也。

若以本修治，漸漸壞滅者，當知是邪也。第三智慧觀察：

觀所發相，推驗根源，不見生處。

深知空寂，心不住著，邪當自滅。

正當自現，如燒真金，會增益其光色。若是偽金，即當焦壞。

此中真偽，當知亦爾。

以定研磨，譬為「磨」。依本修治，猶如「打」。智慧觀察，類如「燒」。以上述之磨、打、燒三驗、可以得知邪正矣。

原文：「以是義故，行者常應智慧觀察，勿令此心墮於邪網，當勤正念，不取不著，則能遠離是諸業障」

第二對治中。言智慧觀察者。依自隨分所有覺慧。觀諸魔事察而治之。若不觀察則墮邪道。故云勿令墮於邪網。此是三種驗中第三智慧觀察也。言當勤正念不取不著者。總顯三中前之二法。以此大乘止門唯修理定更無別趣故。初定研。并依本修。更無別法。所以合說。但依本止門。不取不著者。邪不干正自然退散。若取著者則背正入邪。若不取著則因邪顯正。是故邪正之分要在著與不著。不著者無障不離。故云遠離是諸業障。如智度論云。除諸法實相其餘一切皆是魔事。偈云若分別憶想。即是魔羅網。不動不分別。是即為法印。此之謂也。

*研究：

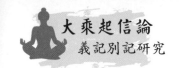

第二對治魔事中，言智慧觀察者，指依自隨分所有的本覺智慧，觀諸魔事，察而治之。若不觀察，則墮邪道。故云勿令墮於邪網，此是三種驗中第三智慧觀察也。言當勤正念，不取不著，指上文之前二法，即以定研磨，依本修治。以此大乘止門，唯修理定，更無別趣。初以定研磨，並依本修，更無別法。所以合說，但依本止門。

不取不著者，指邪不勝正，自然退散。

若取著者，則背正入邪。若不取著，則因邪顯正。是故，邪正之分，要在著與不著。若不著，則無障不離，故云遠離是諸業障。

如智度論云，除諸法實相，其餘一切皆是魔事。

偈云，若分別憶想，即是魔羅網；不動不分別，是即為法印。此之謂也。

（第四簡偽異真中有二。初舉外內二定以別邪正。二若諸凡夫下對理事二定以明真偽。）

原文：「應知外道所有三昧，皆不離見愛我慢之心，貪著世間名利恭敬故」

前中先明邪定。謂我見我愛我慢之使常相應也。言貪著等者。內著邪定。外貪名利。又但一切禪定不能減損煩惱者皆不可據也。

＊研究：

前中先明邪定，即我見、我愛、我慢之結使常相應於心。

言貪著，指內著邪定，外貪名利。

又但一切禪定，若不能減損煩惱者，皆不可依以為據。

（3）真如三昧

原文：「真如三昧者，不住見相，不住得相，乃至出定，亦無懈慢，所有煩惱，漸漸微薄」

次明正定。謂在定時而不味著。以亡心故不住見。以亡境故不住得。出定亦無恃定之慢。貪瞋癡漸薄。即是正定之相。故云真如乃至漸薄也。

*研究：

次明正定。謂在定時，而不味著。

以亡心，故不住見。以亡境，故不住得。

即所謂正定，指於定中已無心境能所。

即使出定後，亦無恃定之我慢。故貪瞋癡漸薄，即是正定之相。故云眞如乃至漸薄也。

原文：「若諸凡夫，不習此三昧法，得入如來種性，無有是處」

第二理事中，先明理定。謂修大乘菩薩行者。要依此眞如三昧。方入種性不退位中。除此更無能入之路。故云若諸凡夫乃至無有是處也。此中種性者。約位在十住已去不退位中辨也。

*研究：

第二理事中，先明理定。謂修大乘菩薩行者，須依此眞如三昧，才能入種性不退位中，除此法外更無其他能入之路，故云若諸凡夫，不習此三味法，得入如來種性，無有是處。

此中種性是指十住位以上之不退位。

原文：「以修世間諸禪三昧，多起味著，依於我見，繫屬三界，與外道共。若離善知識所護，則起外道見故。」

次以修世間下明事定。謂四禪四空等世間諸定及不淨安般等但取境相定。皆名世間定也。以味著定境故。不離於我故。云與外道共。共者同得此事定故。以其共故。若得善友護助之力。或可得入佛法。若離善友。則入邪道也。

*研究：

其次以修世間諸禪三品，是明事定。

事定即指四禪（色界初禪定到四禪定）及四空（無色界四空定：空無邊、識無邊、無所有、非想非非想）等世間諸定。及不淨觀、安般（入出息）等但取境相之定，皆名世間定也。世間定的特色：味著定境；不離於我見、繫屬三界。故世間定與外道共，共即所得定同是

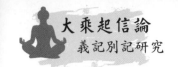

事定。

以其共故，若得善友護助之力，或可得入佛法。

若離善友，則入邪道也。

（第五示利益者。後世利益無量無邊。現世利益略陳十種。於中二。先總標。）

（4）十種利益

原文：「復次精勤專心修學此三昧者，現世當得十種利益，云何爲十。」

（後別解）

原文：「一者。常爲十方諸佛菩薩之所護念」

別解中。初一善友攝護益。以修此眞如三昧故。諸佛菩薩法應護念令得勇猛勝進不退也。」

*研究：

以下別解十種利益。

初益，即善友攝護益。

以修此眞如三昧，即會得諸佛菩薩法所護念，令得勇猛，勝進不退也。

原文：「二者，不爲諸魔惡鬼所能恐怖。三者，不爲九十五種外道鬼神之所惑亂。四者遠離誹謗甚深之法，重罪業障漸漸微薄。五者，滅一切疑諸惡覺觀」

次四離障益。於中初二，離外惡緣障。謂初離天魔現形。後離外道邪惑。次二離內惑業障。謂先離惡業。後滅惑障。業中離誹謗等不起新業也。重罪漸薄者。重業輕也。

*研究：

二-五益是離障益。

二、三益是離外惡緣障：

二者，不爲諸魔惡鬼所能恐怖。

三者，不爲九十五種外道鬼神之所惑亂

初離天魔現形，後離外道邪惑。

次二離內惑業障：

四者遠離誹謗甚深之法，重罪業障漸漸微薄。

五者，滅一切疑諸惡覺觀。

謂先離惡業，後滅惑障。業中離誹謗等不起新業，重罪漸薄，指重業輕也。

原文：「六者。於諸如來境界，信得增長。七者，遠離憂悔，於生死中勇猛不怯。八者，其心柔和，捨於憍慢，不爲他人所惱。九者，雖未得定，於一切時，一切境界處，則能減損煩惱，不樂世間。十者，若得三昧，不爲外緣一切音聲之所驚動」

次五行成堅固。一於理信增。二處染不怯。三不爲緣壞。四無世滋味。五得深禪定。別修止門竟。

*研究：

次五行成堅固。

一於理信增：

於諸如來境界，信得增長。

二處染不怯。

遠離憂悔，於生死中勇猛不怯。

三不爲緣壞。

其心柔和，捨於憍慢，不爲他人所惱。

四無世滋味。

雖未得定，於一切時，一切境界處，則能減損煩惱，不樂世間。

五得深禪定。

若得三昧，不爲外緣一切音聲之所驚動。

別修止門竟。

（第二修觀中有三。初明修觀意。次辨觀相。後唯除下結觀分齊。）

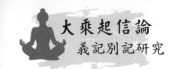

原文:「復次若人唯修於止,則心沉沒,或起懈怠,不樂眾善,遠離大悲,是故修觀」前中言不樂眾善。失自利也。遠離大悲。失利他也。

*研究:

唯修於止,沉浸於空,遠離世塵,不樂眾善,不再由「空」以大悲心起「有」,恐走向心沉沒及心懈怠之途。

前中言,不樂眾善,失自利也。遠離大悲。,失利他也。

(第二辨觀相中有四。初法相觀。即治前失自利過。二如是當念下明大悲觀。即治前失利他過。三作是思惟下明大願觀。即成前大悲行。四以起如是下明精進觀。即成前自利行。)

原文:「修習觀者,當觀一切世間有爲之法,無得久停,須臾變壞。一切心行,念念生滅,以是故苦。應觀過去所念諸法,恍惚如夢。應觀現在所念諸法,猶如電光。應觀未來所念諸法,猶如於雲忽爾而起。應觀世間一切有身,悉皆不淨,種種穢污,無一可樂」

就初中,明四非常觀。初無常觀。二一切心行下明苦觀。三應觀下明無我觀。於中過去無體難追。現在刹那不住。當來本無積聚。但緣集忽有。不從十方來故也。四應觀世間下明不淨觀。此四除於常等四倒。配釋可知。

*研究:

修習觀,明四種觀。

一無常觀:當觀一切世間有爲之法,無得久停,須臾變壞。

二苦觀:一切心行,念念生滅,以是故苦。

三無我觀:應觀過去所念諸法,恍惚如夢,因過去無體難追。

應觀現在所念諸法,猶如電光,因現在刹那不住。

應觀未來所念諸法,猶如於雲忽爾而起,因當來本無積聚,但緣集忽有,從十方而來。

四不淨觀:應觀世間一切有身,悉皆不淨,種種穢污,無一可樂。

此四觀可滅除凡夫及二乘之四倒如下：

配凡夫四倒：常樂我淨。

觀無常配常倒。觀無苦配樂倒。觀無我配我倒。觀不淨配淨倒。

二乘四倒：非常、非樂、非我、非淨。

此處未進而言及涅槃四德，即應進一步再觀涅槃四德即常樂我淨，以破除二乘之非常、非樂、非我、非淨等四倒。

涅槃四德之常樂我淨，屬中道之絕對常樂我淨。

一般凡夫的常樂我淨等四倒，是指落二邊，非中道的相對常樂我淨。只誤認常、樂、我、淨之單邊成見，而不同於涅槃之常即無常、樂即無樂、我即無我、淨即無淨。

原文：「如是當念，一切眾生從無始時來，皆因無明所熏習故，令心生滅，已受一切身心大苦。現在即有無量逼迫，未來所苦亦無分齊，難捨難離而不覺知，眾生如是甚為可愍」

大悲觀中。先觀眾生三世重苦。次難捨下無心厭背故使苦無限也。後眾生如是下深發悲心也。

＊研究：

大悲觀中，先觀眾生三世重苦，即文：已受過去一切身心大苦，現在即有無量逼迫，未來所苦亦無分齊。

次難捨難離而不覺知，指無心厭背，不能捨離三世苦，而使苦無限也。

後眾生如是甚為可愍，實應深發悲心也。

原文：「作是思惟，即應勇猛立大誓願，願令我心離分別故。遍於十方修行一切諸善功德，盡其未來，以無量方便救拔一切苦惱眾生，令得涅槃第一義樂」

大願觀中因悲立願。初即願體。二遍於下明長時心。三以無量下明廣大心。四令得下明第一心也。

＊研究：

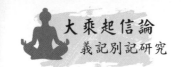

大願觀中因悲立願。初即願體：即應勇猛立大誓願，願令我心離分別故。

二明長時心：遍於十方修行一切諸善功德，盡其未來。

三明廣大心：以無量方便救拔一切苦惱眾生。

四明第一心：令得涅槃第一義樂。

原文：「以起如是願故，於一切時一切處，所有眾善，隨已堪能，不捨修學，心無懈怠」

精進可見。

＊研究：

發大誓願後，須精進修學。於一切時，一切處，所有眾善，隨已所能，均須不捨修學，心無懈怠。

（四）止觀俱行

原文：「唯除坐時專念於止，若餘一切悉當觀察，應作不應作」

上結中。順理應作。違理不應作故也。上來別修止觀竟。

＊研究：

除了坐時應專念於止外，對於其餘一切，也應當觀察，何者是順理應作。何者是違理不應作。

上來別修止觀竟。

（自下第三明雙運者。上來始習未淳。故動靜別修。今定慧修成。故能雙運。於中有三。初總標。次別辨。後總結。）

原文：「若行若住，若坐若臥，若起皆應止觀俱行」

（別中有二。初約法明俱。後對障明俱。）

原文：「所謂雖念諸法自性不生，而復即念因緣和合，善惡之業，苦樂等報。不失不壞。雖念因緣善惡業報，而亦即念性不可得」

前中二。初即止之觀。後即觀之止。

前中言自性無生者。約非有義以明止也。業果不失者。約非無義以明觀也。此二不二故云即也。此順不動眞際而建立諸法。良以非有即是非無故。能不捨止而修觀。次言雖念因緣即性不可得者。明即觀之止。此順不壞假名而說諸法實相。以非無即是非有故。能不捨觀而修止。此說時有前後。然在行心鎔融不二。不二之性即是實性。理味在此。宜可思之。

＊研究：

前中止觀有二。

即止之觀：念諸法自性不生。

即觀之止：念因緣和合，業果不失。

前中言諸法自性無生者，約非有義以明止也。諸法空無自性，然這性空之自性，非是斷滅無，即非無，但它具有無量性功德，可以依「性起」及「緣起」而起萬法，故說此順不動眞際而建立諸法，良以非有即是非無故，能不捨止而修觀。

故止等同於空，等同於定，等同於由假入空。

次言雖念因緣即性不可得者，明「即觀之止」。觀指觀察由止所成之諸法爲因緣合和而成的假法，這假法雖有而是假有，故說非有，但有假法，故說非無。此種順不壞假名，即是非有非無的中道實相，故說諸法實現，即非無即是非有，而能不捨觀而修止。

故觀等同於假，等同於慧，等同於由空入假。

說止觀，雖時有前後，然實際修習時，是鎔融不二，不二之性即是實性。

止時，即觀之止：萬法是自性空（止），觀假萬法是自性空（觀之止）。

觀時，即止之觀：觀萬法是假法（觀），而這萬法是由空自性所生的假法（止之觀）。

止即觀，觀即止，二而不二。

原文：「若修止者，對治凡夫住著世間，能捨二乘怯弱之見。若修觀者，對治二乘不起大悲狹劣心過，遠離凡夫不修善根」

＊研究：

初修止者治於二過，謂正治凡夫之人法二執，貪樂世間。

兼治二乘之執五陰法爲實法，生怖世間苦，樂求涅槃。

以止門無生之空性理，去除凡夫二乘上述之執。以空性自性成生起世間法，來破除凡夫的樂著世間及二乘的厭世間法。

次修觀者，亦治二過，即正治二乘狹劣之心。令普觀眾生而生起大悲，不要厭生死只求涅槃。

兼治凡夫懈怠之心，令觀世間無常，令其策修善行，不要樂著世間。

（第三結中）

原文：「以此義故，是止觀二門，共相助成，不相捨離。若止觀不具，則無能入菩提之道」

言助成等者。如凡夫人。非不樂世間。無以勤修善行。約二乘人。非不怖生死無以起於大悲。是故二行不相離也。言若止觀不具不能入菩提道者。止觀相須。如鳥兩翼車之二輪。二輪不具則無運載之功。一翼若闕則無凌虛之勢。故云不具則不能入。

＊研究：

言助成等者，如凡夫人，因只樂著世間樂，而不能勤修善行。

約二乘人，因怖畏生死，而不能起於大悲。

是故止觀二行不相離也。言若止觀不具，不能入菩提道者，指止觀二者相依相須，如鳥兩翼，車之二輪。二輪不具，則無運載之功。一翼若闕，則無凌虛之勢。故云不具則不能入。

（自下第三明防退方法。於中有二。先明可退之人。後當知如來下明防退之法）

（前中二。初標行劣。二以住於此下舉處釋成。）

324

原文：「復次。眾生初學是法，欲求正信，其心怯弱。以住於此娑婆世界，自畏不能常值諸佛，親承供養。懼謂信心難可成就，意欲退者」

前中二。初標行劣。二以住於此下，舉處釋成。以其內心既劣。外闕勝緣。信行難成故將退也。

*研究：

前中二。初標行劣，欲求正信，卻心怯弱。

以住於此娑婆世界，自畏不能常值諸佛，親承供養，因此懼畏信心難可成就，可能會退。

因其內心既劣，又外缺勝緣，信行難成，故將退也。

（防退法中有二。初通舉聖意。後別引經證。）

前中二。初標聖善巧。二謂以專意下釋顯巧相。

（五）專念西分極樂世界阿彌陀佛

原文：「當知如來有勝方便，攝護信心，謂以專意念佛因緣，隨願得生他方佛土。常見於佛，永離惡道」

前中二。初標聖善巧。二謂以專意下釋顯巧相。

*研究：

前中二。初標聖善巧，即當知如來有勝巧方便，可以攝護信心。

二釋巧相，即可以專意念佛因緣，隨願得生他方佛土，常見於佛，永離惡道。

原文：「如修多羅說。若人專念西方極樂世界阿彌陀佛，所修善根，迴向願求生彼世界，即得往生。常見佛故，終無有退。若觀彼佛眞如法身，常勤修習，畢竟得生，住正定故」

引經證中二。先引經。後常見佛下釋經文。言若觀法身得畢竟往生等者。但往生之人約有三位。一如蓮華未開時信行未滿。未各不退。

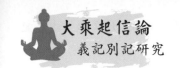

但以處無退緣故稱不退。二信位滿足已去。華開見佛。入十住位。得少分見法身。住正定位也。三者三賢位滿。入初地已去。證遍滿法身。生無邊佛土。如佛記龍樹菩薩等。住初地生淨土等也。此中畢竟等。是後二位也。

＊研究：

引經證中二。先引經說，若人專念西方極樂世界阿彌陀佛，所修善根，迴向願求生彼世界。

後釋經文：即得往生，常見佛故，終無有退。

言若觀法身，得畢竟往生。但往生之人約有三位。

一、往生先入蓮花苞中，蓮華未開時。此時信行未滿，未名不退，因尚處無退緣，故稱不退。

二、十信位滿足以上，華開見佛。入十住位，得以少分見法身，住十住位之正定位也。

三、三賢位滿，入初地以上，證遍滿法身。此時不但見佛受法，而且可以生無邊佛土。如佛記龍樹菩薩等。

住十信位初地，生淨土的蓮花苞內。此中所說畢竟，是指後二位，即十住、三賢位及十地位。

（第五勸修利益中有三。初總結前說。

二若有眾生下舉信謗損益。三當知過去下結勸修學。）

第二節、勸修行利益分

原文：「已說修行信心分。次說勸修利益分。如是摩訶衍諸佛祕藏，我已總說」

（就信謗中二。初信受福勝。後其有眾生下明謗毀罪重。前中先

約三慧總舉其益。）

「若有眾生，欲於如來甚深境界，得生正信，遠離誹謗，入大乘道。當持此論，思量修習，究竟能至無上之道」

＊研究：就信謗中有二。

初信受福勝：

即若有眾生，欲於如來甚深境界，得生正信。

明謗毀罪重：即遠離誹謗，入大乘道。

約三慧（聞思修）總舉其益：即當持此論（聞），思量（思），修習（修），究竟能至無上之道。

（後若人聞下。別顯三慧益相。）

原文：「若人聞是法已，不生怯弱。當知此人定紹佛種，必為諸佛之所授記」

初聞時益。

＊研究：

聞慧：聞此法，可以不生怯弱。而且此人當來，定紹佛種，必為諸佛授記。

原文：「假使有人，能化三千大千世界滿中眾生，令行十善。不如有人於一食頃，正思此法，過前功德不可為喻」

次假使有人下明思時益。

＊研究：

思益：假使有人，能化三千大千世界滿中眾生，令行十善。

如果能正思此法，其所得功德超過上述功德，不可為喻。

原文：「復次，若人受持此論，觀察修行。若一日一夜，所有功德，無量無邊。不可得說。假令十方一切諸佛，各於無量無邊阿僧祇劫，歎其功德，亦不能盡。何以故？謂法性功德無有盡故。此人功德，亦復如是無有邊際」

＊研究：

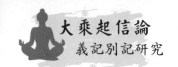
以下言修慧：

一、時少德多：

若人受持此論，觀察修行。即使只有修行一日一夜，所有功德，無量無邊。不可得說。

二、校量多相：

假令十方一切諸佛，各於無量無邊阿僧祇劫，歎其功德，亦不能盡。

三、釋功德多之原因：因為是法性功德。

何以故？謂法性功德無有盡故。此人功德，亦復如是無有邊際。

（第二謗毀罪重中四句。）

原文：「其有眾生，於此論中毀謗不信，所獲罪報，經無量劫，受大苦惱」

一謗成罪重。

*研究：

言謗毀不信，所獲罪報，經無量劫，受大苦惱。

原文：「是故眾生，但應仰信，不應毀謗」

二誡勸止謗。

*研究：

是故眾生，應當仰信，不應毀謗。

原文：「以深自害，亦害他人。斷絕一切三寶之種」

三釋罪重意。

*研究：

因為若毀謗不信，不但深自害，也害他人。，將會斷絕一切三寶之種。

原文：「以一切如來，皆依此法得涅槃故。一切菩薩，因之修行入佛智故」

四轉釋斷三寶之義。此中二句。初約果人依之得涅槃。後約因人依之得菩提。菩提涅槃即是法寶。佛僧可知。由毀謗乖此。故斷三寶也。

＊研究：

解釋斷三寶之義。

此中二句。

以一切如來，皆依此法得涅槃故。

初約果人，依之得涅槃果。

一切菩薩，因之修行入佛智故。

此約因人，依之得菩提。

菩提涅槃，均是佛果法寶。

若毀謗乖此，即斷佛法僧三寶也。

（結勸）

原文：「當知過去菩薩，已依此法得成淨信。現在菩薩，今依此法得成淨信。未來菩薩，當依此法得成淨信。是故眾生應勤修學」

三世菩薩同行此法。更無異路。故應勤修學也。正宗竟。

＊研究：

當知過去、現在、未來三世菩薩，均依此法修行，得成淨信，更沒有其他的方法了。故應勤修學。

正宗竟。

原文：「諸佛甚深廣大義，我今隨順總持說。

迴此功德如法性，普利一切眾生界」

偈頌流通中。初二句。結上所說。於中上句結義。下句結文。後二句迴向利益。上句明德廣。下辨遐露也。

＊研究：

此偈頌是流通宗。

初二句：諸佛甚深廣大義，我今隨順總持說。

上句結義，下句結文。

後二句：迴此功德如法性，普利一切眾生界。

後二句，指迴向利益。上句明德廣，因法性功德是無量廣大。

下句辨遐霑，其功德可以普利一切眾生。

第二部分
大乘起信論別記

一、釋題目

「一釋題目者。大乘有七義故。名爲大乘一道上故。論云。於二乘爲上。故名大乘。二能至大處故。論云。諸佛最大。是大乘能至。故名大。三大人所乘故論云。諸佛大人乘是故。四能辨大事故。論云。能滅眾生大苦。與大利益事。故名爲大。五大士所乘。亦名多人所乘。論云。觀音等諸大菩薩之所乘。故名爲大。六盡法源底故。論云。能盡一切諸法底。故名爲大。七攝法周備故。論云。如般若中佛說摩訶衍義無量無邊。以是因緣故名爲大。又釋大乘有三義。一辨名有四。一約法有三。謂三大二運。如下論說。二約行有七。如集論等辨。三約人法有七。如十二門論說。四直辨大。即當法爲因。苞含爲義。又辨乘義。寄喻爲名。運載爲功。體能合舉。故云大乘。又論云。乘大性故。名爲大乘。解云。此即眞性該周。故云大。即所乘也。妙智乘之。故云乘。即能乘也。依主釋也。論云。亦乘亦大。名爲大乘。此即當體智能運轉。故名乘。性廣博故名大。此持業釋。二明體性有二。一正以無分別智爲乘體。兼即攝所依眞如及餘勝行等。二正以眞如爲乘體。智等亦兼攝。以彼皆爲眞所成故。三業用有二。一約三佛性義。如佛性論。自性爲所乘。引出爲能乘。至得果爲乘所至處。此中所乘是乘（去聲）能乘此是乘（平聲）二約運因成果義有三。一運行令增。二運惑令滅。三運理令顯。初是能。後二是所。此即是涅槃中三德謂般若。解脫。法身。文是三轉依。如集論說。一心轉。謂眞性現故。二道轉。謂行漸增故。三對轉謂惑障滅故。文此論中。破和合識等是轉滅。顯現法身是轉顯。智純淨是轉增。餘義准之。一言大乘起信者有二門四義。初心境門中。一大乘是能起。信心是所起。故云大乘之起信也。二起信是能信。大乘是所信。故云大乘之起信。二體用門中。一約攝用歸體辨。即此信心。是眞如內熏及外緣所成。不異本故。是

眞故。起信即是大乘。故云大乘起信。二直就業用辨。謂此信心即廣
博。故云大。即從微至著。運轉義故。名之爲乘。即是起信。亦是大
乘。故云大乘起信耳。」

＊研究：

一釋題目者。大乘有七義如下：

一道上：論云，於二乘爲上，故名大乘。

二能至大處：論云，諸佛最大，是大乘能至。故名大。

三大人所乘：論云，諸佛大人乘是乘故。

四能辨大事：論云，能滅眾生大苦，與大利益事，故名爲大。

五大士所乘：亦名多人所乘。論云，觀音等諸大菩薩之所乘，故
名爲大。

六盡法源底：論云，能盡一切諸法底，故名爲大。

七攝法周備：論云，如般若中佛說摩訶衍義無量無邊，以是因緣
故名爲大。

又釋大乘有三義如下：

（一）辨名有四

1.約法有三，謂三大二運，如下論說。

2.約行有七，如集論等辨。

3.約人法有七，如十二門論說。

4.直辨，大即當法爲因，苞含爲義。又辨乘義，寄喻爲名，運載爲
功。體能合舉，故云大乘。又論云，乘大性，故名爲大乘。解云。
此即眞性該周，故云大，即所乘也。妙智乘之，故云乘，即能乘
也。依主釋也，即妙智能乘眞性。

論云，亦乘亦大，名爲大乘。，此即當體智能運轉，故名乘。性
廣博，故名大，此持業釋。

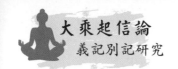

（二）明體性有二：無分別智及真如為體

1.正以無分別智為乘體，兼即攝所依真如及餘勝行等。

2.正以真如為乘體，智等亦兼攝，因彼皆為真如所成故。

（三）業用有二

1.約三佛性義。

如佛性論。住自性性為所乘，引出為能乘。至得果為乘所至處。

此中所乘是乘（去聲），能乘是乘（平聲）

2.約運因成果義：有三。

2.1 運行令增。

2.2 運惑令滅。

2.3 運理令顯。

初之增行是能。後之滅惑及顯理是所。此即是涅槃中三德，謂般若（顯理）、解脫（滅惑）、法身（增行）。

又是三轉依，如集論說，一、心轉，謂真性現故（顯理）；二、道轉，謂行漸增故（增行）；三、對轉，謂惑障滅故。（滅惑）。

又此論中，破和合識等是轉滅（滅惑）；顯現法身是轉顯（增行）；智純淨是轉增（顯智）。餘義准之。

一言大乘起信者有二門四義。

（1）心境門中。

1.大乘是能起，信心是所起，故云大乘之起信也。

2.起信是能信，大乘是所信，故云大乘之起信。

（2）體用門中。

1.約攝用歸體辨。即此信心，是真如內熏及外緣所成，不異本故，是真故，起信即是大乘。，故云大乘起信。

2.直就業用辨。謂此信心即廣博，故云大。即從微至著，運轉義故，名之爲乘，即是起信，亦是大乘。故云大乘起信

二、頌中敬意

歸命盡十方　最勝業倫知　色無礙自在　救世大悲者
及彼身體相　法性眞如海　無量功德藏　如實修行等
「頌內敬意中。一頌四句。增數有四。一或總爲一。謂所爲事也。二或分爲二。謂上句所爲人。餘句所成益。三或離爲三。謂初句所爲人。中間二句所成行。末後一句所至德。四或散爲四。謂初句所爲人。第二句所離過。第三句成德。第四句所至德。」

*研究：
頌內敬意中，一頌四句。增數有四。
一或總爲一，謂所爲事也。
二或分爲二，謂上句所爲人（歸命盡十方），餘句所成益。
三或離爲三，謂初句所爲人，中間二句所成行，末後一句所至德。
四或散爲四，謂初句所爲人，第二句所離過，第三句成德，第四句所至德。

三、佛寶中義

「佛寶中。或總爲一。謂是佛也。或總爲二。謂初頌明用。後頌二句明體相。或爲三。謂初頌中二句明報身。後一句明化身。或爲四。

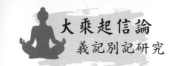

謂於報中。上句明心。下句明色。」

　　*研究：

　　佛寶是指：最勝業遍知、色無礙自在、救世大悲者。

　　或總爲一，謂是佛也。

　　或總爲二，謂初頌「最勝業遍知」，最勝業是明用。後頌二句「色無礙自在、救世大悲者」，是明體相。色無礙是體，救世大悲是德相。

　　或爲三，謂初頌中：「最勝業遍知、色無礙自在」，此二句明報身。因遍知是智身，智身即報身；色無礙自在是報身才能自在無礙。

　　後一句「救世大悲者」是明化身。

　　或爲四。謂於報身中，上句「「最勝業遍知」遍知是明心；下句「色無礙自在」色無礙是明色。

四、法寶中藏義

　　「法寶內功德藏者。藏有三義。一蘊積義。積法內弘故。二含攝義。收攝內外故。三出生義。流德成益故。理法中有此三義。望自性德有初義。望彼教行果有後二義。行果復有二義。行果各自積德有初義。更望自性及望理有第二義。果望行教有出生義。行望果教俱有出生義。教望前立三得具三義可知。」

　　*研究：法寶是：及彼身體相、法性眞如海、無量功德藏

　　法寶內功德藏者，藏有三義。

　　一蘊積義，積法內弘故。

　　二含攝義，收攝內外故。

　　三出生義。流德成益故。

　　理法中有此三義。望自性德有初義，即自性德是蘊積在內的性德。

336

望彼教行果有後二義，即教行果有含攝義及出生義。

行果復有二義。行果各自積德，有初義之蘊積義。

行果更望自性及望理，有第二之含攝義。

果望行教，有出生義，即教行出生果。行望果教，俱有出生義，行望果，行可以出生果；行望教，教理可以出生行。

教望前立三得具三義可知，即教對行及果具有三義可知。

五、用大唯善義

「立義分內。問。何故前明體大中。通一切法。不簡染淨及其相用。唯是其善。不通不善。答。體大理日通諸法。不得簡別。若眞如外別有無明爲不善體者。有多種過。且以二義顯之。一者同於外道執冥性常。以其自有。不從因生故。二者眾生畢竟無有得解脫義。以有自體不可斷故。生則常生。亦可恒不生也。有此過故。眞如之外。不得別立無明作不善體。不善等法。亦不得作眞如相用。若是相用。亦有多過。且以二義釋之。一者因果雜亂過。隨彼善因應得苦果。二者聖人證得眞如。應起不善惡業。有此過故。不善不得作眞如相用。問。若爾不善不應以眞如作體。答。正以不善之法。用彼眞如作體故。以違不相應。則名不善。又由違眞故不離眞。違眞故不是用也。」

*研究：

立義分內，問。何故前明體大中，通一切法，不分染淨。

而其相用，爲何只產生善因果，唯是其善，不通不善？

答。體大理日通染淨諸法，不得簡別染淨。

若說除眞如體外，另有無明也爲不善法之體者，則犯有多種過。

將有二過，一者會同外道一樣，執冥性爲常有，而且其自體爲有，

不從因生，即指冥性爲常我（神我）之過。

二者，若無明是不善的體，眾生永遠無法破此無明體，則有畢竟無法得以解脫之過，因無明自體不可斷故。

其實善、不善法的自體都是眞如體，而眞如是不生不滅，生則常生，亦可恒不生也。故說眞如之外，不得別立無明作不善體。

不善等法，亦不得作眞如之相用。不善法若是眞如之相用，亦有多過，且以二義釋之。

一者因果雜亂過。眞如是善因體，所起的相用卻是不善果，而致隨彼善因應得苦果，造成因果雜亂之過。

二者聖人證得眞如後，因眞如起不善相用，而使佛會起不善惡業之過，有此過，故不善不得作眞如相用。

問。若爾不善不應以眞如作體。

答。正因不善之法，也是以彼眞如作體故，因不善違背其自體之眞如，而不能與其眞如體相應，則名不善。不善由於違眞，但也不能離其眞如自體，故不善只是違眞，而不是眞如的相用表現。

世間萬法都有其體相用。除佛外，都是由體起相用，佛是即體即相即用。所有世間出世間法，包括有爲、無爲；有情、無情；善法、不善法等，皆以眞如爲共同體。不善法也是以眞如爲體，但不善法之生成則以根本無明爲因，即其緣起的生因是根本無明，而非眞如。眞如體只是其緣起的依止因，非生成製造因，眞如的現起萬法即是性起。

佛是唯依性起頓現萬法，因佛之緣起即是性起，佛性即是性佛，因即是果。

其他九法界眾生則是依性起啓動緣起，再由緣起而生起萬法。

眞如本身也有體相用，但其體相用是一體的，所謂即體即相即用，而非由體起相用。眞如是不生不滅，無始無終。根本無明是依不解眞如而生，所以也是無始而有。但根本無明是無始有終，故根本無明可破，而眞如不生不滅，不可立也不可破。

六、覺不覺義

「釋本覺本不覺。各有三門。一開義。二由起。三和合。初者。本覺有三義。一無不覺義。二有本覺義。三無本覺義。不覺亦三義。一無本覺義。二有不覺義。三滅不覺義。二由起者。由無不覺故。得有本覺。由有本覺故。得成不覺成不覺故。名無本覺也。由無本覺故。得有不覺。由有不覺故。得有性滅。故名滅不覺也。又由不覺中有無本覺義故。得有本覺義。又由本覺中有無不覺義故。得有滅不覺義。又由本覺中有本覺義故。不覺中得有無本覺義也。又上諸義相由。各各無二。共合成三句。又依本覺得成不覺。不覺能知名義。得成始覺。始覺成故。不覺則滅。不覺則滅故。始覺則同本覺同本覺故。則無始覺。無始覺故。則無不覺。無不覺故。則無生滅門。唯一眞如門也。是故當知至心源時。唯是眞如。無生滅。無生滅故。亦不可說眞如。豈有三身之別。但隨眾生染機故。故說三身等也。」

＊研究：

釋本覺、本不覺，各有三門。一開義，二由起，三和合。

（一）開義

（1）本覺有三義

1.1 無不覺義：本覺本來即有，有本覺即因根本無明無始以來迷惑於本覺眞如，不達法界一相之理而有不覺。若眞如內熏根本無明而生厭求之妄心，再由此妄心續熏眞如，加上外聞熏習，使不覺生始覺，始覺即同本覺，此時已無不覺。

1.2 有本覺義：阿梨耶識有覺與不覺，此覺即是本覺，本覺無始而有。

1.3 無本覺義：本覺即是究竟覺，以佛而言，本覺即無本覺，但九法界眾生則本覺本有而且恒存。

（2）不覺亦三義

2.1 無本覺義：本覺是不覺的體，若離不覺，則無法證取其本覺體。故離不覺，則無本覺。

2.2 有不覺義：不覺是因迷惑於真如而生，而真如無始而有，故不覺亦無始而有，有本覺即有不覺。

2.3 滅不覺義：根本不覺是迷惑於真如理而生，只要先斷枝末不覺，再斷根本不覺，即可現顯本有的真如，即本覺。

不覺無始而有終，本覺是無始無終，不生不滅，本來就有，非由因生。

（二）由起者

由無不覺故，得有本覺：因有真如經內熏及外聞熏習，不覺得成始覺，即同本覺。

由有本覺故，得成不覺：因根本無明迷惑於真如，得成不覺。

成不覺故，名無本覺也：由於無明內熏及外不善熏習，而使本覺隱晦難明，名無本覺也。

由無本覺故，得有不覺：因本覺被隱覆，又被無明內熏，得有不覺。

由有不覺故，得有性滅，故名滅不覺：因真如內熏無明而有厭求妄心，加上聞熏習外熏，而有始覺，始覺即同本覺，此時不覺已滅，故名滅不覺也。

由不覺中有無本覺義故，得有本覺義：

不覺中有本覺，當然得有本覺；不覺中無本覺義，指因不覺而使本覺隱覆，本覺只是隱覆，透過內外熏，不覺可以成始覺，始覺即同

本覺，故說不覺中得有本覺義。

　由本覺中有無不覺義故，得有滅不覺義：本覺中有不覺，因有本覺就有不覺，但此不覺可滅，故說得有滅不覺義。本覺中無不覺，是指雖有本覺即有不覺，但因本覺而有的不覺可滅。

（三）諸義相由（和合）

　各各無二。共合成三句。

　又依本覺得成不覺；不覺能知名義，得成始覺；始覺成故，不覺則滅。不覺則滅故，始覺則同本覺。同本覺故，則無始覺。無始覺故，則無不覺。無不覺故，則無生滅門，唯一眞如門也。

　是故當知至心源時，唯是眞如，無生滅。無生滅故，亦不可說眞如，豈有三身之別。

　但隨眾生染機故，故說三身等也。

七、隨染二相義

　「隨染生二相中。問。隨何染得生此相。答。此有三。一智淨相。隨自心中無明法力熏習等。而起不思議業。隨生染機而現形化用。二此二俱隨自染而起。由斷自染。方能起用故。不思議業相亦爾。隨自染中。三俱隨他染。謂諸菩薩修萬行得佛果等皆是隨眾生無明故有此事。若癈染機。即無修無得一味相也。」

　*研究：

　問。隨何染得生此相。

　答。此有三。

（一）此二相各受染

智淨相是本覺隨染，由真如本覺熏習根本無明而產生厭求之妄心，再由厭求心生始覺，始覺即呈現智淨相。再由智淨相受眾生染機而生不思議業相，而現形化用。

（二）此二相俱隨自染而起

由斷自染，才能成始覺，展現智淨相。此智淨相已斷自染，由體起用，展現不思議業相，方能起用故。

（三）二相俱隨他染

謂諸菩薩修萬行得佛果，就是在斷絕眾生的無明，廢除染機，當得佛果時，已斷盡染源，無須再修，亦無所得，呈現一味相，即多即一的無分別相。

八、釋本覺義

「問。本覺既是真如。何故名覺。答。凡言覺有二義。一覺察義。謂染所不能染故。即是斷障義。二覺照義。謂自體顯照一切諸法。即鑒達義。但染則本來自離。德則未曾別現。故其義本自有之。故云本覺。又由此二義。除二障。顯二果。並性成就。其始覺中亦有二義同前。但始覺起為異。染窮始覺。不異本覺。何以故。由二義故。一以無是本覺起。隨染所成。無別性故。二覺至心源。同本覺故。無始覺

之異。是故唯有一覺具二義也。一又窮此義。亦無二相。謂染離與德之現。現即染離。故唯一眞覺也。又由染本性離。無染可離。德本性彰。無德可現。故其眞覺無覺也。是故遠離覺所覺。無覺而不彰。一切覺故名佛。」

＊研究：

問。本覺既是眞如，何故名覺。

答。凡言覺有二義。

（一）覺察義

謂染所不能染故，即是斷障義。即三德之解脫德。

（二）覺照義

謂自體顯照一切諸法，即鑒達義。即三德之般若德。

但染則本來自離，指染法的體是眞如，眞如是如實空，與一切染法不相應。

德則未曾別現，指眞如體是如實不空，具無漏性功德。

故其義本自有之，即本覺法爾本有，故云本覺。

又由此覺察斷障義，及覺照鑒達義，可以除煩惱及所知二障。可以顯菩提及涅槃二果，並性成就。

其始覺中亦有二義同前，但始覺初起是有異，因始覺是不覺初起，待所有染源窮盡才得始覺。

而始覺不異本覺，何以故。由二義故。

一，始覺是是本覺隨染所成，並無另有別的始覺。

二，覺至心源，才稱始覺，而此覺至心源的始覺即同本覺，是故唯有一覺，同時具二義也。

一又窮此義，其實也無染離與德現之二相，德現之同時即是染離，故唯一眞覺也。

又由染本性即離，無染可離。德本性彰，無德可現。故其眞覺同於無覺，是故遠離能覺及所覺，無覺而不彰顯能覺及所覺，能所不二，一覺即一切覺，故名佛。

九、本有修生義

「眞如門約本義說。故文云。一切眾生本來常住入於涅槃。無始覺之義。唯約修生說。以本無今有爲始覺故。本覺之義。約修生本有說。以對始覺說本覺故。如文應知智淨相等。約本有修生說。故文云。本覺隨染生二相故。問。智淨與始覺何異。答。其實不別。以始覺即是本覺隨染作故。今約所對不同。故說有異。異相者。謂本覺約染成於智淨。治染還本。爲本之對。名爲始覺。又以本覺成始。更無異法。從此義故。總名本有。不論眞如門。但約生滅緣起中說本耳。又以始覺契本。方名本覺。若離始覺。一切不成。從此義故。總名修生。又以本作始覺。說本名修生本有。此之同義。唯一緣起。猶如圓珠。隨舉一門。無不收盡。」

＊研究：

眞如門約本義說。故文云。一切眾生本來常住入於涅槃，本來即覺，並無本覺、始覺之分別。

唯約修生說，修生是指修而才生有，即修有。以本來沒有，今修才有，故爲始覺也。

本覺之義，約修生本有說，以對始覺說本覺故。

如文應知智淨相，是約本有修生說，本有修生是指本有，又隨染

經修生才有，故文云，本覺隨染而生智淨相及不思議業相二相。

問。智淨與始覺何異。

答。其實不別，因始覺即是本覺隨染所成，今約所對不同，故說有異。

異相者，指本覺因受染才生成智淨，只要治染即能還本，爲本之對，故名始覺。

又以本覺形成始覺，更無異法。

從此義故，總名本有。即使眞如門，也是從生滅緣起中說本覺，又以始覺能契合本覺，方名本覺。

若離始覺，則無從展現本覺，故從此義而言，總名修生，即始覺是修而始有。

又以本覺可作始覺，故說本覺名修生本有。

此之同義，唯一緣起，猶如圓珠，隨舉一門，無不收盡。

本覺是本有，始覺是修生才有，是始有。但本覺可作始覺，故是本有修生；而始覺可顯本覺，故是修生本有。

若以佛而言，性修不二，本有與修生不二。

如吉藏主張，佛性非本有、非始有，本覺與始覺亦同此意。

十、生滅因緣中七科義

「因緣有三義。一淨心爲因。無明爲緣。二妄境爲緣。本識爲因。此二如疏。三以前因緣爲因。後因緣爲緣。以本來融通一心故。思准之。此中因緣。但是所由義。與所成生滅不別。其心與無明合邊。即是因緣。亦無別法。即攬此諸法積聚集成。名爲眾生。是即眞心爲眾生體。五意及識爲眾生相。是故唯一心也。意是依止義。前三是本末

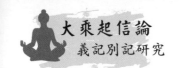

依。謂末依本故。名本爲意。後二是粗細依。謂粗依細故。名細爲意。
粗識更無所依之義。故不名意。但有了別。單名識也。三界唯心者。
謂是本末通融。具淨心五意[1]及識等。皆從心起者。從不相應心起。
妄念生者。從相應心起。以相應心緣三細中現識境故。無心外境可以
分別。故云分別自心也。若照境唯心時。心終不自取心。即能緣心盡。
故云心不見心也。無明起所識。是眞心與無明合時。能取自性淨故。
唯佛窮了。地上證一分。故云少分知。粗惑依細惑起。細惑更無所依。
故云忽然起。同經中無始無明。無有染法始於無明故也。問。無明動
眞如成染心。何故染心無明緣。約位辨粗細。眞心是其因。而不論優
劣。答。以染法有差別。眞心唯一味故也。根本智有二類。一修起如
理智。二眞如本覺智。世間智亦二。一修生如量智。二本覺隨染智。
以染心瞠動。違不動平等本覺之智。故名煩惱礙。又無明不了即動是
靜故。是以動中不能差別而知。智礙也。」

*研究：

因緣有三義。

一淨心爲因，無明爲緣。淨心是眞如，無明是根本無明。

二妄境爲緣，本識爲因。妄境是六塵，本識是阿梨耶識。

此二如疏所言。

三以前因緣爲因。後因緣爲緣。

第一階段，根本無明是緣，熏眞如因。

等同於性起。

眞如受根本無明熏，由不變眞如轉成隨緣眞如，而後啓動眞如緣
起，生起阿梨耶識及其中業識，此時之業識，尙無能所。

性起是因，是體。

第二階段，本識是因，外六塵境界是緣。等同於緣起，即阿賴耶
緣起。

第一階段之性起（根本無明熏眞如），即眞如緣起。

性起是因，是體；

第二階段之緣起，即阿賴耶緣起。

緣起是緣，是用。

性起及緣起本來即是體用關係，均融通於一心故。思准之。

此中因緣，但是所由義，與所成生滅沒有分別，即生滅有二層因緣，性起及緣起也。真如心與根本無明二者合邊，即是因緣，亦無別法。

即攬此諸法積聚集成，名為眾生。

即真如真心為眾生體，五意及識為眾生相，是故唯一心的體及相之表現也。

意是所依止義。五意的前三細（業、轉、現）是本末依，謂末依本故，名本為意。

後二（是智、相續）是粗細依，謂粗依細，所以細名為意。粗識（即分別事識之前六識），識無所依之義，故不名意。但識有了別，故單名識也。

三界唯心，是指本末通融，具淨心、五意及識等，即心、意、意識。

皆從心起者，指從不相應心（三細）起。妄念生者，從相應心（六粗）起。

以不相應心，緣三細中現識境故，並無心外境可以分別，故云分別自心也。即三細之轉識是俱生我執，現識是俱生我所即俱生法執，這是第一層能所，「能」是轉識，是俱生我法執心，即八地-十地之俱生我法執心，「所」是現識，是俱生我法執境，即初地-七地之俱生我法執境，即無明住地境。

故現識若照境唯心時，心終不自取心，即能緣心（轉識）盡，故云心不見心也。

根本無明所起識，即阿梨耶識，是真如心與無明和合識，能取自

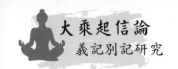

性淨故,唯佛窮了。

入初地證一分,故云少分知。

粗惑(三細之能見心及境界,及六粗)依細惑(三細之根本業識)起,細惑更無所依,故云忽然起,即根本無明,同經中無始無明,無有染法始於無明故也。

問。無明動眞如成染心,何故染心無明緣,可約位辨粗細,而眞心是其因,爲何不論優劣粗細。

答。因粗細染法有差別,而眞心唯一味,沒有粗細優劣差別。

根本智有二類。一修起如理智(體之體),二眞如本覺智(體之用)。

世間智亦二。一修生如量智(用之體),二本覺隨染智(用之用)。以染心瞋動,違反不動平等之本覺智,故名煩惱礙。

又無明因不明了動即是靜故,是以動中不能明白動之差別即是靜,即稱智礙。

十一、生滅中一科義

「生滅相中無明有二義。一通。能成二心。二別。能成細心。故云無明滅故境界滅。又云無明滅故不相應心滅。境界亦二義。一通。是所成。二別。能起三粗心。是故無明有通能及別能。境界有通所及別能。是故境界亦能亦所。無明唯能無所也。」

*研究:無明是生滅第一階段的「緣」,因是眞如體;境界是生滅第二階段的「緣」,因是無明。

生滅相中無明有二義。

一通,能成二心。眞如心及三細之能見心(此時眞如是因,無明是緣)

二別，能成細心。及三細之能見心（此時無名氏因，境界是緣）故云無明滅，故境界滅。

又云無明滅，故不相應心滅。

境界亦二義。

一通，是所成。（能是分別事識，所是外境界）

二別，能起三粗心。即六粗之執取、計名、起業。（能是三粗心，三粗心即分別事識）

是故無明有通能及別能；境界有通所及別能。

是故境界是亦能亦所，亦能是分別事識事；亦所，即六塵境。

無明是唯能無所，唯能是指三細中之第九地能見相，所是指境界相初地至七地之法執；所謂無所，是指現識之「能」，只能觸及 6-7 識之現識境，未能接觸外界六塵境之「所」，故說唯能無所。

十二、染法熏中四科義

「四熏習中。染熏亦二。初通。後別。前中無明熏眞有妄心者。是業相也。不覺念起者。能見相也。現妄境者。是境界相也。屬三細也。[5]今其念者。六粗中初二也。著者次二也。後二如論文。別中。增長念者。六粗中初二也。取者。次二也。後二是業果。非所論也。若爾。何故上文境界緣故生六相耶。釋云。前據通論。此約別剋。以論後二是妄心之化用。非親從境生也。妄心熏中。業識通合三細。從初名熏者。熏於根本無明。迷動細故。依此細動業。受變易業苦故。經云。無明住地緣無漏業因。得變易報也。此之謂也。事識中亦具三粗。熏枝末無明。粗動造業。受分段苦也。根本無明迷理性。熏眞如。成業相等三。枝末無明迷境界。熏本識。起事識。淨熏中。眞如妄染

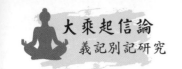

法心各有能熏所熏。互爲能所。染法中。眞如無能熏義。事識熏中有四劣。一能熏之識自淺薄故。二望所熏眞如猶懸遠故。三不覺知有末那賴耶故。四不覺知有法執相故。是故不能疾得菩提也。意熏四勝。翻前劣故。謂能熏深厚徹五意故。餘三可知。是故望大菩提速疾得也。此二熏習。是眞如內熏妄心。有此厭求。還熏眞如成勝行也。」

＊研究：

四熏習中。

染熏亦二。初通，後別。

前中，根本無明熏眞如，生妄心，是阿梨耶識三細相中之業相也。

不覺念起，是能見相也。已起三細之能見相，位在第九地，已有心自在。

現妄境，是境界相也。已起三細之境界相，位在第八地，已有色自在。

以上三者屬三細。

今其念者，指六粗中初二也，即智分別及相續相。

著者，次二也，即六粗之執取相及計名字相。

後二，起六粗之起業相及業繫苦相。如論文。

別中，增長念者，指六粗中初二也，即相續及智相。

取者，次二也。即執取，計名子相。

後二，是業果，非所論也。即起業及業繫苦相。

若爾。何故上文境界緣故，生六相耶。

釋云。前據通論，此約別剋。

以論後二，指起業及業繫苦相，是妄心之化用，非親從境生也。妄心熏中，業識通合三細。

從初名熏者，眞如受熏於根本無明，迷眞如而動三細，依此細動業，受變易生死業苦。

經云。無明住地，緣無漏業因，得變易生死報也，此之謂也。分

別事識中亦具三粗，即執取相、計名字相、起業相，此三粗熏枝末無明，三粗動而造業，受分段生死苦也。

根本無明迷理性，熏眞如，成業相等三細。枝末無明迷境界，熏本識，起分別事識。

淨熏中，眞如妄染法心各有能熏所熏，互爲能所。眞如熏無明起厭求妄心，妄心熏眞如，起始覺。

染法中，眞如無能熏義。眞如只是受根本無明所熏，而未去熏根本無明。

分別事識熏中有四劣。

一能熏之識自淺薄故。

二望所熏眞如猶懸遠故。

三不覺知有末那及賴耶故。

四不覺知有法執相故。

是故不能疾得菩提也。

意熏四勝，翻前四劣，使四劣能四勝，謂能熏深厚，徹五意故。餘三可知。是故望大菩提速疾得也。

此二熏習。是眞如內熏妄心，有此厭求，妄心還熏眞如，成勝行也。

十三、淨法熏中七科義

「淨熏中妄心熏內。一分別事識熏者。釋有三義。一彼二乘人。但覺事識中煩惱。而爲斷故。發心修行。修行即名爲熏習也。二以唯覺此煩惱未能斷故。猶爲熏習也。三由帶此識中煩惱而發心修行名熏習。然由粗故。墮二乘地。又初唯行熏。次唯識熏。後俱熏。由帶此

惑。令行成劣。故入二乘道。若帶五意中細惑。修行勝智。入菩薩位也。意中三釋准此。然皆後釋爲勝。體相熏中。具無漏法者。總舉法體相。備不思議業者。明有內熏功能。作境界性者。此眞如非但由前句內熏妄心令其厭求。亦乃與彼厭求之心作所觀境也。又釋用大爲外善境。此體相亦遍通彼中。故令用大得有熏也。又釋以遍妄心。故內熏之。遍外一切境。故亦熏習眾生。如近普覽作破木等。用熏中差別緣內。約機生熟有遠近之緣。約四無量爲行緣。約三空爲受[8]隨緣。又解初利他。後自利。又初約施戒等行。後約觀理行。平等緣中有六。一平等人。如論佛菩薩故。二平等願。如論皆願度故。三平等心。如論自體熏等故。四釋平等行。如論以同體智力故。謂了知自他同一體性。知同之智。名同體智。五平等益。如論見聞等故。六令平等機見平等相。如論依三昧見佛故。差別平等者。一約佛菩薩攝生心。愍念利益。無怨親故名平等。隨機異現名差別。二化身多門名差別。報身稱性名平等。三散心所見名差別。定心所見名平等。」

＊研究：

淨熏中妄心熏內，

一分別事識熏者。釋有三義。

一彼二乘人，但覺事識中之見愛煩惱而爲斷故，發心修行，修行即名爲熏習也。

二以唯覺此煩惱未能斷故，猶爲熏習也。

三由帶此識中煩惱而發心修行，名熏習，然由粗故，墮二乘地。

又初唯行熏，次唯識熏，後俱熏。由帶此見愛煩惱惑，令行成劣，只能斷煩惱障，去人我執及分段生死，故入二乘道。

若帶五意中細惑，修行勝智，去分別人法我見，入菩薩位也。意中三釋准此，然皆後釋爲勝。

眞如體相熏中，具無漏法者，總舉法體相。

備不思議業者，明有內熏功能。

作境界性者，此眞如非但由前句，內熏妄心令其厭求，亦乃與彼厭求之心，作所觀境也。

又釋用大爲外善境，此體相亦遍通彼中，故令用大得有熏也。又釋以遍妄心，故內熏之。遍外一切境，故亦熏習眾生。

如近普覽作破木等。用熏中差別緣內，約機生熟，有遠近之緣。

約四無量爲行緣；約三空爲受隨緣。

又解初利他，後自利。又初約施戒等行，後約觀理行。

平等緣中有六。

一平等人，如論佛菩薩故。

二平等願，如論對所有眾生皆願度故。

三平等心，如論均以平等眞如自體熏之。

四釋平等行，如論以同體智力故。謂了知自他同一體性，知同之智，名同體智。

五平等益，如論見聞等故。

六令平等機見，平等相。如論依三昧見佛故。

差別平等者。

一約佛菩薩攝生心，愍念利益，無怨親故，名平等。

隨機異現名差別。

二化身多門，名差別；報身稱性，名平等。

三散心所見，名差別；定心所見，名平等。

十四、略科文

「自下是略科文。上來從生滅門至此。明攝一切法竟。自下四熏習等。明生一切法。於中二。先通。後別。別中。先明染淨。後雙辨

盡不盡。前中二。先染。後淨。染中二。先總。後別。淨中亦二。先
總。後別。別中二。先別明體用熏。後雙明相應不相應。前中二。先
體相熏。後用熏。就相應不相應中二。先辨未相應。後明已相應。上
來明淨熏竟。初染熏次淨熏竟。就盡不盡中二。先明染法有盡。後明
淨法無終。上來初別明染淨熏。後雙辨盡不盡。合是大段別明竟。初
總。後別。合是四熏習竟。上來初釋生滅攝一切法。後釋四熏習生一
切法。合是大段釋生滅法畢竟。自下第二釋生滅門中所顯之義大。於
中有二。初釋體相二大。後別解用大。前中二。初一句通攝標二大名。
下別釋二大義。釋中。初釋體大。從畢竟常恒下。釋相大。釋相大中
二。初直釋。後問答。釋用大中二。初總辨。二從此用有二下。別釋。
釋中二。初別明應報。後又凡夫下。重更料簡。初中二。先應。後報。
就重簡中二。先明應身。謂約凡見粗。六道相也。二乘見細。不待說
也。二明報身二。初約人顯粗妙。二問答釋疑。前中二。先明地前見
粗。二若得淨心下。地上見細。問答中二先問。後答。上來釋所顯義
大竟。自下明會法歸體上來初舉生滅法相第二明有顯義功能。第三會
用歸體。三義不同。總明生滅門竟。初釋真如門。後顯生滅門。二門
不同。總釋顯示正義竟。」

＊研究：

自下是略科文。

上來從生滅門至此，明攝一切法竟。

自下四熏習等，明生一切法。於中二。先通，後別。

別中，先明染淨，後雙辨盡不盡。

前中二。先染，後淨。

染中二，先總，後別。

淨中亦二，先總，後別。

別中二，先別明體用熏，後雙明相應不相應。

前中二，先體相熏，後用熏。

就相應不相應中二，先辨未相應，後明已相應。

上來明淨熏竟。

初染熏，次淨熏竟。就盡不盡中二，先明染法有盡，後明淨法無終。

上來初別明染淨熏，後雙辨盡不盡。合是大段別明竟。

初總，後別，合是四熏習竟。

上來初釋生滅攝一切法，後釋四熏習生一切法。

合是大段釋生滅法畢竟。

自下第二，釋生滅門中所顯之義大。

於中有二。初釋體相二大，後別解用大。前中二。初一句通攝標二大名，下別釋二大義。

釋中。初釋體大，從畢竟常恒下，釋相大。

釋相大中二。初直釋，後問答。

釋用大中二。初總辨，二從此用有二下，別釋。

釋中二。初別明應報，後又凡夫下，重更料簡。

初中二。先應，後報。

就重簡中二。先明應身，謂約凡見粗。

六道相也，二乘見細。不待說也。

二明報身二。初約人顯粗妙，二問答釋疑。

前中二。先明地前見粗，二若得淨心下，地上見細。

問答中二先問，後答。

上來釋所顯義大竟。自下明會法歸體上來，初舉生滅法相，第二明有顯義功能，第三會用歸體。

三義不同。

總明生滅門竟。

初釋真如門，後顯生滅門。二門不同，總釋顯示正義竟。

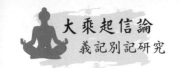

十五、分別發趣中四種發心義

「分別發趣道中。通論發心。總有四位。一捨邪趣正發心。位在凡地。此論不說。二捨退得定發心。位在十信滿心。入十住初。是論中信成就發心也。三捨生得熟發心。位在十迴向。以欲入初地。加行勝進。深發心故。即解行發心。四捨比得證發心。位在初地已上。問。退位豈無生熟耶。何不失二發心。答。位極劣故。相不分也。問。不退望證。豈非劣耶。何故有二發心。答。位勝故。純熟相顯故。問。若爾。地上彌勝。何故不失二發心耶。答。位極勝故。所證不殊故。問。豈將入不退位。不用增上起行力耶。何不更失發心也。答。一能發心位劣。不能起加行故。二所趣位未勝。不須加行故是故不失也。問。若爾。何故將入證位。更於加行位中有發心耶。答。能入勝故。所證難得故耳。」

＊研究：

分別發趣道中，通論發心，總有四位。

一捨邪趣正發心，位在凡地，此論不說。

二捨退得定發心，位在十信滿心，入十住初住即發心住，即指論中信成就發心也。

三捨生得熟發心，位在十迴向兼十行位。以欲入初地，更以四加行（煖、頂、忍、世第一）勝進，深發心故，即解行發心。

四捨比證，得眞證發心，位在初地以上。

問。退位豈無生熟耶，何不失二發心。

答。位極劣故，相不分也。

問。不退位望證位，也不是算劣嗎？爲何有二發心。

答。位勝故，純熟相顯故。因不退位，已屬位勝，純熟相已顯，可成成佛之因了。

問。若爾，地上位彌勝，何故不失二發心耶。

答。位極勝故，所證不殊故。

問。豈將入不退位，為何不用增上起四加行力耶，何不更失發心也。

答。一能發心尚位劣，仍不能起加行故。因不退位之前，能發心尚未劣，因此仍不能起加行四位。

二所趣位未勝，不須加行故，是故不失也。而不退位也未勝，因此不須加行。

問。若爾，何故將入證位，就須加行位中有發心耶。

答。能入勝故，所證難得故耳。因入證位是入勝，很難證，故須加行。

十六、科釋正行義

「修止中安心內有二。初止內想慮心。二從亦不得隨心下。止外緣境心前中三。初舉想令除。二止能除想。三順法體。初中二。初別止十一切處想。後一切諸想下。通止一切諸差別想。能除者有二釋。一所除緣止。故能除緣亦已。二先除有想。後亦遣除想者。除無想也。以有無之念俱是想故。下文順法體中。以一切法無想者。無有之想也。念念不生等者。以無始已來未曾生等故。第二止外境心內有二。初止外妄緣。二是正念下。示內真觀。前中二。初舉非總制。二心若馳下。示觀方便。何故爾者。外疑云。既不許心緣外境。又不許以心除心。未知耶其心馳散時。云何對治。釋云攝令住正念。即云何是正念。釋云唯心無境是也。是故不許緣緣外境。若爾。俱不緣外境。緣內心應得耶。釋云亦不得也。故云即復此心無有自相可得也。故於此時。觀

心無寄。分別也。止滅。成於止行。修真如三昧耳。」

＊研究：

修止中安心內有二。

一止內想慮心。

二從亦不得隨心下。止外緣境心。

前中三。

（1）舉想令除。

（2）止能除想。

（3）順法體。

初中二。

1、別是止「十一切處想」（十遍處想：地水火風空識青黃赤白等十種遍一切處），後一切諸想下。

通是止一切諸差別想。

能除者有二釋。

1、所除緣止，故能除緣亦已，能所皆除。

2、先除有想，後亦遣除想者，除無想也。以有無之念俱是想故，有無想均須除。

3、順法體中，以一切法無想者，無有之想也。法體是非有非無想。念念不生等者，以無始已來未曾生也。

第二止外境心。

內有二。

1.止外妄緣。

2.是正念下，示內真觀。即真觀正念。

前中二，

一舉非總制。

二心若馳下，示觀方便。

何故爾者。外疑云。既不許心緣外境，又不許以心除心，未知即

其心馳散時，云何對治。

　　釋云，攝令住正念，即云何是正念。

　　釋云，唯心無境是正念也，是故不許心緣外境。

　　若爾，俱不緣外境，緣內心應得耶。

　　釋云，亦不得也。

　　故云，即復此心無有自相可得，此心亦不得。

　　故於此時，觀心無寄，分別心也止滅。成於止行，修眞如三昧耳。

　　眞如三位即是心無住。

十七、色心不二中一義

　　「色心不二中。心者。據體大也。智者。約相大也。法身。通體相也。以融攝故。隨說皆得。由與用爲本，故能現色也。然用能物機。故上云隨染業幻所作也。」

　　*研究：

　　色心不二中。心者，心眞如，據體大也。

　　智者，心體之功德相，約相大也。

　　法身，通體及相也。

　　因體相融攝，故隨說皆得。

　　由與用爲本，由體起用，故能現色也。

　　然用能隨物機而顯現，故上云隨染業幻所作也。

　　色由心現，心亦不可得，色心的本體均是眞如體。

　　智是體的功德相。故心眞如是體，智是相，色是用。

十八、釋賴耶識有惑義

「問。三細六粗中。何以不說末那識耶。答。以義不便故。何者。
以根本無明。動彼眞如。成於三細。名爲梨那。末那無此義。故不論。
又以境界緣故。動彼心海。起於六粗。名爲意識。末那無此從外境生
義。故不論也。雖是不說。然義已有。何以知。瑜伽云。梨耶起必二
識想應。故說三細賴耶。即已有末那執相應故也。又意識得緣外境。
必內依末那。故說六粗意識。已有末那爲依止根也。故雖不說。而實
有之。問。上云根本無明者。起在何識。答。梨耶識起。問。餘論中
說。梨耶自體白覆無記。一向捨受相應。故堪受熏。若起煩惱。即是
雜染。豈堪受熏。答。餘論中約教就粗相說。而實此識迷無相眞如義
邊。故有根本無明住地。若不爾者。即應常緣第一義諦。即一眾生半
迷半悟。謂六七迷。而第八識悟也。文若其佛地與圓鏡智相應者。則
知凡地必與無明相應。何以故。與上相違故。若言凡地餘識無明與相
應故非本識自有者。亦應佛地鏡智非本識起。既佛地起者。則知凡地
起愚。故不疑也。文若一向無煩惱。則不得成無記法。何以故。若無
煩惱。則一向清淨。不得名無記。是故一向清淨者。即名爲善。一向
染者。則名不善。染淨無二故。則非染淨名無記法。良以淨屬眞分。
染屬妄分。二分不二。名爲和合刺耶無記識也。若此位中無染細者。
以何簡淨成於無覆無記。既無記非淨。故知有染細也。剋實言之。唯
眞如是體。是故梨耶異就唯是位也。引迴心聲聞。故假說也。又意識
起惑於業有三義。一起見道無明。約緣造業。二起修道惑。愛求潤未
熟業令熟。三又起見愛。引已熟業令受生相續無差違也。起信中相續
識內。唯有後二義。准論知之。」

＊研究：

問。三細六粗中，何以不說末那識耶。答。以義不便故，何者。

以根本無明，動彼眞如，成於三細，即名爲阿梨那識。末那並無此義，故不論。

又以境界緣，動彼心海，起於六粗，名爲意識，即分別事識。末那也無此從外境生之義，故不論也。

雖是不說末那識，然義已有，何以知。

瑜伽云，梨耶起時必梨耶、末那二識相應，故說三細賴耶時，即已涵蓋有末那之相應故也。

又意識緣外境時，必內依末那，故意識說爲六粗意識。

意識必以末那爲依止根，故雖不說末那，而實隱含之矣。

問。上云根本無明者，起在何識。

答。梨耶識起。

根本無明熏習眞如，形成阿梨耶識之三細。根本無明、眞如、阿梨耶識此三者是同時作用並同時存在。故三者均是無始而有。

因迷於眞如，有同時有根本無明生起。因眞如是無始而有，故根本無明也是無始而有。

根本無明同時也返熏習眞如，而同時形成阿梨耶識。

問。餘論中說，梨耶自體無覆無記，一向捨受相應，故堪受熏。若起煩惱，即是雜染，豈堪受熏。

依唯識宗，阿賴耶識是無覆無記，所以可以受熏，是所熏，前七識是能熏。

答。餘論中約教就粗相說，而實此識，迷無相眞如義邊，故有根本無明住地。

根本無明即是無始以來迷惑於眞如之一味相而產生，根本無明就是勝鬘經所說的無明住地，也是唯識宗所說的十地俱生我法二執。

若不爾者，即應常緣第一義諦，如此則眾生半迷半悟，謂六七識迷，而第八識悟也。

又若其佛地與圓鏡智相應者，則知凡地必與無明相應。何以故。

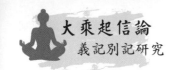

與上相違故。

　　若言凡地餘識之無明與之相應，故無明非本識自有者，亦應佛地鏡智也非本識所生起。大圓鏡智是佛智，佛智並非由梨耶識所生，而是由梨耶轉依所成，或破梨耶之不覺而轉顯覺所成的覺智。

　　而凡夫則與無明相應而起不覺愚癡。所以說既知佛地起覺智，，則知凡地起愚，故不疑也。

　　又若阿賴耶識純淨，一向無煩惱，則不得成無記法，何以故。

　　若無煩惱，則一向清淨，不得名無記。

　　是故一向清淨者，即名為善。一向染者，則名不善。染淨無二故。

　　則非染淨，名無記法。良以淨屬真分，染屬妄分，二分不二，名為染淨和合梨耶無記識也。

　　若此位中無染細者，如何能簡別淨，而使成於無覆無記。

　　既無記非淨，故知有染細也。剋實言之，唯真如是梨耶識的體，是故梨耶異熟唯是一種名位，用以引導聲聞迴心向大乘，故是假說也。

　　又意識起惑於業有三義。

　　一起見道無明，即欲界之見惑，約外六塵緣造業。

　　二起修道惑，即愛求之色界思惑，可以滋潤未熟業令熟。

　　三又起見愛，引已熟業，即無色界之思惑，令六道受生相續無差違也。

　　起信中相續識內，唯有後二義。准論知之。

十九、如來藏中恒沙功德義

　　「如來藏中恒沙功德。說有三門。一建立門。二分齊門。三屬果門。初中建立者。曲有四義。一依真如上義。謂依真如上義。說有此

德。非謂有別事。論云皆依眞如義說故。二對染義。謂對恒沙煩惱過失。翻對顯示如此恒沙功德。如論辨。三爲因義。謂能內熏眾生。令厭求起行等。論云恒沙性德內熏眾生等。四依持義。謂與佛果恒沙功德爲依故。說有此德。論云以對始覺故說本覺也。二顯義分齊門。恒沙性德。皆是生滅門內眞如中說。非是自性不變眞如門中辨。何以故。彼絕[5]待。然四義中。初二約得道前染位。後一得道後淨位。中一約得道中染淨位。又初一差別之無差別。後三是無差別之差別。又初二是自性住佛性。次一引出佛性。後一至得果佛性。三以因屬果。以因中有初義故。是故果中得有法身義。以因中有翻染義故。今果位中有解脫。以因中有內熏爲因義故。今果位中成般若大智義。以因中具前三義故。今果位中有般若解脫法身三德義也。以有第四義故。今果位中了因得有所了果法。又由此義。今果位功德成就也。是故由前三義。別成三德。由後一義。總攝佛果無量功德故。由此等義故。是故因位眾生心中決定有恒沙功德。略顯如是。」

*研究：

如來藏中恒沙功德，說有三門。

一建立門。二分齊門。三屬果門。

（一）建立者。曲有四義

1、依眞如上義

謂依眞如上義，說有此德，非謂有別事。

眞如即是如來藏，而非說另有別法名如來藏。

論云，皆依眞如義說故。

2、對染義

謂對恒沙煩惱過失，翻對顯示如此恒沙功德，如論辨。

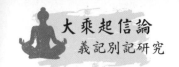

3、爲因義

謂能內熏眾生，令厭求起行等。論云，恒沙性德，內熏眾生等。

4、依持義

謂與佛果恒沙功德爲依故，說有此德。

論云，以對始覺故說本覺也。

如來藏之四義與眞如性淨本覺之體相四義比配，如實空鏡配眞如上義；法出離鏡配對染義；因熏習鏡配因義；緣熏習鏡配依持義。

（二）顯義分齊門

恒沙性德，皆是生滅門內眞如中說，非是自性不變眞如門中辨。何以故。彼絕待。

然四義中，初二，眞如上義及對染義，約得道前染位。

後一，依持義約得道後淨位。

中一，因義，約得道中染淨位。

又初一，眞如上義顯示差別之無差別。

後三，對染義、因義、依持義是無差別之差別。

又初二，眞如上義、對染義是自性住佛性；

次一，因義是引出佛性；

後一，依持，至得果佛性。

（三）以因屬果

以因中有初義（眞如上義）故，是故果中得有法身義。

以因中有翻染義（對染義）故，今果位中有解脫。

以因中有內熏爲（因義）故，今果位中成般若大智義。

以因中具前三義故，今果位中有般若解脫法身三德義也。

以有第四義（依持義）故，今果位中，了因得有所了果法。

又由此義，今果位功德成就也。是故由前三義，別成三德。

由後一義，總攝佛果無量功德故。

由此等義故，是故因位眾生心中決定有恒沙功德。略顯如是。

如來藏有空及不空，空是空掉煩惱降，不空是具恒河沙功德。

二十、生滅、不生滅和合成梨耶義

「不生不滅與生滅和合成賴耶義。說有二門。一分相門。二融攝門。前中二門。一不生滅。二生滅。前中亦二。一粗。二細。生滅中亦二。一粗二細。不生滅中。粗者是真如門。動相盡故。不生滅義粗顯著故。是違害諸法差別之相。即是真如不變義也。二細者。是真如隨染門。不違動相故。自不生滅義漸隱故。是故名細。即是生滅門中。如來藏義亦是本覺義。是故真如望有為法有二義。一相違義。二相順義。自體亦有二義。一不變義。二隨染義。是故楞伽經云。寂滅者名為一心。一心者名如來藏。是此二也。二生滅中。粗者是七識隨境起盡相粗顯故。楞伽經中名為相生滅也。二細者。是無明風動淨心成此起滅。是本識相漸隱難知。故名為細。楞伽經中名為流注生滅。論云分別生滅相有二種。一粗二細等。是故生滅有為望真如有二義。一相違義。起滅相粗故。二相順義。起滅相微。漸漸同真故。論云。隨順觀世諦。則入第一義。是此二門義。義門望自亦二義。一相顯。二性無。經云。一切法不生。我說剎那義等。大段第二融攝門者有三重。一真如二義。體同義異。以全體不變。舉體隨緣。故不二也。二生滅中粗細通融。舉體全粗亦全細。故鎔融無二法也。三以真全體隨緣。

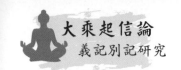

現斯粗細生滅。是故若約唯粗生滅。則令眞隱。若就唯細生滅。則令眞現細不生滅。若約唯粗不生滅。令二滅盡總唯一眞如平等顯現。若約唯細不生滅。則令細生滅漸細染住。餘義准思之。」

*研究：

不生不滅與生滅和合成賴耶義。

說有二門。一分相門。二融攝門。

（一）分相門

中有二門。一不生滅，二生滅。

不生滅中亦二。一粗，二細。

生滅中亦二。一粗二細。

不生滅中，一粗者，是眞如門。動相盡除，不生滅義粗重顯著故。

是違害諸法差別（生滅相）之相，即是眞如不變義也。

不生滅中，二細者。是眞如隨染門。不違動相故，自不生滅義漸隱故，是故名細。

即是生滅門中，如來藏義亦是本覺義。

是故眞如望有爲法有二義。一相違義。二相順義。

自體亦有二義。一不變義。二隨染義。

是故楞伽經云。寂滅者名爲一心。一心者名如來藏。是此二也。

二生滅中。

1.粗者是七識隨境，起盡相粗顯故。

楞伽經中名爲「相生滅」也。

2.細者。是無明風吹動淨心，成此細微起滅，是本識相漸隱難知，故名爲細。

楞伽經中，名爲「流注生滅」。

論云，分別生滅相有二種，一粗二細等。是故生滅有爲望眞如有

二義。

1.相違義，起滅相粗故。

2.相順義，起滅相微，漸漸同眞故。

論云。隨順觀世諦，則入第一義，是此二門義。

二門望自亦二義：一相顯，二性無。

經云。一切法不生，我說利那義等。

（二）融攝門

有三重。

1、眞如二義。

生滅及不生滅之體同而義異。以全體不變，即不生滅；以舉體隨緣，即生滅。故不二也。

2、生滅中粗細通融。舉體全粗亦全細，故鎔融無二法也。

3、以眞如全體隨緣，現斯粗細生滅，是故若約唯粗生滅，則令眞隱。

若就唯細生滅，則令眞現。

又以全體不變，現斯粗細不生滅。

若約唯粗不生滅，令二總滅盡，唯一眞如平等顯現。

若約唯細不生滅，則令細生滅漸細漸住。

餘義准思之。

心眞如門即不生滅門，有不變眞如及無明及體是空。心生滅門有二，眞如隨緣及無明成事爲用。

心不生滅門事生滅門的本體，生滅門是體相用之整體表現。

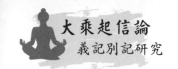

二十一、九相義

「九相義七門分別。一釋名。二辨體。三生起次第。四約識分別。五約惑分別。六滅位分別。七配攝分別。初釋名者。根本癡闇。名曰無明。擊動淨心。名之爲業。即無明之業。依主釋也。動作狀相。名之業相。則持業釋也。餘八相字。皆准此釋。心體向外。名能見相。變似外境。名能現相。分別染淨。名爲智相。經時不斷。名相續相。遍計其事。名執取相。遍計其名。名計名字相。造作善惡。名起業相。苦樂異[＊]就。名業繫苦相。言體性者有二。一當相出體。則初三細以本覺及本不覺緣起不二爲其體性。後六粗即以三細緣起。及隨相不覺細起稍粗。以此爲體性。二窮源辨體性。即總以眞如隨染義爲體。故論云。種種凡器。皆同微塵性相等。三生起次第者。則如釋相次第者是。四約識分別者。前三細是八識。後六粗是六識等。五約惑者。三細中是根本無明。是法執中細惑。後粗中。前二是枝末無明法執中粗惑。後四是人執惑也。六滅位者。三細。從佛地乃至八地斷。智及相續。從初地乃至七地斷。執取計名。地前三賢位斷也。七配攝者。於中相配可知。餘如論說。」

＊研究：

九相義七門分別。

一釋名。二辨體。三生起次第。四約識分別。五約惑分別。六滅位分別。七配攝分別。

（一）釋名者。有業相、能見相、能現相、智相、相續相、執取相、計名字相、起業相、業繫苦相

根本癡闇，名曰無明。擊動淨心（眞如），名之爲業。即無明之業，

依主釋也。

　　動作狀相，名之業相，則持業釋也。

　　餘八相字，皆准此釋。

　　心體向外，名能見相。

　　變似外境，名能現相。

　　分別染淨，名爲智相。

　　經時不斷，名相續相。

　　遍計其事，名執取相。

　　遍計其名，名計名字相。

　　造作善惡，名起業相。

　　苦樂異熟，名業繫苦相。

（二）言體性者

　　有二。

　　1、當相出體

　　初三細，以本覺及根本不覺，緣起不二爲其體性。

　　後六粗，即以三細緣起，及隨相不覺細起稍粗，以此爲體性。

　　2、窮源辨體性

　　即九相總以「眞如隨染」義爲體。即以隨緣眞如爲體。

　　故論云，種種凡器，皆同微塵性相等。

（三）生起次第者

　　則如釋相次第者是。

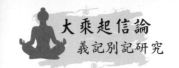

（四）約識分別者

前三細是八識，後六粗是六識等。後六粗之智相，相續相可能是第七識。

（五）約惑者

三細中是根本無明，是法執中細惑。

此處另有說法，以爲根本無明依不明眞如而有，三細及六粗均是依根本無明所生之枝末無明。

後粗中，前二（智相及相續相）是枝末無明，法執中粗惑。

後四（執取相、計名相、起業相、業繫苦相）是人執惑也。執取是細惑，另三是粗惑。

（六）滅位者

三細是從佛地乃至八地斷。境界相第八地斷，能見相第九地斷，業相十地斷。

智及相續。相續是初地斷。智是二地乃至七地斷。

執取、計名。是地前三賢位斷也。（三賢位是十住、十行、十迴相）

（七）配攝者

於中相配可知。餘如論說。

二十二、眞如二義

「眞如有二義。一不變義。二隨緣義。無明亦二義。一即空義。
二成事義。各由初義故。即眞如門也。各由後義故。即生滅門也。生
滅門中。隨緣眞如。成事無明。各有二義。一違自順他義。二違他順
自義。無明中初義內亦有二義。一能知名義順眞覺。二返自體妄示眞
德。無明後二義內亦有二義。一覆理。二成妄心。眞如中初義。內亦
二義。一隱自眞體二顯現妄法。後義內亦二義。一翻對妄染。顯自眞
德。二內熏無明。令起淨用。由無明中初二義。及眞如中後二義故。
得有生滅門中始本二覺義也。由無明中後二義。及眞如中初二義故。
得有本末二不覺也。若約諸識分相門。本覺及不本覺在本識中。始覺
及末不覺在生起識中。若約本末不二門。並在一本識中。又本覺爲始。
本還賴於始顯。本不覺爲末。本還藉於末資。又本不覺依本覺。末不
覺依本不覺。始覺依末不覺。本覺還依始覺。如是旋還同一緣起。而
無自性。不離眞如。就此生滅門中。眞妄各開四故。即有八門。和合
唯有四。謂二覺二不覺。更攝但唯二。謂覺與不覺。總攝唯一。謂一
心生滅門也。」

*研究：

眞如有二義。

一不變義。二隨緣義。

無明亦二義。一即空義。二成事義。

各由初義故，眞如之不變義及無明之即空義，即是眞如門也。各
由後義故，眞如之隨緣義及無明之成事義，即是生滅門也。

生滅門中，隨緣眞如，成事無明。各有二義。一違自順他義，二
違他順自義。無明中初義內亦有二義。

1.能知名義順眞覺（始覺）

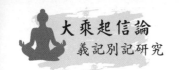

2.返自體妄示眞德（本覺）

無明後二義內亦有二義。

一覆眞理（根本不覺）

二成妄心（枝末不覺）

眞如中初義。內亦二義。

一隱自眞體（根本不覺）

二顯現妄法（枝末不覺）

後義內亦二義。

一翻對妄染，顯自眞德（本覺）

二內熏無明，令起淨用（始覺）

由無明中初二義（反對詮示性功德、知名義成淨用），及眞如中後二義（翻對妄染成淨德、眞如內熏無明成淨用），得有生滅門中始本二覺義也。

由無明中後二義（覆眞理、呈妄心）及眞如中初二義（隱自體、現妄念）故，得有本末二不覺也。

若約諸識分相門，本覺及根本不覺在本識中。

始覺及枝末不覺在生起識中。

若約本末不二門，本末並在一本識中。

又本覺爲始，本還賴於始覺才能顯現。

根本不覺爲末，本還藉於末資。

又根本不覺依本覺，因根本無明迷於眞如而有。

枝末不覺則由根本不覺所生。

始覺依枝末不覺而生，本覺還依始覺顯。

如是旋還，互相同一緣起。而都無自性，都不離眞如本體。

就此生滅門中，眞妄各開四，即眞如，無明各有四門，故共有八門。

二者和合唯有四門，即二覺（本覺、始覺），二不覺（根本不覺、

枝末不覺）。

更攝但唯二，謂覺與不覺。

總攝唯一，謂一心生滅門也。

二十三、智淨不思議相義

「智淨相。不思議業相。略作十門分別。一釋名者。智者始覺智也。淨者離染同本覺。此中有智之淨及即智淨也。不思議業者。果德他用。故名爲業。非下地測量。故不思議也。此中亦有不思之業及不思即業等可知也。二出體者。生滅門中隨染本覺爲體。三約體用分別者。初一體。後一用。四約染淨分別者。此二俱淨。以返染故。亦可俱染。以隨染所成故。五約二利分別者。初一自利。非無利他。後一利他。非無自利。六三身分別者有二義。一初爲報身。後爲化身。二初通法身及自受用身。後通化身及他受用身。七四智分別者。初一圓鏡智。亦通平等性。後一通三智。八二智分別者。初一理智。後一量智。九本末者。初一本。後一末。十因緣所起分別者。智淨。以體相內熏爲因。用本外熏爲緣。同本淨智爲果。不思議業。以智淨爲因。眾生內熏爲緣。無方大用爲果。」

*研究：

智淨相，不思議業相。略作十門分別。

（一）釋名者

智者始覺智也，淨者離染同本覺。此中有智之淨及即智淨也。不思議業者，果德他用，故名爲業，非下地測量，故不思議也。

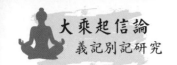

此中亦有不思之業及不思即業等可知也。

（二）出體者

二者均以生滅門中，隨染本覺爲體。

（三）約體用分別者

初一智淨爲體，後一不思議業爲用。

（四）約染淨分別者

此二俱淨，以二者均已返染，智淨爲體，不思議業爲用。
但也亦可俱染，因二者均可隨染所成故。

（五）約二利分別者

初一智淨自利，非無利他。後一不思議業利他，非無自利。

（六）三身分別者

有二義，
1、初智淨爲報身，後不思議業爲化身。
2、智淨通法身及自受用身，不思議業通化身及他受用身。

（七）四智分別者

智淨爲大圓鏡智，亦通平等性智。

不思議業相通三智，即平等智、妙觀光察智、成所作智。

（八）二智分別者

智淨爲如理智、根本智。不思議爲如量智、後得智。

（九）本末者

智淨爲本，不思議爲末。

（十）因緣所起分別者

智淨，以眞如體相內熏爲因，眞如用外熏爲緣，同眞如本淨智爲果。

不思議業，以智淨爲因，眾生內熏爲緣，無方大用爲果。

二十四、覺體相中四鏡義

「覺體相中四鏡義。十門分別。一釋名。如實者眞德也。空者對妄也。鏡者喻也。從法喻得名。餘並准此。二因者能現諸法也。熏者內熏也。此即因之熏。故內熏也。夫此內熏。能生始覺之果。故亦名因熏。此即因是熏。故名因熏也。法者體相也。出者出二癡也。離者

不與根本無明和合也。緣熏者作外緣熏眾生。此亦即緣是熏也。二出體者。並以生滅門中本覺眞如三大爲體。三生起次第者。由對妄故。初說爲空。以空妄故。次顯眞德隨緣。成內熏熏智故云因熏也。由有熏智力故。能治妄顯眞。故次明法出離也。由出離染故。即起無邊淨用。故明緣熏也。四約染淨分別者。初二染故在纏。名有垢眞如。後二淨故出障。名無垢眞如也。五約因果分別者。初二在因。後二在果。因中。初一舉體。次一成因。果中。先斷果。德果。文可先果體。後果用。六相對分別者。初與三。二與四。各何別者。謂初自性離。三對治離。二內因熏。四外緣熏。有此差別也。七對智淨等分別者。此中法出離與前智淨。及此緣熏與前不思業。各何別者。智淨約能觀。法出約所觀。不思業約智用。緣熏約法用。以始覺即同本覺故。所以隨一即收餘耳。八以約三佛性分別者。前一唯自性住。後一唯至得果佛性。因熏亦性亦引出。法亦引出亦至得果。九約喻分別者。虛空有四義。一物所不能壞。二容受諸色法。三色滅淨空顯。四空能現色。鏡亦有四義。一實質不入中。二能現諸影像。三磨瑩去塵垢。四照用諸物。法中義准之。十約三大分別者。初一唯體非相用。次一亦體亦相而非用。次一亦相亦用而非體。後一唯一唯用非體相此就分別門說。若約鎔融門。四義皆具三大耳。」

＊研究：

覺體相中四鏡義。十門分別。覺體相是指性淨本覺。

（一）釋名

1.如實空鏡：如實者眞德也，空者對妄也，鏡者喻也。從法喻得名，餘並准此。

2.因熏習鏡：因者能現諸法也，熏者內熏也，此即因之熏，故內熏也。

夫此內熏，能生始覺之果，故亦名因熏，此即因是熏，故名因熏也。

3.法出離者：法者體相也，出者出二癡也（煩惱障、所知障）離者不與根本無明和合也。

4.緣熏者，作外緣熏眾生，此亦即緣是熏也。

（二）出體者

並以生滅門中本覺真如三大為體。

（三）生起次第者

如實空鏡：由對妄故，初說為空。以空妄故，次顯真德隨緣。

因熏習鏡：成內熏熏習，故云因熏也。由有熏習力故，能治妄顯真。

法出離鏡：由出離染故，

緣熏習鏡：即起無邊淨用，故明緣熏也。

（四）約染淨分別者

1、初二染，如實空及因熏習，故在纏，名有垢真如。

2、後二淨，法出離及緣熏習，故出障，名無垢真如也。

（五）約因果分別者

初二，如實空及因熏習，在因。後二，法出離及緣熏習，在果。

因中，如實空舉體，因熏習成因。

果中，先斷果，即法出離。後德果，即緣熏習。文可法出離爲果
體，緣熏習爲果用。

（六）相對分別者

初與三（如實空鏡與法出離鏡）；二與四（因熏習鏡與緣熏習鏡），
各何別者。
謂如實空是自性離，法出離是對治離。
二因熏習是內因熏，四緣熏習是外緣熏。
有此差別也。

（七）對智淨等分別者。本覺隨染有智淨及不思議業

此中法出離與前智淨，及此緣熏與前不思業，各何別者。
智淨約能觀智，法出離約所觀智。
不思業約智用，緣熏習約法用。
以始覺即同本覺故，所以隨一即收餘耳。

（八）以約三佛性分別者

前一（如實空鏡）唯自性住。
後一（緣熏習鏡）唯至得果佛性。
因熏習鏡是亦自性亦引出。
法出離鏡是亦引出亦至得果。

（九）約喻分別者

虛空有四義：

1.物所不能壞（如實空鏡）。2.容受諸色法（因熏習鏡）。3.色滅淨空顯（法出離鏡）。4.空能現色（緣出離鏡）。

鏡亦有四義：

1.實質不入中。2.能現諸影像。3.磨瑩去塵垢。4.照用諸物。

法中義准之。

（十）約體相用三大分別者

初一（如實空鏡）唯體，非相用。

次一（因熏習鏡）亦體亦相，而非用。

次一（法出離鏡）亦相亦用，而非體。

後一（緣熏習鏡）唯用，非體相。

以上就分別門說。

若約鎔融門，則四義皆各具體用三大耳。

二十五、始本相依文

「始本相依文中。問。本覺為滅惑不滅惑耶。若滅惑者。即無凡夫過。若不滅惑者。即無覺義過。答。滅惑故。非無覺義過。無凡夫者。亦非過也。何以故。以一切凡夫即涅槃相。不復更滅。是故凡夫本無。有何過也。亦非無凡夫過。何以故。以彼本覺性滅惑故。方名本覺。本覺存故。得有不覺。不覺有故。不無凡夫。是故本覺滅惑。

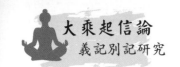

方成凡夫。何得有過。問。本覺若滅惑者。即應無不覺以障治相違故。若有不覺。即不得有本覺。如何說言依本覺有不覺耶。答。由本覺性自滅不覺故。是故依本覺得有不覺。何者。若本覺不滅不覺者。即應本覺中自有不覺。若本覺中自有不覺者。則諸凡夫無不覺過。以不覺在本覺中。凡夫不證本覺故。不覺即不成凡夫過。又若本覺中有不覺者。即諸凡夫既有本覺。應得本覺。覺故。名不成凡夫過。若本覺中有不覺者。聖人得本覺。應有不覺。有不覺故。即非聖人。是無聖人過。又若本覺中有不覺者。聖人無不覺故。即無本覺。無本覺故。即無聖人過。既有此義。是故本覺性滅不覺是。又若不滅不覺。即無本覺。無本覺故。即無所迷。無所迷故。即無不覺。是故得有不覺者。由於本覺。本覺有者。由滅不覺。是故當知由滅不覺。得有不覺也。

　　問若本覺能滅惑者。何用始覺爲。答。以惑有二義故。一理無義二情有義。由對初義。故名本覺。由對後義。故名始覺。故佛性論云。煩惱有二種滅。一自性滅。二對治滅。對此二滅。故有始本二覺。又此始覺亦是本覺之用也。何者。以依本覺故有不覺。有不覺故有始覺。是故始覺即是本覺。更無異體。唯一本覺滅煩惱也。始本相對。各有二義。本中。一是有力義。以能成始故。二是無力義。對始名本故。始中。一是有力義。以能顯本故。二是無力義。爲本所成故。問。各有二義。有無鉾楯。豈不相違耶。答。非直有無性不相違。亦乃相順便得成立。何者。始覺中。非從本所成之始覺。無以能顯於本覺。本覺中。非對始之本覺。無以成於始覺。是故始本四義。緣起一故。不可爲異。然四義故。不可爲一。猶如圓珠。隨取皆盡。護過顯德。及違成過等。各有四句。准可知之。問。是始覺有耶。答。不也。以即是本覺故。又問。本覺是有耶。答不。即是始覺故。問。亦本亦始耶。答。不也。始本不二故。問。非本始耶。答。不也。本始具足故。此並生滅門淨緣起更說。眞如門中則無此義。」

　　*研究：

始本相依文中。

問。本覺爲滅惑不滅惑耶。

若滅惑者，即無凡夫過。

若不滅惑者，即無覺義過。

答。滅惑故，非無覺義過。

無凡夫者，亦非過也。何以故。

以一切凡夫本來即涅槃相，不復更滅。

是故凡夫本無，有何過也。

亦非無凡夫過，何以故。

以彼本覺性滅惑故，方名本覺。

若本覺存有惑，得有不覺。

不覺有故，不無凡夫，是故本覺滅惑，方成凡夫，何得有過。

問。本覺若滅惑者，即應無不覺，以障治相違故。

若有不覺，即不得有本覺，如何說言依本覺有不覺耶。

答。由本覺性，自滅不覺故。

是故依本覺得有不覺，何者。

若本覺不滅不覺者，即應本覺中自有不覺。

若本覺中自有不覺者，則諸凡夫無不覺過。以不覺在本覺中，凡夫不證本覺故，不覺即不成凡夫過。

又若本覺中有不覺者，即諸凡夫既有本覺，應得本覺。

得本覺故，名不成凡夫過。

若本覺中有不覺者，聖人得本覺，應有不覺。有不覺故，即非聖人，是無聖人過。又若本覺中有不覺者，聖人無不覺故，即無本覺。無本覺故，即無聖人過。

既有此義，是故本覺性滅不覺是。

又若不滅不覺，即無本覺。無本覺故，即無所迷。無所迷故，即無不覺。是故得有不覺者，由於本覺。本覺有者，由滅不覺。

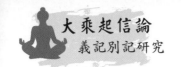

是故當知由滅不覺，得有不覺也。

問。若本覺能滅惑者，何用始覺耶。答。以惑有二義故。一理無義，二情有義。

由對初義，故名本覺。由對後義，故名始覺。

故佛性論云。煩惱有二種滅，一自性滅，二對治滅。

對此二滅，故有始本二覺。

又此始覺亦是本覺之用也，何者。以依本覺故有不覺，有不覺故有始覺，是故始覺即是本覺，更無異體。

唯一本覺滅煩惱也，始本相對，各有二義。

本中，一是有力義，以能成始故。

二是無力義，對始名本故。

始中，一是有力義，以能顯本故。

二是無力義，爲本所成故。

問。各有二義，有無矛盾，豈不相違耶。答。非只有無性不相違，亦乃相順便得成立。

何者。始覺中，非從本所成之始覺，無以能顯於本覺。

本覺中，非對始之本覺，無以成於始覺。是故始本四義，緣起一故，不可爲異。

然四義故，不可爲一。

猶如圓珠，隨取皆盡。

護過顯德，及違成過等，各有四句，准可知之。

問。是始覺有耶。答。不也，以即是本覺故。

又問。本覺是有耶。答不，即是始覺故。問。亦本亦始耶。答。不也，始本不二故。

問。非本非始耶。

答。不也，本始具足故。

此並生滅門中淨緣起說。眞如門中則無此義。

二十六、染法熏習中無明妄心各有二義

「染法熏習中無明妄心各有二種。一粗二細。此粗亦各有二。一
依他。二成他。無明細者。謂根本不覺。依他者。謂依業識染心而得
存立。二成他者。即此依染心根本無明。熏於真如成業識。無明粗者。
枝末不覺。依他謂依分別事識而得成立。二成他者。即此依事識枝末
無明。不了妄境生起事識。染心粗細各二義。准無明取之。妄境界亦
二。謂轉識境。事識境。此二各二。謂依心。起心。准之。今此論中
熏習文內。但說起心。故云境界熏於妄心牽增分別。以此境界非是情
識。法無可熏。故不說妄心熏於境界也。」

　　*研究：

　　染法熏習中，無明妄心各有二種。一粗二細。此粗細亦各有二。
一依他。二成他。

（一）無明細者

　　無明細者，謂根本不覺。

　　依他者，謂依業識染心而得存立。

　　根本無明是依不了真如一味及法界一相之迷惑，無始而有。

　　成他者，即此依染心根本無明，熏於真如成業識。

　　根本無明熏習真如而生阿梨耶識之業識。

　　如本論：無明熏習義有二種。云何為二。一者根本熏習，以能成
就業識義故。

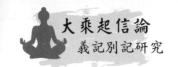

（二）無明粗者

無明粗者，謂枝末不覺。

依他者，謂依分別事識而得成立。

枝末無明是由根本無明所產生。

成他者，即此依事識枝末無明，不了妄境生起事識。

如本論無明熏習：無明熏習義有二種。二者所起見愛熏習，以能成就分別事識義故。

（三）染心粗細各二義。准無明取之。

染心熏習有淨熏習及染熏習。前者有分別事識熏習及意熏習。

後者有業識根本熏習及增長分別事識熏習。

（四）妄境界

妄境界亦二，謂轉識境及事識境。

此二各二，謂依心，起心。准之。

事識境的依心及起心，依心是指六塵外境以分別事識為緣依心；起心是分別事識受枝末無明熏習而生起。

轉識境的依心及起心，依心是二至七地的俱生我法執境以阿賴耶識為緣依心；起心指根本無明熏習真如而生起阿賴耶識之境界相。

今此論中熏習文內，但說起心，故云境界熏於妄心，牽增分別。

以此境界非是情識，法無可熏。

故不說妄心熏於境界也。

二十七、淨分緣起中有四句義

「淨分緣起中有四句。一本有。謂眞如門。二修生本有。謂本覺以對始得成故。三本有修生。謂無分別智。是本覺隨染所成故。四修生。謂始覺智。本無今有。此四義同一緣起。隨舉一門。無不全收。准之。」

*研究：

淨分緣起中有四句。

一本有。

謂眞如門。眞如是不生不滅，法爾本有。

二修生本有。

謂本覺，以對始得成故。

由不覺厭求心起，直至始覺，即同本覺。

由修生之始覺才有本覺。

三本有修生。

謂無分別智，是本覺隨染所成故。

本有之本覺，經修生隨染，而有智淨相及不思議相。

四修生。

謂始覺智，本無今有。

由不覺心，經修生才成始覺，即始覺智。

此四義，同一緣起，隨舉一門，無不全收。准之。

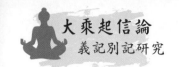

二十八、生滅門中眞妄緣起義

「生滅門中眞妄緣起和合不二識中。眞如無明各有四義。眞如中四義者。一不變義。二和合義。三隱體義。四內熏義。無明四義者。一即空義。二覆眞義。三成妄義。四淨用義。眞妄中。各由初義故。是本覺攝也。各[11]有第二義故。是根本不覺攝也。各由第三義故。是枝末不覺攝也。各由第四義故。是始覺攝也。此上四義。復有三門。一約分相門。則各初二義在本識中。各後二義在事識中。以各初二能生各後二故。二本末不二門。以緣起無二故。則並在梨耶識中。依此義故。論中說云。此梨耶識有二義。謂覺不覺也。依分相義故。論中[＊]末不覺及始覺。並在事識中也。此上眞妄八義。唯一緣起。無礙鎔融。舉體全收。無不皆盡。」

＊研究：

生滅門中眞妄緣起，和合不二識中，眞如及無明各有四義。

（一）眞如四義者

1.不變義。2.和合義。3.隱體義。4.內熏義。

其中不變義（翻對妄染成淨德，即本覺）及內熏義（眞如熏無明成淨用，即始覺）即是心眞如門之眞如不變義。

和合義（現妄法，即枝末不覺）及隱體義（隱眞體，即根本不覺）即是心生滅門中之眞如隨緣義。

（二）無明四義者

1.即空義。2.覆眞義。3.成妄義。4.淨用義。

其中即空義（反對銓示性功德，即本覺）及淨用義（知名義成淨用，即始覺），即是心真如門之「無明無體是空義」。

其中覆真義（隱覆真理，即根本不覺）及成妄義（成妄心，即枝末不覺），即屬心生滅門中之無明「有用成事」義。

真妄中，各由初義故，是本覺攝也。

各有第二義（覆真義）故，是根本不覺攝也。

各由第三義（成妄義）故，是枝末不覺攝也。

各由第四義故，是始覺攝也。

此上四義，復有三門。

一、約分相門

各初二義，即本覺及根本不覺，在本識中。

各後二義，即始覺及枝末不覺，在事識中。

以各初二，能生各後二故。

二、本末不二門

以緣起無二故，則「並在」梨耶識中，依此義故。

論中說云。此梨耶識有二義，謂覺不覺也。

依分相義故，論中枝末不覺及始覺。並在事識中也。

此上真妄八義，唯一緣起，無礙鎔融，舉體全收，無不皆盡。

二十九、法身義

「法身義四門分別。初釋名者。法是軌持義。身是依止義。即法為身。亦名自性身。二體性者。略有十種。一依佛地論。唯以所照真如清淨法界為性。餘四智等。並屬報化。二或唯約智。如無性攝論。以無垢無罣礙智為法身故。謂離二障。諸德釋云。此約攝境從心。名

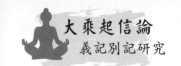

爲法身。匪爲法身是智非理。今釋一切諸法尙即眞如。況此眞智而不
如耶。既即是如。何待攝境。三亦智亦境。如梁論云。唯如如及如如
智獨存。名爲法身。四境智雙泯。經云如來法身非心非境。五此上四
句。合爲一無礙法身。隨說皆得。六此上總別五句。相融形奪。泯並
五說。逈然無寄。以爲法身。此上單就境智辨也。七通攝五分及悲願
等諸行功德。無不皆是此身收。以修生功德必證理故。融攝無礙。如
前智說。八通收報化色身相好功德。無不皆是此法身收。故攝論中。
三十二相等。皆入法身攝。釋有三義。一相則如故。歸理法身。二智
所現故。屬智法身。三當相並是功德法故。名爲法身。九通攝一切三
世間故。眾生及器無非佛故。一大法身具十佛故。三身等並在此中智
正覺攝故。十總攝前九爲總句。是謂如來無礙自在法身之義。三生因
者有四。一者了因。照現本有眞如法故。二者生因。生成修起勝功德
故。三者生了無礙因。生了相即。二果不殊故。四總此勝德爲所依因。
即機現用爲所成果。四業用者亦有四。一此理法身與諸觀智爲所開覺。
經云法身說法授與義故。二依此以起報化利生勝業用故。三或化樹形
等密攝化故。四遍諸眾生道毛端等處。熏自在無礙業用也」

*研究：

法身義四門分別。

（一）初釋名者

法是軌持義，身是依止義。
即法爲身，亦名自性身。

（二）體性者

略有十種。

1.依佛地論

　　唯以所照「眞如清淨法界」爲性。餘四智等，並屬報化。

2.或唯約智

　　如無性攝論。以無垢無罣礙智爲法身故，謂離煩惱及所知二障。

　　諸德釋云。此約攝境從心，名爲法身。匪爲法身，是智非理。

　　今釋一切諸法尚即眞如，況此眞智而不如耶。

　　既即是如，何待攝境。眞智即是眞如，眞智是智境不二。

3.亦智亦境

　　如梁論云，唯如如及如如智獨存，名爲法身。

4.境智雙泯

　　經云，如來法身非心非境。

5.此上智境四句，合爲一無礙法身，隨說皆得

6.此上總別五句，相融形奪，泯並五說，逍然無寄，以爲法
　身。此上單就境智辨也

7.通攝五分（因緣分、立義分、解釋分、修行信心分、勸修
　利益分）及悲願等諸行功德，無不皆是此法身收。以修生
　功德必證理故，融攝無礙，如前智說

8.通收報化色身相好功德，無不皆是此法身收

　　故攝論中，三十二相等，皆入法身攝。

　　釋有三義。一相則如故，歸理法身。二智所現故，屬智法身。

　　三當相並是功德法故，名爲法身。

9.通攝一切三世間故

　　眾生及器世界無非佛故，一大法身具十佛故，三身等並在此中
　智正覺攝故。

10.總攝前九爲總句。是謂如來無礙自在法身之義

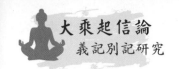
（三）生因者

有四。此處兄說及 3 因及生因，依天台智顗，法身是正因：3 因、原因、三因一因。

一者了因，照現本有眞如法故。

二者生因，生成修起勝功德故。

三者生了無礙因，生了相即，二果不殊故。

四總此勝德爲所依因，即機現用爲所成果。

（四）業用者

亦有四。

一此「理法身」與「諸觀智」爲所開覺。

經云，法身說法授與義故。

二依此以起報化利生勝業用故。法身是體，報代身是由體起用。

三或化樹形等密攝化故。

四遍諸眾生道毛端等處，熏自在無礙業用也。

三十、眞妄心境四句義

「眞妄心境通有四句。一約情有心境。境謂空有相違。以存二相故。心謂二見不壞。是妄情故。或境上有空同性。以俱是所執性故。心上亦同。俱是妄見故。二約法有心境。境謂空有不二。以俱融故。心謂絕二。見無二故。或境上空有相違。以全形奪故。心上亦二。隨見一分。餘分性不異故。三以情就法說。謂境則有無俱情有。有無俱

理無。無有無二爲一性。或亦相違。以全奪故。心謂妄取情中有。以是執心故。或亦比知其理無。以分有觀心故。四以法就情說。境則有無俱理有。有無俱情無。無有無二爲一性。或亦相違。以全奪故。心謂見理有。以智故。見情無。以悲故。或見無二心。是一心故。此上四門中。約境各有四句。心亦各四句。總有三十二句。准思之。」

＊研究：

眞妄心境通有四句。

（一）約「情有」心境。情有「遍計所執」去執有無。情有即是妄心，所對的境當然是妄有無

境謂空有相違，以存二相故。

心謂二見（空有二見）不壞，是妄情故。

或境上有空同性，以俱是「所執」性故。

心上亦同，俱是「妄見」故。

（二）約「法有」心境。法有即依法之「法性」看有無。法有即是真如心，所對的境當然是真如境

境謂空有不二，以俱融故。

心謂絕二，見無二故。

或境上空有相違，以全形奪故。

心上亦二，隨見一分，餘分性不異故。

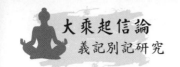

（三）以「情就法」說。雖以情執之心觀境，但其所觀境是「理無」

謂境則有無俱「情有」，有無俱「理無」。

無有無二為一性，或亦相違，以全奪故。心謂妄取「情中有」，以是執心故。或亦比知其「理無」，以分有觀心故。

（四）以「法就情」說。雖境是「理無」，但卻情執為「理無」

境則有無俱「理有」，有無俱「情無」。

無有無二為一性，或亦相違，以全奪故。心謂見理有，以智故。見情無，以悲故。

或見無二心，是一心故。

此上四門中，約境各有四句，即情有、法有、情有理無、情無理有。

心亦各四句，同上。

總有三十二句，即境有十六句，心有十六句。准思之。

佛是真心觀境，真心所觀境是真妄無差，即真即妄。其他九法界眾生是妄心觀境，所觀境有真妄之別。

三十一、二諦無礙義

「二諦無礙說有二門。一約喻。二就法。一約喻者。且如幼兔依巾有二門。一兔。二巾。兔亦二義。一相差別義。二體空義。巾亦二

義。一住自位義。二舉體兔義。此巾與兔。非一非異。且非異有四句。一巾上成兔義。及兔上相差別義。合爲一際。故不異。此是以本隨末。就末明不異。二以巾上住自位義。及兔上體空義。合爲一際。故爲不異。此是以末歸本。就本明不異。三以攝末所歸之本。與攝本所從之末。此二雙融。無礙俱存。故爲不異。此是本末雙存。無礙不異。四以所攝歸本之末。亦與所攝隨末之本。此二俱泯。故爲不異。此是本末雙泯。平等不異。第二非一義者亦有四句。一以巾上住自位義。與兔上相差別義。此二相背。故爲非一。此是相背非一。二巾上成兔義。兔上體空義。此二相害。故爲非一。三以彼相背與相害。此二位異。故爲非一。謂相背各相捨。相去懸遠。相害則與敵對。親相食害。是故近遠非一也。四以極相害泯而不泯。由極相背存而不存。此不泯不存義爲非一。此是成壞非一。又此四非一。與上四非異。而亦非一。以義不雜故。又上四不異。與此四不一。而亦不異。理遍通故。是故若以不異門取。諸門極相和會。若以非一門取。諸義極相違諍。極相違而極和合者。是無障無礙法也。第二就法說者。巾喻眞如如來藏。兔喻眾生生死等。非一異亦有十門。准喻可知。又兔即生即死而無礙。巾即隱即顯而無礙。此生死隱顯。逆順交絡。諸門鎔融。並准前思之可解。」

＊研究：

二諦無礙說有二門。一約喻。二就法。

（一）約喻者

且如幼兔依巾有二門。一兔。二巾。

（1）兔亦二義。兔表眾生生死。

一相差別義：即心生滅門的無明「有用成事」義。

二體空義：即心眞如門的無明「無體是空」義。

（2）巾亦二義。巾表眞如如來藏

一住自位義：即心生滅門的眞如「不變眞如」義。

二舉體成兔義：即心生滅門的眞如「隨緣眞如」義。

此巾與兔，非一非異。且非異有四句。

一、非異者有四句：巾喻眞如如來藏；兔喻眾生生死

1、巾上成兔義，及兔上相差別義，合爲一際，故不異。

　　此是以本隨末，就末明不異。

　　末是成兔、相差別義。

2、以巾上住自位義，及兔上體空義，合爲一際，故爲不異。

　　此是以末歸本，就本明不異。

　　本是體空、自位。

3、以攝末所歸之本，與攝本所從之末。

　　此二雙融，無礙俱存，故爲不異。

　　此是本末雙存，無礙不異。

4、以所攝歸本之末，亦與所攝隨末之本。此二俱泯，故爲不異，

　　此是本末雙泯，平等不異。

二、非一義者，亦有四句

1、以巾上住自位義，與兔上相差別義。此二相背，故爲非一。此
　　是相背非一。

2、巾上成兔義，兔上體空義。此二相害，故爲非一。

3、以彼相背與相害，此二位異，故爲非一。謂相背各相捨，相去
　　懸遠。相害則與敵對，親相食害。

　　是故近遠非一也。

4、以極相害泯而不泯，由極相背存而不存。

　　此不泯不存義爲非一，此是成壞非一。又此四非一，與上四非
　　異，而亦非一。以義不雜故。

　　又上四不異，與此四不一，而亦不異。理遍通故。

是故，若以不異門取，諸門極相和會。若以非一門取，諸義極
相違諍。

極相違而極和合者，是無障無礙法也。

（二）就法說者

巾喻眞如如來藏。

兔喻眾生生死等。

非一異亦有十門，准喻可知。

又兔即生即死而無礙，巾即隱即顯而無礙。此生死隱顯，逆順交
絡，諸門鎔融。並准前思之可解。

以巾比喻眞如如來藏，即指不生滅。

以兔比喻眾生生死，指生滅現象。

生滅與不生滅和合，即是阿賴耶識。阿賴耶緣起，即指以阿賴耶
爲緣，緣生世間萬法。

而阿賴耶識的體，即是眞如如來藏，眞如是生滅即不生滅，二而
一，一而二。

眞如緣起，即性起，出眞如（佛性）爲緣，頓現世間、出世間所
有一切法，所頓現的法是無差別法。

三十二、諦義

「二諦義作二門解。一辨相。二顯義。初辨相。如餘說。二顯義
者有四門。一開合。二一異。三相是。四相在。初開合者。先開。後
合。開者。俗諦緣起中有四義。一諸緣有力義。二無力義。三無自性

義。四成事義。真諦中亦有四義。一空義。二不空義。三依持義。四盡事義。合者有三門。一合俗。二合真。三合二。初者有三。一約用。謂有力無力無二故。二約體。謂性無性無二故。三無礙。謂體用無二。唯一俗諦。合真者亦三。一就用。謂依持成俗。即是奪俗。合盡無二故。二約體。空不空無二故。三無礙。謂體用無二故。三合二者有四門。一約起用門。謂真中依持義與俗中有力無二故。二約泯相門。謂真中盡俗與俗中無力無二故。三約顯實門。謂真中不空義與俗中無性義無二故。四成事門。謂真中空義與俗中存事無二故。開合門竟。理事相即不相即。無礙融通。各有四句。初不相即中四句者。一二事不相即。以緣相事礙故。二二事之理不相即。以無二故。三理事不相即。以理靜非動故。四事理不相即。以事動非靜故。二相即中四句者。一事即理。以緣起無性故。二理即事。以理隨緣事得立故。三事之理相即。以約詮會實故。四二事相即以即理之事無別事。是故事如理而無礙。」

*研究：

二諦義作二門解。一辨相，二顯義。

初辨相，如餘說。

二顯義者有四門，一開合，二一異，三相是，四相在。

（一）開合者

先開。後合。

（1）開者

俗諦緣起中有四義。一諸緣有力義：類似無明「覆真理」義。

二無力義：類似無明的「成妄法」義。

三無自性義：類似無明的「即空義」。

四成事義：類似無明的「淨用義」。

眞諦中亦有四義。

一空義：類似眞如的「不變義」。

二不空義：類似眞如的「內熏義」。

三依持義：後類似眞如的「隱體義」。

四盡事義：類似眞如的「和合義」。

（2）合者

有三門。一合俗。二合眞。三合二。

1、合俗

有三。

一約用，謂有力無力無二故。

二約體，謂性無性無二故。

三無礙，謂體用無二，唯一俗諦。

2、合眞

亦三。

一就用，謂依持成俗，即是奪俗，合盡無二故。

二約體，空不空無二故。

三無礙，謂體用無二故。

3、合眞俗二者

有四門。

一約起用門，謂眞中依持義，與俗中有力無二故。

二約泯相門，謂眞中盡俗，與俗中無力

無二故。

三約顯實門，謂眞中不空義，與俗中無性義

無二故。

四成事門，謂眞中空義，與俗中存事

無二故。

開合門竟。

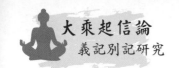

（二）理事相即不相即

無礙融通。各有四句。理事即二諦，理是真諦，事是俗諦。

1、初不相即中四句者。

A 二事不相即，以緣相事礙故。

B 二事之理不相即，以無二故。

C 理事不相即，以理靜非動故。

D 事理不相即，以事動非靜故。

2、相即中四句者。

A 事即理，以緣起無性故。

B 理即事，以理隨緣事得立故。

C 事之理相即，以約詮會實故。

D 二事相即，以即理之事無別事，是故事如理而無礙。

三十三、染淨義

「問曰。不思議業者。相用俱名義大。於隨染業幻中何處攝耶。答。應作四句。一一向淨。謂出纏四智等故。二一向染。謂隨流有情無明未發覺故。三非染非淨。謂離言真如故。四亦染亦淨。謂相用二義大故。亦染故。隨地前機染幻現故。亦淨故。隨緣真如不變故。今於此四句。非第四句。為第三句。非第三句。為第四句。亦可總非四句。合作一句。互融無礙。思之可見。又問。隨染業幻者。約善順真。可得成。若約不善善違真。如何作幻不善。答。不善違真。許亦不全幻不善。約生厭棄。約彼生解。亦得幻不善。亦可染幻是無明。無體無真用。約彼無明差別。知名義。能詮理。詮於真故。得幻染也。又

約彼無明幻體本是無。以是無故無眞用。約彼知名義。是幻體不離眞。
又三細六粗。應作四句。一唯淨。謂如來藏中恒沙德。即四智也。二
唯染。謂粗中執取計名字等四識。三非染非淨。謂離言眞如。四亦染
亦淨故。謂智相相續相。亦染故。智相等通在六識等中。亦淨故。智
相等有漸覺義。又約三細六粗相配者。一阿賴耶識中如來藏眞本覺唯
淨二根本無明不覺唯染。三亦染亦淨。謂六粗通有始覺及支末無明。
四非染非淨者。謂一切共離。又交絡作四句。一謂三細中取一本覺。
及六粗中取枝末無明。二謂三細取本不覺。及六粗中取始覺。三謂三
細雙取本覺本不覺。四謂六粗中雙取始覺及支末無明。」

*研究；

問曰。不思議業者，相用俱名義大，於隨染業幻中，何處攝耶。

答。應作四句。

一一向淨，謂出纏四智等故。

二一向染，謂隨流有情，無明未發覺故。

三非染非淨，謂離言眞如故。

四亦染亦淨：

謂相用二義大故，亦染故。隨地前機染幻現故，亦淨故。隨緣眞
如不變故。

今於此四句。

非第四句，爲第三句。

非第三句，爲第四句。

亦可總非四句，合爲一句，互融無礙，思之可見。

又問。隨染業幻者，約善法順眞，可得成。

若約不善法，不善法違眞，如何作幻不善。

答。有四種情形。

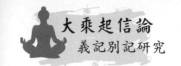

（一）不善法雖違真，也不見得全是幻不善

若從厭棄來說，約彼能生解不善法，也可得幻不善，即不善法為幻。

也可說，染幻是無明，無明是無體、無真用。

從無明差別說，若無明中能知名義，能詮理，詮於真故，也能得知無明染法是幻。

又從無明幻體本是無而言，無明體無，故無真用，故無明是幻。

約彼知名義，是指若能從無明中知其名義，則幻體不離真。

（二）又三細六粗，應作四句

1.唯淨。謂如來藏中恒沙德，即四智也。

2 唯染。謂粗中之執取、計名字、受業、業繫苦等四識。

3 非染非淨。謂離言真如。

4 亦染亦淨故。謂智相、相續相，是亦染，但智相等通在六識等中。亦淨故。

智相等已有漸覺義。

（三）又約三細六粗相配者

一阿賴耶識中如來藏真本覺，唯淨。

二根本無明不覺，唯染。

三亦染亦淨，謂六粗通有始覺及枝末無明。

四非染非淨者，謂一切共離。

（四）又交絡作四句

一謂三細中取一本覺，及六粗中取枝末無明。

二謂三細取根本不覺，及六粗中取始覺。

三謂三細雙取本覺及根本不覺。

四謂六粗中雙取始覺及枝末無明。

三十四、如來藏

「如來藏。二門分別。一者喻說。二法說。言喻說者。且如金性有二義。一隨緣成器調柔義。二守性堅住不改義。問。金是有耶。答。不也。何以故。隨緣成器故。問。金是無耶。答。不也。何以故。性不改故。又問。亦有亦無耶。答。不也。一金故。不相違故。又問。非有非無耶。答。不也。金性具德故。隨緣不改故。即是顯德門也。又問。器是有耶。答。不也。由器即金故。又問。器是無耶。答。不也。出器成故。又問。亦有亦無耶。答。不也。由是‧器故。不相違故。又問。是非有非無耶。答。不也。由成器即金故。亦返即是顯德門。又問。金是無耶。答。不也。由成器故。所以然者。由性不改。方能隨緣故也。又問。金是有耶。答。不也。由性不改故。所以然者。由成器故。性方不改也。又問。亦有亦無耶。答。不也。由是金故。又問。非有非無耶。答。不也。由是金故。又問。器是有耶。答。不也。由器成故。所以然者。由即金故。器方成也。問。器是有耶。答。不也。由器即金故。所以然者。由器即金。器方成也。餘句准也返即顯德門。餘一切准例知之。第二法說。問。如來藏是生耶。答。不也。由隨染生死不顯現故。問。既不生。應滅耶。答。不也。由隨染作生

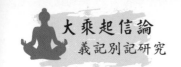

死故。問。亦生亦滅耶。答。不也。由藏性無二故。問。非生非滅耶。
答。不也。由藏性具德故。問。生死是生耶答。不也。由即眞如。應
滅耶。問。生死是滅耶。答。不也。由即眞如。生死成故。經云依如
來藏有生死。故知不滅。問。亦生亦滅耶。答。不也。由生死緣成無
二故。問。非生滅耶。答。不也。由生死虛妄。依眞如成故。眞妄相
作。眞如不生。由隨染故。生死不滅。依眞成故。生死不生。由即眞
故。眞如不滅。由性不改故。眞如是生。由隨緣作生死故眞如是滅。
由隨緣不現故。眞如亦生滅。由具違順性故。經云。如來藏者。受苦
樂。與因俱。若生若滅。又云。一切法不生。我說刹那義。又云。不
生不滅。是無常義等。准思之。眞非生非滅。何以故。性離分別故。
不同所謂故。」

＊研究：

如來藏。二門分別。一者喻說。二法說。第一、喻說者：

本論：「二者相大，謂如來藏具足無量倖功德故」、「心來滅者，依
如來藏故有生滅心」、「具足如是過於順沙，不離不斷不異不思議佛法。
乃至滿足無有所少義故。名爲如來藏。亦名如來法身」、「三者聞修多
羅說。如來之藏無有增減。體備一切功德之法，以不解放，即謂如來
之藏，有色心法自相差別。」、「四者聞修多羅說，一切世間生死染法
皆依如來藏而有。一切諸法不離眞如，以不解放，謂如來藏字體具有
一切世間生死等法。」

但如金性有二義。

一隨緣成器，調柔義。

二守性堅住，不改義。

問。金是有耶。

答。不也。何以故，隨緣成器故。

問。金是無耶。

答。不也。何以故，性不改故。

又問。亦有亦無耶。答。不也,一金故,不相違故。

又問。非有非無耶。答。不也,金性具德故,隨緣不改故,即是顯德門也。

又問。器是有耶。答。不也,由器即金故。

又問。器是無耶。答。不也,由器成故。

又問。亦有亦無耶。答。不也,由是一器故,不相違故。

又問。是非有非無耶。答。不也,由成器即金故,亦返即是顯德門。

又問。金是無耶。答。不也,由成器故,所以然者,由性不改,方能隨緣故也。

又問。金是有耶。答。不也,由性不改故。所以然者,由成器故,性方不改也。

又問。亦有亦無耶。答。不也,由是金故。

又問。非有非無耶。答。不也,由是金故。

又問。器是有耶。答。不也,由器成故。所以然者,由即金故,器方成也。

問。器是有耶。

答。不也,由器即金故。所以然者,出器即金,器方成也。

餘句准也,返即顯德門。

餘一切准例知之。

第二、法說:

問。如來藏是生耶。答。不也,由隨染生死不顯現故。

問。既不生。應滅耶。

答。不也,由隨染作生死故。

問。亦生亦滅耶。答。不也,由藏性無二故。

問。非生非滅耶。答。不也,由藏性具德故。

問。生死是生耶

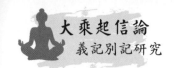
答。不也,由即眞如,應滅耶。

問。生死是滅耶。

答。不也,由即眞如,生死成故。

經云,依如來藏有生死,故知不滅。

問。亦生亦滅耶。答。不也,由生死緣成無二故。

問。非生滅耶。

答。不也,由生死虛妄,依眞如成故,眞妄相作。

眞如不生,由隨染故。

生死不滅,依眞成故。

生死不生,由即眞故。

眞如不滅,由性不改故。

眞如是生,由隨緣作生死故。

眞如是滅,由隨緣不現故。

眞如亦生滅,由具違順性故。

經云。如來藏者,受苦樂,與因俱,若生若滅。

又云。一切法不生,我說刹那義。

又云。不生不滅,是無常義等。

准思之。

眞如非生非滅,何以故。性離分別故,不同所謂故。

三十五、四謗章

「四謗章(四謗者。凡夫迷因緣故起。一者增益謗。二者損成謗。三者相違謗。四者戲論謗)言增益謗者。夫論一切諸法。從因緣生。無作者故。作時不住。無自性故。非分別所及。諸法之性如是。不可

取著。然凡夫二乘。諸法生時。即執爲有。但因緣之法。其性離有。離有法上。執言有者。不稱理故。名增益謗。有既成謗。無應合理。義亦不然。因緣之法。性雖有。然緣起現前。不可言無。於非無法上。執言無者。不應理故。名損成謗。有無既是其過。亦有亦無應是道理。即答。因緣是一法。性不相違。不相違者。名因緣法。亦有亦無其性相違之法。即非因緣。非因緣故。相違謗也。既亦有亦無是違法。不稱實見。非有非無應與理合。即答言。夫論道理。約因緣以顯。非有非無。乃是因緣之外。不應道理。戲弄諸法。名戲論謗。夫論有所分別。與取捨相應者。皆是情計。不應實理。離意絕相。名爲中道。故經云。因緣之法。離有離無也。」

*研究：

四謗章（四謗者。凡夫迷因緣故起。一者增益謗。二者損成謗。三者相違謗。四者戲論謗）

（一）增益謗

夫論一切諸法，從因緣生，無作者故。作時不住，無自性故。非分別所及，諸法之性如是，不可取著。然凡夫二乘，諸法生時，即執爲有。

但因緣之法，其性離有。離有法上，執言有者，不稱理故。名增益謗。

（二）損減謗

有既成謗，無應合理，義亦不然。

因緣之法，性雖有。然緣起現前，不可言無。於非無法上，執言無者，不應理故。名損成謗。

（三）相違謗

有無既是其過，亦有亦無應是道理。即答，因緣是一法，性不相違。不相違者，名因緣法。亦有亦無，其性屬相違之法，即非因緣。非因緣故，相違謗也。

（四）戲論謗

既亦有亦無，是違法，不稱實見。

則非有非無，應與理合。

即答言，夫論道理，約因緣以顯。非有非無，乃是因緣之外，不應道理，戲弄諸法，名戲論謗。

夫論有所分別，與取捨相應者，皆是情計，不應實理。

離意絕相，名為中道。

故經云。因緣之法，離有離無也。

第三部分
問題研究

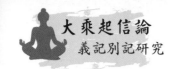

一、大乘起信論的眞僞

（一）作者的眞僞

（1）中國的懷疑

唐均正「四論玄義」卷十：「起信論一卷，人云馬鳴菩薩造。北地諸論師云：非馬鳴造論，昔日地論師造論，借菩薩名目之，故尋翻經目錄中無有也。未知定是否？」

晚唐新羅珍嵩作「華嚴經探玄記私記」提出起信論是作「漸刹經」僞造的。

近代學者認爲是僞書者：梁起超、歐陽竟無、呂澂。

反對僞書者：章太炎、太虛、唐大圓。

（2）日本的懷疑

日本學者望月信亨等，認定起信論乃抄襲「占察經」之僞作。

1.堅持爲中國僞撰者：舟橋一哉、望月信亨、村上專精。

2.反對中國撰著者：

羽溪了義、常盤太定、松本文三郎、林屋友次郎。

近代有宇井伯壽、平川彰、柏林弘雄等堅持是印度所撰，但作者不是馬鳴，而是寶性論、楞伽經出現之後的一位大乘學者所作。

（二）譯者的眞僞

（1）中國的懷疑

於隋初曇延與慧遠等所撰的「義疏」只提到作者是馬鳴，並未提及譯者。直到隋開皇十七年（西元 597）於費長房所編「歷代三寶紀」才標出譯者爲眞諦。

其後唐道宣的「大唐內典錄」及唐 智昇的「開元釋教錄」所列的譯時及譯地均有出入。

「長房錄」稱梁太清四年譯出、而梁代並無太清四年。「內典錄」改爲大同四年譯出，而大同四年眞諦尚未來華。

最早對起信論提出質疑是隋代法經，即於「眾經目錄」卷五中指出：「大乘起信論一卷，人云眞諦譯，勘眞諦錄無此論，故入疑」（大正 55、142）

「宋高僧傳，實叉難陀傳」也未記載他曾譯起信論一事。

（2）日本的懷疑

鈴木宗忠。

（三）印順大師的觀點

印順大師認爲宜從合理的觀點來重新審定大乘起信論的價值。

即使考證得非馬鳴作，非眞諦譯，起信論的價值，還得從長討論。

因爲印度傳來的不一定都是好的；中國人作的不一定就是錯的。

在佛教思想上，起信論有它自己的思想價值。

作者以爲起信論的重要觀念是它的生滅因緣二重論，即眞如緣起與阿賴耶緣起，即類似於性起及緣起，將本體論論述得非常詳細明了。

勝鬘經說：「有二法難可了知，謂自性清淨心難可了知；彼心爲煩惱所染亦難可了知」（大正 12、222 下）

若配合本論及智顗的佛性三因，上述二問題便可迎刃而解。

自性清淨心即是眞如。眞如本身也有體相用，而且即體即相即用，相用也是體。

眞如體如本論之離言眞如所描述：

「心眞如者，即是一法界大總相法門體。所謂心性不生不滅，一切諸法唯依妄念而有差別，若離妄念則無一切境界之相。是故一切法

從本已來，離言說相、離名字相、離心緣相，畢竟平等、無有變異、不可破壞。唯是一心故名眞如。

以一切言說假名無實，但隨妄念不可得故。言眞如者，亦無有相。謂言說之極因言遣言，此眞如體無有可遣，以一切法悉皆眞故；亦無可立，以一切法皆同如故。當知一切法不可說、不可念故，名爲眞如。」

以上將眞如的自體描述得非常清楚。

其次眞如即同佛性。

依智顗的佛性分類，佛性有三因，即正因、了因、緣因。

佛是，即正因、即了因、即緣因。也就是說，緣了因也都是正因。但其他九法界的三因則截然不同。正因是非緣非了。

眞如有不變，即正因；眞如有隨緣，即緣了因。正因不受染，所以不變。緣了因可受染，所以可以隨緣而變。

離言眞如即是性淨本覺，即是不變眞如，即是正因，不受染。

依言眞如即是隨染本覺，即是隨緣眞如，即是緣了因，可受染。

十法界眾生的正因都相同，但除佛外的九法界眾生的緣了因都各自不同，因爲其緣了因都已受無明熏習污染，已不同於佛的緣了因。佛的緣了因是染而不染。

二、眞如緣起的三大難

（一）真妄別體之難

眞指眞如，眞如是無始而有，不生不滅，眞如本身是非眞非妄，即眞即妄，體是離言眞如，相用也是體，即體即相即用。

妄指無明，有根本無明及枝末無明。根本無明是由不解眞如一味，

法界一相而生，但並非由眞如以親因而生。枝末無明則由根本無明以親因而生。因眞如是無始而有，故所迷的根本無明也是無始而有。

根本無明的體是眞如，由體相用整體表現即是無明，無明的本性即是虛妄，而眞如的本性是眞實如常，也可說即眞即妄。

足見，眞如與無明是同一法的體相用關係，而非二法之各自有別體。

眞如是一切世間、出世間法的本體；是出世間眞法的直接生因；是世間妄法的依止因，即眞如緣起（性起）；世間妄法的緣起生因是根本無明，即阿賴耶緣起（緣起）。

換言之，一切萬法包括十法界眾生的生起，均需二重生滅因緣，即第一重的性起及第二重的緣起，才能生起萬法。而佛是直接由「性起」現起萬法，可謂緣起即性起；其他九法界眾生均是由眞如性起啟動緣起，再由根本無明之「緣起」緣生萬法。

性起所「頓現」的法是無差別的眞實法，只有佛唯依性起法。緣起所「生起」的法是有分別的虛妄法。

九法界眾生皆依性起及緣起二階段法。

（二）眞前妄後之難

一般人皆以爲先有眞如，而後才有無明，即眞前妄後之疑問。

因眞如是無始，而無明因迷眞如而起，所以也是無始。

如文中：「如來藏無前際，故無明之相亦無始」

二者都是無始，故可以說，眞如與無明是同時而存在。

眞如是無始而有，而根本無明是因迷惑於眞如而生，如文：

「以不達一法界故，心不相應，忽然念起，名爲無明」。此處無明指根本無明。

根本無明的生起須有三條件具足：不達一法界、心不相應、忽然

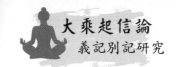
念起。

「名爲一切衆生，而不稱爲覺，原來是由於念念相續，未曾離念，故曰無始的無明」，即念念相續的不覺，不能離此不覺之心，此不覺即不達一法界，故稱無始無明。

所以一有眞如，必同時有根本無明，根本無明是由眞如而「引生起」的有法，但非以眞如爲「生因」而生起。

如文中：「此心本來自性清淨，而有無明」「以不達一法界故，心不相應，忽然念起，名爲無明」

義記說依覺故迷，可見有眞如，即有無明。

雖是無始，但可終，因凡是生滅「有」法終必可轉成「無」。

文中：「因如來藏無前際，故無明之相亦無始」，可見無明因如來藏無前際，所以也是無始。

而眞如非生滅法，是不生不滅，因無所從生故無始，因不滅故無終。

眞如是無始無終；無明是無始有終。

不但眞如與根本無明是同時存在，即眞如、根本無明、阿梨耶識三者也是同時存在。

義記文：「依不覺，故生三種相」，可見由於根本無明熏習眞知，而生業相、能見心相、境界相等三種細相，而此三細即是阿梨耶識。

故說依無明而起梨耶。

然本文又說：「依阿梨耶識，故有無明」，因阿黎耶識具覺與不覺，而不覺即是無明。由上知根本無明與阿梨耶識二者同時互爲因果，所以說二者爲同時存在。

即義記所說：「依似（梨耶）起迷（無明）；依迷起似。此義一時，只是說時有前後耳」。

而由上知無明又與眞如同時存在，眞如又是無明與阿梨耶識二者的體。

由上知，眞如、無明、阿梨耶識，三者同時存在。

（三）悟後卻迷之難

悟後卻迷是指，得悟成佛，修顯眞如之後，又因無明迷而還作眾生。

悟有大頓悟（悟至十地）及小頓悟（悟至七地）之不同說法，此處之悟當指大頓悟，即已悟入佛地。

既入佛地，代表根本無明已破，即如金剛經所指「無明盡」也盡破，此無明盡即指根本無明。

已如前述，根本無明是無始，但有終可破。因根本無明只是一種迷惑眞如的愚疵境界，本身並無自性體，從心眞如門而言，其體也是「無體是空」的眞如體。故只要證悟眞如而不再迷惑，則根本無明即可破。

佛既已破盡根本無明，則也不會再生起枝細無明，因此大悟成佛後，無明已破盡，無明不復生起。

而且，眞如的啟動是被動的，必須受根本無明的熏習才會起動。

因此，若已斷盡根本無明，則已成佛矣，成佛後不會再有迷發生。

華嚴六祖宗密設有二種四句如下：

（一）

1.有始無終：始覺。

　始覺是由不覺至究竟覺而成始覺，是後天而有，故有始。而始
　覺即同本覺，本覺是無終。

2.有始有終：一期生死。

3.無始有終：根本無明。

4.無始無終：眞如。

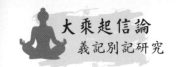

（二）

1.有始無終：眞智。

眞智若指後得智，同上始覺論。若指根本智，即同本覺，是無始無終。

2.有始有終：妄念（前六識）。

妄念是指枝末無明，由根本無明所生，也可破。

3.無始有終：根本無明。

4.無始無終：眞如。

三、無明厚薄有無論

本文：「眞如本一，而有無量無邊無明，從本以來自性差別厚薄不同」

本論是主張無明是無量無邊，而且厚薄不同。

枝末無明是由根本無明所產生，故其厚薄眾生多寡不一，殆無異議。問題是根本無明到底有否厚薄不一之差別？

淨影慧遠認爲眞如之理爲大家平等，故迷惑於眞如之一味理所生之根本無明，應亦平等如一。但本論及法藏均認爲眾生的根本無明彼此厚薄不一。

義記文：「根本無明住地本來自性差別，隨人厚薄。厚者不信，薄者有信，前後亦然」

作者以爲，根本無明仍屬緣起法，凡緣起法其因及緣均有差異；凡平等如一者如眞如，只能依性起，而不能依緣起而生萬法。

根本無明是三細中之初細「業相」之因，本身尙無能所，只是一種不覺心初動狀態，若以心眞如看，只是將不變眞如轉動成隨緣眞如。

此時尚無行相差別，但仍有非常微細的自性差別。因爲根本無明是因迷惑眞如而生起，故尚是有「因」的生滅法，不同於眞如的無因非生滅法。

故根本無明仍有非常微細的厚薄差別。

日本三井大寶以根本無明無行相差別，來解釋慧遠之無厚薄說；以自性差別來解釋法藏的有厚薄說。

天台家則有「五百品記」及「方便品疏」二家不同主張之論戰。

前者主張無厚薄。認爲是因之後結緣才有厚薄不同，其元初行相極爲微細，何得論厚薄。

後者主張有厚薄。認爲只限於過去的熏習，約別惑而言，完全是無始無明法爾自性的差別，才有厚薄。

作者認爲根本無明有很微細的厚薄不同。但以上二說均有瑕疵。

前者雖言根本無明行相極其微細，但根本無明是緣起法，仍有「因」之自性差別。

後者說自性差別是法爾，則也違背緣起法。此自性差別因是非屬法爾本有，而是無始而有，無始不見得是法爾。根本無明是無始而有終，眞如才是法爾而有，無始無終，不生不滅。

如長水了睿的疏中說，所謂根本無明，是生滅之妄法，不得當作法爾而平等。

若能破這最後一關的根本無明，才能由十地等覺（已破業相）證入妙覺地而成佛。

如同禪宗破三關（初關、重關、牢關）中的最後一關牢關，即破根本無明。

根本無明即是黑漆桶底，破這黑漆桶底，才能破牢關。

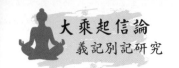

四、大乘起信論的地位及其影響

（一）大乘起信論的地位

1. 印度佛教大乘有三系，唯識、中觀與如來藏。大乘起信論屬於眞常唯心系。

    即太虛三宗（法相唯識宗、法性空慧宗、法界圓覺宗）之法界圓覺宗。

    即印順三論（虛妄唯識論、性空唯名論、眞常唯心論）之眞常唯心論。

2. 本論屬眞如緣起或如來藏緣起。

    本論：「是心眞如相，即示摩訶衍體故。……。是二種門皆各總攝一切法。」此說明眞如緣起。

    「心生滅者，依如來藏故有生滅心」此說明如來藏緣起。

3. 天台智顗對起信論無特殊見解，但知禮於「教行錄」中，說起信論通達「通別圓」後三教。

    智旭在「裂網疏」中，也持同上見解。

4. 賢首大師不曾明言屬於五教之何教，但相當於五教（小始終頓圓）之終教。

    「五教章」判起信論的依言眞如配合終教；離言眞如配合頓教。

    「義記」判爲四宗（隨相法執宗、眞空無相宗、唯識法相宗、如來藏緣起宗）之如來藏緣起宗。

    宗密的「註疏」中，指起信論屬終教，兼屬頓教。但一心二門也暗通圓教。

    長水的「筆削記」也指屬終教，兼附頓教，暗含圓教。

5. 地論宗將佛教分爲聲聞藏及菩薩藏，又分四宗：立性宗、破性

宗、破相宗、顯實宗。將起信論置於菩薩藏及顯實宗。

（二）大乘起信論對中國佛教各宗的影響

（1）對天台宗的影響

1.法華玄義：「世界無別法，唯是一心作」（大正 32、579）

本論：「所言法者，謂眾生心。是心則攝一切世間法、出世間法，依於此心顯示摩訶衍義」

以眾生心之一心，影響智顗的一心說。

2.天台宗三祖慧思的大乘止觀法門：「一切諸法依此心有，以心為體」（大正 46、642）

「此心即是自性清淨心，又名眞如，……」（大正 46、642）

本論：「一切諸法，從本以來離言說相，……，唯是一心，故名眞如」

以一心即是眞如，影響慧思的一切諸法以心為體。

3.天台宗的四祖智顗、九祖湛然、宋知禮等，都受起信論不同程度的影響。

如湛然的「不變隨緣」說即是受起信論眞如緣起的影響。

（2）對華嚴宗的影響

1.華嚴宗的「法界緣起」即是「眞如緣起」的延伸。前者定因於法界之整體一相，亦因亦果。後者定因於眞如，而其實眞如也是一味，如同法界一相。

2.起信論的眞如三味（眞如無住，類似海印三味）及一行三味（法界一相，類似華嚴三味）的融合，即成華嚴的事事無礙法界。

3.五祖宗密的「原人論」及「禪源諸詮集都序」均受起信論的影響。

-原人論的影響：

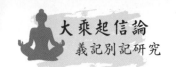
A. 本覺理論：「說一切有情皆有本覺眞心，無始以來常住清淨，……，亦名如來藏」

B. 引用起信論空的論述：「一切諸法唯依妄念而有差別。若離心念，即無一切境界之相」

C. 如來藏的論述類似起信論：「謂初唯一眞靈性，不生不滅，不增不減，不變不易，……由隱覆故名如來藏」

-禪源諸銓集都序的影響：

A. 也主張如來藏緣起：「況此眞性，非唯是禪門之源，亦是萬法之源，……，故名如來藏藏識」

B. 也將如來藏區分爲心眞如、心生滅二門：「……，故此一心常具眞如、生滅二門，未曾暫缺」

C. 也有心眞如門空、不空，及心生滅門覺、不覺二義：「眞有不變、隨緣二義；妄有體空、成事二義。……。此識在凡本來常有覺不覺二義。覺是三乘賢聖之本，不覺是六道凡夫之本」

（3）對禪宗的影響

1. 禪宗同起信論，均以「楞伽經」爲依據。

2. 六祖慧能的：「自識本心，自見本性」，本心及本性即是起信論所說的「本覺」。

3. 慧能的無念爲宗，淵源於起信論：「若能觀察知心無念，即能隨順入眞如門」。

4. 慧能和起信論一樣，主張除無明顯眞如：「故遇善知識開眞法，吹卻迷妄，內外明徹，於自性中，萬法皆見。一切法自在性，名爲清淨法身」

5. 慧能繼承「一行三昧」，但解釋稍有不同：「但行直心，於一切法，無有執著，名一行三昧。迷人著法相，執一行三昧，直言坐不動，除妄不起心，即是一行三昧」

慧能認爲行直心，無有執著才是一行三昧，而非只枯坐不起心。

起信：「依此三昧證法界相。知一切如來法身與一切眾生平等無二，皆是一相，是故說明三昧」

本論的一行三昧是能知法界一相即是法界相。

6.北宗神秀的「五方便門」，其第一門是「離念門」，等同於起信論的如實空真如：「所言空者，從本以來一切染法不相應故，謂離一切法差別之相，以無虛妄心念故」

（4）與唯識宗略有不同

1.唯識宗以阿賴耶識為妄識，本論則認為阿梨耶識為真妄和合識。

2.唯識宗認為真如凝然不受熏，阿賴耶識種子說解釋熏習。本論以為真妄互熏，未持種子說。

3.唯識之心是阿賴耶識，意是末那識，識是前六識。

本論以為心是眾生心；意有五意，功能包括阿賴耶識及末那識，但本論不提末那識；意識為分別事識，即前六識。

4.唯識宗主張阿賴耶緣起；本論主張真如緣起。

5.唯識宗以轉八識成四智而成佛。本論以除妄（破除根本無明）顯真（除妄即顯現真如）而成佛。

（5）與淨土宗之關係

本論主張若信心難可成就，意欲退者，以專意念佛因緣，隨順得生他方佛土。若專念西方極樂世界阿彌陀佛，所修善根迴向願求生彼世界，即得往生。

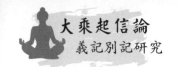

五、大乘起信論的註疏

（一）印度

1.釋摩訶衍論　十卷　龍樹菩薩造：對起信論的本文一一加以註釋。
2.大乘法界無差別論　堅慧
3.究竟一乘實信論　作者不明
中有鼓吹與起信論相似思想之處。

（二）中國

-大乘起信論　三卷　梁眞諦三藏譯
-大乘起信論　二卷　唐實叉難陀譯
-疏　一卷（失）隋智愷
大意　一卷　隋智愷
-疏　二卷　隋曇延
-起信論義疏　四卷　隋慧遠著
-起信論疏　二卷　海東元曉著
同　別記　一卷　同上
-起信論義記　三卷　唐賢首著
同　別記　一卷　同上
-起信三疏：慧遠、海東元曉、賢首
-起信論註疏　四卷　唐宗密著
-起信論疏筆削記　六卷　長水子璿著
-大乘起信論合刊：
-疏：法藏述

-疏記會本：眞諦譯

-纂註：眞諦譯 明眞界著

-直解：明 德清述

-裂網疏：明 智旭述

-會譯：眞諦譯

-大乘起信論疏記會閱：清 續法輯

-大乘起信論演義：寶靜

-大乘起信論述記：慈舟法師

-大乘起信論講義：圓瑛述

-大乘起信論講記 方倫述

-大乘起信論眞僞辯 太虛編

-大乘起信論考證 梁啓超

-大乘起信論新釋 湯次了榮著 豐子愷譯

-新譯 大乘起信論 韓廷傑注譯

-大乘起信論 蕭蓮父釋譯

-大乘起信論講記 印順

-大乘起信論義記講義 織田得能著 黃士復譯述

（三）日本

-起信論義記幻虎錄 五卷 鳳潭僧睿著

-幻虎錄解謗 一卷 鳳潭著

-起信論義記要決 三卷 普寂著

-英文起信論 一卷 鈴木大拙

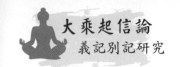

六、大乘起信論的體相用三大論

（一）體大：一切法真如平等不增減

（二）相大：如來藏具足無量性功德

（三）用大：能生一切世間出世善因果

七、本論法數與修行位階

（1）本論有五分

因緣分、立義分、解釋分、修行信心分、勸修利益分。

（2）造論八因緣

a 因緣總相（令眾生離苦得樂）

b 欲解釋如來根本之義，令諸眾生正解不謬。

c 令善根成熟眾生，於摩訶衍法堪任不退信故。

d 令善根微少眾生修習信心故。

e 為示方便，消惡業障，善護其心，遠離癡慢，出邪網故。

f 為示修習止觀，對治凡夫二乘心過故。

g 為示專念方便，生於佛前，必定不退信心故。

h 爲示利益勸修行故

（3）立義分總說摩訶衍，有二義：法及義

-法：眾生心，是心攝一切世間出世間法，依此心顯示摩訶衍義。
-義：三大，體大、相大、用大。

（4）摩訶衍體相用

-體：心眞如相即示摩訶衍體。
-自體相用：心生滅因緣相能示摩訶衍自體相用。

（5）解釋分有三種

顯示正義、對治邪執、分別發趣道相。
-顯示正義：一心二門：心眞如門、心生滅門。
-對治邪執：離於我則無邪執。
-分別發趣道相：一切諸佛所證之道，一切菩薩發心修行所趣向。

（6）心眞如門：離言眞如、依言眞如

-離言眞如：
是故一切法從本已來，離言說相，離名字相，離心緣相，畢竟平
等，無有變異，不可破壞，唯是一心，故名眞如。言眞如者亦無
有相，不可說，不可念，無有可遣，亦無可立，以一切法悉皆眞，
皆同如故。
-依言眞如：如實空及如實不空。

A.如實空：究竟顯實。從本以來一切染法不相應、離一切法差別之相、無虛妄心念。

B.如實不空：自體具足無漏性功德。已顯法體，空無妄，即是眞心，常恒不變，淨法滿足。

（7）修行位次

十信、三賢位：（十住、十行、十迴向）、四加行、初地、二-十地、妙覺（佛）。將等覺併入十地。

（8）一心、二門、三大、四信、五行

1.一心
眾生心

2.二門
心眞如門（不變眞如、無明無體是空。即示摩訶衍體）、心生滅門（隨緣眞如、有用成事無明。能示摩訶衍自體相用）

3.三大
體（一切法眞如平等不增減）、相（如來藏具足無量性功德）、用（能生一切世間出世間善因果）

4.四信
眞如、佛（有無量功德）、法（有大利益）、僧（十地菩薩）

5.五行
施（財施、法施、無畏施）、戒（攝律儀、攝善法、攝眾生）、忍（他不饒益忍、安受忍：利衰毀譽稱譏苦樂）、止（止一切境界相）、觀（分別因緣生滅相）

（9）三定聚

邪定聚（十信前）、不定聚（十信位）、正定聚（十住以上）

（10）始覺四位

不覺（十信以前）、相似覺（三賢二乘位：十住、十行、十迴向）、隨分覺（十地位）、究竟覺（佛位）

（11）根本不覺、枝末不覺、本覺、始覺

-根本不覺：

眞如：隱自體

無明：覆眞理

-枝末不覺：

眞如：現妄念

無明：成妄心

-本覺：

眞如：翻對妄染成淨德

無明：反對詮示性功德

-始覺：

眞如：眞如熏無明成淨用

無明：知名義成淨用

（12）真如的體相用

-體：同上離言眞如。或性淨本覺自體相。

-相：六種體相：

大智慧光明：心性不起。

遍照法界：心性離見。

眞實識知：若心有動，非眞識知。

自性清淨：無有自性。

常樂我淨：四倒則非常樂我淨。

清涼不變自在：熱惱衰變，則不自在。

-用：如實知一切眾生及與己身，眞如平等，無別異。

諸佛如來，本在因地發大慈悲，修諸波羅密攝化眾生。立大誓願，盡欲度脫等眾生界。

（13）本覺有隨染及性淨二種

1.隨染本覺有二種相

-智淨相：破和合識相，滅相續心相，顯現法身，智淳淨故。

-不思議業相：依智淨相，能作一切勝妙境界。隨眾生根，自然相應，種種而現，令得利益。

2.性淨本覺：本覺的體相。

-如實空鏡：遠離一切心境界相，無法可現。

-因熏習鏡：一切世間境界，悉於中現，智體不動，具足無漏。

-法出離鏡：出煩惱礙、智礙，離和合相，淳淨明故。

-緣熏習鏡：遍照眾生之心　，令修善根，隨念示現。

（14）不覺生三種細相

無明業相、能見相、境界相。

-無明業相：依不覺故心動。

-能見相：依動故能見。

-境界相：依能見故境界妄現。

（15）有境界緣（外六塵境及內我法執惑）生六種粗相

智相、相續相（上二相法執）；執取相、計名字相（上二相我執）；
起業相、業繫苦相（外六塵執）

-智相：依於境界（內法我二執境），心起分別，愛與不愛。

-相續相：依於智，生其苦樂，覺心起念，相續不斷。

-執取相：依於相續，緣念境界（外六塵境），住持苦樂，心起著。

-計名字相：依於妄執，分別假名言相。

-起業相：依於名字，尋名取著，造種種業。

-業繫苦相：以依業受果，不能自在。

（16）生住異滅四相

-生相：第十地。

a.六染之「根本業不相應染（十地）」

b.三細之「根本業相」

c.五意之「業識」

-住相：初地-九地。

a.六染之：能見心不相應染（九地）、現色不相應染（八地）、分別
智相應染（二-七地）、不斷相應染（初地）

b.三細之：能見心相、境界相、

c.六粗之：智相、相續相

d.五意之：轉識、現識、智識、相續識

-異相：三賢地，十住、十行、十迴向。

　a.六染之：執取相應染

　b.六粗之：執取相、計名字相

　-滅相：十信及十信前位。

　a.六粗之：起業相

（17）心、意、意識

　1.心：阿梨耶識

　2.意：五意：業識、轉識、現識、智識、相續識。

　-業識：無明力不覺心動。

　-轉識：依於動心能見相。

　-現識：能現一切境界。

　-智識：分別染淨法。

　-相續識：念相應不斷。

　3 意識：依凡夫，取著轉深，計我我所，種種妄執，隨事攀緣，分別六塵。依見愛煩惱增長。

（18）始覺四相

1.不覺：十信以前凡夫人。覺知前念起惡，能止後念令其不起。即滅相。

2.相似覺：二乘、初發意菩薩，三賢，即十住、十行、十迴向。覺於念異，念無異相，以捨粗分別執著相，即異相。

3.隨分覺：十地之法身菩薩。覺於念住，念無住相，以離分別粗念相，即住相。

4.究竟覺：妙覺地，即佛。覺心初起，心無初相，以遠離微細念，即生相。

（19）染心有六種

-執相應染：依二乘解脫及信相應地（三賢位）遠離。

-不斷相應染：依信相應地修學方便，漸漸能捨，得淨心地（初地）究竟離。

-分別智相應染：依具戒地（二地）漸離，乃至無相方便地（七地）究竟離。

-現色不相應染：依色自在地（八地）能離。

-能見心不相應染：依心自在地（九地）能離。

-根本業不相應染：依菩薩盡地（十地），得入如來地能離。

（20）真如根本智與世間自然業智

-染心名爲煩惱礙，能障眞如根本智。

-無明名爲智礙，能障世間自然業智。

（21）分別生滅相有粗細二種

1.粗中粗：二乘三賢（九相之執取相、計名字相）

2.粗中細：初地-七地（九相之相續相、智相）。

3.細中粗：八地（九相能見心）、九地（境界相）。

4.細中細：十地（九相之業相）

（22）四種法熏習

淨法名眞如、一切染因名無明、妄心名業識、妄境界即六塵。

一、染法熏習有妄境界、妄心、無明

1.妄境界熏習：增長念熏習、增長取熏習。

2.妄心熏習：業識根本熏習、增長分別事識熏習

3.無明熏習：根本熏習，所起見愛熏習。

二、淨法熏習有妄心熏習、真如熏習。

A.妄心熏習有分別事識熏習、意熏習。

B.真如熏習有自體相熏習、用熏習。

-自體相熏習

-用熏習：差別緣、平等緣。近緣、遠緣；增長行緣、受道緣。

三、體用熏習有未相應、已相應。

（23）真如的自體、相、用

1.六種真如自體相、如來藏、法身

-六種真如自體相：

大智慧光明

遍照法界

真實識知

自性清淨

常樂我淨

清涼不變自在

-如來藏、如來法身：

具足如是過於恒沙，不離不斷不異，不思議佛法，乃至滿足無有
所少義，名為如來藏，亦名如來法身。

2.真如用

以有如是大方便智，除滅無明，見本法身，法身自然而有不思議
業種種之用。

諸佛如來，唯是法身智相之身，第一義諦，無有世諦境界，離於

施作，但隨眾生見聞得益，故說爲用。

眞如用有二種：應身、報身。

-應身：

依分別事識，凡夫二乘心所見者，名爲應身。

以不知轉識現故，見從外來，取色分齊，不能盡知。非受樂身。

-報身：

依於業識，謂諸菩薩。從初發意（十住以上）乃至菩薩究竟地（十地），心所見者，名爲報身。具足無量樂相。

（24）對治邪執分：離於我則無邪執

我見有人我見及法我見。

1.人我見

虛空是如來之性；眞如涅槃惟是其空；如來之藏有色心法自相差別；如來藏自體具有一切世間生死等法；如來所得涅槃有其終盡。

2.法我見

依二乘鈍根。見有五陰生滅之法，佈畏生死，妄取涅槃。

（25）分別發趣道相分

一切諸佛所證之道，一切菩薩發心修行所趣向。

有三種發心：信成就發心、解行發心、證發心。

（26）粗細惑與我法執

1. 我執

   粗：六粗之計名字相

   細：六粗之執取相

2. 法執

   粗：六粗之相續相

   細：六粗之智相

（27）三種發心：信成就發心、解行發心、證發心

1. 信成就發心

   內凡發心：十信

   信成就發心：十住位

2. 解行發心：十行、十迴向

   -解：指深解現前，所修離相；

   -行：指修六度行。

   行：

   A.施：檀波羅密，法性體無慳貪。

   B.戒：尸羅波羅密，法性無染，離五欲過。

   C.忍：羼提波羅密，法性無苦，離瞋惱。

   D.進：毘梨耶波羅密，法性無身心相，離懈怠。

   E.定：禪波羅密，法性常定，體無亂。

   F.慧：般若波羅密，法性體明，離無明。

3. 證發心：十地

   證真如境界，乃至無有境界，唯真如界，名為法身。

（28）信成就發心發三種心：直心、深心、大悲心

　-直心：直念真如

　-深心：樂集善行

　-大悲心：拔眾生苦

（29）發心修行四種方便行

　行根本方便、能止方便、發起善根增長方便、大願平等方便。

　-行根本方便：觀一切法自性無生（觀空），離於妄見。觀一切法
　因緣和合（觀假），業果不失。起於大悲，修諸福德，攝化眾生，
　隨順法性無住。

　-能止方便：止一切惡法，離諸過。

　-善根增長方便：供養禮拜三寶，讚歎隨喜，愛敬三寶，信得增長，
　能消業障，離癡障。

　-平等大願方便：發願盡於未來，化度一切眾生。

（30）菩薩發心有三種心微細相：真心、方便心、業識心

　　真心，無分別故；方便心，自然遍行利益眾生故；業識心，微細
起滅故。

（31）根本智、後得智、一切種智

　-根本智：妄心能障根本智。入菩薩初地，將會生起無分別根本智，
　等同於大智度論的一切智。能夠由假入空，證得真如無分別根本
　智。又稱如理智。

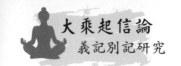

-後得智：無明能障自然業智。證入初地後，由根本智為體，由體起用，生起後得智，由空起假，以行佛利事業度眾生。又稱一切道種智

-一切種智：

以一念相應慧，無明（根本無明）頓盡，名一切種智。諸佛如來離於見相，無所不遍，心真實故，即是諸法之性，自體遍照一切妄法，有大智用，無量方便。

即根本智及後得智之融合，即一切種智。

（32）修行信心分

1.四種信心

-信根本：樂念真如法

-信佛：有無量功德

-信法：有大利益

-信僧：能正修行，自利利他

2.五門修行

-施：財施、法施、無畏施。

-戒：攝律儀戒、攝善法戒、攝眾生戒。

-忍：他不饒益忍、安受忍、忍利衰毀譽稱譏苦樂。

-進：勤勇精進（於諸善事，心不懈退）、難壞精進（立志堅強，遠離怯弱）、無足精進（勤修諸功德，自利利他，速離眾苦）

-止：止一切境界相。以一切法本來無相，念念不生，念念不滅，一切諸想，隨念皆除。

（1）可以對治凡夫住著世間，不修善根。

（2）可以捨除二乘怯弱之見，對治二乘不起大悲狹劣心過。

-觀：分別因緣生滅相。

觀一切世間有爲之法，無得久停，須臾變壞。一切心行，念念生滅。觀過去如夢，現在如電光，未來如浮雲。觀一切有身不淨，種種穢污無樂。

（33）真如三昧與一行三昧

1.真如三昧：

不住見相，不住得相，所有煩惱，漸漸微薄。

2.一行三昧：

依是三昧，則知法界一相，一切諸佛法身，與眾生身，平等無二。

（34）修行三昧之十種利益

1.常爲十方諸佛菩薩之所護念

2.不爲諸魔惡鬼所能恐怖

3.不爲九十五種外道鬼神之所惑亂

4.遠離誹謗甚深之法

5.滅一切疑諸惡覺觀

6.於諸如來境界，信得增長

7.遠離憂悔，於生死中勇猛不怯

8.其心柔和，捨於憍慢，不爲他人所惱

9.雖未得定，於一切時一切境界處，則能減損煩惱，不樂世間

10.若得三昧，不爲外緣一切音聲之所驚動

（35）止觀之缺失

1.止的缺失：唯修於止，則心沉沒，或起懈怠，不樂眾善，遠離大

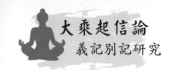

悲。

2.觀的缺失：文中未提及。

「觀」因緣生起法，而不並行「止」，將假法入空，則將心呈掉舉，沉溺於生死假法，受世間苦樂惡報而不能自拔。

（36）止觀並用

止觀二門，共相助成，不相捨離。若止觀不具，則無能入菩提之道。若行若住，若臥若起，皆應止觀俱行。

1.止時，止即是觀。

意指：

止時，止是由假的萬法入「空」（止境界於空）。但此同時，又「觀」此空無自性，可藉因緣再緣起而生萬法，即「由空入假」，即觀。故說止即是觀。由止起觀。

2.觀時，觀即是止。

意指：

觀時，觀是由空入假，即由空無自性，遇緣生起萬法，即由空入假。

但此同時，所生起之萬法又是自性空，所以假萬法又「止」於空，即是止，故說觀即是止。

若信心難可成就，意欲退者，可以專念西方極樂世界阿彌陀佛，所修善根，迴向願求生彼世界，即得往生，常見佛故，終無有退。

八、大乘起信論的熏習

（一）與唯識宗熏習之異同

（1）唯識宗的熏習

1.以阿賴耶識為所熏，所熏的條件是無記、堅住、可熏、可和合。前七熏為能熏，能熏的條件是有勝用、有生滅、有增減、可和合性。

2.有種子、現行、熏習三法。種子遇緣起現行，現行熏阿賴耶成新熏種子。

本論無種子說。有二種熏習，淨法熏習，即真如熏習及妄心熏習。染法熏習，即無明、妄心、妄境界三種熏習。

（2）真如凝然不受熏

本論是真如與無明互熏。

真如熏無明，使無明有淨用。無明熏真如，使真如有染相。

無明熏真如生妄心，妄心熏無明生妄境界，妄境界熏妄心造種種業。

（二）染法熏習

1.無明熏習

根本熏習，能成就業識。此處業識代表阿賴耶識，無明是指根本無明。根本無明熏習真如而產生三細，「同一時間」也造就含三細作用的阿賴耶識。

所取見愛熏習，此處無明是指枝末無明，由於三細之境界相及能見相之作用，而造就具六粗相之分別事識。由先前三細之無明住地煩

惱，所起見愛熏習，產生六粗之四住煩惱（見一切住地，即見煩惱）、欲愛、色愛、有愛（三愛即愛煩惱），而成就分別事識，即意識。

2.妄境界熏習

有增長念熏習及增長取熏習。增長念熏習即對二-七地之智分別識及初地的相續識熏習，而生法執煩惱。

增長取熏習是對二乘三賢地的執取識及計名字識（即分別事識）熏習，而產生我執。

3.妄心熏習：有淨法及染法二種妄心熏習。

染法的妄心熏習：

有二種，一是業識根本熏習，受此妄心熏習者有二乘、三賢及菩薩。以阿賴耶識受熏習。

一是增長分別事識熏習，受此妄心熏習者是凡夫，以分別事識受熏習。

（三）淨法熏習

1.眞如熏習

有體相熏習，此是平等熏習，因眾生的眞如體相均相同。

有眞如用熏習，也有平等及差別熏習。平等熏習是因眞如的用也是體，所以平等。差別熏習是用熏習可隨眾生根欲機緣不同而以不同的報化身給予不同的熏習。

2.妄心

淨法的妄心熏習是眞如有力熏習無明，所得妄心是厭生死樂求涅槃之心；不同於染法妄心熏習之無明有力熏習眞如，

所得妄心更熏習凡夫的分別事識，及熏習二乘、菩薩之阿賴耶識，使其退轉爲凡夫。

九、大乘起信論的心識論

（一）眾生心

眾生的一心，即是眾生心，依此心顯示大乘之法義，此心能攝持一切世間出世間法。此心包括二門，即心真如門及心生滅門。此心涵蓋生滅的外相用狀及生滅的內真如體相。

（二）心、意、意識

1.本論缺少第七識

「心」指第八識，即阿梨耶識。「意識」指前六識，但本論未指出眼耳鼻舌身意等六意識名，僅以意識統稱。而以「意」同時包含梨耶識及末那識。

2.五意的配對

五意有業識、轉識、現識、智識、相續識。

上文中已提及著名的大乘起信論三疏的觀點。

作者認為本論以「意」統稱第八識及第七識，而不刻意將二識加以分開別稱。如法藏所言，意有生後及依止意。

作者認為，若硬要分別五意，則

業識、相續識是第八識；

智識是第七識；

轉識及現識是第八識也是第七識。

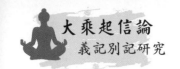

（三）與唯識宗心識論之不同

唯識宗：

1.心是第八識，意是第七識，意識是前六識。

本論無六、七、八三識之分。心是阿梨耶識，意有五識，意識是分別事識。

2.有識變之說。第八識是異熟能變，第七識是思量能變，第六識是了別能變。

本論無識變說。

3.有因能變及果能變之說：種子生阿賴耶識是因能變。阿賴耶識生見分、相分是果能變。

本論無因能變、果能變之說。阿梨耶識非種子所生，是由根本無明熏習眞如所生。

4.有種子及種子六義說。第八識執持種子，根身，器世界。

本論無第八識種子說及執持說。

阿梨耶識則類似於唯識宗之阿賴耶識，但仍有不同之處，本論以梨耶是生滅及不生滅和織；唯識宗認爲是無覆無記；攝論師均認爲是雜染識。

5.有種子、現行、熏習三法之說。

本論只有熏習說。而且眞如與無明可互熏。

6.前七識是能熏，第八識是所熏。

本論無能熏、所熏說。

7.眞如凝然不變，不能受熏。

本論認爲隨緣眞如可以受熏。而且眞如與無明互熏。

無明、妄心、妄境界可以「資熏」。

8.有四分說。證自證分、自證分、見分、相分。

本論無此說。

9.萬法唯識，識外無法。

依法藏，本論十住以上，開始有唯識無塵之概念。

8.本論：業識是指阿賴耶識。

分別事識是指意識，意識統含第六識及前五識，但未提及六識名字。

唯識宗之意識指第六識，有時也涵括前五識。

（四）與其他各宗心識論之比較

1.天台宗：一念無明法性心及性具。

2.華嚴宗：圓覺自性清淨心及性起。

3.禪宗：當下現實之心及即心即佛。

4.三論宗：中道佛性及八不緣起。

（五）阿賴耶識的染淨

（1）攝論宗：以阿賴耶識為染識。

攝大乘論、所知依分第二：「復何緣故此識說名阿賴耶識？一切有生雜染品法，於此攝藏為果性故」

「此中安立阿賴耶識自相者，謂依一切雜染品法所有熏習為彼生因，由能攝持種子相應。」

「阿賴耶識與彼雜染諸法同時更互為因。……。如阿賴耶識為雜染諸法因，雜染諸法亦為阿賴耶識因」

（2）地論宗：南道以阿賴耶識為淨識。

北道則以阿賴耶為染識，另立阿摩羅識為淨識。

（3）華嚴宗：三界唯是一心所造。

一心即一心法界，同如來藏心體。華嚴經並無阿賴耶說或八識九

識的辨別，只有在「明難品」中有類似六識差別的文字，有提及眼耳
鼻舌心意之詞，但指出六識只是妄心分別，各各不相知，一切空無性。

智儼、華嚴五十要問答，認爲依小乘但有六識；依三乘教，初教
文中立有異熟賴耶。

法藏、華嚴經問答，認爲十二因緣爲能依，梨耶一心爲所依。

華嚴一乘教義章：

依小乘，但有六識，於阿賴耶識但得其名。

依始教，於阿賴耶識但就緣起生滅事中建立賴耶，屬染。

依終教，於賴耶識，得理事融通二分義。同本論，生滅不生滅和
合，俱染淨。

依頓教，一切法唯一眞如心，離言絕慮不可說，故不說染淨。

依圓教，性海圓明，法界緣起無礙，非阿賴耶緣起。屬染即淨。

（4）天台宗：一念無明法性心

本論認爲阿賴耶識也是生滅（一念無明即根本無明）與不生滅（法
性）和合的心。

而智顗認爲：

醒悟時，阿賴耶識以其眞如體（不生滅）表現，即是法性心，屬
淨。

昏睡時，阿賴耶識以其相用（生滅）表現，即是一念無明心，屬
染。

如下文：

「無明法性心，一心一切心，如彼昏睡；達無明即法性，一切心
一心，如彼醒悟。」（大正46、83）

上句非常類似本論眞生不二之文：「無明迷故，謂心爲念，心實不
動。若能觀察知心無念，即得隨順入眞如門故」根本無明就是迷眞如
心，以爲眞如心是動念，其實眞如心是不動。若能觀察知心不動，即
若能達無明心即是不動法性，就像醒悟一樣，知道一切差別無明心其

實是同一平等法性心，無明即與法性（眞如）平等如一，即眞（不生滅千法性）生（生滅無明）不二。

（5）三論宗

吉藏否定「心識爲正因佛性」，認爲如來藏、中道佛性才是正因佛性。阿賴耶識是無明母，生死根本，心識都是有所得，五眼所不見，故非佛性。可見阿賴耶識非正因佛性，即非純淨。

（6）唯識宗

以阿賴耶識爲無覆無記，但含藏種子可受熏形成染淨現行。但無漏種子則是寄附於阿賴耶識而非其所攝持。

所以阿賴耶識是染淨皆成。

窺基以此附寄於阿賴耶識的無漏種子來解釋行佛性，眞如理體是理佛性，是阿賴耶識所攝持。

窺基認爲凡夫及二乘人的阿賴耶識未具有佛或菩薩的無漏種子。在凡夫即是「無性」眾生；在二乘即是「定性二乘」。

本論以破除根本無明才能證入眞如，非以種子立論。

（7）本論：阿賴耶識爲染淨和合識。

十、大乘起信論的生滅與不生滅論

不生滅即是眞如，生滅即以不生滅的眞如爲體，生滅則是體相用的整體表現。

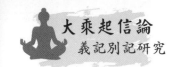

（一）不生滅

（1）眾生心

眾生心即是一心，而一心具有二門，心眞如門及心生滅門。心眞如門是心生滅門的體，心生滅門則是以心眞如體所起相用的體相用整體表相，二者是同一法的體相用關係，二者非一非異，互不相離。

（2）眞如

眞如本身也有體相用，但其體相用是三者一體，相也是體，用也是體。

所以離言眞如即是體，也是體相，也是體用。離言說，離名字，離心緣，畢竟平等，無有變異，不可破壞，也無可立，不生不滅，法爾本有。

依言眞如是勉強用言語去描述，爲如實空，代表體（究竟顯實），也代表相空，即空妄：與一切妄法不相應；空世間一切差別法；空虛妄心念。

如實不空，代表體，即眞心自體；代表用，即具一切性功德。

1.眞如與生滅

眞如有不變及隨緣二作用，隨緣眞如即表生滅，即是隨染本覺。

生滅現象包括眞如之隨緣、隨染本覺、始覺及無明之「有用成事」。

-隨緣眞如的根本不覺表現是隱覆自體；枝末不覺是現妄念。

-隨染本覺有智淨相及不思議業相。

-始覺，有四相：不覺、相似覺、隨分覺、究竟覺。

-「有用成事」無明的根本不覺是覆眞理；枝末不覺是成妄心。

2.眞如與不生滅

不變眞如即是不生滅，即是性淨本覺。

不生滅包括不變眞如，性淨本覺及「無體是空」無明。

-不變眞如：有本覺：翻對妄染成淨用。

有始覺：真如內熏無明成淨用。

-性淨本覺：有如實空鏡、因熏習鏡、法出離鏡、緣熏習鏡。

-「無體是空」無明：

本覺：反對詮示性功德

始覺：知名義成淨用。

（3）生滅心

1.阿梨耶識

所謂不生不滅與生滅和合，非一非異，名為阿梨耶識。

本論：「心生滅者，依如來藏故有生滅心」。由上知，生滅之緣起是如來藏緣起。而如來藏即是真如，所以也是真如緣起。

如上生滅因緣所言，世間及出世間的生起有二重，即真如緣起（性起）加阿賴耶緣起（緣起），才能生起萬法，而佛的緣起即是性起。

可以說性起是生滅法的體，緣起是生滅法的體相用整體表現。

阿賴耶識是不生滅的體及生滅的自體相用的和合。

2.覺與不覺

阿賴耶識具有覺及不覺二作用。

覺有本覺及始覺。不覺有根本不覺及枝末不覺，已如上述。

3.本覺與始覺

本覺有性淨本覺及隨染本覺。已如上述。

始覺有四相：不覺、相似覺、隨分覺、究竟覺。究竟覺即始覺，而始覺即同本覺。

4.根本不覺與枝末不覺

根本不覺即是根本無明，根本無明是最微細的無明，比三細的業識還微細，三細已屬枝末無明，業識是細中細，是在十地位，是業自在；境界及能見二細是細中粗，前者在八地，色相自在，後者在九地，是心自在。

而根本無明是在妙覺位，破了根本無明才能入妙覺位而成佛。

所以根本無明雖也是無始，但不同於初地-十地的無明住地或無始無明住地。

5.覺與不覺的同異

覺與不覺均以真如為體，而且其體相同，真如是平等一相，這是二者之同。

二者有各自不同的相用，覺的體相用都是真如，不覺的體雖是真如，真如的用熏習也有差別相，而且不覺的相用也與覺不同，何況不覺的無明厚薄也眾生各自不同。故有覺與不覺之異處。

（4）生滅因緣

1.二重生滅因緣

第一重因緣：因是真如，緣是根本無明。

根本無明熏真如，使真如由不變之靜態，啟動隨緣之動態，隨而引發三細之無明業相，進而產生含三細之阿梨耶識。此階段無能所。

第二重：以根本無明為因，外六塵境為緣。

此又有二重能所：

第一重是三細之「能」，即能見相，及「所」，即境界相。

此阿梨耶之三細相，即是由根本無明所生之三細枝末無明。由此三細再產生分別事識。

第一重「能」是阿梨耶識之三細能見心，「所」是阿梨耶之境界相，即智相及相續相所展現的法執境。

第二重「能」是分別事識的執取相及計名字相。「所」是上二識所對之我執境，即外六塵境及內根身。

2.性起

等同於第一重生滅，由根本無明啟動真如，真如即佛性，是因；緣是根本無明。所以性起即是真如緣起。此根本無明與真如是因緣同時發生，故此根本無明的「緣」，完全不同於一般所說的緣起的「緣」，所以說真如緣起即等同於性起。

3.二重能所（三細之現識心及所對境；與意識心及所對境）

第一重能所：「能」是三細之現識，「所」是現識境，即智識及相續識所執的法執境。

第二重能所：「能」是分別事識，「所」是所執六塵境及根身的我執境。（本論的我法執與唯識不同，已如前述）

4.真如、無明、梨耶的關係

真如、根本無明、阿梨耶識，三者是同時存在。

真如是不生不滅，無始而有。

根本無明是未能明了真如一味及法界一相的真理而產生的迷惑。因真如是無始而有，而有真如就「同時」有對真如迷惑的根本無明忽然生起。因真如是無始的，所以根本無明也是無始的。但真如是不生不滅的非生滅法，故不可破。而根本無明是因迷於真如而有生滅的「有」法，故只要證悟真如而不再迷，根本無明自破。

由根本無明熏習真如而啓動真如的隨緣作用而有不覺心動，產生三細的「無明業相」，同時也產生三細的境界相及能見相，三細一形成即是阿梨耶識同時形成。故根本無明迷惑於真如，及阿賴耶識的形成是「同時」發生。

所以阿賴耶識也是無始而有，而且是由根本無明熏習真如所同時產生，所以阿賴耶識的三細是由根本無明所緣起而生的枝末無明。凡緣起法均是假法，均可破，故阿賴耶識也可破。

（5）生滅因緣的體相

1.緣起的三要素

真如、根本無明、妄心。

2.九相、五意、六染、生住異滅四相、生滅的粗細相等的比較

A.九相之無明業相＝五意之業識＝六染之根本業不相應染＝四相之生相＝細之細相

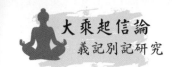

B.九相之能見相＝五意之轉識＝六染之能見心不相應染＝四相之住相＝細之粗相。

C.九相之境界相＝五意之現識＝六染之現色不相應染＝四相之住相＝細之粗相。

D.九相之智相＝五意之智識＝六染之分別智不相應染＝四相之住相＝粗之細相

E.九相之相續相＝五意之相續相＝六染之不斷相應染＝四相之住相＝粗之細相

F.九相之執取相＝五意之執取識＝六染之執相應染＝四相之異相＝粗之粗相

G.九相之計名字相＝四相之異相＝粗之粗相

H.九相之起業相。＝四相之滅相＝粗之粗相

I.九相之業繫苦相＝粗之粗相。

（6）生滅的相狀

有粗細二相。

粗中粗、粗中細、細中粗、細中細，如上粗與心相應，細與心不相應。

生滅的因是三細不相應心；緣是六粗相應心。若因滅則不相應心滅，緣滅則相應心滅。

心體即是心智，即是眞如。水是眞如是心體，無明是風是心相，心體的眞如水不滅，心相的無明風則可滅。

（7）眞生不二

眞生不二是指眞如不生滅與生滅現在不二，二者的關係是非一非異，也是體相用關係。

眞如是生滅的體，生滅是由體起相用的整體表現。

如前所述，生滅因緣有二重，第一重是眞如緣起，第二重是阿賴耶緣起。

故欲由生滅門入眞如門，須推求五陰，色受想行識，受想行識是心，色是外六塵境界及內根身。由對六塵境界及根身（即我法執的所念境）之執取識及計名字識（能念心，即分別事識），此能念心必須畢竟無念，這是破第一層的能所。

其後，由三細之境界相所現的「所現境」，即智分別識及不斷相續識所執取的法執境，其相對的三細「能見心」，也必須畢竟無念，此即破第二層能所。

二層能念心都必須畢竟無念、而且此二層能念心，無形相，十方求之終不可得。

所以只有當破上述二層的所見境及能念心，才能破第一層的六粗及第二層的三細的能所，進入十地的根本業相識，此時已破能所，及展現業自在。

最後，再破最後一關的根本無明，根本無明爲迷眞如，謂心爲念，而心實不動。

若能觀察知心無念，即得隨順入眞如門，也即入妙覺地，證眞如而後成佛，即禪宗所謂破最後的牢關及黑漆漆的桶底，即所謂根本無明，而後才能證眞如而見佛。

此時也才是眞生不二的佛境界。

十一、大乘起信論的眞如與如來藏

（一）離言真如與依言真如

（1）離言眞如
「心眞如者，即是一法界大總相法門體，所謂心性不生不滅。」

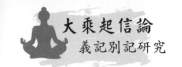
凡法都有體相用。

真如的體相用是相同的，相也是體（即體即相），用也是體（即體即用）。

無明的體有二種，一種是依止體，即真如體。另一是親因體，即根本無明。

本論的體相用稍異於智顗三因佛性的體相用：正因是佛，了因是相，緣因是用。其相是在顯了體，即了因是在顯了或明了正因。

而本論的相是指體的功能相。真如有六種體的功德相：大智慧光明、遍照法界、真實識知、自性清淨、常樂我淨、清涼不變自在。

「是故一切法從本已來，離言說相，離名字相，離心緣相，畢竟平等，無有變異，不可破壞，惟是一心，故名真如。」

以上即是離言真如。故離言真如代表真如的體。但真如的體相用是無差別的。

「言真如者，亦無有相。……。此真如體無有可遣，以一切法悉皆真故。亦無可立，以一切法皆同如故。」

真如是真實如常，真實是非虛假，不可遣破，不會壞滅。

如常是不變，本來即有，不是立才有。

「當知一切法不可說不可念，故名為真如。」

真如是離於能所，無能緣心的想、念、見。亦無所緣的能詮說的境、事、物。

（2）依言真如

「復次，此真如者，依言說分別，有二種義，云何為二？一者，如實空，以能究竟顯實故。二者，如實不空，以有自體具足無漏性功德故。」

1.如實空

「所言空者，以能究竟顯實。……。

從本已來一切染法不相應故，謂離一切法差別之相，以無虛妄心

念故。」

「依一切眾生以有妄心，念念分別，皆不相應，故說爲空。」

如實空是究竟顯實，顯實即不是虛假，故與虛假的一切染法、一切法差別之相，及虛妄心念、妄心等都不相應。

2.如實不空

「以有自體具足無漏性功德故。」

「所言不空者，已顯法體空無妄故，即是眞心。常恆不變，淨法滿足，則名不空。亦無有相可取，以離念境界，惟證相應故。」

不空是指眞如其實是一種功能體，它的體是無相的，但這體具有無量性功德，這功能法體即是眞心，因有淨法滿足，所以是不空。

（二）真如的體相用

（1）眞如體

「復次，眞如自體相者，一切凡夫、聲聞、緣覺、菩薩、諸佛，無有增減，非前際生，非後際滅，畢竟常恆。」

（2）眞如相：自體的功德相

「從本以來，性自滿足一切功德。所謂自體有大智慧光明義故，遍照法界義故，眞實識知義故，自性清淨心義故，常樂我淨義故，清涼不變自在義故。」

「心性不起，即是大智慧光明義。……

心性離見。即是迴照法界義。……

若心有動，非眞識知。……

無有自性，即是自性清淨。……

有四倒，非常樂我淨。……

熱惱衰變，則不自在。……」

（3）真如用

「以有如是大方便智，除滅無明，見本法身，自然而有不思議業種種之用。即與真如等遍一切處，又亦無有用相可得。但隨眾生見聞得益，故說為用。」

佛以因地十波羅密勝行，斷十地之十障，證十地之十真如，以這些大方便智行，滅除根本無明，即可證得真如體之本法身。法身自然即具有不思議業種種之用，而以展現報化身來度化眾生。

「諸佛如來，惟是法身智相之身，第一義諦，無有世諦境界，離於施作，但隨眾生見聞得益，故說為用」

真如的體是法身，法身是理智不二之智相之身，是第一義諦（即中道非有非無之身），離於施作，不可立不可破。

但法身可隨眾生見聞得益，可由體起用，生起報身及應身，以利益眾生，故說為用。

所以法身是體，報身是相，應身是用。

1.應身

「依分別事識，凡夫、二乘心所見者，名為應身。」

佛應凡夫及二乘的分別事識的機感而顯現的化用身。

「凡夫所見者，是其粗色，隨於六道，各見不同，種種異類，非受樂相，故說為應身。」

凡夫及二乘因為尚無諸法唯心之認知，故所見應身乃心外之法，各自不同。而且凡夫及二乘所見的應身也不同。

凡夫所見乃粗色劣相，隨六道而各各所見不同。

二乘的應身本論末提及如何不同。二乘的應身是一種已斷我執的解脫門。

凡夫及二乘所見都非出世相，故非受樂相。

2.報身

「依於業識，謂諸菩薩從初發意乃至菩薩究竟地，心所見者，名

爲報身。」

佛依初發意菩薩（即三賢地菩薩：十行、十迴向地）及十地菩薩的業識（即阿賴耶識）所現的佛身，即名爲報身。報身雖有無量之色好相好及無量莊嚴的依報國土，但此位菩薩因已認知諸法唯心所現，故對於佛所現的報身並無有分齊不同之認知。

「如是功德，皆因諸波羅密等無漏行熏，及不思議之所成就，具足無量樂相，故說爲報身。」

報身是佛在因地修行十度波羅密之行熏，又發大慈大悲心，立大誓願，以攝化度脫眾生，依菩薩之阿賴耶識所顯現之佛身。

（4）唯識宗的眞如說

1.七眞如與六無爲

-七眞如

流轉眞如：有爲法流轉實性。

安立眞如：苦實性

邪行眞如：集實性

清淨眞如：滅實性

正行眞如：道實性

實相眞如：無我所顯實性。

唯識眞如：染淨法唯識實性。

依他起性及遍計所執性攝流轉、安立、邪行等三眞如。

圓成實性攝清淨、正行、實相、唯識等四眞如。

眞諦、三無性論的七種如如：生（流轉）、依止（安立）、邪行（邪行）、清淨（清淨）、正行（正行）、相（實相）識（唯識）。

-六無爲

虛空無爲：眞如法性有如虛空般之無障礙及遍及一切處之世間、宇宙之萬法，而且常恆不變。非指虛空這個東西。

擇滅無爲：由智慧揀擇的力量，滅除一切煩惱所得的寂滅無爲，

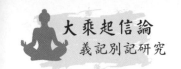

即涅槃之義。此修得的涅槃是有餘依、無餘依或無住涅槃。

非擇滅無爲：指這寂滅無爲法，不須藉由揀擇的智慧來達到滅除煩惱的寂滅，此寂滅法爾即有。即自性清淨涅槃。

不動無爲：不動是指色界第四禪。這無爲法如同色界第四禪般，水、火、風三災都燒不到。意指所有煩惱都不生，煩惱都燒不到。如無餘依涅槃。

想受滅無爲：想及受都滅盡的無爲。想受是「遍行心所」：作意、觸、「受、想」思。及五蘊（色受想行識）之受想，也稱滅盡定。

由上知，尙有五遍行之「思」及五蘊之「行」尙未滅除，此同於有餘依涅槃。但其實尙未達眞如之境界，只在小乘階段。

眞如無爲：這才眞正指「眞如」境界的無爲法。

以上六種無爲法，只有眞如無爲才是眞正的眞如，其他五種無爲法都是方便說。

2.唯識三十頌第二十五頌

「此諸法勝義，亦即是眞如，常如其性故，即唯識實性」

此處勝義諦是指「絕對」勝義諦，即窺基所謂勝義諦中的「勝義勝義諦」。

勝義勝義諦是眞俗二諦的共同體：也就是「即眞即俗」。這才是離言眞如的境界。

3.成唯識論卷二的真如詮釋

「眞謂眞實，顯非虛妄；如謂如常，表無變異。謂其眞實於一切法，常如其性，故曰眞如」

「此性即是唯識性，謂唯識性，略有二種：一者虛妄，謂遍計所執；二者眞實，謂圓成實，爲簡虛妄，說言實性。復有二種：一者世俗，謂依他起；二者勝義，謂圓成實，爲簡世俗，故說實性」

所謂眞如的境界如下：

1、三自性即三無性：

三自性是依他起、遍計所執、圓成實。

三無性是無相、無生、勝義無。

2、言詮中道及離言中道：

A.言詮中道：

a.三性各具中道：

依他起：假有（非空）、無性（非有）。

遍計所執是：情有（非空）、理無（非有）。

圓成實是：眞實（非空）、勝義無（非有）。

b.三性對望中道：

遍計所執：非有

依他起（如幻假有）、圓成實（眞空妙有）：非空。

B.離言中道：言亡絕慮。

3.在依他起上，遠離遍計所執，即是圓成實性，也即是眞如。

（5）華嚴宗的十眞如

-歡喜地：施，遍行眞如，斷異生性障

-離垢地：戒，最勝眞如，斷邪行障

-發光地：忍，勝流眞如，斷暗鈍障

-燄慧地：進，無攝受眞如，斷微細煩惱現行障

-難勝地：定，類無別眞如，斷下乘般涅槃障

-現前地：慧，無染淨眞如，斷粗相現行障

-遠行地：方便，法無別眞如，斷細相現行障

-不動地：願，不增減眞如，斷無相中作加持行障

-善慧地：力，智自在所依眞如，斷利他行中不欲行障

-法雲地：智，業自在所依眞如，斷於諸法中未得自在障

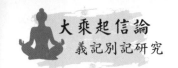

（三）真如與如來藏及法身

（1）如來藏亦名法身

「如是淨法無量功德，即是一心，更無所念，是故滿足，名爲法身如來之藏。」

「具足如是過於恆沙，不離、不斷、不異、不思議佛法。乃至滿足無有所少義故，名爲如來藏，亦名如來法身。」

（2）楞伽經的真如、如來藏說

「我說如來藏，不同外道所說之我。大慧！有時說空、無相、無願、如、實際、法性、法身、涅槃、離自性、不生不滅、本來寂靜、自性涅槃，如是等句，說如來藏已，如來、應供、等正覺爲斷恩夫畏無我句故，說離妄想無所有境界如來歲門。」

其中「如」即是真如，可見如來藏即是真如。

「是名說如來藏，開引計我諸外道故、說如來藏，令離不實我見妄想想，入三解脫門境界，希望疾病得阿耨多羅三藐三菩提。……。是故大慧！爲離外道見故，當依無我如來之藏。」

其實如來藏是無我，無自性，說如來藏是爲了開引計我的外道。

（四）真如與不覺、本覺、始覺

（1）本覺即是法身

「所言覺義者，謂心體離念。離念相者，等虛空界，無所不遍，法界一相，即是如來平等法身。依此法身說名本覺。」

（2）本覺

「本覺義者，對始覺義說。以始覺者，即同本覺。」

阿賴耶識有覺及不覺。覺有本覺及始覺。不覺有根本不覺及枝末不覺。

本覺是因根本無明熏習眞如

，而生枝末不覺的三細，同時間也同時生成阿賴耶識。

而阿賴耶識即具有覺及不覺的功能。

（3）始覺

「始覺義者，依本覺故，而有不覺。依不覺故，說有始覺。」

本覺是阿賴耶識法爾本有的功能；始覺則需由本覺生不覺，經相似覺、隨分覺而至究竟覺，此究竟覺即是始覺。故始覺是後天由不覺修習而得，但始覺即同本覺。

故本覺是阿賴耶識本來即有，是性有而非修有；始覺則是修有。

本覺雖本有，但被隱覆，必須藉始覺才能顯現。

（4）本覺、始覺之不同

本覺是本來法爾即有的眞如自性所具有的覺體。

始覺是經策勵修養，由不覺歷經相似覺，隨分覺，究竟覺而成究竟覺，即始覺。

此時始覺即同本覺。

也可以說，本覺是阿賴耶識的眞如體、始覺是由眞如體所起之用。而全用即體，故始覺即同本覺。

本覺是先天本有的眞如「體」所展現的「性德」覺體，始覺是後天人爲修習所得的眞如「用」所展現的「修德」覺用。

本覺能生始覺，本覺是能生，始覺是所生。

始覺可以展現本覺，始覺是能現，本覺是所現。

在心眞如門，本覺在「不變眞如」中，是翻對妄染成淨德；

始覺在「不變眞如」中，是眞如內熏無明成淨用。

在心生滅門，本覺在無明是其依止體，即「無體即空」，也是先天性的反對詮示性功德；始覺是無明的依止體「無體即空」，也是後天性的知名義成淨用。

在迷界，本覺即同始覺；在悟界，始覺即同本覺。

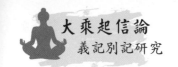

本覺是在纏的眞如，始覺是出纏的眞如。

（五）眞如與無明

（1）起信論的無明：根本無明與枝末無明

「以一切法本來唯心，實無於念，而有妄心，不覺起念，見諸境界，故說無明。」指根本無明及枝末無明。

「以依阿黎耶識，說有無明。」指根本無明及枝末無明。

此有二義：其一，由十二因緣緣起知，無明緣行、行緣識、識緣名色，其中無明指根本無明，識指阿賴耶識。即由根本無明生阿賴耶識。

其二，根本無明熏習眞如，產生業相及阿賴耶識。而阿賴耶識含有三細之枝末無明，故說由阿賴耶識具有覺、不覺。

不覺即枝末無明。

「當知一切境界，皆依眾生無明妄心而得住持。」指根本無明。

根本無明是第一重生滅因緣的「緣」，「因」是眞如。此即眞如緣起。

根本無明是第二重生滅因緣的「因」，「緣」是外六塵。此即阿賴耶緣起。

當知一切境界，皆依眾生無明妄心而得住持。是指第二層生滅因緣，根本無明妄心是一切境界緣起的「因」。

故無明的體是「無體即空」，此「無體即空」雖也形同眞如體，但眞如是根本無明的「依止體」，而非「親因體」。而根本無明才是「阿賴耶緣起」的「親因」，「隨緣眞如」則是阿賴耶緣起的「依止因」，非生因。

「是心從本已來，自性清淨而有無明。為無明所染，有其染心。雖有染心，而常恆不變。是故此義惟佛能知。」指根本無明。

根本無明是因迷惑自性清淨的眞如一味之理而忽然產生。有自性清淨心即有迷惑於它的根本無明同時產生，因此二者均爲無始而有。自性清淨心會受根本無明污染而有染心，是指其「隨緣眞如」（即佛性三因的緣了因）會受污染，但其「不變眞如」（即佛性三因之正因）則不受污染，而且此不變眞如是常恆不變，會變的是隨緣眞如，即佛性緣、了因。

「以不達一法界故，心不相應，忽然念起，名爲無明。」指根本無明。

根本無明是因不能了達一法界之眞理，又與心不相應，忽然之間念起，所以同眞如一樣是無始而有。

由根本無明產生阿賴耶識的三細相，此三細相之能見相、境界相即枝末無明。三細是否爲枝末無明尚有爭議。作者認爲三細之業相尚無能所，不適合歸類爲枝末無明。而能見相、境界相已有能所，可歸類爲「微細」枝末無明。其後的六粗相則當然明顯歸屬爲枝末無明。

（2）其他宗的無明

請參閱「佛性辨正」第三章佛性與無明。

天台宗的三惑：見思惑、塵沙惑、無明惑。

勝蔓經的五住煩惱包括見一處住地、欲愛住地、色愛住地，有愛住地及無明住地。

本論的根本無明是無明住地的生因，而非等同於無明住地。

無明住地是在初地-十地均具有，而根本無明是在十地或妙覺地，兩者顯然不同。

入初地後，尚未斷「俱生的」我法二執所生的無明，位階在二地-七地，均有「俱生」我法二執未斷。依本論是法執。

入初地，已斷「分別」我法二執的種子，此時位在六染心的「不斷相應染地」。依本論初地是粗法執。

後二地-七地，均地地漸斷俱生我法二執，此時位在六染心的「分

別智相應染地」。依本論二-七地是細法執。

入八地,斷盡「俱生我執」,位在六染心的「現色不相應染」,已呈現色自在。

入九地,開始斷「俱生法執」,位在六染心的「能見心不相應染」,已呈現心自在。

入十地,斷盡「俱生法執」,位在六染心的「根本業識不相應染」,已呈現業自在。

故在十地的根本無明,尚無能所,雖也是一種無明住地,也是無始而有,也是心不相應,但不同於初地-九地,已有能所的無明住地。

（3）真如與無明的關係

本論:「以一切心識之相,皆是無明。無明之相不離覺性,非可壞,非不可壞。

如大海水,因風波動,水相風相不相捨離。而水非動性,若風止滅,動相則滅,濕性不壞故。」

如前述,根本無明與阿賴耶識的三細之初細即業相,同時發生。業相之前另有最微細的根本無明。此時尚無能所,位處第十地,即生住異滅四相之「生」相。

業相之後的「阿賴耶識」所攝的另二細,即能見相(位第九地)及境界相(位第八地),此時已生起能所,故已屬有能所的枝末無明(有人誤認為仍是根本無明)。

即本論所說生滅粗細相文中,前之「業相」是細中細相,後二相(能見相、境界相)是細中粗相。

再由三細生起分別事識(即意識)所攝的六粗的枝末無明。

所以說一切心識之相,皆是無明。

根本無明的依止體是真如,只是因迷惑真如而生,而非以真如為生因所生。

根本無明則是枝末無明的直接生因,包括阿賴耶識及分別事識均

是根本無明所生。

故說無明之相不離覺性，根本無明依止真如（覺性）之依止因而生，枝末無明則以根本無明為生因而生。

「如是眾生自性清淨心，因無明風動，心與無明，俱無形相，不相捨離。而心非動性，若無明滅，相續則滅，智性不壞故」

根本無明與真如的關係如上述為依止關係。根本無明如風，不變真如似靜水。當風吹動靜水時，水由靜生動（即不變真如變隨緣真如，不覺心動）而成動水的波浪（即心或生滅）。只要風不動，即破根本無明風，則波浪由動又恢復為靜，即是由隨緣真如又返回不變真如。

故真如水可受風吹動，即受無明風熏習。

動水是心相，靜水才是心體、智性。

有人質疑，風與水是不同的二物，指出風水之喻有不恰當之處。

因水動即知有風在吹，真如靜水動，才知有無明風在吹動。就如前述，無明風非由真如靜水所製造生出，而是由靜水生動才知有風，所以真如由靜水生動，才知有無明風的存在，如同根本無明因迷惑於真如，才有根本無明的存在。故無明風的存在是依止於真如水的存在，水動才知有風在吹，而非由真如水直接生出無明風，故這風及水的比喻是恰當的，但不可徒生誤解，謂真如水直接生出無明風。風是依水而存在，而非由水所生。

（六）真如與佛性

本論全書未提及「佛性」一詞。

只提及如來藏等同法身，就是真如。

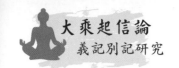

十二、大乘起信論的三身論

（一）起信論的三身說

1 法身

若離業識，則無見相，以諸佛法身，無有彼此色相迭相見故。

即此法身是色體故，能現於色。所謂從本以來，色心不二，以色性即智故，色體無形，說名智身。以智性即色故，說名法身，遍一切處。

2.報身：如前述

3.應身：如前述

攝大乘論認為佛三身是自性身（同法身）、受用身、變化身（同應身）。受用身有自受用及他受用（即報身）。

4.眾生何以不見諸佛法身：

「法身所現之色無有分齊，隨心能示十方世界，無量菩薩、無量報身，無量莊嚴。各各差別，皆無分齊，而不相妨。」

法身是眞如體所現，眞如體沒有色相，無形無相，只是一種功德體，一種智身，本身無相不可見，但可依體起用，依十地菩薩及三賢地初發意菩薩之阿賴耶識之感應而現報身；依凡夫及二乘之分別事識之感應而現應身。

（二）其他各宗的三身看法

1.楞伽經

A.「法佛者，離心自性相，自覺聖所緣境界，建立施作。」

「又法佛者，離攀緣，攀緣離，一切所作根量相滅，非諸凡夫、

聲聞、緣覺、外道計著我相所著境界，自覺聖究竟差別相建立。」

自覺聖究竟差別相指入地菩薩，已離心自性相，已斷我法二執相，才能見法佛。而聲聞、緣覺、外道等，尚計著我相所著境界，故不能見法佛。

B.「化佛者，說施戒忍精進禪定及心智慧，離陰界入，解脫識相，分別觀察建立，超外道見，無色見。」

化佛是指，已聞說六度行，已離陰界入，是二乘位階，已離我執，超外道我執見，無色見即無我執。

十三、大乘起信論的智論

（一）起信論的智論

1.根本智
「染心義者，名為煩惱礙，能障眞如根本智」

2.後得智
「無明義者，名為智礙，能障世間自然業智故。」

3.一切種智
「以一切法常靜，無有起相，無明不覺，妄與法違，故不能隨順世間一切境界種種智故。」

不能隨順世間一切境界種種智，即是一切種智。有無明，其生滅相是「有用成事」，是一種妄法。只有破根本無明，才能返回無明的依止本體即「無體即空」，即是始覺，而此始覺即同本覺。

「又，是菩薩功德成滿，於色究竟處示一切世間最高大身，謂以一念相應慧，無明頓盡，名一切種智，自然而有不思議業，能現十方

利益眾生。」

是菩薩功德成滿，此時已證根本智（眞如根本無分別智，眞見道之智，位在初地）及後得智（即世間自然業智，相見道之智。從初地生起，直至十地才能圓滿證得），功德成滿就是根本智與後得智融合無礙，即成根本後得無礙智、眞俗無礙智、一切無不遍照智，即是名一切種智。

「諸佛如來，離於見想，無所不遍，心眞實故，即見諸法之性。自體顯照一切妄法，有大智用無量方便。隨諸眾生所應得解，皆能開示種種法義，是故得名一切種智」

一切種智即是：

體是：離於見想、無所不遍、心眞實、即見諸法之性。等同眞如根本智。

用是：自體顯照一切妄法，有大智用無量方便。等同世間自然業智之後得智。

一切種智即根本智與後得智融合無礙智，即是佛智。

根本智同於大智度論三智之一切智，於初地證得；後得智同一切道種智，於十地證得；及一切種智，於佛地證得。

（二）唯識宗的智論

唯識宗的根本智、後得智：

（1）唯識三十頌

1.「若於時所緣、智都無所得，爾時住唯識，離二取相故，即通達位。」

若所緣境，即法我二空眞知境；能緣心，即眞如根本智，此時位在初地，已離上述所取之我法二空眞如境及能取之眞如根本智，即是入菩薩初地通達位。此時證得根本智，斷「分別」我法二執，斷分別

煩惱所知二障，證我法二空眞如，及唯識實性，此即眞見道。

此時，後得智隨證得根本智而同時開始生起，即相見道。

在修習位，見道菩薩即以根本智及後得智二智，緣眞俗二境，開始斷二地至七地的俱生我法執。八地斷俱生我執，得色自在，位在六染心之現色不相應染；九地斷俱生法執，得心自在，位在六染心之能見心不相應染。十地斷俱生我法二執，得業自在，位在六染心之根本業不相應染。

證得根本智、後得智俱無礙的一切種智而成佛。

初地所證眞如根本智是依言如實空眞如，是眞如實性，尚非是眞如實相之離言眞如。

故仍須續修世間自然業智之後得智，待十地後實證後得智，才能證得根本智、後得智，二智合一的一切種智而入佛地。

2.「無得不思議，是出世間智，捨二粗重故，便證得轉依」

此指修習位，從初地入心見道位之後，直至十地滿心位。

於此位，須修習十種勝行即十波羅密（施戒忍進定慧方便願力智），斷十重障，證十眞如（見前眞如文），捨煩惱、所知二粗重障，由此便能證得二轉依果：斷煩惱障證大涅槃果；斷所知障證大菩提果。

（2）成唯識論

1.「菩薩於所緣境，無分別智都無所得，不取種種戲論相故。爾時乃名實住唯識眞勝義性，即證眞如。智與眞如，平等平等，俱離能取所取相故，能取所取俱是分別，有所得心戲論現故」

無分別智即是眞如根本智。十地中，要修習根本智及後得智，使二智二而不二，融合無礙，便是一切種智。

2.成唯識論：「菩薩從前見道起已，爲斷餘障證得轉依，復數修習無分別智。此智遠離所取、能取，故說無得及不思議。或離戲論說爲無得，妙用難測說名不思議。

是出世間無分別智，斷世間故名出世間。二取隨眠是世間本，唯

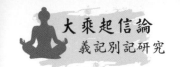

此能斷獨得出名。

　　或出世名依義立，謂體無漏及證眞如，此智具斯二種義，故獨名出世，餘智不然，即十地中無分別智。」初地只是斷第一重能所。十地，才能破第二重能所。

　　3.「前眞見道根本智攝，後相見道後得智攝。諸後得智有二分耶？……。

　　有義：此智二分俱有。……。由斯後智二分俱有。」

　　眞見道由根本智攝，依護法見解。根本智有見分，無相分。此見分不能分別。

　　相見道由後得智攝，依護法見解，後得智是分別智，有見分及相分二分。

　　作者愚見以爲根本智及後得智均有見相二分，只是前者，見分不分別相分，後者見分會分別相分，當得一切種智，則見相二分無分矣！

　　根本智如同本論隨染本覺的智淨相；後得智同不思議業相。

　　一切種智如同性淨本覺。

十四、大乘起信論的修行

（一）四信心

　　眞如、佛、法、僧
　　信根本：
　　樂念眞如法。
　　信佛：
　　信佛有無量功德。

信法：

信法有大利益。

信僧：

信僧能正修行自利利他。

（二）三種發心

（1）信成就發心

1. 「所謂依不定聚眾生，有熏習善根力故，信業果報，能起十善，厭生死苦，欲求無上菩提，得值諸佛，親承供養，修行信心，經一萬劫，信心成就故。……。如是信心成就得發心者，入正定聚，畢竟不退，名住如來種中，正因相應。

   若有眾生善根微少，久遠已來煩惱深厚，雖值於佛，亦得供養，然起人天種子，或是起二乘種子。設有求大乘者，根則不定，若進若退。」

2. 「如是等發心，悉皆不定，過遇惡因緣、或便退失，墮二乘地。」

3. 「復次信成就發心者，發何等心。一者直心，正念真如法故。二者深心，樂集一切諸善行故。三者大悲心，欲拔一切眾生苦故。」

4. 「略說方便有四種，云何為四。一者行根本方便，……。二者能止方便，……。三者發起善根增長方便，……。四者大願平等方便。」

   a 行根本方便：

   「一者行根本方便，謂觀一切法自性無生，離於妄見，不住生死，觀一切法因緣和合，業果不失。起於大悲，修諸福德，攝化眾生，不住涅槃，以隨順法性無住故。」

   b 能止方便：

   「謂慚愧悔過，能止一切惡法，不令增長，以隨順法性，離諸

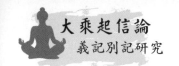

過故」

c 發起善根增長方便：

「謂勤供養禮拜三寶，讚嘆隨喜，勸請諸佛，以愛敬三寶淳厚心故，信得增長，乃能志求無上之道。又因佛法僧力所護故，能消業障，善根不退，以隨順法性，離癡障故」

d 大願平等方便：

「所謂發願盡於未來，化度一切眾生，使無有餘，皆令究竟無餘涅槃，以隨順法性，無斷絕故。法性廣大，遍一切眾生，平等無二，不念彼此，究竟寂滅故。」

（2）解行發心

1 檀波羅密（施）：知法性體無慳貪。

2 尸羅波羅密（戒）：知法性無染，離五欲過。

3 羼提波羅密（忍）：知法性無苦，離瞋惱。

4 昆梨耶波羅密（進）：知法性無身心相，離懈怠故。

5 禪波羅密（定）：知法性常定，體無亂故。

6 般若波羅蜜（慧）：知法性體明，離無明故。

7 三種菩薩發心相：

真心：無分別故。

方便心：自然遍行利益眾生故。

業識心：微細起滅故。

（3）證發心

證得一切種智。

一切種智：已如前述。

（三）五行

（1）施：財施、無畏施、法施

（2）戒：攝律儀戒、攝善法戒、攝眾生戒

（3）忍：他不饒益忍、安受忍

（4）進：勤勇精進、難壞精進、無足精進

（5）止觀

（A）起信論止觀

A1.止：

a.止的定義：

「所言止者，謂止一切境界相，隨順奢摩他觀義。」

b.如何修止：

「若修止者，住於靜處，端坐正意，不依氣息，不依形色，不依於空、不依地水火風，乃至不依見聞覺知，一切諸想，隨念皆除，亦遣除想。

以一切法本來無想，念念不生，念念不滅，亦不得隨心外念境界。

後以心除心。

心若馳散，即當攝來，住於正念。是正念者，當知唯心，無外境界。」

c.修止好處：

「若修止者，對治凡夫住著世間，能捨二乘怯弱之見」

d.修止壞處：

「若人惟修於止，則心沉沒，或起懈怠，不樂眾善，遠離大悲。」

e.真如三昧：

「是正念者，當知唯心，無外境界。即復此心，亦無自相，念念不可得。……。於一切時，常念方便，隨順觀察，久習淳熟，

其心得住，以心住故，漸漸猛利，隨順得入眞如三昧。……。
當知眞如是三昧根本，若人修行，漸漸能生無量三昧」

「眞如三昧者，不住見相，不住得相，乃至出定，亦無懈慢，
所有煩惱漸漸微薄。」

「惟除疑惑、不信、誹謗、重罪業障、我慢、懈怠，如是等人
所不能入。」

f.一行三昧：

「依是三昧故，則知法界一相，謂一切諸佛法身，與眾生身平
等無二，即名一行三昧」

g.外道三昧：

「應知外道所有三昧，皆不離見愛我慢之心，貪著世間名利恭
敬故」

「若著世事種種牽纏，亦能使人得諸三昧少分相似，皆是外道
所得，非眞三昧」

h.世間三昧：

「以修世間諸禪三昧，多起味著，依於我見，繫屬三界，與外
道共。若離善知識所護，則起外道見故」

A2.觀：

a 觀的定義：

「所言觀者，謂分別因緣生滅相，隨順毘缽舍那觀義」

b 觀的好處：

「若修觀者，對治二乘不起大悲狹劣心過，遠離凡夫不修善
根」

c 如何修觀：

「修習觀者，當觀一切世間有爲之法，無得久停，須臾變壞。
一切心行，念念生滅，以是故苦。

應觀過去所念諸法，恍惚如夢。應觀現在所念諸法，猶如電光。

應觀未來所念諸法，猶如於雲忽爾而起。應觀世間一切有身，悉皆不淨，種種穢污，無一可樂」

A3.止觀雙運

　a 止觀應並修：

　「若行、若住、若臥、若起，皆應止觀俱行。」

　b 如何雙運：

　「所謂雖念諸法自性不生，而復即念因緣和合。善惡之業、苦樂等報，不失不壞。雖念因緣善惡業報，而亦即念性不可得。」

　「是止觀二門，共相助成，不相捨離。若止觀不具，則無能入菩提之道。」

（Ｂ）其他宗之止觀

請參閱《佛性辨正》一書。或《佛法三百問》第 214-1、214-2、214-3、214-4 問。

B1 定的定義：

　a 止：

　-止：將心攝於一處或一境，不為外境所動，也叫靜慮（為欲寂靜一切煩惱，正安止故。從初靜慮至非想非非想處，各有一種奢華摩他，可見四禪八定都屬於奢摩他的範疇。

　依定住心、修習發達的定、止一切境界相、寂靜義、於染淨等境心不妄緣、五毒已平息、止即是斷煩惱障、通解脫、止所緣。

　-奢摩他：止、定之異名、寂靜義也、於染淨等境心不妄緣、安住歡喜輕安之心、離言說唯事唯義所緣境中繫心令住、一趣等持、於諸定相令心內住安住等住、正行多安住起身輕安及心輕安、獨處空間內正安住作意思惟、心一境性、止息外境散亂安住歡喜輕安之心、盡所有性如所有性無分別影像。

　-定：一境性心所、止之根。

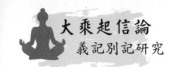

-正定：善心一境性。

-三摩地：又譯三味、三摩提。意譯爲等持、正心行處。意指專
注於所緣境，而進入心不散亂的狀態，皆可稱爲三摩地，因
此又可譯爲「止」、「定」、「禪定」。最早出自婆羅門教「奧義
書」中、亦爲傳統瑜伽修行方式之一。在「瑜珈經」八支瑜
伽中爲第八支。在沙門傳統中也廣泛採用。

-靜慮（定、三味）

-三摩缽底（三摩提、一切禪定攝心皆名三摩提、正心行處、
等持：離沉掉日等、令心住一境性曰持、即方便隨緣止、等
至。）

b.觀：

-毘缽舍那：思擇眞實、觀、正見、了見、觀慧、觀即是智過般
若、甚深智慧、至高之知識、正觀察、觀所緣、三摩地所行
影像觀察勝解、正思擇、周偏尋思伺察、於所思惟法思惟其
相如理簡擇廣說、乃至覺明慧行、盡所有性如所有性有分別
影像。

B2.定的種類：

1.世間定（欲界定、未到地定、四禪八定、滅盡定）、非世間定
（如來藏常住大定，無出無入的定，也叫首楞嚴大定）

2.六地定：欲界定、未到地定、四禪定。

-四禪定：色界四定：

初禪：離生喜樂，離生指已離欲界惡不善法，但仍有尋伺原
始思維。有五支：覺、觀、喜、樂、一心。

二禪：定生喜樂，將覺及觀都除去，不尋不伺，生起一種外
喜。有四支：內心清淨、喜、樂、專注一心。

三禪：離喜妙樂，連外喜也除去，生起心平氣和，怡然舒適的
內樂。有五支：捨（捨離）、念（正念）、智（智慧）、樂、一

心。

四禪：捨念清淨，連內樂也除去，達到心一境性，空明寂靜。

有四支：不苦不樂、捨、念清淨、一心。

3. 九次第定：四禪定、四空定、滅盡定。

四禪定：如上述。

四空定：

-空無邊處定：心如無邊界的虛空，明淨自在。有五支：想（觀想）、護（捨離色界）、正（不邪）、觀（觀照通達正念，除色法，達到空理）、一心。

-識無邊處定：連空的印象也沒有了，此時只見過去、現在、未來的識相清淨寂靜，無法用言語形容。有五支同上空處定。

-無所有處定：已捨外境空及內心識，二無所有，內心空無所依，諸想不起，如一無所有之寂止。

有五支同上空處定。

-非想非非想處定：連無所有的心想也無，一切有無相都蘯然無存，心中清清無爲，乃三界中之最高境界。雖無粗煩惱，但亦成就十種細煩惱，以不知故，謂是眞實。外道以爲是中道實相涅槃常樂我淨，或計非有非無之心爲眞神不滅。

-滅盡定：如下文

即受想滅定。

4. 世間禪味定、世間禪淨定

世間禪味定：世間有漏禪法：四禪、四無量心、四無色定。

世間禪淨定：出世間無漏禪法

亦有漏亦無漏禪：六妙門、十六特勝、通明觀等三種是共世間與出世間所修的法門。

六妙門：爲慧性多而定性少之眾生說

十六特勝：爲了定根多而慧性少之眾生說

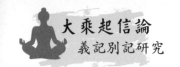
過明禪：定慧根性等，爲說通明。

5.如來禪、祖師禪

6.世間禪、四禪八定、出世間禪

世間禪：就是一般民間或修心養性之士，讓身體得到健康安泰爲主。如社會上的瑜珈術、靜坐、數息調氣、打坐、冥觀、或於大樹下吸取樹之靈氣之說，乃至於日月之下靜觀打坐，達到身心安康與舒適，甚至有療治與感應之事跡。佛門稱之爲世間禪，這些與開悟見性毫無相關。

四禪八定：如上文。

出四間禪：如聲聞、緣覺、菩薩、佛等四聖皆已出三界而解脫聖者，其禪名出世間禪。其中以佛之禪定爲最究竟，最圓滿。

7.有相禪、無相禪

8.九住心定：如下文

9.凡夫行靜慮、義分別靜慮、緣眞如靜慮：

 -凡夫行靜慮：在修定過程中會出現樂覺受、明覺受、無分別覺受。修行者會執著於這些覺受，所以是凡夫行靜慮。包括凡夫的禪坐、小乘不淨觀或大乘慈悲喜捨四無量心。這些主要是資糧道的修法。

 -義分別靜慮：也就是觀空性。對無我、空性有一定的了解，但尚未達到現量，而是比量的智慧，還會執著於定，仍有分別念。義分別靜慮是在加行道中修的禪。包括三賢位人。

 -緣眞如靜慮：此時已是現量，寂止和勝觀。寂止即是定，如如不動；勝觀就是慧、智慧，了了分明。這二者是同爲一體，雙運的，但仍未達妙覺的佛位，即如起信論所言，破最後根本無明才是佛

10.楞伽經四種禪：愚夫所行禪、觀察義禪、攀緣如禪、如來禪。

11.禪宗的話頭禪、默照禪

12.禪有正禪、邪禪、不定禪。

　邪禪：違逆正法之禪，如外道禪。

　不定禪：指欲界定、未到地定及中間禪。

　-未到地定，指欲界定之後，未入初禪之前的定境。入此定，
　　身心泯然虛豁，失於欲界之身，坐中不見頭手床敷，猶若虛
　　空。

　-中間定，指初禪、二禪之間的定。初禪是有尋有伺，中間定
　　是無尋唯伺，二禪以上是無尋無伺。

　　中間定其境界勝初禪而不及二禪，但不牢固，沒有支等境，
　　疲勞無神，細悴煩瑣。是無覺有觀三味，初禪與默然心都已
　　消失，但是安住在「觀相應」中（六行觀：厭粗觀：欲界五塵
　　眾惡煩惱；厭苦觀：欲界報身種種病苦；厭障觀：障覆真性；
　　欣勝觀：初禪上勝禪定的快樂；欣妙觀：初禪心定不動的妙
　　樂；欣出觀：初禪心得出離）。修此定能得到大梵天的勝果。

　　正禪：指色界四禪。

B3.各種定的近似詞的不同：

　1.「禪定、開悟」

　2.「定、止」;「止、觀」。

　3.「禪、禪定、禪坐、靜坐、參禪」。

　4.「「修空、枯禪」。

　5.「禪、空性、佛性」

　6.「定、非定、輕安」

　7.「定中退位、不能得定、出定」。

　8.「正定、未到地定、中間定、受想滅盡定、無想定、外道定」

（1）：禪定與開悟：

　-禪定:修習禪坐入定或修其他禪法而達到入定的境界,稱禪定,
　　但定境或有不同。

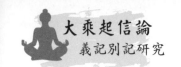

-開悟：修行者先事修到某種程度，忽然間，當根塵和合突然產生心識的慧念閃現而一剎那間見到佛性，叫做開悟。

鈴木大拙、開悟第一 P20：「禪以悟為始，以悟為終，沒有悟就沒有禪。悟並是一種寂靜鎮定狀態，而是一種含有知性意味的內證經驗。……。須有某種覺醒，……，意謂在意識的基底「轉回」或「翻過」。整個心靈結構由此而有一番徹底的轉變。……。因此之故，般若之智的覺醒-此係悟的別名-是禪的必備條件。

禪悟的最大特色：一非理性（非推理辦法可以求得、不可解性、不可說性，即真如不可說、不可念）、二直覺性（明見自己的佛性。悟中所見所知既是普遍的真理，又是不離個體存在的一面，而同時也知個體背後的實相）、三權威性（直接親證的所知所見具有究竟決定性。悟是最內意識的一種內在知覺，是經驗的究極要理）、四肯定性（以平等無偏的態度看待萬事萬法，即積極肯定的「忍」（認可）或「受」（認受）、五超然感（完全釋然或完全休息的感覺，即無心之覺）、六無我調（沒有任何人我的色彩，超越個體自我的高度知性）、七高舉感（超於一切的默然的高舉自得之感，因已超越任何意義的兩相對立的無心境界）、八剎那性（悟是一種頓然而剎那一念之間的經驗）

作者見解：悟是禪悟、開悟，是一種心識突然轉變的境界。

悟的境界有多種不一樣的說法。有涅槃經之初地不了了見佛性之悟、佛地了了見佛性之全悟。慧能一悟到佛地之頓悟頓修。宗密的頓悟漸修。支道林、僧肇、慧遠等的悟到七地的小頓悟。竺道生悟到十地的大頓悟。

上述鈴木大拙的悟境，從其八大特性推敲，可能已到佛地之悟。

（2）

-定與止：止之根即定，二者同義，但境界或有不同。

-止與觀：止是止於一境或止於空性，同由假入空。

觀有觀行、觀慧、觀妄（幻）等義。觀行是分別因緣生起法，即

性空緣起，由空入假。觀慧是觀生起法的智慧，即以觀慧觀諸法為自性空。觀妄是觀空無自性的諸法是妄法或幻法。

（3）「禪、禪定、禪坐、靜坐、參禪」之不同：

-禪：狹義指禪坐。廣義指佛的知見或佛的境界。

-禪定：由修定而得入定之境，此定境不全同於佛境。

-禪坐：採「毘盧遮那佛七支坐法」的靜坐方式。六祖：「心念不起名為坐，自性不動名為禪」

-靜坐：直身靜坐一處，隨其喜好，舒適即可，沒有特定姿勢。

-參禪：參習各種禪法，期得禪悟。各種禪法包括參究公案、默照、參話頭、禪坐看淨等。

（4）「修空、枯禪」

-修空：修空是修習空性，即自性空。空性如下所述。

-枯禪：即枯定，枯坐。枯定是一直禪坐，未證得自性空，只入無記空，即空無一物，也無作用的「空無」，有若死水。而自性空雖也空無一物，卻本具無量功德作用，自性空即是佛性。

（5）禪、空性、佛性：

-禪：佛的知見、佛的境界、見佛性。

-空性：法的自性空。

空有五種層次：

二乘十住位的分別人我空；

三賢十行、十迴向位的分別法我空。

初地的分別我法二空。

八地的俱生人我空。

十地的俱生法我空。

-佛性：佛性於果，即性佛，是俱生法我二空，是禪悟的境界。佛性於因，即九法界的三因佛性，其緣因了因的不同即展現上述不同的空性。

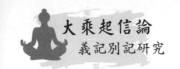

（6）定、非定、輕安：

輕安有身輕安及心輕安。圓覺經指出，奢摩他可以得到輕安，而奢摩他即是止定，故輕安是一種入定的覺受，感謝身心輕快清涼自在，安祥喜樂。

定有很多種，以下提出「瑜伽師地論」的十二種「非定地」。

a.自性不定故：沒有決定性入自性空。

b.闕輕安故：沒有輕安的覺受。

c.不發趣故：沒有發起修道證果的決心。

d.極散亂故：心隨貪著五欲流散。

e.太略聚故：將細昏沉當成定境。

f.未證得故：作意不堅固及未得意生身。

g.未圓滿故：尚未證得四加行位，氣未入中脈，未入初地。

h.雜染污故：愛染清淨，愛染有道者。

I.不自在故：對於入定、住定、出定，自己不能完全作主。

j.不清淨故：定境不清淨，沒有般若見地。

k.有起故：心及心所煩惱已起。

l.有退故：四禪八地還是會退，須菩薩八地才不會退

（7）定中退位、不能得定、出定：

不能得定即前述之「非定地」，即沒有入定。入定後除菩薩八地不動地外，其他世間定均會退。

出定：於不分別的定境中，突然作意思惟，生起一念，與定的境界相反，將定破壞，即名出定。這念頭來的原因有一、隨所作因」，謂「修治衣鉢等諸所作業」，指定中突然想到衣服要修補，以此事為例，指日常生活中尚未做的事；第二、「定所作因」，謂「飲食便利、承事師長」，即忽然想到與定有關的事；第三、「期所作因」，謂如有一先立期契、或許為他當有所作、或為欲轉入餘定。指突然想到一些預期想要做的事，如先立期契、或許為他當有所作、或為欲轉入餘定。

（8）「正定、未到地定、中間定、受想滅盡定、無想定、外道定」

-正定：具有正念的定，如經所述：「汝當先淨其戒，直其見，具
足三業清淨，然後修四念處」

起信論的正念指唯識無境。

-未到地定：未進入色界第一禪之前的定境。

-中間定：初禪進入二禪中間的定境。

-滅盡定：受及想均滅的定。

-無想定：達到色界無想天的定或無色界的定。

-外道定：不離見愛我慢貪著名利之定之無所有處。

B4.止觀雙運（定慧等持）：

止是定，觀是慧。慧是定之用，定是慧之體，離定無慧，離慧
無定。慧中有定，定中有慧，定慧不一不異，名為定慧等持。

B5.止觀的九種心住法門：

內住（繫縛其心令住於內不外散亂）、等住（令繫縛心平等住持
以相續澄淨方便令微細遍攝令住）、安住（由失念於外散亂復還
攝錄安置內境）、近住（親近念住由此念作意內住其心不令此心
遠住於外）、調順（令彼諸相如色聲香味觸貪瞋癡男女等相為過
患，如是想增上力故令心不流散）、寂靜（於諸惡尋思及隨煩惱
止息其心不令流散）、最極靜（完全斷除諸惡尋思及隨煩惱）、
專注一趣（心專注於一處有加行有功用無缺無間三摩地相續而
住）、等持（持續平等任持三摩地定境得無加行無功用任運轉道）

B6.佛果三昧：

首楞嚴三昧

法華三昧

金剛喻定（金剛三昧）達到十地滿心之定

海印三昧：見下文。

B7.菩薩三昧

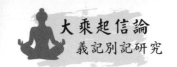

1.無諍三昧：

住於空性而與他無諍之三昧。須菩提是佛弟子中解空第一，故於弟子中所得之無諍三昧最爲第一。

2 一行三昧：見上文。

3 華嚴三昧：見下文。

（B1）華嚴宗

觀法即教相

（1）華嚴宗三昧：

A.海印三昧：類似眞如三昧。

法藏：「言海印者，眞如本覺也。妄盡心澄，萬象齊彰，猶如大海，若風止息，海水澄清，無象不現」

B.華嚴三昧：類似一行三昧。

修此定，以一眞心界無盡緣起爲理趣。爲達此理趣而修萬行，莊嚴佛果，稱爲華嚴；一心修之，稱爲三昧，此三昧乃統攝法界，入一切佛法之大三昧。

自性清淨圓明體有二用，海印森羅常住之用，即海印三昧；一爲法界圓明自在之用，即華嚴三昧。

（2）杜順：

A.法界觀（華嚴三觀）：

眞空觀、理事無礙觀、周遍含容觀

B.五教止觀：

小乘：法有我無門

大乘始教：生即無生門

大乘終教：事理圓融門

大乘頓教：語觀雙絕門

一乘圓教：華嚴三昧門

（3）智儼：

A.通觀：孔目章：「通伏諸惑，通滅惑種，通修諸行，通觀諸理。」

B.二種觀（唯識觀、空觀）

唯識觀：先近「行知識」及「解知識」二種知識，次持戒清淨，至心懺悔，身結跏趺坐，閉目調息，習經月日，其心則止，次連成定，煩惱減少，是觀成相。

空觀：其空有四，併成觀境。四種空：有為無為虛空、擇數滅空、成實論教性空、地論教性空。

唯識觀成於正定，空觀為止觀的體。二觀通一乘及三乘，小乘無此觀法。

C.五種觀（觀身不淨，破貪；慈心破瞋；緣起破痴；安般念觀呼吸，破亂；界分別：觀地水火風空識六界，破我執。

D.十八種觀（真如觀、通觀、唯識觀、空觀、無相觀、佛性觀、如來藏觀、壁觀、盲觀、苦無常觀、無我觀、數息觀、不淨觀、骨觀、一切處觀、八勝處觀、八解脫觀、一切入觀。

一切入觀：同十一切處觀。

（4）法藏

A.十重唯識觀：相見俱存、攝相歸見、攝數歸王、以末歸本、攝相歸性、轉真成事、理事俱融、融事相入、全事相即、帝網無礙。

B.妄盡還源觀：顯一體、起二用、示三遍、行四德、入五止、起六觀

-入五止：

照法清虛離緣止

觀人寂怕絕欲止

性起繁興法爾止

定光顯現無念止

理事玄通非相止

-起六觀：

攝境歸心真空觀

從心現境妙有觀

心境秘密圓融觀

智身影現眾緣觀

多身入一鏡像觀

主伴互現帝網觀

C.十玄緣起觀

同時具足相應門

諸法相即自在門

因陀羅網境界門

主伴圓明具德門

廣狹自在無礙門

一多相容不同門

隱密顯了俱成門

微細相容安立門

託事顯法生解門

十世隔法異成門

（5）澄觀

A.華嚴心要觀：至道以無住心為根本，而無住心體有如下特徵：靈知不昧，性相寂然，包含德用，非有非空，不生不滅，無始無終。

B.三聖圓融觀：三聖指毘盧遮那佛：表體、正因、法身；文殊菩薩表相、了因、般若；普賢菩薩表用、緣因、解脫。華嚴之華字表普賢行，有十普賢行；嚴字表文殊智，發十

八大願；嚴飾表菩提佛果。

澄觀認爲文殊表眞智，普賢表眞理，二法混融，即表毘盧遮那之自體，理包萬行，事括千門，廣喻太虛，周齊罔極。

C.十二因緣觀

華嚴經：

無明、行、識：隨事生欲心，是心即是識，事是行，行誑心，故名無明。

名色：識所依處，無明與心共生

六入：名色增長

觸：三事（塵根識）和合

受：與觸共生

愛：貪著所受，受無厭足

取：愛不捨

有：彼和合

生；有所起

老：生變，生熟

死：老壞

了達三界但從貪心而有，知十二因緣但在一心中。

D.四法界觀

事法界：界是分齊義，即世間現象界，事法一一差別，有分齊故。

理法界：界是性義，無盡事法，同一性故，即本體界，宇宙萬物同一理體。

理事無礙：具性及分齊義，性分齊無礙故。理事互融，不相妨礙，本體與現象融合。

事事無礙：一切分齊事法，一一如性融通，重重無盡故。以理融事，故事事可以圓融交滲，一方的泯除對立矛盾，

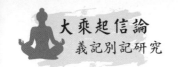

一方面又重重無盡，事事都會是一心所呈現，一即一切，
一切即一

，故心佛眾生三無差別，淨土與穢土容攝，生死即涅槃，
煩惱即菩提，是法界無盡緣起的佛境界。

E.十重唯識

第一、假說一心

第二、相見俱存，故說一心

第三、攝相歸見，故說一心

第四、攝數歸王，故說一心

第五、以末歸本，故說一心

第六、攝相歸性，故說一心

第七、性相相融，故說一心

第八、融事相入，故說一心

第九、全事相即，故說一心

第十、帝網無疑，故說一心

（6）宗密

1.真心論、五教一心、圓覺妙心、十重唯識

A.真心論：

-真心的一般特徵：

豎通：無來無去，冥通三際。

橫遍：非中非外，洞徹十方。

真常：真心不變，常住不滅。

絕跡：離性離相，超越對待。

不變：心真如門，不生不滅。

隨緣：心生滅門，隨緣表現。

-真心的本質特徵：空寂與靈知。

B.五教一心：

-愚法聲聞假，假說一心

-大乘權教：以阿賴耶識爲一心。

-大乘實教：以如來藏識爲一心。

-大乘頓教：泯絕無寄，故說一心。

-大乘圓教：總該萬有，即是一心。

C.圓覺妙心：即起信論的性淨本覺。圓覺性即佛性：「如來
圓覺、妙語心涅槃，即名佛性」（大正、17、917 上）
圓覺的基本特點：本有、不動、平等。

D.十重唯識觀：

法藏、澄觀、宗密均有提出十重唯識觀。

-宗密將法藏的第一相見俱存改爲假說一心；第七重理事
俱融改爲泯絕無寄。

-宗密將澄觀的第七性相俱融唯識改成泯絕無寄識。

2.禪教合一：

A.似唯識

　三教：將識破境

　三宗：息妄修心

B.似中觀

　三教：破相顯性

　三宗：泯絕無寄

C.似眞常

　三教：眞心即性

　三宗：直顯心性

（7）華嚴宗其他觀法：

A.普賢觀：三聖法門既能相融，則普賢因滿，離相絕言，沒
同果海，是名毘盧遮那光明遍照，普賢代表所信的法界，
所起的萬行，所證明的法界。

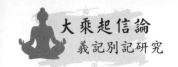

B.華藏世界觀

華藏世界共有二十層,由須彌山微塵數風輪所持,無數風輪有十層,四方由金剛輪山周匝圍繞。大輪圍山也聳立在蓮花之上。包容一切淨土佛國,又遍布數不清的香水海,各個香水海裡有無數的世界安立其中。婆婆世界就在最近中心的香水海中。

透過修習禪定可以觀照華藏世界,普賢菩薩即是。

華表蓮花,代表法界真如在世間不受世間法所污。

藏含攝、出生、具德義。含攝一切人法,出生一切法門,具一切利生功德。

蓮華藏世界實為諸佛「報土」之通名,如華嚴經所說是釋迦佛之華藏世界;觀經所說之極樂即阿彌陀佛華藏世界;大日經所說之胎藏界及密嚴經所說之密嚴國、即是大日如來之華藏世界。

C.五蘊觀:觀五蘊無我,正觀四大地水火風及受想識皆是無我空性,照五蘊皆空,斷除我法二執。

D.唯心觀:

d1.杜順的唯心觀:

有「法界觀門」及「五教止觀」其所依不外事事無礙法界,即是一心法界。但杜順未作唯心的說明,直至智儼才有涉及。

d2.智儼的唯心觀:

心識論有依「地論」的一心、十心、無量。依「攝論」的九識、十一識、四識。依「成唯識論」的三法、八識。

-智儼主張真如緣起。

-心意識論,依小乘但有六識,依三乘,初教文中立有異熟耶識。

d3.法藏的唯心觀：

　　a.十二種因緣觀及依止一心觀。

　　b.妄盡還源六觀之「攝境歸心真空觀」即表明三界唯心的
　　　見解。即攝相歸體顯示法身。

　　第二觀的「從心現境妙有觀」即依體起用，修成報身。

　　c.華嚴一乘教義章：

　　　小乘：但有六識，義分心意識。

　　　始教：於阿賴耶識但得一分生滅之義。

　　　終教：於此賴耶識得理事融通二分義。

　　　頓教：離言絕應不可說。

　　　圓教：性海圓明十心無盡。

d4.澄觀的唯心觀

　　-華嚴心要觀，如上述。

　　-一心即是法界、一真法界。真妄交徹。形成四法界說及
　　　發揮性起說。觀法即教相。

　　-三聖圓融觀如上述。

　　-十二因緣觀：如上述。

　　-法性融通門：由真如法性來融通諸種事相，顯現無礙。

d5 宗密的唯心觀：

　　-真心本體論：迷悟同一真心。即真一之靈心。

　　-寂知即是心：

　　寂是知之自性體，知是寂之自性用。本空寂體上，自有般
　　　若智，由智之體起知之用。同神會之空寂體有般若智能
　　　知。

　　-十重唯心：如上述。

E.華嚴經師子奮迅三昧：有兩種，第一奮除細微無之之惑。
　　第二，出入禪捷疾無間。此又有兩種，入禪奮迅三昧及初

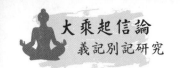

禪奮迅三昧。出入禪只出入四禪、四空定及減受想定。

（B2）天台宗之止觀：

B.2.0.慧文、慧思：

慧文：一心三觀

慧思：法華三昧，無相安樂行

智顗：止觀並重，定慧雙修，一念三千，三諦圓融

B.2.1.智顗大師：

止觀有四種：摩訶止觀（著書：摩訶止觀）、漸次止觀（著書有釋禪波羅密次第法門）、不定止觀（著書有六妙門）、小止觀（著書有修習止觀坐禪法要）。

B21.釋禪波羅密次第法門：漸次止觀

B211：根本味禪及根本淨禪：

-根本味禪：末到地禪及十二門禪，即四禪、四無量心、四空定。是凡夫、外道和小乘共修之禪。方法用：「厭下苦粗障，欣上靜妙離」之六行觀去修。

-未到地禪：入欲界定後，身心泯然虛豁，失於欲界之身，坐中不見頭手床敷，猶若虛空，此是未到地禪。此地能生初禪，即是初禪方便定，亦名未來禪，亦明忽然湛心。此定有二種相，定心過明（可見日月星辰、宮殿或 1 日乃至 7 日不出定）及過暗（忽無所覺知，如熟睡），二者都是邪定之相。四禪之每種禪定之前均有中間禪。

-根本淨禪：即六妙法門、十六特勝、通明憚

-九次第定：四禪定、四空定、滅盡定。

A.四禪定：

-色界第一禪：離不欲界之粗濁，而生初禪得喜樂。

離生喜樂，五支：覺、觀、喜、樂、一心。以上五支是

次第而發。初禪有淺深之別，或曰有九品之別。若十六觸全發，稱為具足。若發一二觸，稱為不具足。

有四種進退：退分、住分、進分（進得上地）、達分（達涅槃）。可離五蓋，具五善心功德：信戒定聞慧。可得十種善法眷屬：定、空、明淨、喜悅、樂、善心生、知見明了、無累解脫、境界現前、心調柔軟。有十六觸，每觸皆有五支。

若未到地定已發如是等種種觸及功德善法，即名初禪。

-中間禪：二禪未發時，於此靜坐，加功不已，其心忽然澄靜，無有分散，即是中間定。初禪有尋有伺，中間禪無尋唯伺，二禪以上無尋無伺。

-第二禪：此定生時，與喜俱發，勇心大悅。

定生喜樂，四支：內淨、喜、樂、一心。

二禪也有深淺及進退，同初禪。

二禪可離五蓋，離覺觀過，具足內淨喜心，具足生信敬慚愧及一禪之六善法。

初禪之喜樂為粗，唯與身識相應，名外淨。二禪則與心識相應，名內淨。初禪有覺觀，有尋有伺，名內垢；二禪無尋無伺，名內淨。

以不受不著，呵責過失，觀心窮檢三方法可離初禪覺觀之過。

-第三禪：離於前地之喜，而得勝妙之樂，身諸毛孔，悉皆欣悅。離喜妙樂，五支：捨（捨喜）、念（念用前三法守護）、智（智用三法離前三過）、樂、一心。

須呵責二禪喜悅之過，仍用上三法遣除。

三禪之前也有湛然安靜的中間定。三禪之樂從內發，以樂為主，內無喜動，有二時樂：快樂樂（樂定初樂，未

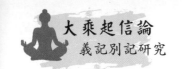

能遍身)、受樂樂(遍身受樂)。三禪淺深、進退同二禪。
離五蓋及喜過。

-第四禪：

體無苦樂,與微妙捨受俱疲發。

捨念清淨,四支：捨、念清淨、不苦不樂、一心。

當修六行觀及三法遣除三禪之樂過。

離憂喜苦樂之過,具善心信敬慚愧及六善法,功德善根,
倍勝於前。

B.四無色定：

離三種障境：可見有對色、不可見有對色、不可見無對色
(即色法之法處所攝色)。四空定永絕色相,其修習有訶
讚及觀析二法。訶色心過罪之相,讚嘆虛空無色,故無此
過,虛豁安樂。

觀析修習者,一心諦觀己身,內外相道,重重無實。更諦
觀內身四微四大不異外身四微四大,可見色及覺均壞,名
滅有對相,一切色法既滅,色定便謝。

-空無邊處定

行者一心念空不捨,其心明淨,與空相應,於深定中,唯
見虛空,無諸色相,名滅有對相。

纓絡經立五支：想(想身如筵)、護(護持,捨離三種色
相)、正(修空定為正,念色相為邪)、觀(觀達正念,破
三種色,達於空理)、一心(心住虛空,無有分散)。但其
他經論均不立五支。定的深淺、進退同四禪定。

-識無邊處定：

空是虛無實,應捨空定,一心緣識,空定即謝,此後忽然
與識相應,心定不動。於定中不見餘事,唯見現在心識,
念念不住,定心分明,過去已滅之識及未來應起之識,悉

現定中。五支同空無邊定。

-無所有處定

即不用處定。修此定時，不用一切內境心織及外境虛空，故名無所有象。修法有二：訶讚及觀行修習。訶依空依識，皆非寂靜，依內心不真實，唯有無心識處，心無所依，方名安穩，因此要捨識處，繫心無所有處，即非空非常識，無為法塵，無有分別。如是靜息其心，念無所有法，是時識定便謝，一心內淨，空無所依，不見心相，色空識三者均無所有，故名無所處定。由於不起分別，亦名無想定。

-非想非非想處定

此定名一存一亡觀。亡粗想，存細惡。觀前識處是有想，不用處是無想，今雙除上二想，非想遣識處的有想，非非想遣不用處的無想。修行方法有二：訶責無想之過罪，如眠如暗，無明覆蔽；訶責識處如瘡如箭，無想處如癡。讚非想才是妙定安穩。觀行修習則諦覩前定受想行識之四陰，雖比色界細微，但也不免無常苦空等法。因此要求捨前無所有定，而觀非有非無。如是觀時，不見有無想定，前之無所有定便即謝滅，而後忽然真實定發，不見有無相，泯然寂絕，心無動搖，怡然清淨，如涅槃相，世間禪無有過其上者。外道進入此定，以為是中道，實相涅槃，遂愛著此法，更不前進。又入此定，尚有非有非無之能知心，以為是真神不滅。佛弟子則知此定虛誑不實。

凡夫入此定，因陰界入細微不覺，故言是非想。

聖者，即修滅盡定，指一切領受及思想，一時滅盡，使六識之心心所不能生起，都無見聞覺知，出入之息也盡，身證此定，能斷見思煩惱，而證阿羅漢果。

以上四禪四空定，第六識之微細現行亦未全滅。

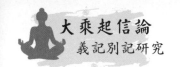

無想定中，第七識我執現行不滅。

滅盡定中，第七識法執現行不滅

C.想受滅定（滅盡定）

受想滅定，受及想均滅第六識之心心所不能生起，斷見思惑，證阿羅漢，但第七識的俱生法執未斷

D.四無量心：慈、悲、喜、捨。

修四禪後，開始修四無量心。初禪之五支：覺觀生悲易；喜生喜易；樂生慈易；一心生捨易。

二禪四支（內淨、喜、樂、一心）之內淨、喜生喜易。樂、一心同一禪。

三禪五支（捨、念、智、樂、一心）內有宿身之樂，生慈易。

四禪四支（不苦不樂、捨、念清淨、一心）妙捨莊嚴，修捨易。

慈悲喜捨四無量心，名無量，因菩薩利益眾生之心廣大無邊，不分怨親，不別愛惡。所緣眾生既無量，能緣之心也無量，利生之心無量，培德植福也無量。

E.六妙法門：數息、隨息、止、觀、還、淨

-數息：數出息，從一數到十，再重複之。

-隨息：捨掉前面數法。其心時時隨息出入，息也時時隨於心，二者如影隨形，不相捨離。如此隨息日久，其心更能凝靜，息也愈微，而且也知息之長短、粗細、溫寒、有無，而且呼吸從全身毛孔出入，這時身輕柔，心凝靜。

-止：修止可令人妄念不起，身心泯然入定，令心不散。

將心繫在一處，如鼻端、肚臍、丹田，或止心於出入息上，久而久之，妄想自然停止。

-觀：前繫心一處，仍有能緣之心，制伏妄念後必須將其放

棄，改修觀。

先觀身中皮肉筋骨均是虛妄不實；再觀六根對六塵所受都是苦非樂，由於六塵生滅會生苦惱；再觀心識也是生滅無常，受生死輪迴之苦；再觀法無我，法不出地水火風四大種，此四者週遍於一切色法。而且我們身體是利用外界四大種來長養內四大種，死後內四大又轉成外四大，外四大既非我，內四大又何曾有我？一息在是有情，一息無是無情，有情無情又復何異？故觀諸法無我。

若能作以上四種觀行，便能破除眾生四種顛倒即常樂我淨，其實應是常（眾生認人生無常為常）；樂（眾生以苦為樂）；我（四大本空，五蘊非我、眾生認假身為真我）；淨（人九孔常流不淨，眾生以為淨）。

能洞破眾生四顛倒，可免除生死痛苦。

-還：

上修觀，以能觀心智，觀所觀出入息境，此能觀心也是從心而來，而心有生滅，幻妄不實。故外在山河大地為虛妄有為相，內心智也如夢幻泡影，無有真實。因此境智俱空，便與「還」相應，心慧開發，破除粗重煩惱，返本還源。

-淨：

上述仍有一「還」相，連還源的能淨所淨也要破除，能所俱亡，不落有無，三界垢盡，了生脫死，轉凡成聖，才是得到真淨。

F.十六特勝：

身：知息入、知息出、知息長短、知息遍身、除諸身行

受：受喜、受樂、受諸心行

心：心作喜、心作攝、心住解脫

觀：觀無常、觀散離、觀離欲、觀滅、觀棄。

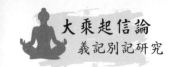
G.通明禪：

通是從初修習，即通觀三事（色、心、息）。若觀息時，即通照色心。若觀足乃至心也是如此。

此法明淨，能開心眼無諸暗蔽，既觀一達三，徹見無閡，故名通明。通指能得六通，明指能生三明。

餘禪也能發六通三明，但不如此禪息色心三事，此三事和合，能生一切陰入界及眾苦煩惱。若了三事無生，則一利疾。

修習位次也是一樣，從欲界定、未到地定、四禪定、四空定到滅盡定。

所不同是於一一禪內更有「增勝出世間觀定之法」，能發無漏及三明、六通疾利。亦於非想非非想的後心，滅諸心數，入滅受想定。明通禪的修習次位同於根本禪，但觀慧有殊別，從安心，即觀於息、色、心三事。先觀息道，明覺息入出遍身，如空中風，性無所有、是則略說觀息如心相。次觀色如，離身無息，應諦觀身色如，此色本自不有，因先世妄想因緣，招感今世四大造色圍虛空故，假名爲身。觀身之頭等六分、三十六物及四大、四微，一一非身，亦各非實，無身色可得，爾時心無分別即達色如。次觀心如，此心藉緣而有，生滅迅速，不見住處，名字亦空，即達心如。

通明禪的初禪，其「覺」是大覺，是出世間覺，心與八相（生住異滅生生住住異異滅滅）無一異相，故名大覺，觀心畢竟空寂。其「觀」，觀心行「大行」、「遍行」、「隨意」。其「喜支」是眞實知、大知、心動至心。其「安」支是身安、心安、受安。其「定」支是心住、大住、不亂於緣、不謬、無有顛倒。

故通明禪的初禪，其五支：覺、觀、喜、安、定，均更殊
勝於根本禪。通明禪之第二禪乃至非想及滅盡定，亦屬出
世間定，更勝於根本禪。

通明禪於非想後，也入滅盡定。

B22.修習止觀坐禪法要：小止觀

A.止觀十意：

具五緣、呵五欲、棄五蓋、調五事、行五法（以上稱二十
五方便）、正修止觀、善根發、覺魔事、治病患、證果。

a1.二十五方便：

具五緣：持戒清淨、衣食具足、閒居靜處、息諸緣務、近
善知識。

呵五欲：五欲是色聲香味觸。

棄五蓋：五蓋是貪、瞋、睡眠、掉悔、疑。

調五事：五事是食、睡眠、身、息、心。

行五法：五法是欲（樂欲）、精進、念（憶念）、巧慧、一
心分明。

a2.正修行：坐中修、歷緣對境修

-坐中修：對治初心粗亂、心沉浮病、定中細心；隨便宜
修；為均齊定慧。

修止：有三種：繫緣守境止、制心止、體真止。

修觀：有二種：對治觀（五停心觀）、正觀（觀諸法因
緣無性，即是實相。所觀境一切皆空，能觀心自然不起）

-歷緣對境修：六種緣：行住坐臥、作作、言語。六塵境：
色聲香味觸法。

a3.善根發：有二種：

-外善根發相：布施、持戒、孝順父母尊長、供養三寶及
諸聽學。

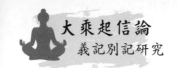

-內善根發相：有三種意：

1.明善根發相：息道（止息妄念，自覺入欲界定、未到地定）、不淨觀、慈心、因緣觀（觀十二因緣）、念佛。

2.一切法門發相應廣分別：辨邪偽禪發相（邪定發而愛著，與九十五種鬼神法相應）、辨眞正禪發相（正覺與正定相互應合，處於空明清淨的境界中，內心充滿喜悅，沒有煩惱，善心逐漸開發，虔信與恭敬與日俱增，智慧與鑒別力更加分別，身心柔和輕軟，無爲無欲，出入禪定任運自在。

3.明用止觀長養諸善根

a4.覺知魔事：四種魔：煩惱、陰入界、死、鬼神。修止觀卻之。當觀諸法實現，善修止觀，無邪不破。

a5.治病患

1.明發病相：四大增損病、五藏生患病、善知病因起、得病因緣不同。

2.明治病方法

-用止治病：止在病處、丹田、足下，不取病相，寂然止住，多有所治。

-用觀治病

六種氣治病（吹呼嘻呵噓呬）、用觀想運作十二息、善用假觀想、用止觀檢析四大病及心中病不可得、鬼病用彊心加咒治之、業報病須修福懺悔、用心坐中治病。

a6.證果

1.體眞止：從假入空觀，證一切智。

2.方便隨緣止：從空入假觀，證一切道種智。

3.息二邊分別止：中道正觀，證一切種智。

定慧力等，了了見佛性，流入薩婆若海，成就一串三昧，

安住首楞嚴定，以法身、般若、解脫三德爲大涅槃，入
佛境界。

B23.摩訶止觀：

-四種三昧：常坐、常行（般舟三昧）、半行半坐、非行非坐。
善心一處住不動，是名三昧。

-常坐三昧：即一行三昧。身論開（常坐）遮（行住臥）；口
論說默（常專稱一佛名字）意論止觀（繫緣是止，一念是
觀）

-常行三昧：即佛立三昧、般舟三昧。身開常行，九十日爲
一期，承事師如僕奉大家，終不休息，起大信、大精進，
不得念世間想欲，不得臥出，親近善知識。口說默者，九
十日常唱阿彌陀佛無休息。意論止觀者，常念佛在寶地說
經，念佛三十二相，念不用心色及身口、智慧等得佛及三
菩提，一切法本無所有，壞本絕本。

-半行半坐三昧：若行若立讀誦是經（法華、方等二經），若
坐思惟是經，我乘六牙白象，現其人前。以七日爲一期。
預誦陀羅尼咒，起旋百二十匝，禮十佛，卻坐思惟，周而
復始。

思惟寂滅涅槃皆空，無所求中，六波羅密中求。十八空同。

-非行非坐三昧：又稱覺意三昧，意之趣向，皆覺識明了。
又覺意爲照了心數。覺者了知心中非有意，亦非不有意；
心中非有識，亦非不有識。心意識非一非三，隨自意，非
行非坐。

-次第三觀

三止：體眞止、方便隨緣止、息二邊分別止、

三觀：空觀、假觀、中觀

-圓頓止觀：

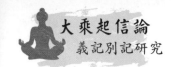

a.三止：

　-體眞止：觀一念禪定，二邊寂無

　-隨緣止：觀禪心，即空、即假、即中，雙照二諦而不動眞際。

　-無分別止：深觀禪心，禪心即空、即假、即中，無二無別。

b.三觀：

　-即空觀：照法性淨，無障無礙。

　-即假觀：通達藥病，稱適當會。

　-即中觀：達於實相、如來藏、第一義諦，無二無別。

c.一心三觀：同三諦圓融。一心同時觀空諦、觀假諦、觀中諦。即空即假即中。

　空也是假，也是中。

　假也是空，也是中。

　中也是空，也是假。

　空是空無自性，假是假名安立，中是非空非假。

　法性寂然名止，寂而常照名觀。

B24.六妙法門

六妙門：見上文。

B25.法華玄義：

a.止觀十境：陰界入境（五蘊、十八界、十二入）、煩惱境（四暴流：欲、有、見、無明）、病患境（地水火風引身病，貪瞋癡是心病）、業相境（生死輪迴或善惡業報業）、魔事境（破壞修行者的道業）、禪定境、諸見境、增上慢境、二乘境、菩薩境

b.十乘觀法：

-觀不可思議境：即空假中圓融三諦的佛境界。

-眞正發菩提心：起慈悲心及發四弘誓願。

-巧安止觀：將止觀心善巧地安住於法界。

-破法遍：以一心三觀的智慧，遍破一切諸惑。藏教用空觀破見思惑；通教用假觀破塵沙惑；別教用中觀破無明住地；圓教用即空即假即中觀，破根本無明。

-識通塞：因苦集、十二因緣、六蔽、三惑等法會蔽塞實相真理，即名塞。道滅、滅因緣智、六度、一心三觀等法能顯發實相之理，名通。

-修道品：修無作三十七道品，是基於一心三觀而成立的。

-對治助開：用六度及五停心等加以對治而助開解脫。

-知位次：了知修行所歷位階，以見生增上慢，未證謂證。

-能安忍：安忍深修三味，不為名聞利養等外障及煩惱、業、定見、慢等內障所動。

-無法愛：已無內外二障，心生愛樂，不能真入中道，進入初地，只在四加行預位法中不進不退，稱為頂墮，必須破除這個法愛，才能入別教初地，圓教初住位

c.九種大禪：法華玄義。

「根本舊禪如乳，練禪如酪，熏禪如生酥，修禪如熟酥，九大禪如醍醐，而以醍醐為妙。」

九大禪：為出世間上上禪中之種別。

-自性禪：自性本有的禪定。觀心之十性，一切法無不由心。心攝一切。

-一切禪：能得自行化他一切功德之禪。有三種：現法樂住禪、出生三味功德禪、利益眾生禪。

-難禪：難修之禪，有三種：第一難禪（捨第一禪之樂而生於欲界）、第二難禪（生無數三味）、第三難禪（得無上菩提）

-一切門禪：一切禪皆從此門出。有四種：第一靜慮（有覺

499

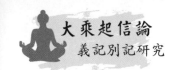

觀)、第二靜慮（有善）、第三靜慮（有樂）、第
四靜慮（有捨）

-善人禪：爲大善根眾生所修。

-一切行禪：大乘一切行法無不含攝之禪。有十三種。

-除煩惱禪：能除眾生種種苦患疾病之禪，有八種。

-此世他世樂禪：能使眾生得現在未來二世之樂的禪，有九
　種。

-清淨淨禪：能斷盡一切煩惱惑業，得大菩提清淨果之禪，
　　　　　　有十種。

B.2.2 湛然

a.唯心觀

「故攝十妙爲觀法大體」。以色心等「十對」（色心、內外、
修性、因果、染淨、依正、三業、權實、受潤）來顯示十
妙（境、智、行、位、三法、感應、神通、說法、眷屬、
利益）和一心的不二，從這十對了解我人妄心中具足十妙。
圓教成於事理不二，所理具三千外無事造三千，事造三千
外也無理具三千，十界萬有唯是三千。」

b.十不二門

摩訶止觀圓頓章：「十不二門，三千在理，同名無明，三千
果成，咸稱常樂，三千無改，無明對明。」

十不二門：色心不二、內外不二、修性不二、因果不二、染
淨不二、依正不二、三業不二、權實不二、受潤不二。

B.2.3 知禮：

唯心觀、理毒性惡。

-唯心觀：「攝乎十妙入一念心，十門示者成觀體故也」

-理毒性惡：

　知禮（妙宗鈔）：「行者應知，圓宗大體非唯報應稱爲法身，

亦乃惑業名爲理毒」。

圓教不只報身、應身，因爲一身三身，稱爲法身，連無明業也稱爲理毒。

天台圓教的特色是「理具」，即性具善惡，性是兼具善惡，性惡即是理毒。

知禮、四明尊者教行錄：「法界是所迷之理，無礙是受熏之德，所迷本淨故無染，受熏變造故而染，全三德初成三障，故曰即理性之毒」。

三德（法身性德、般若智德、解脫斷德）因受染而成三障（惑、業、苦），三德之理受染成三障之毒，即理毒。

知禮認爲智圓主張理毒不是性惡，這是別教的觀點，以圓教而言，理毒即是性惡，三障即是三德，圓教講理事圓融，事事無礙。

作者以爲以圓教而言，性（理）相二而不二，性雖具善惡，但惡即善，善惡已無分別。知禮特別強調性惡理毒，實屬頭上安頭。

B2.4.山家、山外：

山家（知禮、淨覺）

山外（晤恩、慶昭、智圓、咸潤等）

a.山家：妄心觀

山家以爲先觀妄心，再觀妄心的本體。

知禮認爲觀心有二重能所（如同起信論的生滅因緣有二重能所），第一重，能是不思議觀智，所是不思議境。即外觀妄色境或眾生法、佛法爲不思議境，是即空即假即中境。

第二重，能是不思議觀智，所是一念妄心。即內觀妄心或心法爲即空即假即中。

b.山外：眞心觀

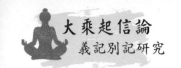

智圓以爲即妄即眞，眞接觀妄心爲眞心，即直入眞心，直接觀性體。

善月的調合，理體的性與作爲事用的修是相即圓融的，則眞妄同源，眞即是妄，但仍需解行同修以觀照陰境。

智顗：觀心即觀照陰妄之心。

湛然：以陰妄之心爲所觀之境。

作者以爲眞心無形無相，如何直接觀？而且眞是妄的依止體，所謂眞即是妄，是指破妄顯眞，只能依妄顯眞，妄除即是眞，眞無所求，眞無所觀，眞本身是無能所的。

（B3）唯識宗

a.窺基五重唯識觀：

遣虛存實：遣遍計虛假，存依他又圓成實。（空有相對）

捨濫留純：捨相分，留後三分（見分、自證分、證自證分）。（心境相對）

攝末歸本：攝相分二分，歸自體分（體用相對）。

隱劣顯勝：隱心所，顯心王（王所相對）

遣相證性：遣依他及遍計事相，證眞如理性。（事理相對）

b.四尋思觀、四如實智觀；

此乃加行位，修四尋思觀、四如實智觀，以伏斷分別起及俱生起的現行二障。

此位雖較資糧位觀智殊勝，但因尚未起無漏智（需入初地才起），在唯識三性觀中，難免錯觀所變的相分爲圓成實性，因此此不能住於無相眞如的唯識實性中。

四尋思觀有名尋思觀、義尋思觀、自性尋思觀、差別尋思觀。名是能詮的名言，義是所詮的義理，自性是名和義的體性，差別是體性上種類的差別。

名尋思觀：推求名是假立，虛擬妄不實。

義尋思觀：依名所詮的山河大地、人馬牛羊、十二處、十八界等皆是因緣和合，一時假有，也是唯識所變，虛幻不實，由此推求其虛幻不實的義理。

自性尋思觀：有爲色心諸法皆是仗因托緣，唯識所變，離識非有，故自性皆空。

差別尋思觀：名與義上的差別相，皆假有實無，由此尋思之。

由四尋思觀後的觀行，是四如實智，即四尋思所推求的假有實無爲因，再加以印可決定的觀法。

所取的名、義、自性、差別等，固然是離識非有，即能取之識也了不可得。如此空掉能取所取，即名四如實智。

修四尋思觀和四如實智觀，要歷經「四加行位」-煖、頂、忍、世第一法。前二位修四尋思觀，觀所取空；後二位修四如實智，觀能取及所取俱空。煖是下品尋思觀，頂是上品尋思觀；忍是下品如實智觀，世第一法是上品如實智觀。煖是明得定，觀名義自性差別均無自性，無所取。

頂是明增定，觀所取境空，無所取。

忍是印順定，於無所取決定印持，無能取，亦順樂忍。印前所取無，印後能取無，稱印順定。

世第一法是無間定，忍只印可能取空，此位印可能取所取二空。

（B4）三論宗

什肇：般若學

僧朗：坐禪行道，大弘三論之學

僧詮：此法精妙，識者能行，不重言說

法朗：禪門宏敞，慧聲遐討，四句朗。

吉藏：三種二諦、四重二諦、四種中道、八不正觀。

a.破邪顯正：

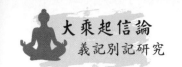

吉藏：「三論所斥，略辨四宗：一、摧外道；二、折毘曇；
三、排成實；四、呵大執。」

a1.摧外道：泛指「天竺異執」和「震旦眾師」。

-天竺異執，即當時印度的種種主張，當時印度共有九十六
種外道，歸納為「四執」：

1.邪因邪果：例如婆羅門教把大自在天作為宇宙萬法之起
源；

2.無因有果：主張一切事物皆是偶然而來；

3.有因無果：即人死如燈滅的斷見之流；

4.無因無果：即順世唯物論者。

-震旦眾師，指道家老子、莊子的學說以及儒家孔子學說。

a2.折毘曇：是破斥「執諸法實有」的毘曇。

a3.排成實：乃破斥「執空見」為正理的成實。

a4.呵大執：乃破斥墮於有所得見的大乘。

　　吉藏認為破邪即是顯正，而非破邪後，再去求顯正。

b.觀八不正觀

八不：不生不滅、不常不斷、不一不異、不去不來，八不即
是中道。中即是正，即「體正」，可以啟動「用正」，用正即
真俗二諦。

中道是非真非俗，正觀體正及用正。以中道觀智觀真俗二諦
非真非俗，二諦圓融不二。

c.正觀：

大乘玄論之「已觀」：「我觀如來，前際不來，後際不去，中
亦不住，如此觀者，名為正觀」

因中道實相而生正確的觀點智慧，就是觀。正觀就是中觀，
中觀之中是實相般若，觀是觀照般若，論是文字般若。

d.觀七菩提分：

念：憶念。憶念集中而念念分明。

擇：選擇正確適宜的修法。

精進：任何階段都不能懈怠。

喜：修禪定得到的喜悅。

除：輕安。得到輕鬆安適感覺。

定：禪定。攝心不散深入禪定。

捨：捨一切念，不即不離。

（B5）涅槃經四智觀

下智觀、中智觀、上智觀、上上智觀

-下觀智：指聲聞，無法見佛性。

-中觀智：指緣覺，無法見佛性。

-上智：指菩薩，只能不了了見佛性。

-上上智，指佛，能完全了了見佛性。

（B6）圓覺經止觀

1.奢摩他（止）：

奢摩他：

「善男子！若諸菩薩悟淨圓覺，以淨覺心，取靜為行，由澄諸念，覺識煩動。靜慧發生，身心客塵，從此永滅，便能內發寂靜輕安。

由寂靜故，十方世界諸如來心，於中顯現，如鏡中像，此方便者，名奢摩他。」

2.三摩缽提：

「以淨覺心，知覺心性及根塵，皆因幻化。即起諸幻，以除幻者，變化諸幻，而開幻眾。

由起幻故，便能內發大悲輕安，一切菩薩從此起行，漸次增進，彼觀幻者，非同幻故。非同幻觀，皆是幻故。幻相永離，是諸菩薩所圓妙行，如土長苗，此方便者，名三摩缽提」

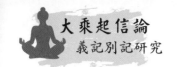

3.禪那：

「以淨覺心，不取幻化及諸靜相，了知身心皆爲罣礙。無知
覺明，不依諸礙，永得起過礙無礙境，受用世界，及與身心，
相在塵域，如器中鍠，聲出於外，煩惱涅槃不相留礙，便能
內發寂滅輕安，妙覺隨順寂滅境界，自他身心所不能及，眾
生壽命皆爲浮想，此方便者，名爲禪那。」

4.圓覺二十五輪

奢摩他簡稱奢，三摩鉢提簡單摩，禪那簡稱禪。「資於」指
並修。「圓修」指三者齊修。

-單奢：取極靜、取至靜、由靜力、以至靜力、以靜慧心照諸
幻、證至靜性、以寂靜慧、安住寂靜、安住至靜、至靜隨
順、資於至靜、住清淨無作靜慮、取至靜住於清淨、安於
靜慮、清淨境界歸於靜慮、種種清淨而住靜慮、資於至靜、
而起至靜清明靜慧。

-單摩：觀如幻、變化世界種種作用、起菩薩行、起菩薩清
淨妙行、現幻力、種種變化度眾生、度眾生、度眾生建立
世界、資發變化、起作用變化世界、以變化力種種隨順、
以變化力種種境界、以變化力而作佛事、以變化力無礙作
用、以變化力方便作用、起作用於一切境寂用隨順、而起
變化、起於變化、資於變化。

-單禪：滅諸幻、不取作用、入寂滅、斷煩惱、用資寂滅、資
於寂滅、取寂滅、寂滅隨順、後斷煩惱、以寂滅力、以寂
滅力種種自性、無作自性起於作用。

二十五輪：

1.前三輪：單修奢摩他、單修三摩鉢提、單修禪那。

2.先修奢摩他：第四-第十輪。

第四：先奢後摩

第五：先奢後禪

第六：先奢、中摩、後禪

第七：先奢、中禪、後摩

第八：先奢、齊修摩、禪

第九：先齊修奢、摩，後禪

第十：先齊修奢、禪，後摩。

3.先修三摩鉢提：第十一至第十七輪。

第十一：先摩後奢

第十二：先摩後禪

第十三：先摩、中奢、後禪

第十四：先摩、中禪、後奢

第十五：先摩，後齊修奢、禪

第十六：先齊修摩、奢，後禪

第十七：先齊修摩、禪，後奢

4.先修禪那：第十八-第二十四輪。

第十八：先禪、後奢

第十九：先禪、後摩

第二十：先禪、中奢、後摩

第二十一：先禪、中摩、後奢

第二十二：先禪，後齊修奢、摩

第二十三：先齊修禪、奢，後摩

第二十四：先齊修禪、摩，後奢

5.圓修奢摩他、三摩鉢提、禪那：

「若諸菩薩以圓覺慧圓合一切，於諸性相無離覺性；此菩薩者，名為圓修三種自性清淨隨順」

此指三者齊修，而且無先後，才稱圓修。

這是圓教即佛的境界，而且應是禪宗惠能所主張的頓悟頓

修，修悟同時，一悟即到佛地。

（B7）解深密經的止觀

1 止：

「即於如是善思惟法，獨處空間內正安住，作意思惟，復即於此能思惟心，內心相續作意思惟，如是正行多安住故，起身輕安及心輕安，是名奢摩他。」

2 觀：

「彼由獲身心輕安爲所依故，捨離心相，即於如所善思惟法內，三摩地所行影像觀察勝解，即於如是勝三摩地所行影像所知義中，能正思擇，最極思擇，周遍尋思，周遍伺察，若忍若樂若覺若見若觀，是名毘鉢舍那。」

（B8）禪宗的止觀

（1）六祖壇經：

「外於一切善惡境界，心念不起，名爲坐。內見自性不動，名爲禪。善知識！何名禪定？外離相爲禪，內不亂爲定。……。若見諸境心不亂者，是眞定也。

善知識！外離相即禪，內不亂即定，外禪內定，是爲禪定。……。然此門坐禪，元不著心，亦不著淨，亦不是不動。」

（2）禪的定義

禪狹義而言是佛的知見，佛的境界。

但廣義則包含甚廣，包括禪心（修禪的心）、禪坐（修定的一種靜坐的方法）、禪定（修禪定而達到入定的境界，不等於是佛的境界）、禪觀（修禪時由止而後入觀，如色界初禪五支中有覺及觀二支）、禪悟（修定而達證悟佛性的境界，悟有初地、七地、十地之別）、禪學（研究禪定的學問或知見）、禪宗（中國佛教八大宗之一，實踐禪定及禪悟的宗教）

（3）中國各時期的禪學思想：

1. 安世高：善開禪數，止觀俱行，最早提到「坐禪」。

2. 支婁迦讖：譯首楞嚴三昧經。譯為健相三昧、健相定、勇伏定、勇健定。

   譯般舟三昧經：般舟是出現、佛立之意，又譯佛立三昧，佛現前定。即常行三昧，不間斷地常行念佛。

   了知人法本無之般若性空重要概念。念空無想之時即達到般若空觀的要求。

   提倡一心念阿彌陀佛，對淨土思想在中土傳播的影響。

   主張心作佛，一切無所有，對禪宗思想的相似。

   對師的地位及作用很重視，與禪宗的藉師自悟有相當通。

3. 康僧會：明心說。傳安世高系的小乘禪學。作安般守意經序：用四禪及六事論述安般守意的過程與要求。追求禪定引發神定。修持安般禪，可使淨心復明，明心如磨境。

4. 鳩摩羅什：禪學與大乘般若學結合。

   坐禪三昧經：五門禪法（不淨觀，慈心、因緣、數息、念佛）

   禪法要解：四禪、四無量心、四空處等小乘禪法，但也包括觀諸法實相之大乘禪法思想。不傾心於禪法，用般若空觀貫通大小乘禪學。

5. 佛陀跋陀羅：

   達摩多羅禪經：又名不淨觀經、修行方便禪經。

   禪窟：與弟子慧觀在江南大弘禪法所住道場寺。本人通達禪業，習禪之風自此盛大江南北。以小乘五種觀法為主，尤重數息及不淨觀，稱二露門。但也融入大乘將生滅與不生滅如性結合。對中國後來禪學影響很大。

6. 道安：宅心本無。將大乘般若與小乘禪學二大系融會。

   契入本無，才能與真如實相契合。

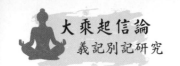

7.慧遠：心神不滅，法性論，反本求宗。主張禪智雙運，統本運末，傾心觀想念佛，被尊爲淨土宗初祖。

重「洗心」、「御心」，以宅心才能御心，御心才能反本求宗以統本，統本才能運末，統本運末才能任運自然。

8.支道林：即色遊玄論，忘念絕慮，無心逍遙，清談玄理，小頓悟。

「即色宗」（即色是空）代表人物。忘言無心，逍遙自在。

9.僧肇：解空第一，不眞空論，立處即眞，善用老莊玄學表達般若空義，有無齊觀，不落二邊中道影響日後禪宗，以不二法門主張來世不離入世，也影響日後禪宗。

10.僧叡：禪智雙修，將般若空性與涅槃妙有佛性作爲佛教不可或缺的組成。

11.竺道生：撰「佛性當有論」，享有「涅槃聖」美稱，大頓悟，涅槃佛性實相論，理不可分割。

對日後禪宗頓悟成佛影響十分巨大。

12.寶誌：即心即佛，破言文字，見諸法實相，道不假修但息知解，崇尙坐禪入定，受老莊般若三論影響，受維摩經不二思想影響。

13.傅大士：傳說作「心王銘」，欲求成佛莫染一物，識心見佛，是心是佛，佛心念佛。創設「輪藏」，以禪修爲業，虛懷爲本，不著爲宗。

（4）達摩以來中土各時期禪宗大師的禪學思想：

從如來禪——達摩——東山法門（四祖道信及五祖弘忍——北宗禪（神秀），均以本寂眞心爲心體，以除妄歸眞的漸修方式，注重禪坐。

而六祖慧能則以「自心、自性」爲心體，即「當下現實之心」，以頓悟頓修同時方式，即妄顯眞，直指人心，見性成佛。

1.達摩：二入四行，凡聖等一，藉教悟宗。

2.慧可：身佛不二，是心是佛，是心是法。

3.僧璨：任性逍遙，一心爲用。

4.道信：一行三昧安心法門，藉教悟宗。

5.法融（牛頭禪）：心境本寂，定慧智境一心，頓息諸緣而達涅槃。

6 弘忍（東山法門）守本眞心，妄念不生。

門下大弟子：

a.法如系：「世界不現」爲法界一相，「空中月影」以喻禪修之法，「自得本心」爲禪修之境。

b.老安系：頓悟心性，逍遙自在。

c.玄賾系：依持眞如自清淨心坐禪自證，無法可說，無心可言。兼容般若及楞伽兩禪學特色。

d.智詵系：以無憶無念莫妄三句頓悟心性，息念坐禪，見性成佛。

e.宣什系：以傳香爲師資之信，而後授法，解行並重，以念佛爲方便修習。

7.六祖南宗慧能：識心見性、見性成佛、自性自度、自性空寂、心性不二、定慧等學、心轉法華禪非坐臥、唯心淨土、頓悟成佛、藉師自悟自性自悟。

8.北宗神秀：拂塵看淨，息妄修眞。

（5）六祖慧能以下各禪宗大師的禪學思想：

1.荷澤神會系：

以能知的智慧本體，照見清淨的如如本體，自性具足，無心無得。

1.1 宗密：唯心眞如，空寂之知，靈知不昧，空寂是體，知是用。

1.2 南陽慧忠：無心可用，無情有性。

1.3 永嘉玄覺：證道歌。三諦一境，三觀一心。

2.石頭希遷系：觸目會道，無心合道，即事而真，廢修禪，頓悟法門，即心即佛。後曹洞宗、法眼宗、雲門宗。

3.馬祖道一：洪州禪。平常心是道，性在作用，無心是道，即妄即真，自心自佛。後傳臨濟宗、溈仰宗。

4.百丈懷海：心性無染，本自圓成，體露真常，不拘文字，但離妄緣即如如佛。

4.1 南泉普願：智不是道，心不是佛，大道無形，真理無對。

4.2 趙州從諗：狗子無佛性公案。道不可說，佛不可求，以靈活接機方便、答非所問打破學人情解執著。

4.3 大珠慧海：無修無證，無念無得，無心自任，悟人無求無得。

4.4 黃檗希運：即性即心，此心即佛，更無別佛，直下無心本體自見，無心無相無人無我，但能無心便是究竟。

（6）慧能後的五宗七派禪學思想：

1.臨濟宗：臨濟義玄。

無位真人，四料簡，四賓主，四照用。

1.1 黃龍派：惠南黃龍。黃龍三關：生緣處、佛手、驢腳。

1.2 楊岐派：方會楊岐。立處即真。

1.2.1 五祖法演：有中興臨濟的美譽。

1.2.2 圓悟克勤：碧巖錄乃禪學名著。

1.2.3 大慧宗杲：看話禪。編成正法眼藏。

2.溈仰宗：溈山靈祐、仰山慧寂。

三種生（想生、相生、流注生），不說破（不可說、不可破），慣用手勢啟悟學人。

3.曹洞宗：洞山良價、曹山本寂。五位君臣、偏正迴互。

3.1 萬松行秀：眞妄不二，事理雙照。融會儒佛道三教。

4.雲門宗：文偃。雲門三句（函蓋乾坤、截斷眾流、隨波逐浪）

5.法眼宗：一切現成，事理不二。

（B9）菩提道次第廣論的止觀

1 奢摩他：

「奢摩他，此云止。涅槃經云，奢摩他名爲能滅，能滅一切煩惱結故。又名能調，能調諸根惡不善法故。又曰寂靜，能令三業成寂靜故。又曰遠離，能令眾生離五欲故。又曰能清，能清貪欲瞋恚愚癡三濁法故。以是義故，故名定相。」

2.毘婆舍那：

「毘婆舍那，此云觀。涅槃云，毘婆舍那名爲正見，亦名了見，名爲能見，名曰遍見，名次第見，名別相見，是名爲慧。」

3.止觀等持：

「止即是斷，斷通解脫。觀即是智，智通般若。止觀等者，名爲捨相。捨相即是通於法身。起信論云，所言止者，謂止一切境界相。」

4.止觀所緣：四種所緣境事。

a.無分別影像：奢摩他所緣，位階在地前二乘，等同觀空，由假入空，斷分別人我空，不起分別，明心而住，修習方式爲九住心。

b.有分別影像：毘鉢舍那所緣，位階在三賢，等同觀假，由空入假，斷分別法我執，正思擇，最極思擇，周遍尋思，周遍伺察。

c.事邊際：止觀雙運所緣，位在十地，等同觀中，非止非觀，非空非假，同時斷分別我執及法執，盡所有性，如所有性。

d.所作成辦：即止即觀，位在佛地，等同即空即假即中，斷

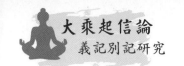

俱生我法二執,證一切種智,止觀已圓滿。

5.止觀之修習

(A)修止:

1.修止資糧:住隨順處、少欲、知足、斷諸雜務、清淨尸羅
（守戒）、斷除貪欲等諸惡尋思。

2.加行六法:灑淨設像、莊嚴設供、入座歸依、觀想聖眾、
淨障集資（修普賢七支）、三事求加,即供曼陀羅。

普賢七支:禮敬、供養、懺悔、隨喜、請轉法輪、請佛住
世、迴向。

3.正行:身體威儀（足、眼、身、肩、頭、唇齒、舌、呼吸）,
調伏內心之攝修次第:修持八斷行以斷除五種過失。修六
力、四種作意、九住心。

4.修止兩種方便:令心明顯,具「明顯分」、「明了分」;專注
所緣無有分別具「安住分」、「專注分」,具上二分才能引生
有力正念及正知,並安住之。

5.修止之最大障礙:沉掉（沉沒及掉舉）。沉沒（退弱）與昏
沉（昏味）不同。

6.修止之調心住心:

(A)修止:有五階段:加行時、勤修定時、沉掉生時、離
沉掉時。

(1)修八斷行:信、欲、勤、安、正念、正知、行思、行
捨。

(2)滅五過失:懈怠、忘失教授、沉掉、不作行、作行（行
思）

(3)引生九住心次第:九住心（內住、等住、安住、近住、
調順、寂靜、最極寂靜、專注一趣、等持）、六力（聽
聞力、思惟力、憶念力、正知力、精進力、串習力）、

四種作意（力勵運轉作意、有間缺運轉作意、無間缺
運轉作意、無功用運轉作意）、心念活動。

（B）修觀

（1）修觀資糧：

　1.明了義不了義。

　2.理解龍樹菩薩意趣：以佛護、月稱莫屬。闡明抉擇真如
　　實義之理法。明瞭生死輪迴根本導源於俱生我執之薩
　　迦耶見，是故滅除我執得以永斷貪瞋癡，遮止輪迴之
　　因，進而了生死，入涅槃。

　3.抉擇空性正見，悟入真實義：

3.1 明辨正理所破：

　1.善明所破之因相：即薩迦耶見我執及相信有我之自性。

　2.遮破過度與不足：

　-過度：連二諦也破除。將無實有（空）與無混為一談。認
　　為一切法有即自性有，無即自性無。一切法於比量未見
　　者即誤為無，專注空性、不見俗諦即認為無俗諦。

　-不足：無自性認為是無常性。自體可分解到極微，而認
　　極微是勝義真實。破除此自性實有即是證空性。

3.2 依應成宗見破除邪分別：

　1.緣起與空性不相違

　2.安立世俗因果作用

　3.名言有且名言無自性

　4.道所破與理所破

　5.俱生無明的我執為生死根本

　6.以他許比量破斥敵論

3.3 依中觀正見通達無我勝義

　1.抉擇補特伽羅無我

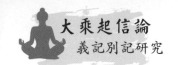

2.抉擇法無我

3.修習此見到淨障之理：證「補特伽羅無我」及「法無我」二無我智，盡滅四取：欲取、見取、戒禁取、我語取（內身所起的一切我執），淨障是斷煩惱障及所知障。

（B10）淨土宗

1.什麼叫彌陀十六觀？

即十六種觀法：

（1）日想觀，正坐西向，諦觀於日，令心堅住，專想不移。見日欲沒，狀如懸鼓，既見日已，開目閉目皆令明了。

（2）水想觀，初見西方一切皆是大水，再起冰想，見冰映徹，作琉璃想。

（3）地想觀，又作地觀、觀想下有金剛七寶金幢擎琉璃地，地上以黃金繩雜廁間錯，一一寶各有五百色光等。

（4）寶樹觀，觀極樂國土有七重行樹，七寶花葉無不具足，一一花葉作異寶色，又一一樹上有七重網。

（5）寶池觀，觀想極樂有八功德水，一一水中有六十億七寶蓮花，摩尼水流注其間演妙法。又有百寶色之鳥，常讚念佛、念法、念僧。

（6）寶樓觀，作此觀想即刻成就以上五種觀法，故又作總觀。觀想其一一界上有五百億寶樓，其中無量諸天作伎樂。又有樂器，懸處虛空，不鼓自鳴。

（7）華座觀，觀佛及二菩薩所坐之華座。

（8）像觀，觀想一閻浮檀金色佛像坐彼花上，又觀音、勢至二菩薩像侍於其左右，各放金光。

（9）眞身觀，觀想無量壽佛之眞身；作此想即可見一切諸佛。

（10）觀音觀，觀想彌陀脅士中之觀世音菩薩。

（11）勢至觀，觀想另一脅士大勢至菩薩。

（12）普觀，觀自生於極樂，於蓮花中結跏趺坐。蓮花開時，有五百色光來照身，乃至佛菩薩滿虛空。

（13）雜想觀，觀丈六佛像在池水上，或現大身滿虛空。即雜觀眞佛、化佛、大身、小身等。

（14）上輩觀，往生淨土者依其因，而有上、中、下三輩，三輩復分上、中、下三品，總爲九品。上輩觀即觀上輩徒眾自發三心、修慈心不殺行等、臨終蒙聖眾迎接，及往生後得種種勝益之相。

（15）中輩觀，即觀中輩徒眾受持五戒八戒、修孝養父母之行等，及感得聖眾迎接而往生等相。

（16）下輩觀，即觀下輩徒眾雖造作惡業，然臨終遇善知識，而知稱念彌陀名號，因之得以往生，及蒙種種勝益之相

2.念佛三昧

離諸邪念，將心安於一處而內心不散亂，即是三昧。而念佛三昧，指將佛號念得一心不亂，能所雙泯，心不離佛，佛不離心，心佛一如，是名念佛三昧。

3.般舟三昧

是大乘念佛三昧的代表。可以悉見現在十方諸佛，從諸佛聞法斷諸疑網。

其修習包括四階段，先念佛德號，念佛十種德號，其次念佛生身，即觀想佛色身三十二相八十種好，放巨大光明，在眾中說法。

其次，念佛法身，捨諸亂意，念念心向佛國方所，觀想佛國依正莊嚴，佛及菩薩、羅漢的悲智解脫，一切功德法身。最後實相念佛，觀定境唯心無實，而悟入不生不滅的實相

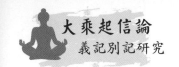

眞如。如大智度論：「無所念，是爲念佛」。

（B11）小乘禪法

1.成實宗：我法二空觀

成實宗立我二種觀，以明人空及法空。

人空觀：觀五蘊之中無人我，不見有眾生相。

法空觀：觀五蘊諸法，但有假名，並無實體，不見有法相，是名法空觀。

人法既空，則世間萬有悉歸於涅槃寂滅之境。

2.俱舍宗：

A.四諦十六行相：十六諦觀、十六行。

忍是斷見惑之智；智是正證理之智。

法是下界欲界；類是上二界：色界及無色界。

苦法忍：斷欲界苦諦下見惑之智

苦法智：斷苦惑而正證理之智

集法忍：斷欲界集諦下見惑之智

集法智：斷集惑而正證理之智

滅法忍：斷欲界滅諦下見惑之智

滅法智：斷滅惑而正證理之智

道法忍：斷欲界道諦下見惑之智

道法智：斷道惑而正證理之智

苦類忍：斷上二界苦諦下見惑之智

苦類智：斷上二界苦惑而正證理之智

集類忍：斷上二界集諦下見惑之智

集類智：斷上二界集惑而正證理之智

滅類忍：斷上二界滅諦下見惑之智

滅類智：斷上二界滅惑而正證理之智

道類忍：斷上二界道諦下見惑之智

道類智：斷上二界道惑而正證理之智

此十六心中，前十五心是見道，最後道類智一心，是攝於修道。

B.四諦十六行相：

-苦：苦（觀此身是苦）、空（觀因緣所生故空）、無常（觀因假成，故生滅無常）、無我（觀因緣假成，故無我體）

-集：集（觀招集苦果）、因（觀苦果之因）、生（觀苦果生，相繼存在）、緣（觀諸緣成就苦果）

-滅：滅（觀諸漏已盡，生死斷滅）、靜（觀三毒皆無，此心不亂）、妙（觀出離三界，無諸憂患，故妙）、離（觀一切災害，皆已遠離）

-道：道（觀八正道，可至涅槃）、如（道契正理，故如）、行（由此萬行，以趣涅槃）、出（由此聖道，以出生死）

3.四念處

身：觀身不淨

受：觀受是苦

心：觀心無常

法：觀法無我

4.十六特勝：

見前文。

5.五停心觀

不淨觀：觀一切身器境界皆屬不淨之相，以停止貪。

慈悲觀：觀一切眾生痛苦可憐之相，以停止瞋。

因緣觀：觀察一切法皆因緣生。停止愚疵。

界分別觀：觀察地水火風空識六界法為假，停止我見。

數息觀：以計數呼氣吸氣出入數目，每次計十重復之，以停止散亂。

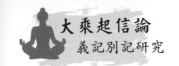

6.十二因緣觀

　無明-行-識-名色-六入-觸-受-愛-取-有-生-老死

7.八解脫（八背捨）：

　背棄三界之五欲，捨卻諸有之著心。修此觀能開發無漏智
　慧，斷三界見思煩惱盡，即證阿羅漢果，至此，八背捨即
　轉為八解脫。

　-內有色相外觀色：先內觀自己色身不淨，更外觀他人色
　　身不淨，俾能棄捨愛樂。

　-內無色相外觀色
　　此時內已滅內身色相，觀內身骨人虛假不實，故內無色
　　相。再外觀外色相不淨，捨棄外貪。

　-淨背捨：
　　行者於二背捨後，已除外色不淨之相，但於定中諦觀地
　　水火風青黃赤白八色明淨，即能泯然入定，與樂俱生，
　　照心明淨，而能背捨根本貪欲，心不著境，又名無漏三
　　禪。

　-虛空背捨：
　　上初背捨，已滅內身白骨之色，二背捨後又掃除外身一
　　切不淨之色，三背捨仍餘八種淨色，此淨色如幻色，若
　　心捨色，一心緣空，與空相應，即入無色虛空之處。

　-識處背捨：
　　若捨虛空之處，一心緣識，當入定時，即觀此識依五陰
　　起，悉皆苦空無常無我，虛誑不實，心生厭棄，故名識
　　處背捨。

　-無所有處背捨：
　　若捨識處，一心緣無所有處，觀五陰空，定不可得，均
　　虛誑不實，心生厭背，故名無所有處背捨。

-非有想非無想處背捨：若捨無所有處，一心緣非有想非無想，觀五陰空，定從何處有，定及五陰均非有非非有，故名非有想非無想處背捨。

-滅受想背捨：

行者尚有心數法（心所）未滅，故欲入定休息，盡滅一切心數法，而非心數法也滅，令背捨受想諸心。

8.八勝處：修八背捨之後，觀心已經成熟，這時可以運轉自如，不論淨與不淨均能隨意破除，從而轉修八勝處。

-內有色相外觀色少：

行者觀己身或所愛之人，胖脹爛壞，膿血流溢，不可愛樂。歡色有二種，一能生淫欲，二能生瞋恚，於好色心不貪愛，於醜色心不瞋恚，但觀色相由四大因緣和合而生，如水泡不堅固，智慧可以破除貪愛與瞋恚，若觀色多，恐難攝持，先觀色少。

-內有色相外觀色多：

行者觀心既熟，但骨人未滅，所以內有色相，此時於定中廣觀外色如死屍腫脹，田園國土山川大地悉爛壞，一切世間不淨，甚可厭患，能破一切世間好醜愛憎貪憂煩惱，故可外觀色多。

-內無色相外觀色少：

行者已滅內心色相，要破欲界煩惱，使令無遺餘元，以觀心未能成熟，先觀色少。

-內無色相外觀色多：

行者已滅內身色相，也要再轉變觀道，令純熟增明，功力轉勝。可觀外色相雖多，也不妨礙。

-青勝處

功夫用到純熟，觀見青色照耀，勝於背捨八色光明。至

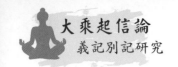

此八色光明雖然殊勝，知從幻心而生，本無所有，故不生愛染。

-黃勝處

見黃色如簷蔔花，忽然見黃色照耀，勝於背捨八色光明。此八光明雖然殊勝，知從幻心而生，本無所有，故不生愛染。

-赤勝處

見赤色如春朝霞，行者精進不住，忽見赤色照耀，勝於背捨八色光明。此八色光明雖然殊勝，知如水中月，不起法執。

-白勝處

見白色如珂雪，行者精進，忽見白色照耀，勝於背捨八色光明。此八色光明雖然殊勝，知如鏡中像，不起貪愛。

9.十一切處：通過勝解作意、觀色等十種方法，各周遍一切處而無間隙。勝於八遍處。

-青逾一切處：

前背捨勝處中，雖有八色光明，但所照非廣，未能普遍，是以不得受一切之名。今則不然，行者於定中，還取八背捨與八勝處之青，以成就自在勝色。首用念清淨心，取少許青色，一心繫緣其中，當與少許青色相應之後，次以觀心運此青色遍照十方，功夫純熟，則見光明隨心普照，此時見諸世界皆是青色，遍滿停住不動，猶如青色世界。

-黃逾一切處：

行者選取八背捨與八勝處中所見黃色，作為所觀之境，首從少許黃色觀起，當與少許黃色相應之後，次以觀心運此黃色遍照十方一切處，久之即見光明隨心普照。

-赤逾一切處：

　行者選取八背捨與八勝處中所見赤色，作爲所觀之境，
　首從少許赤色觀起，當與少許赤色相應之後，次以觀心
　運此赤色遍照十方一切處，久之即見光明隨心普照。

-白逾一切處：

　行者選取八背捨與八勝處中所見白色，作爲所觀之境，
　首從少許白色觀起，當與少許白色相應之後，次以觀心
　運此白色遍照十方一切處，久之即見光明隨心普照。

-地逾一切處：

　行者選取八背捨與八勝處中所見地色，重新起觀，漸令
　地色遍照十方一切處，久之即見光明隨心普照。

-水逾一切處：

　行者選取八背捨與八勝處中所見水色，重新起觀，漸令
　水色遍照十方一切處，久之即見光明隨心普照。

-火逾一切處：

　行者選取八背捨與八勝處中所見火色，
　重新起觀，漸令火色遍照十方一切處，久之即見光明隨
　心普照。

-風逾一切處：

　行者選取八背捨與八勝處中所見風色，重新起觀，漸令
　風色遍照十方一切處，久之即見光明隨心普照。

-空逾一切處：

　行者選取八背捨與八勝處中所見黃色，重新起觀，漸令
　空色遍照十方一切處，久之即見光明隨心普照。

-識逾一切處：

　行者選取八背捨與八勝處中所見黃色，重新起觀，漸令
　識色遍照十方一切處，久之即見光明隨心普照。

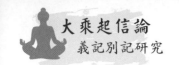

10.十隨念

念佛、念法、念僧、念戒、念施、念天、念休息（念寂止
一切苦的涅槃之德）、念安般（念出入息，數、隨、觸、
安住）、念身非常（念四大種所成污穢之身）、念死

（四）念佛法門

一、起信論的念佛法門

1.「懼謂信心難可成就，意欲退者，當知如來有勝方便，攝護信
心。

謂以專意念佛因緣，隨順得生他方佛土，常見於佛，永離惡道」

2.「若人專念西方極樂世界阿彌陀佛，所修善根迴向願求生彼世
界，即得往生，常見佛故，終無有退。」

上文謂以專意念佛因緣，此處「念佛」之「念」字，可有三解：
念佛名號；憶念觀想；實相念佛。

支道林及盧山慧遠都主張「觀想」念佛，直至善導大師才改為「口
念」阿彌陀佛名號，即現今流行的淨土宗。

又文中隨順得生「他方佛土」，常見於佛，永離惡道。

他方佛土，依圓教有無數佛土，而禪宗六祖慧能則主張唯心淨土。

然天台智顗大師及華嚴宗法藏大師，均認同最後回歸於西方阿彌
陀佛極樂世界。

本論起信論也指出，若懼謂信心難可成就，怕信心會退者，當知
如來有「勝方便」，此勝方便即「專念西方極樂世界阿彌陀佛」，如此
專心念佛名號，則可以攝護信心。

如文云：若人專念西方極樂世界阿彌陀佛，所修善根迴向願求生
彼世界，即得往生，常見佛故，終無有退。

二、往生西方極樂世界的條件探討

佛法修行有易行道及難行道兩種。易行道指淨土宗。只需具備信願行，即可依靠阿彌陀佛的大願力，往生時，不必經由中陰身，並跳脫六道，直接由阿彌陀佛的接引升至西方極樂世界。

以下探討能夠升西的必要條件：

（一）依無量壽經的見解：

-上輩生者有五因緣：

　1.捨家離欲而作沙門。

　2.發菩提心。

　3.一向專念無量壽佛。

　4.修諸功德。

　5.願生安樂國。

-中輩生者有七因緣：

　1.發菩提心；

　2.一向專念無量壽佛；

　3.多少修善，奉持齋戒；

　4.起立塔像；

　5.飯食沙門；

　6.懸繒燃燈散華燒香；

　7.以此迴向願生安樂國。

-下輩生者有三因緣：

　1.假使不能作諸功德，當發無上菩提心；

　2.一向專念乃至十念念無量壽佛；

　3.以至誠心願生安樂國。

*所謂「胎生」是指帶著疑惑不信而往生極樂邊地，五百歲中不得見三寶，好像被鎖在胎中一樣。

（二）依三輩九品探討：

（1）下品下生者臨終時需善知識助念及說法，並念十句「南無阿
彌陀佛」才得往生。

（2）下品下生、下品中生、下品上生、中品下生等，這四品臨終
時需有善知識助念及說法。

（3）視不同品位入西方淨土寶池中的「蓮花包」中，所待期間不
同：

3.1.下品下生：十二大劫。

下品中生：六劫。

下品下生：七七天。

中品三生：七天。上品下生：一日一夜。

上品中生：一夜。上品上生：直入淨土。

3.2.依本論義記法藏的見解：

若修至初住位以上，即可在西方淨土的蓮花苞，出苞見阿彌陀佛。
初住位已是定聚位，具信心成就位

（4）各品位的必須條件：

1.上品上生者：

-發三種心：至誠心。深心。迴向發願心。慈心不殺，具諸戒行。
讀誦大乘方等經典。修行六念。一日乃至七日，即得往生。

2.上品中生者：不必受持讀誦方等經典，善解意趣，於第一義心不
驚動，深信因果，不謗大乘，以此功德迴向。

3.上品下生者：亦信因果，不謗大乘，但發無上道心，以此功德迴
向。

4.中品上生者：受持五戒，持八戒齋，修持諸戒，不造五逆，無眾
過患，以此善根迴向。

5.中品中生者：若一日一夜，持八戒齋，若一日一夜，持沙彌戒；
若一日一夜，持具足戒，威儀無缺，以此功德迴向。

6.中品下生者：孝養父母，行世仁慈，此人命欲終時，遇善知識，

為其廣說阿彌陀佛國土樂事。

7. 下品上生者：作重惡業，雖不誹謗方等經典，如是愚人，多造惡法，無有慚愧，命欲終時，遇善知識，為說大乘十二部經首題名字，智者復教合掌叉手，稱南無阿彌陀佛。

8. 下品中生者：毀犯五戒八戒、及具足戒，如是愚人，偷僧祇物，盜現前僧物，不淨說法，無有慚愧。

遇善知識以大慈悲，即為讚說阿彌陀佛十力威德，廣讚彼佛光明神力，亦讚戒定慧解脫，解脫知見。

9. 下品下生者：作不善業，五逆十惡，具諸不善，如此愚人，以惡業故，應墮惡道。

遇善知識，種種安慰，為說妙法，教令念佛，如是至心，令聲不絕，具足十念，稱南無阿彌陀佛。

（三）依彌陀第十八、十九、二十願的條件：

第十八願：至心信樂，乃至十念。唯除五逆，誹謗正法。

第十九願：至心發願，發菩提心，修諸功德。

第二十願：至心迴向，植眾德本。

（四）依阿彌陀經：「舍利弗！不可以少善根福德因緣，得生彼國。舍利弗！若有善男子、善女人，聞說阿彌陀佛，執持名號，若一日，若二日，若三日，若四日，若五日，若六日，若七日，一心不亂，其人臨命終時，阿彌陀佛，與諸聖眾，現在其前。是人終時，心不顛倒，即得往生阿彌陀佛極樂國土。舍利弗！我見是利，故說此言。若有眾生，聞是說者，應當發願，生彼國土。」

從以上經文，需具下述條件才能生西。

1. 不可少善根福德因緣。

2. 聞說阿彌陀佛，執持名號。

3. 執持名號，若一日、若二日、若三日、若四日、若五日、若六日、若七日。

4.一心不亂。

5.是人終時，心不顛倒

6.應當發願，生彼國土。

（五）往生淨土的條件：

一、往生內因：

（1）菩提心

（2）厭離心、欣求心

（3）至誠心、深心、迴向發願心

（4）定散二善：

定即息慮以凝心，散即廢惡以修善，迴斯二行，求願往生也。

-定善：即指十三觀法：日觀、水觀、地觀、寶樹觀、寶池觀、寶樓觀、華座觀、像觀、眞身觀、觀音觀、勢至觀、普觀、雜想觀。

-散善：指佛不待請自說之三福九品諸行。

三福：

世福：孝養父母、奉事師長、慈心不殺、修十善業。

戒福：受持三歸、具足眾戒，不犯威儀。

行福：發菩提心、深信因果、讀誦大乘、勸進行者。

三、如何修行才能往生西方極樂世界：

3.1.淨土三資糧：信、願、行。

第十八願，至心信樂即是信；欲生我國即是願；乃至十念即是行。

3.2.三種念佛法門：

稱名念佛：專心稱念「南無阿彌陀佛」。

觀想念佛：以心觀想佛相好。先以眼諦觀佛像，再到靜處閉目憶念觀想，令意不轉，不令他念。

實相念佛：觀自身及一切萬法本無自性，離言說相，離名字相，離心緣相，而專念眞實自性本淨的眞佛。此不以眼見色相，也不以心

觀相好，而是觀身自無所有，心佛眾生三無差別。

  3.3.持名念佛的方法：

  -默念：只見動唇，不聞出聲。用於病時、臥時、公共場所。

  -金剛念：聲音中庸，口念耳聽。

  -覺照念：念時把眼光收回，返照自性，我即是佛，佛即是我，禪
   淨合修。

  -觀想念：同時觀想佛身及彌陀世界

  -追頂念：很急，一字追一字，一句頂一句，中間不留間隙

  -禮拜念：口念身拜

  -記十念：一面念一面記數佛珠，每十念撥一珠

  -十口氣念：每天早晚作十口氣念。

  -定課念：每日念十萬或數萬或三五千，日日如是。

  3.3.淨土宗五正行、五念門、四修：

  -五正行：讀誦（讀淨土三經）、觀察（一心觀察憶念極樂淨土依
   正二報）、禮拜（禮拜阿彌陀佛）、稱名（一心專念阿彌陀佛名
   號）、讚歎供養（供養阿彌陀佛）

  -五念門：禮拜門、讚歎門、作願門、觀察門、迴向門。

  -四修：恭敬修（恭敬禮拜）、無餘修（專念專想專禮專讚彼佛，
   不雜餘業）、無間修（不間斷時日，不間貪瞋煩惱）、長時修（畢
   命為期，誓不中止）

3.4.修諸功德與植眾德本

1.植眾德本：即三福，世福、戒福、行福。

  -世福：孝養父母、奉事師長、慈心不殺、修十善業。

  -戒福：受持三歸，具足眾戒、不犯威儀。

  -行福：發菩提心，深信因果、讀誦大乘、勸進行者。

2.功德與福德的不同主要在於，功德無我執，福德有我執。

3.5.彌陀十六觀、念佛三昧、般舟三昧

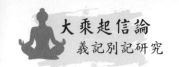

1.彌陀十六觀：見前文

2.念佛三昧：見前文

3.般舟三昧：見前文

四、三輩往生後在西方極樂世界的修持

1.上生者：

上生者往生後，即見佛與諸菩薩色相具足，聽聞妙法即悟無生法忍。於須臾間，遊歷十方，承事諸佛，於諸佛前次第受記。還至本國，得無量百千陀羅尼門。

2.中生者：

中生者往生後，蓮花紫金臺經一夜即開，行者身作紫磨金色，足下亦有七寶蓮花。佛、菩薩放光照行者身，目即開明，普聞眾聲說甚深第一義諦，經於七日，得不退轉。即能遊歷十方，承事諸佛，修諸三昧，經一小劫得無生忍，現前受記。

3.下生者：

下生者往生後，經一日一夜蓮花乃開，七日中乃 得見佛。雖見佛身，於眾相好，心不明了，於三七 日（廿一日）後，乃了了見，聞眾音聲皆演妙法。遊歷十方，供養諸佛，於諸佛前聞甚深法。經三小劫得百法明門，證得初地菩薩果位。

五、淨土宗的爭議問題

（一）可以帶業往生嗎？

可以帶業往生，卻無法代消業往生。

阿彌陀佛藉其大願力，讓即使下品下生之眾生，只要臨終前能念十聲「南無阿彌陀佛」，並具至誠信樂，至心願生淨土之大願，至心迴向，並由善知識臨終助念，也可以帶業生往西方世界，但需在蓮花苞中待十二大劫才能出包聽受佛法，繼續修行消業，消業仍須靠自己，這是不變的鐵律。阿彌陀佛依其大願力製造了勝方便，讓眾生可以跳脫六道輪迴，帶業往生淨土。但至淨土仍需靠自己的修行去消業。

（二）禪、教、淨需兼修嗎？

禪指禪定、禪修或禪宗，教指華嚴宗及天台宗的圓教教理，或三論宗的中道二諦教理，或唯識宗的唯識實性教理。淨指淨土宗念阿彌陀佛名號並願生西方淨土。

盧山慧遠大師即主張觀想念佛，禪淨雙修。華嚴宗五祖宗密則主張禪教合一。

華嚴宗法藏大師及天台宗智顗大師均主張最後可以匯歸念佛生西。起信論也主張若不能起信成就，也可以利用勝方便的念佛生西法門。

也有大師主張禪密雙修，釋道儒三教合修。而淨土宗則力主一門深入。

作者愚見以為，若僅單獨依教，或單獨依淨，都非盡善，唯有併用，最為完美。

單獨依教，欲證佛果確是費時費力。如依循天台四教（藏通別圓）、華嚴五教（小始終頓圓）、唯識五位階（資糧、加行、見習、修習、究竟位）、三論五十二位階（十信、十住、十行、十迴向、十地、等覺、妙覺），均倍見困難，尤其居士身在紅塵，塵緣纏身，更不容易。即使出家，欲修成正果，也是談何容易。

雖有禪宗的頓悟法門，密宗的即身即生成佛，仍覺在在所難。

若單依淨，如上文所述，仍有很多生西的必備條件，而且下品下生雖可生西，但只是先生至淨土的蓮生包長待十二大劫。

所以也必須先修行至中品才能待在蓮花苞七天。故除念佛願生西外，也必須同時修諸功德植諸德本

故除依教漸修外，仍需併行念佛生西法門，但念佛除口念名號外，也有觀想及實相念佛可以資用。但至誠發願生淨土，則必不可缺。淨土雖有多土，但仍以生西方淨土最容易達成，因阿彌陀佛所發接引生西的願力最為強大。

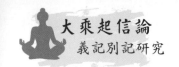
（三）其他各種爭議問題

（1）「往生論註」的問答釋疑有那些？

1.極樂淨土，是有？是無？

答：依印順導師回答說，淨土不但有，而且極多，且有殊勝各別。

2.彌陀壽命，是有量？是無量？

答：依印順導師，本是無量，爲有量眾生，方便故說爲有量在西方。

3.求生淨土，是小乘或是大乘呢？

答：依印順導師，小乘無十方淨土。而且必須發大乘菩提心才能往生。

*再者，在西方修得佛或菩薩，必須倒駕慈航，再回人間度眾生，符合大乘入世條件。

4.往生淨土，依佛法究竟意義說，是有生？是無生呢？

答：依太虛大師，往有所往，而生無所生。

*人死後，彌陀化佛來迎，視品位入西方淨土寶池中的蓮花包中待十二大劫（下品下生）、六劫（下品中生）、七七天（下品下生）、七天（中品三生）、一日一夜（上品下生）、一夜（上品中生），或上品上生直入淨土，化身爲淨土的受報身，因仍帶業，故仍是一種化身的受報身，談不上無生，仍須在淨土繼續修得無生。

5.往生極樂，要具足那些因緣？

答：依曇鸞大師：

  -上輩生者有五因緣：捨家離欲而作沙門；發菩提心；一向專念無量壽佛；修諸功德；願生安樂國。

  -中輩生者有七因緣：發菩提心；一向專念無量壽佛；多少修善，奉持齋戒；起立塔像；飯食沙門；懸繒燃燈散華燒香；以此迴向願生安樂國。

  -下輩生者有三因緣：假使不能作諸功德，當發無上菩提心；一

向專念乃至十念念無量壽佛；以至誠心願生安樂國。

*所謂「胎生」是指帶著疑惑不信而往生極樂邊地，五百歲中不見三寶，好像被鎖在胎中一樣。

*下品下生者臨終時需善知識助念及說法，並念十句「南無阿彌陀佛」才得往生。

6.十念相續，便得往生，可能嗎？

答：依曇鸞大師，根據彌陀第十八願所言是可能的。

7.有何因緣，言速得成就阿耨多羅三藐三菩提？

答：依阿彌陀佛四十八願的本願力，可以跳過六道輪迴，速往西方淨土，然後再在淨土聞法修成正果。

（2）什麼是智者大師的淨土十疑（前五疑）？

1.既以大悲爲業，何又求生淨土？

答：菩薩若本身只有大悲，但未証得無生法忍，本身已被貪嗔癡綁縛，是沒有能力去度人的，所以先到西方淨土聞法修行至無生法忍，再回入人間度眾生。

在人間要依自力證得無生法忍是相當不容易而且需累劫修行的。

2.諸法體空，本來無生，何又求生？

答：求生淨土後，再修行證無生。若不求此穢土也不求彼淨土，即是斷滅。如果完全靠自力修行，要修到小乘第四果才能脫離六道輪迴。

3.既云法性平等，又偏求一佛淨土，與平等性乖，云何得生？

答：偏求一淨土，是爲了能集全力集中一處，力量才會大，何況佛佛法身平等，阿彌陀佛及西方淨土即可以代表一切佛及一切淨土。

*既然佛法身及淨土都一樣，反過來說，其他佛及淨土也可以代表阿彌陀佛及西方淨土。不過阿彌陀佛有發過大願，接引力可能會

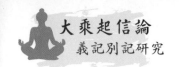

比較強大。

4.偏念阿彌陀佛，為何？

答：此問其實同上問。重點是阿彌陀佛經的確大力發願能接引念
　　佛的眾生，其他佛也可以接引，但沒有阿彌陀佛的強烈願力。

5.具縛凡夫，惡業厚重，云何得生？

答：靠自力修行需三劫才能達到別教初住位的發心位。需滿一萬
　　劫（另說修至緣覺需百劫，一萬劫不知出自何處？似乎太長）
　　才能到六住位，再努力而上不退位的第七住位。

（3）什麼是智者大師的淨土十疑（後五疑）？

6.得生彼國，云何不退？

答：有五因緣不退：

a.阿彌陀佛大悲願力攝持

b.佛光常照，菩提心常增進不退

c.水鳥樹林，風聲樂響，皆說苦空，聞者常起念佛念法念僧之心

d.彼國純諸菩薩以為良友，無惡緣境，外無神鬼魔邪，內無三毒
　等，煩惱畢竟不起

e.生彼國即壽命永劫，共菩薩佛齊等。

7.不求兜率，反求西方何也？

答：二種原因：

a.即使行十善，也須：「行眾三味，深入正定，方始得生」。不如阿
　彌陀佛本願力、光明力，但有念佛眾生，攝取不捨。眾生能念彌
　陀佛者，必能機感相應而得生。

b.兜率天宮是欲界，退位者多，無有水鳥風聲樂響，眾生聞者，悉
　念佛發菩提心伏滅煩惱。又有女人，愛著五欲之心。不像西方淨
　土無女人及二乘之心，純一大乘清淨良伴，易致煩惱惡業不起，
　遂至無生之位。

8.臨終十念，云何可通？

答：眾生無始以來，善惡業種多少強弱，並不得知，但能臨終遇
善知識十念成就者，皆是宿善業強，若惡業多者，善知識尚
不可逢，何況能念完十念。再者，無始以來惡業爲重，臨終
十念爲輕者，其實不然，理由有三：心、緣、決定。
在心者：造罪是因虛妄顛倒生，臨終念佛是阿彌陀佛眞實功
德，譬如萬年闇室，日光暫至而暗頓滅。
在緣者：造罪時是緣虛妄痴闇心，臨終念佛是緣無上菩提心，
一眞一僞豈可相比。
在決定者：造罪時是有間心有後心，臨終念佛是無間心無後
心，念完遂即捨命，所以善心猛利可以即生西方。
雖一生行善可以生天，但臨終一念起決定邪見，即墮阿鼻地
獄。

9.西方此去十萬億佛刹，凡夫劣弱云何可到？女人及根缺，必不
得生？

答：只要信願皆到，臨終有在定之心，生淨土，一動念即至。
經只說生彼國，無女人及盲聾瘖啞人，未說女人根缺人不得
生。若生淨土，女人不再是女人身，根缺者不再是殘障者，
小乘人不再執著小乘。

10.不斷淫欲，得生彼否？

答：欲生西者，具有二種行：厭離行及欣願行。
厭離行者，無始以來爲五欲纏縛，輪迴五道，備受眾苦，若
不起心厭離，沒有出期。因此常觀此身汙穢，唯苦無樂，深
生厭離。做七種不淨觀：種子不淨、受生不淨、住處不淨、
食噉不淨、初生不淨、究竟不淨。又做十想等不淨觀。又發
願，願永離三界雜食，臭穢膿血不淨，耽荒五欲男女等身、
願得淨土法性生身，此謂厭離行。
二者欣願行者：又有二種，一者先明求往生之意，二者觀彼

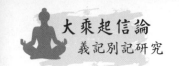

淨土莊嚴等事欣心願求。

一、先明求往生之意

自己深受三塗業縛之苦經劫，無法救拔一切眾生苦，只有先求生淨土親近諸佛，若證無生忍，方能再入惡世救苦眾生。

又願生淨土須具二行，一者必須遠離三種障菩提門法，二者須得三種順菩提門法。

遠離三種障菩提門法：

1.依智慧門：不求自樂，遠離我心貪著自身。

2.依慈悲門：拔一切眾生苦，遠離無安眾生心。

3.依方便門：當憐愍一切眾生欲與其樂，遠離恭敬供養自身心。

若能遠離這三種障，則得三種順菩提法：

1.無染清淨心：不為自身求諸樂，若求自樂即染菩提。

2.安清淨心：拔眾生苦，令離生死苦。

3.樂清淨心：令一切眾生得大菩提涅槃，令得畢竟常樂。

二、明欣心願求者

希心起想緣彌陀佛，若法身若報身等。金色光明八萬四千相好，又觀彼此淨土七寶莊嚴妙樂等，如無量壽經十六觀。常行念佛三味；及施戒修等一切善行，悉已迴向一切眾生，同生彼國，決定得生，此謂欣願門也。

（4）什麼是永明延壽的西方六重問答？

永明延壽是提倡禪淨雙修，理事無礙，空有相成。禪者在追求明心見性的同時，也應廣作萬善行門。

1.唯心淨土周遍十方。何得托質蓮台寄形安養，而興取捨之念？豈達無生之門？忻厭情生。何成平等？

答：平等無生之門，雖即依教理生信心，但力量不充足，觀淺心浮，境強習重，靠自力難修，須生佛國仗佛力，才能忍力易

成，才能速行菩薩道。起信論指出，眾生初學無生法，其心
怯弱，而且居娑婆世界，不常值佛，信心難成，很容易退卻。
當知如來有勝方便，攝護信心。只要專心念佛，隨願得生佛
土，常見於佛，永離惡道，終無有退。往生論云；遊戲地獄
門者，生彼國土，得無生忍已，再還入生死國，教化地獄，
救苦眾生。

2.一生習惡積累因深，如何臨終十念頓遣？

答：臨死時少許時心，雖時頃少，而心力猛利，如火如荼，雖少
而能作大事，是垂死時心，決定勇健故，剩百歲行力。

3.心外無法，佛不去來，何有見佛及來迎之事？

答：常契中道，佛實不來，心亦不去，感應道交，唯心自見。唯
識論云：地獄同見獄卒，能為逼害事，皆是罪人惡業心現，
並無心外實銅狗鐵蛇等事。然習累俱殄，理量雙親。

4.龐居士云：事上說佛國，此去十萬里，大海渺無邊，動即黑風
起，往者雖千萬，達者無一二，忽遇本來人，不在因緣裡，如何
通會而證往生？

答：今或古均有記載，凡或聖俱生淨土，行相昭然；明證目驗，
佛梵音聲，不會騙人：經云：十方恒河沙諸佛，出廣長舌相，
遍覆大千，證得往生，會是虛言嗎？

5.維摩經云：成就八法，於此世界，行無瘡疣，生于淨土。何等為
八？饒益眾生，而不望報；代一切眾生受諸苦惱，所作功德，盡
以施之；等心眾生，謙下無礙；於諸菩薩，視之如佛；所未聞經，
聞之不疑；不與聲聞而相違背，不嫉彼供，不高己利，而於其中
調伏其心；常省己過，不說彼短，恒以一心求諸功德。如何劣行
微善，而得往生？

答：八法無暇，成就上品上生。但具一法，決志無移，亦得下品。

6.觀經明十六觀門，皆是攝心修定，觀佛相好，諦了圓明，方階淨

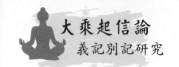

域。如何散心而能化往？

答：生西不外二心：一定心，如修定智觀，上品往生。二專心，但念名號，眾善資熏，迴向發願，得成末品。若念佛發願之時，懇苦翹誠，無諸異念，一心求救，願脫苦輪，速證無生，如斯志誠，必不虛棄，而能往生。

如或言行不稱，信力輕微，無念念相續之心，特此懈怠，臨終望生，恐難值其善友，風火逼迫，則正念不成，往生難矣！

**延壽主張，上根器的人應禪淨雙修，中下根器的人不妨專修淨土，求生極樂，最為穩當。

（5）什麼是蓮池大師的「淨土疑辯」？

問：淨土之說蓋表法耳，智人宜直悟禪宗。而今只管讚說淨土，將無執著事相不明理性？

答：有五點：

1.歸元性無二，方便有多門。禪與淨土，殊途同歸。並舉中峰大師之語：禪者淨土之禪，淨土者禪之淨土，而強調修行務必要一門深入。

2.說淨土只是表法才是犯了捨事求理、性相不明的大毛病，而且一味喜談理性，厭說事項，乃是怕人說自己不懂深理，有炫耀高人一等的慢心。

3.如果你是真正了徹唯心淨土的人，那麼你肯不肯：住在廁糞中、與豬狗牛馬同槽而食、與腐屍同眠、積年累月照料身上洸滿膿血的病人？如果你歡喜安隱、毫無罣礙、那麼你愛說什麼大道理都行，如果你勉強忍耐、內心嫌惡、那麼是個愛說大話的口頭禪大師，苦哉苦哉。

4.如果你有大願大力，願意在苦海中浮沉出沒來行菩薩道度眾生、那麼我不敢勉強你求生淨土。如果你沒有考慮到娑婆世界惡緣重且多難以自作主人、諸佛出世難得遇上、此生難以永斷生死解

脫輪迴、死後不知何處投胎去也，那麼放棄淨土不去求生、損失
重大矣！

5.淨土法門似淺而深，似近而遠，似易而難。參禪、念佛不妨任選
一門深入，卻不可得少而足，詆毀淨土，否則業報可懼啊！

（6）什麼是曇鸞大師的安樂淨土九問答？

1.安樂國於三界中，何界所攝？

答：不屬於三界內。因爲他們沒有欲界的欲望。他們是地居，所
以不屬於色界。他們有形體，所以不屬於無色界。

2.安樂國有幾種莊嚴，名爲淨土？

答：以器世間清淨及眾生世間清淨二種清淨，攝二十九種莊嚴成
就。

3.生安樂土者，凡有幾品輩？有幾因緣？

答：無量壽經中有三輩上中下。無量觀經中，一品又分爲上中下，
共九品。
見「往生西方極樂世界的修件探討」一文。

4.彼胎生者，處七寶宮殿中，受快樂否？復何所憶念？

答：不快樂，因爲見不到三寶，無法供養三寶，不得修行善事，
以此爲苦。需五百年的末期他們才會體認到自己的罪過，而
懺悔求往生。

5.以疑惑心往生安樂，名曰胎生者，云何起疑？

答：有四疑：

a.爲什麼光是憶念阿彌陀佛，十口氣念佛不斷，就可以跳過業力
生西而且不退。

對治：佛有不思議智及無障礙法力。

至西方淨土是帶業往生，到淨土後仍然需修行消業。

b.認爲佛陀的智慧，並非特別玄妙超絕，不能超越相對。因爲一切
的名字都是相對的。

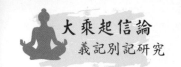

其實佛有不可稱智，它是超越相對的。

c. 認為佛實在不能夠度盡一切眾生。佛的度眾能力是有限的。其實佛有大乘廣智，任何眾生都度。

d. 認為佛並沒有得到一切種智。其實佛有無等無倫最上勝智，能夠普遍照知萬法。

6. 若眾生不可盡，世間復須墮無邊。無邊故，佛實不能度一切眾生？

答：世界並非有限量，也非無限量，佛陀要讓眾生不執著這四句話，這才叫度。事實上是非度非不度，非盡非不盡。

7. 言度與不度，皆墮邊見，何以但說度一切眾生為大乘廣智，不說不度眾生為大乘廣智？

答：眾生都厭惡痛苦束縛，希求快樂解脫。所以聽到可以得度，就會歸向佛法。若說不得度，就會說佛沒有大慈悲心，就不會歸向佛陀。

其實佛說度眾生是方便法度，佛說未曾度眾生是第一義。

8. 如夢得息，豈不是度耶？若一切眾生，所夢皆息，世間豈不盡乎？

答：說夢為世間，若夢停息了，就無夢者，也不用說度者。因此知世間，即是出世間。世間盡即是出世間。

9. 下輩生中，云十念相續，便得往生。云何名為十念相續？

答：如被強盜追殺至河邊，這是心裡只有渡河這個念頭，並無其他的雜念。淨土行人也一樣，心頭只有念著阿彌陀佛的一念，完全無其他雜念，乃至連續十個念頭都不間斷，叫十念相續。平常要積習久念成習性，臨終時才能克服苦楚，完成十念相續。（一般九成民眾在臨終前都已陷入昏迷或意識不清，所以有點困難。必須在意識尚清楚前即一直持續念佛，直至意識不清為止，看能否念完十念）。

（7）蓮池大師的「西方發願文」的內容及六大綱要是什麼？

*內容：稽首西方安樂國。接引眾生大導師。

我今發願願往生。惟願慈悲哀攝受。

弟子（弟子名字）普為四恩三有。法界眾生。求於諸佛一乘無上菩提道故。專心持念阿彌陀佛萬德洪名。期生淨土。又以業重福輕。障深慧淺。染心易熾。淨德難成。今於佛前。翹勤五體。披瀝一心。投誠懺悔。我及眾生。曠劫至今。迷本淨心。縱貪瞋癡。染穢三業。無量無邊。所作罪垢。無量無邊。所結怨業。願悉消滅。從於今日。立深誓願。遠離惡法。誓不更造。勤修聖道。誓不退惰。誓成正覺。誓度眾生。阿彌陀佛。以慈悲願力。當證知我。當哀愍我。當加被我。願禪觀之中。（凡修淨土發願者。改此句為：願憶念之中。）夢寐之際。得見阿彌陀佛金色之身。得歷阿彌陀佛寶嚴之土。得蒙阿彌陀佛甘露灌頂。光明照身。手摩我頭。衣覆我體。使我宿障自除。善根增長。疾空煩惱。頓破無明。圓覺妙心。廓然開悟。寂光真境。常得現前。至於臨欲命終。預知時至。身無一切病苦厄難。心無一切貪戀迷惑。諸根悅豫。正念分明。捨報安詳。如入禪定。阿彌陀佛與觀音勢至諸聖賢眾。放光接引。垂手提攜。樓閣幢幡。異香天樂。西方聖境。昭示目前。令諸眾生。見者聞者。歡喜感歎。發菩提心。我於爾時。乘金剛臺。隨從佛後。如彈指頃。生極樂國。七寶池內。勝蓮華中。華開見佛。見諸菩薩。聞妙法音。獲無生忍。於須臾間。承事諸佛。親蒙授記。得授記已。三身四智。五眼六通。無量百千陀羅尼門。一切功德。皆悉成就。然後不違安養。回入娑婆。分身無數。遍十方剎。以不可思議自在神力。種種方便。度脫眾生。咸令離染。還得淨心。同生西方。入不退地。如是大願。世界無盡。眾生無盡。業及煩惱一切無盡。我願無盡。願今禮佛發願修持功德。回施有情。四恩總報。三有齊資。法界眾生。同圓種智。

*六大綱要：

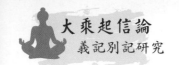

1.發菩提心

2.懺三障

3.立四宏誓願

4.求生淨土

5.回入娑婆

6.總申迴向

（8）「彌陀要解」中什麼是善根福德因緣？

答：菩提正道名善根，即親因。種種助道施戒禪等名福德，即助
　　緣。聲聞緣覺菩提善根少，人天有漏福業福德少，皆不可生
　　淨土。唯以願信執持名號，則一一聲悉具多善根福德，散心
　　稱名福善亦不可量，何況一心不亂稱名，故使感應道交，彌
　　陀聖眾，不來而來，親垂接引，行人心識，不往而往，託質
　　寶蓮也。

（9）實賢大師的「西方發願文註」，其中的二十八問是什麼？

1.祇一西方何分四土？又祇是一佛，何有三身？得無割裂分張
　耶？

答：就佛的本身而言，他只有一個法性身，只居寂光土。而且佛
　　是三身一身，四土一土，他為了化度眾生，才示現報身及應
　　身，亦示現居住於實報土，方便土及同居土。示現報身，居
　　實報土度化三十心菩薩。示現勝應身及居方便土，度化聲聞
　　及十信菩薩。示現劣應身及居同居土，度化初發菩提心的凡
　　夫。

2.此一淨土，為同一處？為各異耶？

答：是同一個地方，也是不同的地方。所謂同一個地方，譬如同
　　樣是水，所謂不同地方，好比天人、人、魚、餓鬼，所見到
　　的水全都不同。法身大士能在同居土及方便土示現化身。羅
　　漢能在同居土示現意生身。凡夫只能在同居土。要往生淨土，

信願行三事，缺一樣都不可以。

3.有人聞說西方淨土，心生好樂，然不念佛，得往生否？

答：如果真想去，就會念佛。想去又念佛而不能往生者，是不可能的。

4.有人於此，亦好亦求亦念。但世間心重，貪戀塵勞，得往生否？

答：如果往生的心念很懇切，念佛又很專心，對人間的貪戀心自然會漸漸減輕變微，這樣就可往生，只怕貪戀的心比成佛的念頭強，又半信半疑度過，則莫可奈何。

5.為善生天，作惡入地獄，本不發願。念佛往生，亦復如是，何須待願而後生耶？

答：三界六道輪迴是隨眾生的業所感應的結果，本來就不須發願，而往生西方是脫離六道，雖藉佛力，自己也要信願行都到才可能成功。

6.信行願三，既聞命矣。但十方皆有佛國，何須獨願西方？

答：因為此土眾生深有因緣，諸佛不爾，所以專求西方，而不求其他佛國。又彼土中依報正報，超過十方（阿彌陀經未見此句）。不唯此方願往，餘方皆然。

7.祖師云：「智者知心是佛，愚人樂往西方。」由是而言，愚人只好念佛，智者固宜參禪。若概勸往生，恐違祖意，非通論也。

答：馬鳴、龍樹、文殊、普賢等人都生西，這些人都是愚邪嗎？六祖說這句話是為了破人執「有」。今汝執「空」，「有」病好醫，「空」病難除。

8.古有發願來生，生逢中國，長遇明師，正信出家，童真入道者，此復云何？

答：以前是像法興隆時代，人根尚利，明師易得，入道非難。現在是末法衰敗時代，人根愈鈍，邪多正少，退易進難，而且內障外魔，無人不具，明師善友難逢。但見出家滿地，未聞

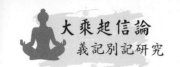
得道何人。何況中國比得上安樂世界？明師比得上阿彌陀佛？出家入道比得上直生西方？

9.求生西方固所願也，但我下劣凡夫，罪業深重，福善輕微，如何容易得生安養？

答：餘門學道需靠自力，念佛往生全賴彌陀願力，自力難，故累劫未成，他力容易，故一生可致。所以一天七天也能往生，十念一念也能見佛。即使十惡罪人，佛也不棄，何況十善凡夫，一生發願念佛，還不能往生嗎？

10.兜率內院，近在此界，又有補處菩薩於中說法，亦可上昇，親近大士。何須近越此方，遠超他土？

答：西方淨土是依靠彌陀願力，接引往生，故雖遠而易到；兜率內院要靠修行人的定力，故雖近而難達。如果沒有禪定功夫，是求昇反墜。而且彼天有欲樂，初心會迷亂，西域無著、世親、師子覺三位修行人的故事可以做為殷鑒。

11.東方藥師佛國，依正莊嚴，與西方無異，又有八大菩薩示路，亦可往生，何須定願西方淨土？

答：藥師經主要是消災延壽，不專勸往生。八大菩薩只是示路，不一定迎接往生彼國。而阿彌陀佛是專勸往生，很多經都有提到，而且十方皆可往生，彌陀及聖眾也會垂手迎接。而且釋迦及諸佛均讚歎護念。

12.曠劫罪業，應已受報。云何直至今生，猶未滅耶？若已受報，則不須懺。若猶不滅，則懺亦無益。

答：造業受報時間不定，有現生報，來生報，再後生報。而且有定業及不定業二種。若懺悔可消不定業。何況大乘認為全部都是不定業。

13.淫則彼此無怨，何亦名冤？

答：殺盜是怒冤，淫是喜冤，喜冤怒冤都是業，都要受報。眾生

（顛倒，將淫慾怨家當做歡喜親人，這正是顛倒的原因由來。）

顛倒，將淫慾怨家當做歡喜親人，這正是顛倒的原因由來。

14.眾生諸佛，但有名字，則誠然矣。生死煩惱是染穢法，菩提涅
　　槃是清淨法。升沉迥異，優劣天淵，云何言亦但有名字耶？

答：若就事論，誠如所說，若依理論，一一都不是實法。生死煩
　　惱，菩提涅槃，都非實法，凡夫謂實，但諸佛聖人，知其非
　　真。

15.生死煩惱不實可也，若菩提涅槃亦非真實，何須辛苦修證耶？

答：所言非真是破執著，不是說修證是假。若身犯律儀，口談玄
　　妙，以念佛為愚夫，以修持為著相，這正是末世參禪的大病，
　　不可不知。

16.今既專持名號，云何復令觀想？

答：觀想可幫助念佛，這樣念佛的心才不會散亂。

17.觀中見佛，得無魔事否？

答：不念佛的參禪，而佛忽現，這與心境相違，名為魔事。若念
　　佛人本來就在觀想佛，佛出現是感應道交，不是魔事。

18.菩薩化他，不於淨土，而於穢土者，何也？

答：因淨土中人，有善無惡，容易化度，故悲心不深，行願不廣。
　　而穢土惡多善少，化度則難，難故大悲增長，行願堅牢。
　　又此娑婆是本昔受生之處，因緣一定很多，是應該急著化度
　　的地方，因此生淨土證成法身後，必先回入娑婆世界度眾才
　　是。

19.逕在此土化導，有何不可？何須捨此趨彼，然後回入？

答：若不捨離娑婆世界，穢土易染，容易墮落三惡道或難以修成，
　　先往極樂世界度化自己修成正果，再回入娑婆度化他人。所
　　以若求生淨土，一定要證果後倒駕慈航。

20.適欲往生，又欲回入，得無進退躊躇，志不決定耶？

答：先要達到利益自己的目的，所以要發願往生。證果後再回入

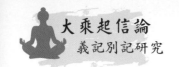

娑婆利他。所以還不能往生以前，千萬不要再有進入三界胞胎的念頭，而生到淨土後，絕對不要有不回入娑婆化導眾生的心念。這樣的決心是一定的，怎麼說志向不定呢？

21.西方不退，設使回入娑婆，還有退否？

答：如上所明，三身四智，種種現前。加上彌陀護念，諸佛攝受，那有退失之理。這就是菩薩想要度眾生，必須先求生西方證果，而後再回入的原因。

22.何故發此無盡願耶？

答：因為心無盡，隨心所發誓願，亦無有盡。而世界不可盡，我願不可盡，眾生不可盡，業及煩惱不可盡，這四種是由心所具造，縱然成佛，亦無可盡之理。

23.願既無盡，成佛何時？

答：所言成佛，只是識得自心究竟不生耳，至於三十二相，只是方便說，本非真實，因此那裡有成佛、不成佛的說法呢？

24.所修善業，雖有若無，名不住相。今一事甫畢，汲汲迴向，不已著乎？

答：你說善不住相，那有後善報嗎？若無則墮斷滅，若有雖不求福，福也會自來。（個人看法：善不住相，是說善有善報，但對這善相不執著。只要將此善報迴向，但仍不為己，不執著，不著相，才是有意義的迴向）。

25.回施眾生，眾生實得利益否？若無利益，則成虛妄。若有利益，則我作他受，焉有此理？

答：菩薩福德，與眾生共，現在雖無利益，未來成佛，則眾生受賜。（此段論點有點牽強）

26.迴向與不迴向，功有勝劣，事有得失否？

答：迴向則少福成多，不迴向則多福成少。又若迴向，才能逕往西方。若不回向，心被福牽，還生三界。

迴向是生西的重要條件（見阿彌陀佛第二十願）。

27.回向西方，則自求快樂，回向佛果，則自求尊勝。由來爲己，
何與眾生？

答：如果不爲了眾生，又何必成佛呢？自己成就就是成就他人，
那有彼此之分。

28.眾生本空，菩提非有，不見善法，將何迴向？

答：雖說眾生、菩提、善法都是空的，但由於眾生因不了解而造
了業，受了苦，所以菩薩才用所修的善法來迴向。若執著一
切都空，反成偏見，退墮小乘涅槃深坑了。

國家圖書館出版品預行編目資料

大乘起信論義記別記研究／藍傳盛著. —初
版.--臺中市：白象文化事業有限公司，2022.8
　　面；　公分
ISBN 978-626-7151-17-4（平裝）

1.CST：大乘論 2.CST：研究考訂
222.14　　　　　　　　　　　111007443

大乘起信論義記別記研究

作　　者　藍傳盛
校　　對　藍傳盛
發 行 人　張輝潭
出版發行　白象文化事業有限公司
　　　　　412台中市大里區科技路1號8樓之2（台中軟體園區）
　　　　　出版專線：（04）2496-5995　　傳真：（04）2496-9901
　　　　　401台中市東區和平街228巷44號（經銷部）
　　　　　購書專線：（04）2220-8589　　傳真：（04）2220-8505
專案主編　李婕
出版編印　林榮威、陳逸儒、黃麗穎、水邊、陳婷婷、李婕
設計創意　張禮南、何佳諠
經紀企劃　張輝潭、徐錦淳、廖書湘
經銷推廣　李莉吟、莊博亞、劉育姍、林政泓
行銷宣傳　黃姿虹、沈若瑜
營運管理　林金郎、曾千熏
印　　刷　基盛印刷工場
初版一刷　2022 年 8 月
定　　價　500 元